조선대학교 재난인문학연구사업단
재난인문학 번역총서 06

왜 현장재난인문학인가

재난 이후 지역문화와 피해자의 민속지

* 이 책은 2019년 대한민국 교육부와 한국연구재단의 지원을 받아 수행된 것임
(NRF-2019S1A6A3A01059888)

震災後の地域文化と被災者の民俗誌——フィールド災害人文学の構築
SHINSAIGO NO CHIIKIBUNKA TO HISAISHA NO MINZOKUSHI:
Fierudo Saigai Jinbungaku no Kouchiku
Edited by Takakura Hiroki and Yamaguchi Mutsumi

조선대학교 재난인문학 번역총서 06

왜 현장재난 인문학인가

震災後の地域文化と被災者の民俗誌
ーフィールド災害人文学の構築

재난 이후 지역문화와 피해자의 민속지

다카쿠라 히로키(高倉浩樹)·야마구치 무쓰미(山口 睦) 편저
김경인·임미선 옮김
한국어판 기획 / 조선대학교 재난인문학연구사업단

역락

발간사

지난 2019년 12월 말 중국의 우한 지역에서 첫 환자가 발생한 후, 2020년 3월 11일 세계보건기구가 감염병의 세계적 대유행을 뜻하는 팬데믹을 사상 세 번째로 선언하였을 때도 우리는 코로나19가 이토록 오랫동안 우리의 삶을 뒤흔들어 놓을 수 있으리라고는 감히 상상도 하지 못하였던 듯하다. 그러나 3년의 세월이 훨씬 지난 지금까지도 코로나19는 여전히 우리 곁에서 머뭇거리고 있고, 거듭되는 백신의 개발과 접종에도 불구하고 그 변이종의 위세가 여전한 가운데 우리는 마스크를 벗어 던지는 데 두려움을 느끼고 있다.

이러한 시대적 상황 속에서도 본 사업단은 총 7년간의 사업 기간 가운데 절반을 넘어선 4년의 시간을 연구 아젠다인 <동아시아 재난의 기억, 서사, 치유-재난인문학의 정립>을 위해 노력해 왔다. 2단계 1년 차인 지난해는 재난이 끼친 영향과 그에 대한 대응의 문제를 조명함으로써 '재난인문학의 정립'에 한 걸음 더 가까이 가기 위한 접근법으로 학술세미나, 포럼, 초청특강, 국내 및 국제학술대회 등의 학술행사 개최와 함께 총서 간행을 위한 노력도 계속해 왔는바, 본 사업단의 여섯 번째 번역 총서인 『왜 현장재난인문학인가—재난 이후 지역문화와 피해자의 민속지』 또한 이러한 노력의 결과 가운데 하나이다.

『왜 현장재난인문학인가—재난 이후 지역문화와 피해자의 민속지』는 2011년 3월 11일 동일본에서 발생한 대지진과 쓰나미 그리고 그 여파로 발생한 도쿄전력후쿠시마제1원전사고라는 복합적 재난에 직면한 이후 출간된 일본의 연구서(『震災後の地域文化と被災者の民俗誌-フィールド災害人文学の構築』, 2018, 新泉社)를 우리말로 옮긴 것이다. 이 책은 인류학적·민속학적 관점에서 재난지역의 전통문화와 민속예능 등 무형문화유산의 '재난 후 부흥'이 피해자와 지역의 생활 재건 및 공동체의 부활에 어떠한 영향을 미쳤는지 등을 직간접적으로 참여하며 조명한 연구자들의 논고를 엮은 것이다.

참여 연구자이자 편저자 중 한 분인 다카쿠라 히로키 교수는 서론에서 '현장재난인문학'을 "현장 조사 방법을 이용하여 사회적 가치의 학술적 탐구를 하면서 재난부흥에 관여하는 실천적 학문"이라고 정의하고 있다. 그는 또 현장 조사를 주요 연구 방법으로 삼는 '문화인류학, 민속학, 종교학'이 역사적인 경위와 문화적인 배경 안에 존재하는 개인과 사회가 재난 부흥을 위한 지원을 어떻게 실행할 수 있는가에 대한 지침을 제시해 줄 중요한 정보라고 강조하며, 우리가 현재 직면하고 있는 재난 앞에서 왜 '현장재난인문학'에 눈을 돌려야 하는지를 일깨워준다.

특히 대지진과 쓰나미에 의한 재난에 더해 원전사고라는 '핵 재난'까지 겹친 복합재난으로 하루아침에 가족과 삶의 터전을 상실한 채 고향을 떠나 일본 각지로의 피난이 불가피해진 후쿠시마현을 비롯한 동일본의 이재민들 및 지역공동체와 연대하며 재난부흥 과정에 참여하였던 연구자들은, 각 지역의 종교 의례와 마쓰리(祭り) 같은 민속예능과 그를 위한 유형문화재(예능을 위한 용구 등)의 부흥이 지역공동체의 물리적 부흥뿐 아니

라 피해자들의 정신적 치유와 관계회복 및 재건에 적지 않은 효과를 발휘하였음을 절감하였노라고 밝히고 있다. 나아가 재난과 그 부흥의 역사를 돌이키고 그 안에서 발휘되는 민속예능 등 무형문화유산의 가치를 알고 행정적·학술적 측면에서의 자료정리와 목록화 및 민속지(誌) 등을 이용한 지역주민과의 공유 작업은, 현재 인류가 직면하고 있고 앞으로 직면할 수 있는 재난에 대한 방재(防災) 및 감재(減災)를 위한 대책이 될 수 있음을 역설한다. 그야말로 본 연구 사업단의 아젠다인 <동아시아 재난의 기억, 서사, 치유-재난인문학의 정립>에서 특히 '서사와 치유'의 현실적 모델이라 할 수 있을 것이다.

주지하다시피 일본은 지진과 쓰나미, 태풍과 홍수 등의 자연재해뿐 아니라 1945년 8월의 원자폭탄에서 2011년 후쿠시마원전사고에 이르는 핵 재난의 반복과 미나마타병이나 욧카이치 천식과 같은 공해병 사건 등이 끊이지 않고 발생하고 있는, 이른바 재난의 대국이라 해도 과언이 아닐 정도이다. 이처럼 길고도 다양한 재난의 역사를 가진 일본의 민중들이 그와 같은 위기에 직면했을 때 어떻게 부흥 및 재건에 성공했는지를 보여주는, 요컨대 재난의 대응과 부흥을 위한 살아 있는 지혜의 보고라 할 수 있을 것이다. 특히 본 연구 사업단의 2단계 사업의 주제 가운데 하나인 종교의례와 민속예능이 재난부흥에서 어떤 역할을 하는지 재난의 현장을 직접 찾아다니며 재난인문학적 차원에서 입증하고 있어, 그야말로 '재난인문학의 정립'에 한 발짝 가까이 다가갈 수 있는 모범적 사례의 하나가 될 것이라 확신하는 바이다.

이런 의미에서 본 저서를 발굴하여 충실하게 번역 작업을 수행한 두 선생님의 노고에 진심으로 고마움을 전한다. 또한 재난의 종류와 빈도 면에서 일본의 경우와 크게 다르지 않은 우리나라와 중국의 전통문화 및 민속예능이 재난을 만났을 때 어떻게 부흥 혹은 재건을 하였는지의 사례에 관해서도 향후 좀 더 심도 있는 연구를 계속해 나갈 것을 약속드리는 바이다.

2023년 1월
조선대학교 인문학연구원 재난인문학연구사업단장
강희숙 씀.

『왜 현장재난인문학인가』를 옮기며

몇 해 전 일본에 전해오는 옛날이야기 중 재난과 관련이 있는 이야기들을 조사한 적이 있다. 그때의 자료를 통해 알게 된 것은 51편의 옛날이야기 중 후쿠시마현과 이와테현 바로 옆에 있는 도치기현과 미야기현에 전해오는 이야기가 가장 많았으며, 재난의 종류로는 홍수와 같은 수해가 가장 많고 지진과 화산폭발에 의한 재난이 그 뒤를 잇고 있다는 사실이다. 이를 통해 일본의 도호쿠(東北)지방, 특히 2011년에 발생한 3.11동일본대지진과 쓰나미 및 도쿄전력후쿠시마제1원전사고로 가장 큰 피해를 보았던 '도호쿠지방 3현=이와테, 미야기, 후쿠시마' 일대에서 자연재해에 의한 재난이 발생한 것은 새삼 어제오늘 일이 아님을 확인할 수 있다. 그리고 지리학적으로 홍수와 지진 같은 재난이 끊이지 않았던 만큼, 재난의 위기를 예방하거나 극복하기 위한 선인들의 지혜가 이들 옛날이야기에도 담겨 있음을 알 수 있다. 그 대표적인 것이 뱀이나 메기와 같은 동물들의 이상행동을 통해 재난을 예견하고 그에 대비하거나 경각심을 가지고 자연 앞에 겸허해야 한다는 등의 내용이다.〔이상은 김경인(2018) 참조〕

재난에 대한 민중의 대응과 지혜는 옛날옛적에 그치지 않고 현대에도 그 명맥을 이어오고 있음을, 2011년 동일본대지진 때는 물론이고 2019년 말부터 시작되어 2023년 현재까지도 계속되고 있는 코로나19 팬데믹 사태에 직면했을 때도 확인할 수 있었다. 일본의 경우만 보더라도 1995년의 한신·아와지대지진과 2011년 동일본대지진이 발생하기 수일 전부터 돌고래 떼의 돌발출현과 떼죽음 같은 동물들의 이상행동이 목격되었다는 보고가 있었다. 그런가 하면 에도시대(1850년 무렵)에 역병을 예견했다고 알려진 것이 계기가 되어, 역병의 예방과 퇴치를 위한 부적으로 당시 유행했던 바닷속 요괴의 그림인 '아마비에'가 코로나19 유행이 급증하기 시작한 2020년 이후 다시 유행하는 기이한 현상이 연출되기도 하였다.

이상의 옛날이야기나 민속신앙은 현대의 과학기술과 의학 측면에서 보면 터무니없고 미개한, 그야말로 허무맹랑한 이야기로 치부될지 모른다. 하지만 민속학적·인문학적 관점에서 본다면, 총체적 재난 위기에 직면해 있는 현대인들에게 과학과 의학 못지않게 선행되어야 할 고찰은 인류와 자연의 신뢰 회복과 관계개선을 위한 인문학적 소양과 전근대적 접근법의 재발견이 아닐까 생각한다. 이런 의미에서 본 번역서 『왜 현장재난인문학인가 - 재난 이후 지역문화와 피해자의 민속지』는 이 두 가지 요건을 충족하기 위한 하나의 출발점이 되리라 믿는다.

본 번역서의 구성과 내용에 대한 대략적 설명은 편저자의 서론에 간단명료하게 서술되어 있으므로, 여기에서는 이 책을 먼저 읽은 독자이자 옮긴이로서 어떻게 하면 재미있고 유용하게 읽을 수 있을까에 대한 도움말을 두 가지 정도 소개하고자 한다.

첫째는 구성순서에 얽매이지 말고 관심 있는 주제의 장을 찾거나 무작위로 펼쳐진 장부터 읽어도 좋으리라. 전반부인 제1부와 제2부는 2011

년 동일본대지진 이후 3대 재난피해 지역의 민속문화 및 예능의 부흥과 그 의미에 대한 현장 조사와 연구결과를 묶은 것이고, 후반부에 속하는 제3부와 제4부는 이상의 세 지방에 전해지는 재난희생자에 대한 위령이나, 재난의 피해자들이 재난공동체 안에서 어떻게 심리적·생활적 안정을 찾아가는가에 관해 서술한 것이다. 어느 장에서 어떤 주제가 논의되고 있는가는 편저자의 서론이 길라잡이가 되어줄 것이다.

둘째는 본 저서에는 지진과 쓰나미 그리고 원전 사고에 의해 재난을 입은 일본 도호쿠 지방의 무형민속문화재와 전통적인 마을 축제에 해당하는 '마쓰리(祭り)' 등이 다수 소개되고 있다. 무엇보다 재난 이후 부활의 경위와 그 의미가 사례를 통해 알기 쉽게 서술되고 있는데, 이러한 이야기들을 따라가며 흥미로운 문화재나 축제에 관해 좀 더 깊이 조사해보는 재미를 누려보길 바란다. 예컨대 본문 중에 소개된 웹사이트를 방문해보면, 가령 일본어를 모르더라도 해당 영상과 자료사진들을 통해 관련 민속문화재나 예능을 좀 더 사실적으로 감상할 수 있다.

마지막으로 여유가 생긴다면, 우리 주변의 민속문화재와 전통 예능의 현주소를 돌이켜보고 지진(우리나라도 더는 지진 안전지대가 아닌 만큼)이나 대규모 화재로 유실되었거나 눈부신 물질문명과 경제 우선주의에 쫓겨 망각할 위기에 놓인 우리의 민속문화와 전통 예능에 관심을 기져보기를 바란다.

왜 현장재난인문학인가?

이 책을 우리말로 옮기는 동안 내내 이에 대한 답을 생각해보았다. 그것은 하루가 멀다 하고 세계 곳곳을 강타하고 있는 기후 위기에 의한 재난은, 더 이상 천재(天災)가 아닌 인재(人災)임이 분명해진 시대, 그와 더불어 크고 작은 사회적 재난까지 엎친 데 덮치고 있는 총체적 재난의 시대를 우리 인류가 지금 살아가고 있기 때문이다. 그리고 지금의 총체적 재난의 시대를 현명하게 극복하고 세계를 바르게 돌이키기 위해서이다. 각 장의 저자들은 재난 현장에서 피해자와 오랜 기간 함께하면서 재난 이후 피해자들의 삶과 재난 극복의 노력을 생생하게 기록하고 있다. 연구자가 지역민의 일인이 되어 재난을 공유했기 때문에 가능한 일이었으리라.

그리하여 우리 두 사람은 길고 오랜, 과거와 가까운 과거와 현재의 재난을 극복하고 미래를 위한 부흥에 힘써온 재난공동체의 지혜와 실천의 결실을 엮은 『왜 현장재난인문학인가 – 재난 이후 지역문화와 피해자의 민속지』를 독자 여러분께 권하는 바이다.

2023. 2. 2.
옮긴이 김경인·임미선

목차

서론

서론

왜 현장재난인문학인가

다카쿠라 히로키·야마구치 무쓰미

2011년 3월 11일, 일본 도호쿠지방 태평양 연해에서 발생한 지진으로 지진, 쓰나미, 그리고 원전사고라는 복합적 재난이 발생했다. 그 복구와 부흥 과정의 이른 단계에서부터 이재민 지원과 피해지역 부흥의 일환으로 제례와 민속예능 등의 역할이 주목받게 된 것은 동일본대지진의 특징 중 하나였다. 매스컴에서의 보도와 발을 맞추기라도 한 듯 행정 쪽에서 전통문화 및 지역문화의 전문가가 지진에 의한 재난부흥에 공헌하고 싶다는 요청이 들어왔다. 이 책은 그러한 정책에 직간접적으로 관여하고 활동해온 연구자, 그와는 별개로 지진 이후의 피해지역과 이재민들 곁에서 지속적으로 현장조사를 실시해온 연구자들이 함께 엮은 것이다.

이 책의 주요 관점은 두 가지다. 첫째는 이재민의 생활부흥에 문화가 어떤 역할을 담당하고 있는가, 혹은 부흥정책의 하나로 문화 관련 연구자는 어떤 역할을 수행할 수 있는가이다. 특히 민속예능이 지역부흥 정책과 연계되면서 적지 않은 연구자가 이 문제에 관여하였는데, 그들은 필연적으로 이 문제와 직면하게 되었던 것이다.

　또 하나는 이재민은 지진 이후 어떤 상황에서 어떤 생활을 하고 있는지, 사람들의 일상을 꼼꼼하게 기록하고 그 사회적 변화를 해명하는 것이다. 매스컴의 보도 대부분은 성공한 부흥을 다루는 것이 일반적이므로, 그 배후에서 무슨 일이 벌어지고 있는지는 좀처럼 알기 어렵다. 동일본대지진의 또 다른 특징은 수많은 인구가 일시적이 됐든 중장기적이 됐든 살던 지역을 떠나 이동을 했다는 점이다. 개인단위의 경우도 있고 어느 정도 규모로 구성된 집단의 경우도 있다. 그것은 이재민 혹은 피난자 자신에게, 또 이재민을 받아들인 지역사회에도 전혀 새로운 사태였다. 여기에는 분산되어 피난간 사람들이 지진 이전에 구축된 사람들과의 연대를 어떻게 재건 (해소)해갈 것인가 하는 문제도 포함되어 있다. 지진 이후 이재민과 지역사회는 전에는 볼 수 없었던 상호작용을 하게 되는데, 그것을 주민의 시점에서 탐구하는 것은 재난 후 사회과정의 전모를 밝히는 데 공헌하게 된다.

　동일본대지진은 문화인류학, 민속학, 종교학 등 현장조사를 수행하는 인문학에서 사회실천의 자세와 그에 맞는 이론 및 방법이라는 관점의 새로운 고찰을 시작하는 계기가 되었다. 그도 그럴 것이 이들 학문은 인류문화의 다양성과 보편성의 해명 혹은 그 역사적 경위의 탐구 등을 주요 목적으로 할 뿐, 식견을 활용해 현실사회에 공헌한다는 문제의식은 그다지 강하지 않았기 때문이다. 물론 최근 응용적 접근은 여러 형태로 개발되고 있고, 그것의 실제적 적용을 위한 도전이 이뤄지고는 있다. 그렇더라도 응용적인 측면은 이들 학문의 필수영역이라기보다는 보충적이고 발전적 성격이 강하다는 이해가 일반적이라 할 수 있다. 그런데 지진은 다수의 연구자에게 자신의 전문지식을 살려 재난부흥에 공헌한다는 문제의식을 깨우치게 했다.

지진에 의한 재난의 부흥에는 다양한 연구분야가 참가하였다. 그 특징은 각각의 전문지식을 살려 부흥정책과 이재민 지원에 관여하는 것이었다. 예컨대 토목공학, 의학, 심리학, 경제학, 사회학 등이 있는데 저마다 마을재건과 이재민의 건강, 경제적인 대책과 커뮤니티형성 지원 등등의 일에 관여했다. 한편 문화인류학이나 민속학은 생활문화 전반을 대상으로 하고 또 방법 면에서도 중장기적으로 조사대상자와 관계를 맺으면서 그 깊이를 심화시켜가는 접근법을 택한다. 그러다 보니 지진부흥 지원이라는 측면에서 어떻게 전문지식을 살릴 수 있을까, 참여관찰이나 취재를 중심으로 하는 방법론을 체육관 같은 피난처에서 실시할 수 있을까 등에 대해, 필자는 인류학을 전공하는 사람으로서 초기에는 심각하게 고민하고 망설였던 기억이 난다. 종교학은 연구대상이 비교적 분명하지만, 개인의 신앙에 접근하는 문제에 전문적 식견을 어떻게 적용할 수 있을까 하는 과제 설정은 인류학과 마찬가지로 상당히 어려웠으리라 예상된다. 그런 의미에서 지역신앙이 관여하는 제례나 민속예능이 지역부흥과 연계된다는 사실이 매스컴을 통해 사회적으로 알려졌다는 것은, 필자를 포함해 지진부흥에 참여하는 이들 분야의 연구자들을 독려하는 효과가 있었다.

특히 무형민속문화재에 관한 행정이 그와 같은 관점에서 문화재 지원을 부흥지원사업으로 실시했다는 것은 의미가 크다. 이는 지역사회의 일상생활 등 이른바 전통문화 전문가가 지진부흥에서 짊어질 역할이 공적으로 표명되었다는 것을 의미하기 때문이다. 물론 그 배경에는 문화행정과 민속예능이나 제례 간 관계의 역사적 경위와 그 사회적 의의를 분석하는 연구축적이 있다(하시모토, 2000; 다와라기, 2003). 이들 연구는 전통문화의 진정성에 대해서는 비판적으로 분석하면서도, 무형민속문화재가 지역사회의 사회경제적 활성화에 기여하는 문화자원이 될 수 있다는 사실은 분명하게 인식하고 있다. 이를 기반으로 한 무형민속문화재에 관한 착안이 부흥정책의 한 방안으로 제시되었던 것이다.

한편, 그와 같은 문화정책에 의한 부흥지원이라는 문맥과는 별개로 적지 않은 인류학자, 민속학자, 종교학자가 재난지역과 이재민에 대한 지원을 포함한 조사연구를 실시하였다. 그 시작의 동기는 여러 가지다. 그리고 시행착오를 거치는 가운데 증언기록이라는 조사방법이 이재민 지원 측면에서 일정 역할을 수행한다는 인식이 정착했다. 현장계열에 속하는 다수의 인문학자는, 조사자가 미리 정해둔 항목을 질문하는 방식이 아니라, 대략적인 질문은 정해두더라도 화자의 이야기 전개를 중점적으로 받아들이는 방법을 취한다. 이 방법에서는 조사대상자와 어느 정도 공감적 관계를 구축하는 것이 바람직하다. 이야기를 듣는 과정에서 얻어지는 것은, 정보 자체는 말할 것도 없고 그 정보를 당사자는 어떻게 정리하고 있는가와 같은 구조적 측면과, 화자는 이야기 자체에서 어떤 의의를 발견하고 있는가 등의 주관적 평가까지도 해석할 수 있다. 이와 같은 조사를 차근차근 진행해가는 동안 원전사고로 인한 모자(母子)피난자의 어려움, 이재민을 수용한 지역사회의 대응, 가설주택 커뮤니티 안에서의 적극적인 경제활동, 미증유의 대지진을 개개의 지역사회는 어떻게 위로하고 기억하는가 등등의 과제들이 보이기 시작했다.

또 지진을 체험했거나 보도를 통해 알게 된 연구자의 개인적인 생각이 계기가 되어 다양한 조사와 지원, 나아가 학생을 동원하는 활동도 추진되었다. 시민으로서, 교육자로서, 그리고 연구자로서의 여러 입장이 뒤섞여 혼란한 가운데서도 뭔가 의미 있는 일을 하고 싶다는 연구자들이 나타났다. 어느 입장에서건 부흥프로세스에 관여한 연구자들은 원래부터 재난을 연구했다기보다는 당사자의 감각과 사회정의적 감정들이 그야말로

'뒤섞이며 대응해가는'(기요미즈, 2016) 와중에 재난부흥 활동을 실천하게 되었다.

동일본대지진의 경험에서 말할 수 있는 것은, 재난부흥의 현장에서 사람들의 생활문화가 갖는 역할을 적극적으로 이해하고, 이것의 가능성을 탐구하고 부흥에 공헌하는 사회적 책임이 연구자들에게 있다는 사실이다. 어쩌면 당연한 이야기처럼 들릴지 모른다. 하지만 자연과학이나 경제학의 경우는 당연할 수 있으나 인문학의 경우는 '과연 그럴까?' 하는 의문이 한때, 특히 지진 직후에는 있었다. 그런데 지금은 인문학 연구자에게는 그 책임이 있다고 확신할 수 있다. 자연재해와 대치한 피해지역 사람들의 문화와 커뮤니티의 존재방식은 다양성을 띠고 있어, 인문학 연구처럼 재난과 마주하는 사람들의 생활을 연구하는 학문은 피해지역 외부에서 들어온 재난부흥 정책이 어떤 사회적·문화적 영향을 미칠지, 혹은 주민이 바람직하다고 생각하는 부흥정책은 어떤 것인지를 밝힐 수 있기 때문이다.

실제로 문화인류학, 민속학, 종교학 등은 다양한 조사연구와 실천활동을 해왔다. 그 결과 어김없이 이들 분야에서 재난연구라는 확고한 영역이 형성되어 왔다. 그것은 무형민속문화재의 재난과 지역부흥 문제에서 시작되어 후구시마현(福島縣)을 중심으로 하는 원전사고에 의한 방사능 문제, 모자피난, 원거리 지방으로의 피난, 추도·위령, 이재민 지원, 문화행정, 고향의 개념, 커뮤니티 지원 등에 이르기까지 폭넓게 확산되었다. 편저자는 재난과 그 지원에 관한 실천적 영역은 문화인류학, 민속학, 종교학 분야에서 더는 보충적이 아니라 필수적인 하위영역을 구성하고 있다고 확신하고 있다.

우리는 이와 같은 영역을 '현장재난인문학'이라는 이름으로 부를 것을 제창한다. 이것은 현장조사를 실시하는 문화인류학, 민속학, 종교학 등의 분야에서 이재민과 재난 피해지역을 방문하고 사람들과의 교류를 통해 조사연구를 실시한다. 그리고 그 성과를 넓은 의미의 부흥에 기여하는 것을 목적으로 한다. 아직 무르익지는 않았지만, 감히 정의를 내린다면 "현장재난인문학이란, 현장조사라는 방법을 이용하여 사회적 가치의 학술적 탐구를 하면서 재난부흥에 관여하는 실천적 학문"이라 할 수 있다.

문화인류학, 민속학, 종교학은 이런 점에서 사회에 내재한 역사문화적 가치의 해명에 공헌할 수 있다. 재난을 만난 사회와 개인은 '지금 여기'에 한정되는 존재가 아니다. 그들은 역사적인 경위와 문화적인 배경 안에 존재한다는 것, 그 가치를 이해하고 발신하는 것은 재난지원을 개별적으로 어떻게 실행해갈 것인가에 대한 지침을 고려하는 데 있어 중요한 정보가 될 수 있다. 피해지역은 피해지역으로서 일반화되는 것이 아니라, 각자 고유의 역사문화적·사회경제적 특징을 갖는 존재이기 때문이다. 한편 역사문화적 가치라고 해서 반드시 긍정적인 것만은 아니다. 사회가 기억해야 할 가치에는 지진과정에서 발생한 곤란함과 고통과 같은 부정적 기억도 포함된다. 그에 대한 해명은 이재민이 지진경험을 미래에 어떻게 계승시켜갈 것인가를 결정짓는다는 점에서 부흥에 기여하게 된다. 지진으로 인해 처한 궁핍한 상황은 객관적으로 정리되기 쉽지만, 그와 동시에 이재민 개개인의 주관에 근거한 기술이 중요하다. 긍정적·부정적인 사회적 가치와 재난부흥의 관계를 이론화하는 것은 나아가 방재(防災)와 감재(減災) 정책에도 기여할 수 있을 것이다. 부흥에서 반드시 이뤄졌던 것(이뤄져야 하는 것)은 '지진 이전의 대책에 대한 시사'이기 때문이다.

또 재난에 관한 인문학이라고 하면, 사람들은 역사자료 구출이나 유형문화재 구출을 떠올릴지 모른다. 그 지역에 보존된 역사문서나 민속도구와 같은 생활도구는 지역사회의 역사와 아이덴티티를 계승하고 유지 및 발전시키는 데 있어 중요한 것으로, 동일본대지진 이후에는 이들 또한 행정적인 지원을 포함한 다양한 연구실천이 조직적으로 실시되었다(가토, 2017; 히다카 편집, 2012; 히라카와·사토 편집, 2011). 마찬가지로 음악이나 미술 분야에서의 부흥지원은 사회의 예술적 가치에 대한 해명을 통해 이뤄진다는 점에서 유사한 위치를 점유하고 있다(문화예술에 의한 부흥추진콘소시엄 편, 2013). 편저자들이 생각하는 현장재난인문학은, 그러한 유형문화재의 구출이나 예술지원과 더불어 포괄적인 재난에 관여하는 인문학의 한 축을 구성하는 것이다.

'현장재난인문학'에서 인문학이라는 말은 이를테면 학술을 통해 사회의 가치를 발견하는 행위로서, 이른바 사회과학·자연과학과의 관계에서 보는 상호배타적 의미로는 사용하지 않는다. 애당초 일본 학술계에서는 인문학으로 분류되는 문화인류학이 구미에서는 사회과학에 해당한다. 인문학과 사회과학의 차이에 대한 검토는 본론의 사정거리를 넘어서고, 그렇다고 인류학을 좁은 의미로 정의하는 것은 그다지 생산적이지 않다. 방법론적으로는 사회과학·자연과학·공학 등을 포함시키고, 사회적으로 볼 때의 인문적 가치를 학술을 통해 발견한다는 점에 역점을 두고자 한다.

아마도 현장재난인문학이 당면한 중심 과제는 첫째, 위기에 직면한 사람들의 커뮤니티를 회복하는 데 있어 무형민속문화재가 갖는 입지규정, 둘째 재난 이후의 개인과 지역사회는 어떻게 일상성을 회복하고 있는가에 대한 민속지(誌) 혹은 민족지(誌)적인 해명, 마지막으로 연구에서 얻은 지식과 지혜를 실제 사회에서 실현시키기 위한 방법론 개발이라는 세 가지를 들 수 있다. 이 책에서 첫 번째 과제는 〈제1부 무형민속문화재의 재난과 부흥사업〉과 〈제2부 재난지역에서 본 민속예능의 부흥과 계승〉에서 논해지고 있다. 두 번째 과제는 〈제3부 재난 사망자의 위령·추도와 기억의 계승〉과 〈제4부 이재민·가족의 생활재건과 지역사회〉에서 논하고 있다. 아쉽게도 세 번째 과제인 연구를 통해 얻은 식견의 사회실현화를 위한 방법론을 명시하는 데까지는 이르지 못했다. 다만, 제1부에서 제4부까지의 논고 중에는 실제로 대지진에 직면한 연구자가 어떠한 노력을 해오고 있는가에 관한 실천보고도 포함되어 있다. 시민으로서 생활하고 있는 연구자가 지진이 발생한 현장에서 무엇을 할 수 있는지, 그것이 어떤 사회적 효과를 발휘하는지 등을 통해서 세 번째 과제에 대한 답을 발견할 수 있으리라 생각한다.

이상 세 가지 연구영역의 발전은 향후의 과제이지만, 편저자들이 무엇보다 강조하고 싶은 것은 무형민속문화재, 바꿔 말하면 생활문화가 지진 후의 부흥에 있어서 중요한 위치를 차지하고 있다는 사실이다. 현장인문학에 관여하는 연구자는 기존에 알려진 역사문서와 물질문화 등의 유형문화재만이 아니라 생활문화 그 자체가 갖는 재난부흥에의 영향력을 탐구할 필요가 있다는 사실을 인식해야 한다고 믿는다.

*****

이 책은 크게 4부로 구성되어 있다.

〈제1부 무형민속문화재의 재난과 부흥사업〉은 모두 4편으로 이뤄져 있다. 여기에는 행정이 주도하는 무형민속의 재난실태 조사에 참여한 다양한 입장의 연구자들의 논고가 수록되어 있다. 〈도호쿠(東北)역사박물관〉 소속의 고다니 류스케(小谷竜介, 제1장)는 미야기현(宮城縣)의 위탁사업 담당자로, 원래 미야기현의 연안지역을 현장조사하는 일을 맡아왔다. 1장에서는 현의 문화재보호행정 현장에 있었던 고다니가, 대규모 재난으로 파괴되고 소실될 위기에 놓인 무형민속문화재를 대상으로 계획하고 실시해온 '미야기현 재난 민속문화재 조사사업'이 민속예능 담당자와 부흥프로세스에 어떤 영향력을 발휘했는가에 대해 객관적으로 총괄하고 있다.

고다니가 현의 문화행정을 다루는 데 이어, 국립문화재기구인 〈도쿄문화재연구소〉에 소속된 이마이시 미기와(今石みぎわ)의 논고(제2장)가 펼쳐진다. 그녀는 아카이브 구축과 재난지역의 민속지 제작 등의 실무 경험을 토대로 이야기를 전개하고 있다. 민속학자로서 '옛날의 생활상'에 고착한 자신이 지진 이후 어떻게 지역사회에 공헌할 수 있을지, 다양한 사람들이 관여하는 재난지역에서의 입지를 자문하는 내용이다. 이마이시와 같이 도쿄문화재연구소 소속의 구보타 히로미치(久保田裕道)의 논고(제3장)는, 동일본대지진 이후 도쿄문화재연구소가 실시한 무형문화유산에 대한 지원사업, 네트워크화와 아카이브화 등을 돌이켜보며 그 경험을 향후 문화재 방재(防災)에 어떻게 반영해야 하는가 등을 제언으로서 정리하였다. 제3자의 시점으로 볼 때 부상하는 것은 문화재 행정에 참여하는 국가, 지방행정, 대학 등의 각 연구기관에 의한 일상적 연대의 중요성, 협력체제를 구축할 필요성이 있다. 이는 향후 문화재 방재에 있어서 강조되어야 할 것이다.

제1부의 마지막인 효키 사토루(俵木悟)의 논고(제4장)는, 2011년 3월 도쿄문화재연구소에서 현재 재직 중인 세이조(成城)대학으로의 이직이 결정된 탓에 잔무처리에 쫓기던 와중에 동일본대지진이 발생했다는 이야기로 시작된다. 효키는 동일본대지진 이후 다섯 가지 부흥관련 사업에 연이어 참여했다. 재난 피해지역 조사에 참여하고, 부흥지원기금 조성의 선고위원을 맡았던 경험을 들려준다. 사회가 민속학자에게 요구하는 것, 자신이 그에 대해 어떻게 대응해야 하는가 등의 고민과 어려움을 토로하고 있다.

〈제2부 재난지역에서 본 민속예능의 부흥과 계승〉에는, 그런 부흥사업의 대상이 된 무형민속문화재가 실제로 이재민이나 재난지역의 회복에 어떤 작용을 해왔는가에 대한 4편의 논고가 실려 있다.

그 중 첫 번째인 이나자와 쓰토무(稻澤努, 제5장)는 미야기현 야마모토정(山元町)에 있는 야에가키(八重垣) 신사의 마쓰리(祭り, 일본의 공적이면서 종교적인 의식이나 축제를 일컫는 말-옮긴이) 부흥과정을 묘사하고 있다. 고다니가 제1장에서 지적한 지역문화로서의 민속이 신시가지의 정비와 가설주택 주민의 감소 등 지역사회의 변화에 어떻게 대응하고 살아남아 있는지가 그려진다. 또 이나자와 자신을 포함한 외부에서 온 '미코시(御輿, 일본의 마쓰리나 제례에 사용되는 가마-옮긴이)를 메는 가마꾼'과 지역 주민과의 교류가 생생하게 묘사되어 있어, 행정과 연구자가 어디까지 관여해야 하는가 하는 이마이시(제2장)의 의문에 대한 하나의 답이 되리라 생각한다. 그 뒤를 이어고야 준코(呉屋淳子, 제6장)는 미야기현 야마모토정에서 재난을 당한 두 개의 가구라(神樂, 신에게 제사 지낼 때의 무악과 그 악기-옮긴이)가 통합된 초등학교에서 '어린이 가구라'로 부흥된 모습을 묘사하고 있다. 초등학교의 '종합적인 학습 시간'에 아이들과 가구라보존회의 멤버, 그리고 교사가 새로운 민속문화 담당자가 되어 활동하고 있다. 이는 전통이 새로운 미래를 개척해가는 하나의 사례라고 생각된다. 이들 두 개의 장은 각각의 본문에서도 언급되고 있지만, 지속적 조사의 중간보고적 성격을 갖는다. 거창하진 않지만 재난지역에서 무형민속문화재를 둘러싸고 어떤 사태가 발생하고 있는가를 면밀히 관찰하고 있다는 의미에서 자료적 가치가 있다.

이치야나기 도모코(一柳智子, 제7장)는 후쿠시마현에서 무형민속의 재난실태를 조사한 〈민속예능학회 후쿠시마조사단〉에 참여한 한 사람이다. 이치야나기는 이와테현(岩手縣)과 미야기현의 쓰나미 재난지역에서 실시

한 고지대로의 이전과 거주제한에 의한 고향상실과는 근본적으로 다른 후쿠시마의 상황을 '후쿠시마형 광역·초(超)장기적 피난'이라고 부른다. 그 안에서 부흥 및 계승되는 후쿠시마현 하마도리(浜通り) 지방의 세 가지 모내기 춤을 소개하고, 지진 이후의 부흥과정과 이재민에게 있어 모내기 춤이 갖는 의미와 의의에 대해 논하고 있다. 다카쿠라 히로키(高倉浩樹, 제8 장)는 후쿠시마현 이와키시(いわき市)의 사자춤과 후타바정(双葉町)의 나가레야마(流れ山) 춤을 사례로 들어, 후쿠시마원전사고의 재난부흥에서 무형민속문화재가 맡은 역할을 재난 이후의 감재(減災)라는 관점에서 논하고 있다. 특히 후타바정은 강제피난 지역으로 그 일부 사람들이 이바라키현(茨城縣) 쓰쿠바시(つくば市)로 피난했다. 다카쿠라는 쓰쿠바시의 피난자 중에 그때까지 춤과는 인연이 없던 사람들이 춤을 배우고 의상을 준비하여 재회의 계기를 마련했다고 지적한다. 민속예능은 시민에 의해 변화되어 온 전통으로, 거기에는 사회통합성, 지역사회의 아이덴티티, 회귀적 시간의 요소가 갖춰져 있다. 그런 만큼 독자적인 역사문화의 구조를 갖는 사회 네트워크를 만들 수 있고, 이것을 잘 활용하면 재난부흥정책에도 기여할 수 있다고 주장한다.

지진 이후 6년 이상이 지나는 동안, 재난지역에서는 이재민 자신들에 의한, 또 이재민을 둘러싼 다양한 활동이 지속되어 왔다. 〈제3부 재난 사망자의 위령·추도와 기억의 계승〉에는 지진 이후 6년 동안 재난지역 사람들의 활동을 밀착 조사한 성과로, 특히 재난으로 사망한 이들을 사회는 어떻게 위로하고 추도하는지, 그리고 어떻게 그 기억을 사회화하고 있는지에 대해 논한 4편의 논고를 수록하였다.

많은 것을 잃은 이재민과 재난지역은 살아가기 위해 죽은 자와 마주하지 않으면 안 된다. 가와시마 슈이치(川島秀一, 제9장)와 세바스찬 보레(제

10장)는 재난으로 사망한 사람을 어떻게 애도하는가에 대해 논하고 있다. 가와시마는 민속학적 조사를 통해 전국의 바다에서 발생한 해난사고나 쓰나미 재난, 자살자와 같은 '표류'하는 죽음(시신)을 어떻게 애도하는지 그 방법의 사례들을 소개한다. 이들 사례가 '무연고 시신'인 만큼 '여귀(厲鬼)'가 되지 않게 하려고 정성껏 공양하는 것에 비해, 동일본대지진 이후의 위령과 공양은 유해가 유실되었거나 여전히 찾지 못한 가까운 이들에 대한 석별의 마음이 동기가 되었다고 할 수 있다. 보레는 미야기현 나토리시(名取市) 유리아게(閖上) 지구를 예로 들며, 자녀를 잃은 유족들이 세운 중학교의 위령비, 불교단체에 의한 불상, 지자체가 세운 기념비에 대해 소개하고 지역사회에서 기념비가 갖는 역할에 대해 검토한다. 동일본대지진 이후에는 일본 각지에서 쓰나미 전승이나 수해 전조현상을 알리는 전설이 재확인되었다. 일본민속학 측면의 재난과 연관이 있는 전승기록과 연구의 가치도 재조명되어야 할 것이다.

재난은 일본에서만 벌어지는 일이 아니다. 보레와 같은 외부인이 바라보는 일본의 위령에 대한 관점을 살펴본 것에 이어, 후쿠다 유(福田雄, 제11장)는 인도네시아 아체에서 발생한 쓰나미 재난을 바라보는 일본인의 관점을 논한다. 여기에서는 위령문화에 대한 국제비교연구가 진행될 가능성을 엿볼 수 있다.

후쿠다는 2004년 수마트라섬 인근에서 발생한 지진을 겪은 아체와, 동일본대지진 이후 미야기현 이시노마키시(石巻市)에서 실시한 쓰나미 기념행사를 비교하고 있다. 아체는 '메카의 베란다'라고 불릴 정도로 이슬람 사회에서 중요한 위치를 차지하고 있는데, 그 기념식도 신과의 인연을 추구하는 것이다. 그에 비해 '무종교식'으로 실시된 동일본대지진의 위령제는 사망자에 대한 위령과 더 나은 재난 이후의 사회를 만들겠다는 맹세가 중심이 된다. 후쿠다는 양자를 비교하는 '재화(災禍)의 의례'라는 구조를 제시한다.

연구자가 거주하는 장소라는 의미에서, 혹은 미디어를 통해 지진과 같은 재난과 직면했을 때 연구자 자신이 지원활동에 참가하는 경우도 있다. 구로사키 히로유키(黑崎浩行, 제12장)는 〈종교인 재난구원 네트워크〉〈종교인 재난지원연락회〉 등 종교의 사회공헌을 연구하는 동료들과 함께 지원활동에 참가해왔다. 또 학생봉사단체를 인솔하기도 하였는데, 그런 활동들을 회고하며 종교학자로서 재난지원에 참여한다는 것은 어떤 것인가에 대해 논하고 있다.

마지막의 〈제4부 이재민·가족의 생활재건과 지역사회〉는, 재난지역에 남아있는 이재민이든 피난한 이재민이든 그들이 어떻게 생활을 재건하고 있고, 그런 이재민과 지역사회는 어떻게 상호작용을 하고 있는가에 대해 논하고 있는 4편의 논고로 구성되어 있다.

말할 것도 없이, 이재민은 피난생활을 지속하는 가운데 이러저러한 지원을 받으면서도 자립을 위한 경제활동을 할 필요가 있다. 야마구치 무쓰미(山口睦, 제13장)는 이재민 중에서도 약자로 분류되는 여성이 중심이 되는 수공업을 예로 들고 있다. 동일본대지진 이후 수많은 수공업이 탄생했는데, 본 장에서는 특히 미야기현 게센누마시(氣仙沼市)와 히가시마쓰시마시(東松島市)의 사례를 통해 사업발족의 경위와 발전과정을 좇고, 특히 외부인과의 관계의 중요성을 지적한다. 모자피난자에게도 물론 해당되는 이야기지만, 재난 이후에는 이재민 스스로의 노력과 더불어 공조(共助)와 공조(公助)가 어떻게 지속적으로 이뤄지는가가 생활을 지탱하는 데 무엇보다 중요하다는 사실을 알 수 있다.

지금까지 여러 차례 언급했듯이 동일본대지진의 특징 중 하나는 후쿠시마제1원전사고와 그에 따른 전국규모의 광역피난이다. 이어지는 호리카와 나오코(堀川直子, 제14장)와 오이카와 다카시(及川高, 제15장)는 각각 피난자와 지원자 측에서 광역피난을 한 모자피난자에 초점을 맞추고 있다. 동일본대지진 이후에도 각지에서 다양한 재난이 발생하고 있어, 누구나 지원받거나 지원하는 측이 될 가능성이 있는 만큼 양 측면에서 사태를 바라볼 필요성이 있다.

호리카와는 간토(關東)지방으로 자주피난(自主避難)을 한 후쿠시마현 출신의 모자를 인터뷰하고, 원전사고의 영향으로 법과 제도에 의해 새롭게 규정된 재난약자인 '모자피난자'에 대해 논하고 있다. 호리카와가 인용하듯이, '자주피난'이라는 말은 '도망가지 않아도 되는데 자기 맘대로 피난한 사람들'이라는 의미를 내포할 우려가 있다. 특히 피난지시구역 외 지역에서의 모자피난자는 자기책임으로 대처해야 한다는 논리에 많든 적든 노출되어 있다. 때로 가족과의 이산(離散)이라는 결과를 초래하더라도 아이를 위해 자주피난을 선택하는 사람들의 자세가 그려져 있다. 뒤이어 나오는 오이카와는 방사능으로부터 도망칠 유력한 피난처로 주목받았던 오키나와에서의 피난자 수용과정과 그 체제에 대해 논하고 있다. 동일본대지진의 이재민을 '소개자(疎開者)'로 명명하는 오키나와 지방신문의 기사 인용을 비롯해 누구도 예측하지 못했던 장기화된 지진 이후의 피난생활을 지원하는 오키나와 사회의 —오이카와는 '공기'라고 표현하는— 당사자성 결여(지원에 있어서)가 지적되고 있다.

이재민과 지역사회의 상호작용은 앞서 말한 대로 피난 장소에서만 발생하는 것은 아니다. 재난지역의 외국인과 어떻게 대응하느냐 하는 문제가 재난지역 안에서 발생하는 것이 현대사회이다. 이 책에서는 동일본대지진 이후 외국인 이재민 문제(예컨대, 동일본대지진 재일코리언의 재난체험 취재조사 프로젝트 편, 2015)는 다루지 못했지만, 외국에서 재난을 겪은 일본인에게 해당 나라의 지역사회가 어떻게 대응했는가에 대한 흥미로운 논고를 수록할 수 있었다. 2011년 2월 22일, 즉 동일본대지진이 발생하기 17일 전에 뉴질랜드 크라이스트처치에서 지진이 발생했다. 당시 희생자 185명 중 28명이 일본인이었다는 사실을 기억하는 일본인은 많지 않을 것이다. 수잔 부터레이(제16장)는 뉴질랜드 캔터베리대학에서 일본연구자로 교편을 잡고 있는데, 자신의 어학능력을 살려 일본인 희생자 가족과 현지 경찰, 그리고 외무성 관계자 사이를 통역했던 자신의 봉사활동에 대해 기록하고 있다. 나아가 앞으로 발생할 수 있는 재난에 대비해, 외국인 피해자와 현지 사회를 잇는 통역의 중요성과 이루어져야 할 지원에 대해 제언하고 있다.

이들 논고를 통해 주장할 수 있는 것은 다음의 세 가지다. 먼저 지진으로부터의 부흥과 방재 및 감재를 위한 정책에 무형민속문화재가 공헌할 수 있다는 것이다. 또 피난과 위령 등 지진 이후의 사회과정은 우리 사회가 그야말로 기억하지 않으면 안 될 가치를 갖는다는 점이다. 마지막으로 연구자의 개인적인 사고가 현장재난인문학을 만들어가는 힘이 된다는 사실이다.

*****

본 서론에서도 언급한 무형민속문화재 등 유사한 용어에 대한 설명이 필요해 보인다. 무형민속문화재란 일본의 문화재보호제도에서 사용되는 용어다. 이 책의 내용과 관련된 것으로는 역사문서나 회화나 불상 등이 포함된 유형문화재, 가부키(歌舞伎)나 공예기술 등을 의미하는 무형문화재가 있다. 이들은 미적·학술적 가치가 있다고 판단된다. 그에 비해 '국민 생활의 추이를 가리키기' 위해 인정되는 것으로 민속문화재라는 카테고리가 있고, 그중에서 민예품 등을 내포하는 유형민속문화재와 제례·민속예능 등의 무형민속문화재가 있다(제1장 참조). 이해가 잘 안 되는 것은 최근 유네스코에서 정한 무형문화유산이라는 개념이 있기 때문이다. 이것은 글로벌화 속에서 문화적 다양성을 유지하기 위해 개설된 개념으로, 의미는 무형민속문화재에 가깝다. 하지만 전통성에 연연할 필요는 없으며 현대화되어 있어도 좋다. 또 특정집단이 배타적으로 전승할 필요도 없고 역사적 과정 안에서 다른 집단과 공유하고 있어도 무관하다는 점에서, 이른바 변하지 않는 전통이라는 본질주의적인 문화의 이해를 배제한다는 점에 특징이 있다.[1] 이 책에서는 여러 집필자에 의해 무형민속문화재, 무형문화재, 무형문화유산이라는 용어가 사용되고 있는데, 각각의 문맥이 있으므로 표기통일은 하지 않았다. 집필자에 따라서는 정의를 하면서 용어를 사용하는 경우도 있지만, 만일 이해가 잘 안 될 때는 이 해설을 기억하기 바란다.

마지막으로 이 책을 제작하게 된 경위에 대해 설명하도록 하자. 이 책의 집필자 대부분은 〈도호쿠대학 도호쿠아시아연구센터〉가 미야기현의 의뢰를 받아 진행하는 사업 〈미야기현 연안부의 무형민속문화재 재난 실태 조사(2011~2013년)〉에 참여한 인연으로 재난 피해지역 연구에 착수하게 되었다. 이 프로젝트의 경위와 성과는 다양한 형태로 출판하였다(다카쿠라·다키자와·마사오카 편 2012; 다카쿠라·다키자와 편 2013, 2014; Takakura 2016). 그 이후의 전개는 여러 형태로 실시하였는데, 그중 하나로 일본을 넘어 세계

---

1   UNESCO, "What is Intangible Cultural Heritage?", UNESCO Website(https://ich.unesco.org/en/what-is-intangible-heritage-00003)[최종검색일 2017년 8월 15일]

곳곳의 자연재해 지역과의 교류가 있다. 뉴질랜드, 인도네시아, 중국 등지에서 지진·쓰나미 재난에 인문학 연구자들이 어떻게 대응해왔는지, 연구교류가 이뤄졌다. 뿐만 아니라 '쓰나미의 피해상황 파악'이라는 당초의 과제를 넘어 후쿠시마현을 중심으로 한 방사능 문제 등으로 취급하는 과제의 폭을 넓혀갔다. 또 이와테현과 후쿠시마현 재난지역의 무형민속문화재 조사 관계자와 교류할 수 있었던 것도 중요한 성과였다. 이 책에는 그러한 성과의 일부를 논고로 정리한 것들이 실려 있다.

이 책은 어떤 의미에서는 2014년에 간행한 『무형민속문화재가 재난을 만난다는 것 - 동일본대지진과 미야기현 연안부 지역사회의 민속지』(다카쿠라 히로키·다키자와 아쓰히코 편, 신센샤)의 속편이라 할 수 있지만, 테마와 지역 면에서 보다 폭넓게 지진문제를 다룰 수 있었다고 생각한다.

끝으로 이들 조사연구 활동을 진행해온 것은 도호쿠대학 도호쿠아시아연구센터의 프로젝트연구인 〈재난과 지역문화유산에 관한 응용인문학 연구 유닛〉(2014~2016년도) 등의 공동연구이다. 원고는 연구회와 심포지엄의 발표를 토대로 각 저자가 논문으로 집필하였다. 편저자인 다카쿠라 히로키는 유닛의 대표이며, 야마구치 무쓰미는 교육연구지원자(2015~2016년도)로서 그 활동운영을 맡았다.

加藤幸治(2017)『復興キュレーション-語りのオーナーシップで作り伝える"くじらまち"』東京：社會評論社

清水展(2016)「巻き込まれ、応答してゆく人類學-フィールドワークから民族誌へ、そしてその先の長い道の歩き方」、『文化人類學』81(3)：pp.391-412

高倉浩樹・滝澤克彦・政岡伸洋編(2012)『東日本大震災に伴う被災した民俗文化財調査 2011年度報告書』(「東北アジア研究センター報告」五号)、仙台：東北大學東北アジア研究センター

高倉浩樹・滝澤克彦編(2013)『東日本大震災に伴う被災した民俗文化財調査 2012年度報告書』(「東北アジア研究センター報告」九号)、仙台：東北大學東北アジア研究センター

＿＿＿＿＿＿(2014)『無形民俗文化財が被災するということ-東日本大震災と宮城縣沿岸部地域社會の民俗誌』東京：新泉社

橋本裕之(2000)「民俗芸能の再創造と再想像-民俗芸能に係わる行政の多樣化を通して」、香月洋一郎・赤田光男編『民俗研究の課題』(「講座 日本の民俗學」10卷)、東京：雄山閣、pp.69-80

東日本大震災在日コリアン被災体験聞き書き調査プロジェクト編(2015)『異郷被災-東北で暮らすコリアンにとっての3・11 東日本大震災在日コリアン被災体験聞き書き調査から』(〈叢書東北の聲)32)、仙台：荒蝦夷

日高眞吾編(2012)『記憶をつなぐ-津波災害と文化遺産』大阪：千里文化財団

俵木悟(2003)「文化財としての民俗芸能-その経緯と課題」、『芸能史研究』160：pp.48-73

平川新・佐藤大介編(2011)『歴史遺産を未來へ』(「東北アジア研究センター報告」3号)、仙台：東北大學東北アジア研究センター

文化芸術による復興推進コンソーシアム編(2013) 『文化芸術による復興推進コンソーシアム 平成24年度調査研究報告書』(http://bgfsc.jp/wordpress/wp-content/uploads/2013/08/fix_h24_houkoku.pdf)

Takakura, Hiroki(2016) "Lessons from anthropological projects related to the Great East Japan Earthquake and Tsunami: Intangible Cultural Heritage Survey and Disaster Salvage Anthropology," in John Gledhill ed., World anthropologies in practice: Situated Perspectives, Global Knowledge, London: Bloomsbury, pp.211-224

제1부

무형민속문화재의 재난과 부흥사업

제1장

문화재화하는 지역문화

– 대규모 재난 이후 민속문화재에 대한 대응을 중심으로

고다니 류스케(小谷竜介)

1. 시작하는 말

민속학자는 자신이 속한 현장이 재난을 당했을 때 어떤 행동을 취할 수 있을까?

동일본대지진 이후 나 자신에게 묻고 또 묻는 질문이다. 〈미야기현 립박물관〉의 학예원으로 미야기현 연안부를 현장 삼아 활동해온 나는, 내가 알고 있는 현장의 대부분이 물리적인 형태를 상실한 현실을 목격했을 때 뭐라도 해야 한다는 생각과 '뭘 할 수 있시?' 하는 의문에 직면하게 되었다.

박물관 학예원인 나는 미야기현 교육위원회 직원이기도 했다. 그리고 대지진이 발생했을 시점에는 문화재 보호행정 담당자로 미야기현청이 나의 직장이었다. 그 때문에 재난을 당한 문화재에 대한 대응 업무를 담당하게 되었고, 이 과정에서 재난지역에서의 민속문화재 조사사업을 기획하였다.

민속문화재는 '민속'이라는 말처럼 민속학의 대상인 일본사회에서의 민속에 관한 문화재이며, 그 보호대상은 민속학의 성과에 의해 영향을 받는다. 그럼에도 그것은 어디까지나 문화재보호법에 규정된 문화재로, 거기에는 '국민 생활의 추이를 나타내'는 문화재로 규정되어 있을 뿐 민속이란 글자는 없다. 즉 민속학이 대상으로 하는 '민속' 자체가 문화재가 되는 것이 아니라, 정의에 근거하여 대상을 선택하면 결과로서 민속학의 대상인 '민속'과 비슷한 것이 선택되는 것이다. '민속'문화재이긴 하지만, 이 민속이 민속학의 민속과 반드시 일치하는 것은 아니다. 이런 민속문화재와 민속과의 관계는 민속학에서 다뤄지고 있지만(이와모토, 1998), 법에 근거하는 행정의 관점이 빠진 분석에 그쳐 논의의 앞뒤가 맞지 않다는 인상을 나는 가지고 있다. 그것은 문화재가 법적으로 정의되는 것 이상의 존재는 아니긴 하지만, 뭔가 학술적인 범주를 가리키고 있다는 오해가 있기 때문이라고 생각한다. 본 장에서는 민속문화재와 민속학의 대상이라는 시각을 출발점으로 하여, 동일본대지진 이후 심혈을 기울여온 민속문화재 조사를 통해 '대규모 재난 이후'의 지역사회 민속에 대해 생각해보고자 한다.

2. 민속문화재와 민속학

일본의 문화재보호제도는 유형문화재, 무형문화재, 사적명승천연기념물, 문화적 경관, 전통적 건조물군, 그리고 민속문화재 등 6개 범주로 구분되어 있다. 이 구분은 문화재를 보호하는 형태의 차이에 의해 보호조치가 달라진다는 점에서 설정된다. 예컨대 무형의 문화재는 변화하는 성격을 가지고 있는 데 반해 유형문화재는 같은 상태를 유지하는 것에 가치가 있듯이, 문화재로서의 가치를 보존하는 데 있어 대응이 다르다. 토지를 대상으로 하는 문화재라는 점에서 공통된 사적명승천연기념물과 문화적 경관의 경우, 현상을 가능한 한 유지하는 것이 사적명승천연기념물이고 사람의 행위로 서서히 변해가는 경관의 시스템이 문화적 경관이 되기 때문에 그 보존방향이 다르고 문화재 범주도 달라진다. 민속문화재는 유형민속문화재와 무형민속문화재라는 유형·무형의 양면을 갖는 특이한 문화재이다. 그리고 변화를 허용하는 무형민속문화재와 형태를 보존하는 유형민속문화재를 동일한 보호조치 안에서 보존한다는 데에 가장 큰 특징이 있다.

게다가 민속문화재에는 문화재를 지정하는 시점에 또 하나의 특징이 있다. 지정은 재산권 제한으로 이어지는 행정행위이므로, 국가가 문화재를 지정할 때의 '지정기준'이 정해져 있다. 다른 문화재의 지정기준을 보면, 판단의 기준이 되는 것은 두 가지 시점으로 정리된다. 하나는 미적 기준이고, 또 하나는 학술적 기준이다. 그리고 전자라 하더라도 문화재로서 가치를 인정받은 미술공예품을 연구하기 위한 미술사연구나 건축사연구라는 형태로 학문화되어 있다는 사실을 감안하면, 학술적인 관점에서 기준이 정해져 있다고 해도 과언은 아니다. 그렇다면 민속문화재의 경우는 어떨까? 민속문화재의 지정기준은 "1. 풍속관습 중 다음의 각 호 중 하나에 해당하며 특히 중요한 것. (1)유래, 내용 등에서 우리 국민의 기반적인 생활문화의 특색을 나타내는 것으로 전형적인 것, (2)연중행사, 제례, 법회 등에서 실시되는 예능의 기반을 나타내는 것. 2. 민속예능 중 다음의 각 호 중 하나에 해당하며 특히 중요한 것. (1)예능의 발생 혹은 성립을 나타내는 것, (2)예능의 변천과정을 나타내는 것, (3)지역적 특색을 나타내는 것."이다. 여기에서는 학술적인 평가에 대해 언급되지 않고 민속'학'적인 시점 이외의 관점도 허용되도록 설계되어 있다. 이 점이 다른 문화재와 크게 다른 부분이다.

그렇다면 민속문화재가 다루는 범위는 어떻게 될까? 무형민속문화재에서는 풍속관습과 민속예능 그리고 민속기술 세 분야로 나뉜다. 이 구분은 이해하기 상당히 어렵고 설명도 곤란하다. 문화청에서 민속문화재 부문의 주임문화재조사관을 역임했던 오시마 아키오(大島曉雄)의 설명에 따르면, 풍속관습으로 무형민속문화재는 모든 것을 망라할 수 있지만, 별개의 문화재 범주인 무형문화재가 고전예능과 공예기술이라는 두 분야로 나뉜다는 점에서 이 구분법을 계승한 셈이다(오시마, 2007). 무형문화재에 미치지는 못하지만 '국민의 생활추이를 나타내는' 무형의 문화재를 별도로 파악하기 위해 설정되었다는 것이다.

반면, 유형민속문화재는 무형민속문화재에 사용되는 도구라는 설명이 되는데 지정은 이하의 분류를 기준으로 이뤄진다. ①의식주 ②생산, 생업 ③교통, 운수, 통신 ④교역 ⑤사회생활 ⑥신앙 ⑦민속지식 ⑧민속예능, 오락, 유기(遊技) ⑨사람의 일생 ⑩연중행사 등 10항목이다. 이 분류는 주로 유형민속문화재를 연구대상으로 하는 민구(民具)연구에서는 문화청 분류라고 불리며, 자료분류의 기준이 됨과 동시에 민구연구의 대상이 거의 망라되고 있다. 동시에 민속학의 대상도 망라되었다고 해도 과언이 아니며, 민속학적인 지식이 반영되어 있음을 알 수 있다.

그렇다면 풍속관습과 민속학이 다루는 민속은 어떤 관계에 있을까? 야나기타 구니오(柳田國男)는 민속학의 목적은 대상의 전승에 있다고 보고, 전승에는 사진으로 찍을 수 있는 '유형문화', 귀로 들을 수 있는 '언어예술', 그리고 일상의 마음을 가리키는 '심의현상(心意現象)' 세 가지가 있다고 분류하였다. 『일본민속대사전(日本民俗大辭典)』에 따르면, 심의현상은 "미묘한 감각에 호소함으로써 비로소 이해할 수 있는 것으로, 사람의 마음에서 마음으로 전해오는 민속을 말한다. (중략) 야나기타는 심의현상을 명백히 하는 것이 민속학의 궁극적 목표라고 말한다."(다니구치 1999:878)고 정리되어 있다. 이대로 이해한다면 민속문화재는 민속학 대상의 심층부분이 되고, 그러므로 민속문화재만을 대상으로 하면 민속학의 목표와 괴리가 생긴다는 이와모토(岩本)의 우려와도 상통하지 않을까(이와모토 1998). 이 위기의 내실은 학문의 존재방식과 밀접하게 연관되어 있다. 즉 민속학 연구가 심의현상 탐구를 제외한 민속문화재의 가치부여 중심이 될 우려가 생기는 것이다. 그것은 고고학을 배운 학생이 문화재보호 행정의 전문직으로 취직하는 경우가 많아진 결과, 유물과 매장문화재·유적과 매장문화재포장지(包藏地-유물이나 문화재가 매장되어 있는 토지를 일컬음-옮긴이)가 최소한의 구분도 없이 조사연구되게 된 것과 마찬가지 사태가 상정되기 때문이다.

이렇게 보면 민속문화재와 민속학이 대상으로 하는 민속이란, 같은 사상(事象)을 대상으로 하고 있다고는 하나 다른 측면에서 바라보고 평가한다는 점은 당연해 보인다. 한편 민속문화재의 운용, 특히 지정할 때는 전문가에 의한 보증이 요구된다. 국가에 의한 문화심의회나 지자체의 문화재보호심의회에의 자문과 답신(答申)이다. 민속문화재의 답신에는 민속문화재 담당의 심의위원이 주도하게 된다. 공개되어 있는 국가 및 지자체의 심의원을 보면, 대부분은 민속학자가 그 임무를 맡고 있다. 이로써 민속적인 평가에 근거하여 민속문화재를 심의하고 있음을 짐작할 수 있는데, 이 점에서 민속문화재의 실태는 민속학에 의해 평가된다고 할 수 있다. 이와 같은 양면성이 민속문화재의 가장 큰 특징이 된다.

3. 문화의 재난, 문화재의 재난

동일본대지진 당시 문화재보호 행정의 현장에 있었던 필자는 필연적으로 문화재의 재난에 대응하게 되었다. 그것은 물리적으로 파괴된 문화재를 어떻게 수리할 것인가 하는 업무로, 구체적으로는 지정문화재 수리의 방향성을 정하고 필요한 보조금의 예산을 짜는 일이다. 더욱이 동일본대지진에서는 미지정 문화재의 구원이라는 활동이 추가되었다. '문화재 구조사업'이라는 이름으로 알려진 활동에서는 지정·미지정을 불문하고 동산(動産)의 문화재를 대상으로 구원활동이 이뤄졌다. 또 건축물에 대해서도 역사적 건축물을 대상으로 문화재 닥터를 파견하는 사업이 시행되었다. 이 두 사업에서는 미지정 문화재도 대상이 되었다는 점이 문화재보호 행정 세계에서는 획기적이었다. 그것은 지정문화재란 행정이 보존할 가치를 인정한 문화재임을 나타내므로, 사적재산이기도 한 개인소유의 문화재에 보조금이라는 형식이기는 하지만 공금을 투입할 근거가 되기 때문이다. 물론 동일본대지진 때의 문화재 구조사업이나 문화재 닥터 파견사업은 어디까지나 모금에 의한 활동이었지 공금이 투입되지는 않았다(오카다 2012:19, 세키구치 2013:47). 다만 문화청이 앞장서서 미지정 문화재를 관리했다는 사실이 중요하다. 그리고 동산 문화재를 대상으로 한 문화재 구조사업에는 유형민속문화재도 포함되었다.

그럼 무형의 문화재는 어땠을까? 무형문화재의 범주에 드는 문화재는 동일본대지진의 재난지역에는 없으므로 여기에서는 무형민속문화재가 대상이 된다. 무형민속문화재를 둘러싸고 흥미로운 움직임이 있었다. 민속예능에 대한 관심이다. 이때의 관심은 크게 두 가지 면에서 볼 수 있다. 첫째는 애호가에 의한 관심이다. 둘째는 이재민인 민속예능 담당자로부터의 발신이다. 전자는 지진 이전부터 민속예능에 관심을 가지고 재난 지역의 민속예능에도 주목하고 있던 사람들로, 동일본대지진의 피해상황을 보면서 자연히 민속예능이 처해 있는 상황에 관심을 갖게 되는 경우다. 따라서 인명구조가 일단락되었을 때, 개인적인 네트워크를 이용해 재난 지역과 연락을 시도하고 상황을 확인하게 되었다(이이자카 2012 등).

한편 후자는 동일본대지진에서 나타난 하나의 특징이라 할 수 있다. 비교적 이른 시기에 민속예능 담당자의 피해상황과 도구의 피해에 대해 알리고, 예능을 재개하고 싶다는 의사표시를 담당자 측에서 발신하였다. 무엇보다 애호가가 아직 주저하고 있던 단계에서의 일이다. 그리고 그에 호응하듯 애호가가 소셜미디어 등을 통해 외부로 정보를 발신하고, 민속예능을 둘러싼 지원의 움직임이 일기 시작했다. 여기서 유의해야 할 것은, 민속예능이라는 말은 그 발생에서부터 문화재와 밀접하게 관계되어 있지만(효키 2013), 담당자 측은 꼭 문화재라는 이유에서 구원을 요구한 것은 아니라는 점이다. 이런 점이 앞서 언급한 문화청이 앞장서서 실시한 지정·미지정을 불문한 문화재 구조사업이나 문화재 닥터 파견사업과 결정적으로 다른 점이다. 이 두 사업은 대상이 '문화재'여야 한다는 전제가 깔려있기 때문이다.

민속예능 애호가는 문화재·민속문화재로서의 민속예능이라는 측면은 충분히 알고 있지만, 역시 '예능'으로서 좋아하는 것이고 그렇게 좋아하는 예능을 지키고 싶다는 관점에서 지원하게 된다. 그렇다면 민속예능 담당자 측은 어떨까? 실은 크게 두 가지 반응이 있다. 하나는 이미 문화재로 지정된 민속예능으로, 지정된 만큼 남길 필요가 있다고 느끼고 그것을 위해 지원을 요구하는 움직임이다. 또 하나는 문화재로서의 인식은 없지만 생활재건 과정에서 필요성이 높다고 보고 목소리를 높이는 움직임이다. 후자는 참으로 흥미로운 움직임인데, 우선은 전자부터 살펴보도록 하자.

중요무형민속문화재 오가쓰호인 가구라(雄勝法印神樂, 이시마키시)는 동일본대지진에 의한 쓰나미로 용구의 대부분이 유실되고 가구라시(神樂師, 가구라를 연주하거나 집행하는 자-옮긴이)도 사망하는 등 큰 피해를 입었다(고다니 2014 참조). 필자는 문화재보호 담당직원으로서, 국가 및 현이 지정한 문화재의 재난실태 조사 일환으로 보호단체인 오가쓰호인 가구라보존회와 연락을 취하고 피해상황을 확인하였다. 그리고 지정문화재로서의 재개 가능성에 대한 정보를 수집하였다. 그에 대해 오가쓰호인 가구라보존회에서는 지진 후 2개월이 지나지 않은 2011년 5월 연휴 중에 용구대여가 가능하다고 보고 재개를 결정했다. '오가쓰 부흥 시(市)'라고 명명한 이벤트에서의 공연은 중요무형민속문화재로서의 공연이라기 보다는 오가쓰지역을 위한 공연이었지만, 그렇더라도 중요무형민속문화재라는 사실은 중요한 요소가 되기도 했다. 그것은 나중에 초빙된 가나가와현(神奈川縣) 가마쿠라시(鎌倉市)에서의 공연 등 외부공연 때에 보다 강조되었다는 사실에서도 알 수 있다.

히가시마쓰시마시의 오마가리하마 사자춤(大曲浜獅子舞)은 시가 지정한 무형민속문화재다. 연안에 위치한 오마가리하마 지구는 큰 피해를 입고 지구 전역이 재난위험구역으로 지정되어 앞으로 돌아갈 수 없는 장소가 되었다. 사자춤의 용구도 모두 유실되었고 수백 명의 피해자가 발생했다. 2011년 7월에 보존회 회원과 재회했을 때, 그들은 "사자춤의 재개는 당분간 어려울 것 같다"는 이야기를 했다. 또 불행을 겪은 가정은 사자춤에 참가할 수 없다는 규정이 있는 가운데, 오마가리하마에 불행을 피한 집은 한 집도 없었으므로 당분간은 어렵다는 설명도 있었다. 필자는 히가시마쓰시마시의 지정문화재에 어떤 권한도 없지만, 그와 헤어질 때 "그래도 시의 문화재니까 당장 재개하는 건 어렵더라도 그만두는 일만큼은 없게 해주십시오."라고 부탁하고 그 자리를 떠났다. 나의 말이 어느 정도 효과가 있었는지는 모르지만, 그로부터 한 달이 채 지나기 전인 8월 사자춤의 재개를 결정하고 이듬해인 2012년 정월에 재개하고자 하니 협력해달라는 연락을 받았다. 사자춤을 재개하고 싶다는 젊은이들의 요구에 따른 것이었다. 이 역시 지정문화재의 효과도 있었으리라. 어쨌든 행정담당자이자 애호가의 한 사람인 필자의 바람이 하나의 계기가 되었다고 할 수 있을 것이다.

한편 후자인 민속예능 담당자의 발상은, 문화재로 의식해서가 아니라 일상 속에서 예능을 아끼고 바라는 마음에서 나온다. 그것은 문화재라고 인식되지 않으므로 문화재의 재난을 조사한다고 해서 표면적으로 드러나지는 않는다. 오나가와정(女川町) 다케노우라(竹浦)의 사자춤을 예로 들어보자. 다케노우라는 한 집을 빼고 모든 주택이 피해를 입었다. 피난소 재편 때 2차 피난으로 아키타현(秋田縣) 센보쿠시(仙北市)의 관광호텔로 마을사람 모두가 이동하게 되었다. 이때 지역에서 중요한 역할을 맡고 있던 사람이 자신의 집 잔해더미 속에서 피리를 발견하고 그것을 씻어서 가져왔었다. 어떻게 가져오게 됐는지 기억나지 않는다고 했다. 관광호텔이라는 장소의 특성 때문이었을까, 호텔 연회장에는 일본의 전통북이 있었다. 피난생활 중에 흥을 돋우기 위해선지 누군가 그 북을 처음 쳤을 때, 그는 사자춤 곡조의 피리를 불었다. 그러자 누군가 "이럴 땐 오시시사마(사자머리)가 있어야지!"라고 말하기 무섭게 옆에 있던 마을 할머니가 손에 잡힌 방석과 슬리퍼 등을 이용해 사자머리를 만들더니 춤을 추기 시작했다. 이 사자춤은 지역의 일상 속에서 추는, 그래서 비록 재난 후 피난소에서일지라도 마을 사람들은 이 춤을 추지 않고는 배길 수 없었으리라. 그리고 본격적인 재개를 모색하는 와중에 어느 재단의 무형민속문화재에 대한 지원을 받아 재개하게 되었다. 뿐만 아니라 도쿄 등 대도시에서의 공연에 초대받기도 하였다.

동일본대지진 이후 민속예능의 재난이 막대하다는 이야기가 각계각처에서 들려왔다. 그때 이야기가 나온 것이 기존에 알려진 민속문화재 오가쓰호인 가구라나 오마가리하마 사자춤 등이었다. 그리고 그 움직임의 뒤를 잇듯 오나가와의 시시부리(獅子振り, 사자춤)도 민속문화재로서 지원의 대상에 선정되었다. 〈미야기현 재난 민속문화재 조사사업(이하, '미야신문 조사')〉은 이런 움직임과 더불어 기획되었다. 이것은 '민속문화재 조사'라고 규정되긴 했지만, 기존에 알려진 민속문화재보다도 그간 알려지지 않은 민속문화재인 민속예능이나 제례행사 같은 민속문화재 즉 지역사회의 민속, 이를테면 생활문화 전반을 발굴하는 것도 의식하고 있었다.

본 장 첫머리에서도 말했듯이 필자는 당시 미야기현 문화재보호 행정의 담당자로서 문화재의 재난실태 조사와 복구대응에 임하고 있었고, 어느 정도 피해상황을 파악하는 것은 필자가 가진 네트워크 특히 행정네트워크나 담당자 네트워크를 통해 추진하고 있었다. 한편 연안을 현장으로 삼고 있는 연구자로서 이 지역의 재생이 어디까지 가능할지 그 결과에도 관심이 있었다. 그리고 재난을 입은 지역사회의 재생과정은 지진 전부터 있었던 문화와의 연속성을 가질 수 있는 재생이 바람직하다고 생각했다. 쓰나미로 큰 피해를 입은 미나미산리쿠정(南三陸町) 하덴야(波伝谷)라는 마을의 공동조사를 실시하고 있던 도호쿠가쿠인대학의 마사오카 노부히로(政岡伸洋) 씨 또한 같은 생각이었다. 그리고 그것은 하덴야뿐만 아니라 피해지역 전체에 대해서도 지진 전 지역사회의 모습에 관한 질적 조사의 필요성을 절감하게 했다. 그러던 와중에 문화청으로부터 재난지역에서의 민속문화재 조사사업 실현 가능성을 타진하라는 공문을 받았다. 단순한 피해상황 조사라면 앞에서 언급했듯이 필자가 이미 추진하고 있던 취재로도 충분하다고 생각했다. 그래서 미지의 민속문화재, 즉 지역의 생활문화 전반을 대상으로 하여 조사하는 프로젝트를 만들 수 없는지 검토하기로 하였다. 바로 그 무렵, 이 책의 편저자인 다카쿠라 씨가 인문학이 지진 부흥에 어떻게 관여할 수 있는가를 모색하고 조사사업에 주목하고 있다는 정보를 들었다. 그것이 계기가 되어 〈미야신문〉 조사의 사무국을 맡아 달라고 부탁하면서 프로젝트는 구체화하게 되었다.

4. 〈미야신문〉 조사와 민속문화재

이러한 의도로 시작한 〈미야신문〉 조사였지만, 실제로는 앞서 말했듯이 애당초 생각하고 있었던 지역의 생활문화 전반을 대상으로 한 민속학자나 문화인류학자에 의한 조사에서, 예능과 제례를 중심으로 한 이미 알려진 민속문화재를 전면에 내세운 조사로 바뀌어 갔다. 그 배경에는 민속문화재 조사의 경우 아무래노 기존의 빈속문화새, 그중에서도 민속예능이나 제례행사로 관점이 집중되는 측면이 있고, 실제로 같은 시기에 시작한 후쿠시마현과 이와테현의 민속문화재 조사는 이 두 가지에 특화하여 조사사업이 실시되고 있었다(민속예능학회 후쿠시마조사단 편 2014; 동일본대지진 민속문화재현황조사실행위원회 편 2012). 동시에 해당 지역에서는 민속예능과 제례행사가 지역사회 구성에 중대한 위치를 차지하고 있고, 특히 재난 직후의 응급대응과 복구기간에는 지역재생에 일정한 역할을 맡고 있는 측면도 있었다. 그런 점에서 볼 때 이 단계의 조사에서 무형민속문화재로서는 가장 눈에 잘 띄게 되었다.

그렇다면 이때 무엇에 주목해야 할까? 특히 민속예능은 어떤 것을 기준으로 재난이라고 판단할 것인가 하는 과제가 있다. 이를테면 민속예능은 두 가지 측면을 가지고 있다. '민속'과 '예능'이다. 지역사회에 존재하는 예능이라는 민속예능의 정의(미스미 1981)에 따르면, 지역사회가 민속과 같은 것이 된다. 한편 민속예능에는 예능으로서의 평가 측면도 있다. 민속예능 연구를 확립한 혼다 야스하루(本田安治)를 비롯한 초기 민속예능 연구자는 예능사(史) 연구에서 민속예능 연구로 접어든 사람이 많다. 그 때문에 민속예능은 어디까지나 전통적인 예능의 하나로 인정받으며 연구되어왔다. 거기에서는 전승되어온 배경이 아니라 기예에 주목한다. 그것은 민속예능의 활용과도 연결된다. 문화재보호법이 의도하는 문화재보호는 보존과 활용이 양 톱니바퀴가 된다고 설명하고 있다(오시마 2007 등). 즉 보존만 하는 것이 아니라 공개를 통해 널리 국민에게 알리는 것도 필요하다. 민속예능의 경우는 공연이 될 것이고, 이는 곧 무대공연을 의미한다. 가구라처럼 무대예능이라면 그것은 같은 것을 지역의 신사에 마련된 가구라무대에서 하느냐 극장무대에서 하느냐가 다를 뿐 관객은 같은 것을 볼 수 있다. 한편 군무나 원무는 어떨까? 정면이 없는 예능의 경우, 정면이 있는 무대 지향에 맞게 크든 작든 연기를 바꿀 필요가 있다. 또 봉오도리(盆踊り, 백중인 음력 7월 보름에 추는 윤무-옮긴이)와 같이 즉흥적인 가사를 담담하게 지속하는 예능이라면, 시작과 끝을 만들 필요가 있다. 활용을 위해 무대공연에는 크든 작든 무대에 맞도록 변경을 추가할 필요가 있는 것이다. 이런 변화를 보이는 무대예능으로서의 민속예능은 예능연구자가 만들어낸 활용책이기도 하다. 즉 예술성의 관점에서 예능을 평가하는 예능

연구 입장에서는 아름다움을 민속예능에서 찾아 가치를 부여한다. 그리고 거기에서는 지역과의 연계라는 관점은 상실까지는 아니더라도 약해지는 것만은 틀림없다.

　　이런 성격을 가진 민속예능을 보유해온 지역사회가 큰 재난을 입었을 때, 어떠한 대응이 나올까? 필자는 재난에 의한 민속예능의 피해로 ① 사람의 피해, ②사물의 피해, ③환경의 피해로 정리한다(고다니 2016). ①은 재난으로 담당자가 사망하거나 예능 자체가 불가능해진 것을 뜻하며, ② 는 도구의 피해를 가리킨다. 하지만 민속예능에서 가장 심각한 재난은 ③ 에 해당하는 환경이다. 그것은 예능을 유지해온 환경, 즉 지역사회의 재난이라는 의미로 발신해왔다. 이것은 앞에서 정리한 대로 필자는 민속학 연구자이므로 지역사회의 다양한 문화 중 하나로서 민속예능을 받아들이고 있기 때문이다. 동시에 동일본대지진 이후의 '민속예능의 부흥'이라는 표현이, 용구들을 다시 갖추고 공연이 가능해졌을 때 사용되던 것에 대한 위화감을 표출하고 싶었기 때문이다.

　　지역사회와 분리된 무대 위에서 애호가가 중심인 관객을 대상으로 예능을 실시하는 것을 '부흥'이라 일컫는 것에 위화감을 느꼈다. 그렇지만 행정에 적을 둔 민속문화재 담당자 입장에서 보면, 이런 무대공연은 충분히 무형민속문화재의 부흥을 의미하므로 위화감은 없다. 여기에 민속학자로서의 필자의 입지가 크게 영향을 미치는 부분이 있다. 다만 이 '부흥'에 대해서는 지역사회가 파괴된 상황에서 민속예능이 특수한 위치를 차지하고 있었다는 동일본대지진 이후의 특징적인 측면은 있으므로(고다니 2016a) 주의가 필요하다. 그것을 제외하더라도 민속예능에 대한 대응은 특이하고 동시에 이것이 무형민속문화재의 재난대응 형태로서 평준화되었다는 점이 아주 흥미로운 움직임이라 할 수 있다.

그리고 용구가 재난을 입은 무형민속문화재=민속예능을 목록화하고 지역사회가 파괴되고 무형민속문화재의 활용=공개 기회를 잃은 문화재를 목록화하여, 대응으로서 용구를 갖추는 작업을 지원하고 공개 기회를 설정하는 것이 무형민속문화재의 재난대응 형태로 지정되게 되었다. 문화재보호 행정으로서 지역사회의 재생에 직접 관여할 필요는 없지만, 한편으로 다카쿠라가 미야기현 지진부흥계획을 세우고 '지진 이후 지역 커뮤니티의 재구축을 정책적으로 실현하기 위한 시책의 하나로 무형민속문화재 재생이 받아들여지게 되었다'(다카쿠라 2014:296)고 정리하듯이, 무형민속문화재의 재생은 지역 커뮤니티 재생을 위한 직접적인 방책으로 자리잡아 갔다. 이 관점은 언뜻 민속학이 생각하는 지역사회의 재생과 겹치는 부분이다. 그리고 한편으로는 무형민속문화재가 지역사회 재생을 떠맡고 있는 셈이 된다. 물론 필자도 이런 관점에 대해 논의도 하고 그러한 역할도 맡고 있지만(고다니 2016a), 필자가 거기에서 강조한 것은 본 장에서 지금까지 보아온 것처럼 '무형민속문화재=민속예능=예능'으로서의 측면이 아니라 '민속예능=민속'으로서의 측면이다.

필자가 지적하고 싶은 것은 민속예능을 예능적인 측면에서 재생하는 것이 첫걸음이라고 한다면, 다음 단계는 거기에서 민속성을 되돌리는 것이라는 점이다. 오가쓰호인 가구라에서는 중요무형민속문화재로서의 재생을 달성한 후, 담당자인 가구라시는 현재의 관객이 원래 자신들의 가구라를 보았던 오가쓰의 지역주민이 이제는 아니라는 사실을 깨닫게 된다. 그 후 그들은 오가쓰 사람들이 관람하는 가구라를 어떻게 하여 되살릴 것인가 하는 사안에 중점을 두고 다음 단계를 향해 나아가기 시작했다(고다니 2016a). 이런 재난지역에서 일어나고 있는 지역문화를 둘러싼 움직임은 어떤 것일까?

5. 문화재화하는 민속과 지역문화의 갈 길

지역사회에 존재하는 다양한 문화사상의 하나로 민속이 있다는 것이 민속학에서 이해하는 민속이다. 이 민속을 파악하기 위해서는 지역사회에 존재하는 지역문화의 총체를 이해할 필요가 있다. 그러므로 무엇보다 먼저 종합적인 조사를 실시한다. 이 총체로서의 지역문화를 생각할 때, 민속문화재가 정의상 가리키는 범위는 그것의 모든 것은 아니다. 풍속관습의 지정기준은 "유래, 내용 등에서 국민의 기반적인 생활문화의 특색을 나타내는 것으로 전형적인 것"이다. 이 법문은 넓은 의미로 해석할 수 있지만, 특색을 나타내는 전형적인 것이라는 부분에 있어서는 지역적인 특색이 없는, 가령 전국에 일률적으로 설립된 청년단의 활동은 이에 해당하지 않을지 모른다. 그런데 동일본대지진 이후의 지역사회를 떠올릴 때 진짜 흥미로운 움직임을 발견할 수 있다.

그것은 '민속의 문화재화'라고 해도 무방할 듯한 움직임이다. 동일본대지진 이후, 무형민속문화재에 대해서는 지정문화재의 용구를 새로 장만하는 것은 당연하게 여겼고, 앞에서 서술했던 형태로 예능 담당자의 요구사항에 대한 대응이 문화재보호 행정 측에서 이뤄졌다. 거기에 연구자나 애호가들의 요구가 더해지면서 그 범위는 넓어졌다. 지정·미지정을 불문하고 광범위한 민속문화재가 지원의 대상이 되었다. 〈미야신문〉 조사는 그런 움직임과 병행하여 이뤄지고 있다.

마찬가지로 지금까지는 민속문화재로 의식되지 않았던 민속예능이나 제례가, 재난으로 인해 문화재로 의식되고 지원대상에 편성되었다. 민속문화재가 의식 면에서 확장되었다고 할 수 있다. 반면 민속문화재의 구조는 지금까지 지정되었던 것과 크게 달라지지 않았다고도 할 수 있다. 지금까지 한 번도 문화재로 의식되지 않았던 사상(事象)을 문화재로 받아들이고, 게다가 지원의 대상으로 목록화하게 된 것이다. 예컨대 신춘기도 행사에서 반드시 행해지는 사자춤이 매년 새해가 되면 집들을 방문하는 것은 당연한 일로 여겼지, 특별하거나 공공의 것으로 보호하는 문화재라고는 의식하지 않았다. 그랬던 사자춤이 민속예능으로서 지역 차원에서 보호해야 하는 것으로 의식된 것이다. 그리고 〈미야신문〉 조사는 그런 것을 찾아내는 역할을 맡았다. 이런 움직임은 커뮤니티의 재생이라는 관점에서, 그동안 인식하지 못했던 지역문화를 문화재로 정립하는 역할을 맡았다고 평가받았다.

그렇다면 그 목록에 이름을 올리지 않은 것은 어떻게 될까? 민속예능은 어느 정도 분류가 되어 있어서 그런 장면에서 눈앞에 모습을 드러낼 것이 자명하고, "이럴 때 뭔가 해야지 않을까요?"라는 질문을 통해 확인할 수가 있다. 하지만 무형민속문화재의 다른 범주에 속하는 민속기술이나 풍속관습은 어떨까? 민속기술은 생업활동과 연관이 있는 만큼 무상지원을 하기 어려운 측면이 있다. 반면 풍속관습은 앞서 지정기준에 대해서도 말했지만, 무엇이든 대상이 될 가능성이 있기 때문에 가장 인식하기 어려운 민속문화재이다.

이와테현 리쿠젠타카타(陸前高田) 지역에서 조사를 진행하다 보면 '예법'이라는 말을 자주 듣는다(고다니 2017). 오가사와라류 예법(小笠原流礼法)을 가리키는데, 예법을 배운 사람은 혼례식 차례 등을 지휘한다. 그 사범은 이른바 예의작법의 일반적인 내용을 모두 터득하고 지도하는 역할이다. 예법자체는 전국적인 것이지만, 이 지역에서는 학교 졸업식을 진행할 때도 예법의 사범을 초대하여 진행순서를 지도받는 등 폭넓은 장면에서 예법을 요구하고 따른다. 또 손님에게 마실 것을 대접하기 위한 예법교실을 지역 사람들이 개최하는데, 이때 사범은 강사로 초대받는다. 현재까지도 예법이 널리 이용되는 것은 상당히 드문 일로, 이런 의미에서 예법의 존재는 리쿠젠타카타 지역이라는 지역적 특징이라 할 수 있고 나아가 지역문화라 할 수 있다.

이와 같은 지역문화는 지역 안에서 어떤 모습으로 존재하고 있을까? 이 영역은 동일본대지진으로부터 6년이 넘는 시간을 거치면서 부흥기에 접어든 현재의 과제이기도 하다. 한편 작고 사소한 지역문화를 보존해온 마을조직은 해산이라는 형태로 결국 사라지고, 새로 이주해간 고지대 등에서는 행정조직을 이용한 새로운 집단조직을 구축하는 움직임도 보이고 있다. 이러한 움직임은 메이지의 산리쿠쓰나미(三陸津波, 일본 도호쿠 지방 쪽 태평양 연해를 진원지로 하는 지진에 의한 쓰나미-옮긴이)로부터 10년 정도 지나 게이야쿠코(契約講, 계약 체결로 마을을 구성하는 시스템-옮긴이)라는 집단조직의 규약을 제정한 미나미산리쿠정 하덴야의 움직임과 이어져 있는지 모른다(고다니 2016c).

마을조직도 그렇고 작고 사소한 지역문화도 지진 이전의 지역사회를 구성해왔던 요소들이다. 이런 부분과 지진 이후 문화재로 남겨진 민속은 어떤 관계를 만들어갈까? 그리고 민속문화재는 민속문화재만으로 보호받을 수 있을까? 이렇게 생각하면 민속문화새가 어떻게 정의되고 있든, 민속문화재를 보존하기 위해서는 자연히 지역사회와의 관계는 반드시 필요하게 된다. 사자춤은 춤을 추는 사람으로만 성립되는 것이 아니다. 그것을 관람하는 주민, 무용수를 탄생시킨 사회시스템, 사자춤의 기원을 인정하고 받아들이는 신앙이 없다면 지속적으로 유지되는 것은 불가능하다. 이런 부분에 대한 인식 또한 민속문화재 조사에서는 필요한 사항이다. 역시 대규모 재난 이후의 민속조사도 피해 상황뿐 아니라 질적인 조사를 동반하고, 지역문화 속에 어떤 문화요소가 있는지 그 연관성도 파악하면서 보존해야 할 것을 찾아낼 필요가 있을 것이다.

6. 맺음말

동일본대지진 이후의 지역사회 재생에서 문화재, 특히 민속예능에 이목이 집중되었다. 그리고 각각을 재생시키고자 하는 움직임이 활발해졌다. 그 출발점은 이미 잘 알려진 지정무형민속문화재(민속예능)였고, 그 후 문화재로 인식되지 않았던 민속예능이 문화재로서 지원대상에 오르게 되었다. 제례행사로까지 확산되는 이런 움직임은 지역사회 재생의 계기가 되었다고 평가되고 있고(하시모토 2015), 필자 역시 동감이다(고다니 2016a). 그리고 그 확산의 동향을 보면, 그것은 민속예능과 제례행사의 문화재화(化)라는 움직임으로 평가할 수 있다. 뿐만 아니라 문화재이기에 문화재로서의 범위 안에서 행정이 관여하는 부흥지원이 성립하였다.

한편 문화재화의 움직임은 지역사회에서 분리되어 문화재로서 독립된 존재가 된 결과를 낳기도 했다. 그것은 문화재보호라는 관점에서 탄생한 것이기도 하다. 양자의 타협에 대해서는 문화청이 역사문화 기본구상에서 결론짓고자 하는 움직임에서 알 수 있는데, 반드시 잘 되어가고 있다고는 할 수 없는 상황이다. 본 장에서 지적하고 싶었던 것은 이 부분이다. 출발점으로서의 민속문화재 조사는 유의미하지만, 배후인 지역문화를 발견해야 할 필요가 있다는 것이다. 그 결합을 이뤄냈을 때 비로소, 부흥하고 새롭게 만들어진 지역사회와 지진 이전의 사회가 접목된 지역사회가 구축되는 것이 아닐까. 그리고 그 움직임까지를 민속학은 보아야 하지 않을까. 적어도 지진 이전부터 재난지역과 인연을 맺어온 민속학자의 한 사람으로서 필자가 정진해야 할 과제이다.

문헌

飯坂眞紀(2012)「津波から100kmのまちで-ふるさと岩手の芸能と震災」、東京文化財研究所無形文化遺産部編『記憶・記録を伝承する-災害と無形の民俗文化』(「第七回無形民俗文化財研究協議會報告書」)、東京：東京文化財研究所無形文化遺産部、pp.7-23

岩本通弥(1998)「民俗學と'民俗文化財'のあいだ-文化財保護法における'民俗'をめぐる問題点」、『國學院雜誌』99(11)：pp.219-231

大島曉雄(2007)『無形民俗文化財の保護-無形文化遺産保護条約にむけて』東京：岩田書院

岡田健(2012)「文化財レスキュー事業 救援委員會事務局報告」、『東北地方太平洋沖地震被災文化財等救援委員會平成二三年度活動報告書』東京：東北地方太平洋沖地震被災文化財等救援委員會事務局、pp.16-46

小谷竜介(2014)「雄勝法印神樂の再開過程と民俗性-文化財の保存と活用の觀点から」、高倉・滝澤編(2014)、pp.68-78

_____(2016a)「雄勝の神樂師になること-地域社會と神樂師の關わりからみる芸能と震災復興」、橋本裕之・林勳男編『災害文化の継承と創造』京都：臨川書店、pp.218-236

_____(2016b)「宮城縣の神事芸能の被災と復活」、神社新報社編『東日本大震災 神社・祭り-被災の記録と復興(本編)』東京：神社新報社、pp.192-200

_____(2016c)「波が伝わる谷の今-南三陸町波伝谷の暮らし方に見る」、『東北學』07：pp.104-117

_____(2017)「小笠原流礼法と謡」、中野泰編『川と海の民俗誌-陸前高田市横田・小友地區民俗調査報告書』茨城：筑波大學人文社會系中野泰研究室、p.61

關口重樹(2013)「文化財ドクター派遣事業について」、『月刊文化財』602：pp.47-49

高倉浩樹(2014)「東日本大震災に對する無形民俗文化財調査事業と人類學における關与の意義」、高倉・滝澤編(2014)、pp.290-311

高倉浩樹・滝澤克彦編(2014)『無形民俗文化財が被災するということ-東日本大震災と宮城縣沿岸部地域社會の民俗誌』東京：新泉社

谷口貢(1999)「心意現象」、福田アジオ他編『日本民俗大辭典 上』東京：吉川弘文館、p.878

橋本裕之(2015)『震災と芸能-地域再生の原動力』大阪：追手門學院大學出版會

東日本大震災民俗文化財現況調査實行委員會編(2012)『東日本大震災民俗文化財現況調査報告書岩手縣-Ⅰ』埼玉：東日本大震災民俗文化財現況調査實行委員會

俵木悟(2013)「あのとき君は＜無形文化財＞だった-文化財としての民俗芸能の昭和三〇〜四〇年代」、岩本通弥編『世界遺産時代の民俗學-グローバル・スタンダードの受容をめぐる日韓比較』東京：風響社、pp.215-238

三隅治雄(1981)「概說」、仲井幸二郎他編『民俗芸能辭典』東京：東京堂出版、p.24

民俗芸能學會福島調査団編(2014)『福島縣域の無形民俗文化財被災調査報告書2011〜2013』福島：民俗芸能學會福島調査団

제2장
살아있는 문화재를 계승하다
- 무형문화유산과 피해 및 부흥

이마이시 미기와(今石みぎわ)

1. 시작하는 말

동일본대지진 이후 벌써 6년여가 흘렀다. 지금 다시 2011년 전후의 일본사회를 돌아보니, 지진이라는 거대한 충격이 단순히 피해지역이나 관계자들만이 아니라 생활과 학문, 정치, 사상 등 사회의 모든 분야에 불가역적인 변화를 초래하였음을 실감한다.

지극히 개인적인 이야기를 하자면, 필자가 〈독립행정법인 국립문화재기구 도쿄문화재연구소〉라는 연구와 문화재 행정 사이에 위치하는 현직에 취임한 것은 2011년 4월의 일이었다. 여진으로 두려움에 떨던 도쿄에서의 첫 번째 업무가 지진과 정면으로 마주하는 것이고, 이미 그 시점에 향후 수년의 활동이 결정되어 있었다고 해도 좋을 것이다.

활동은 주로 두 가지의 다른 관점에서 실현되었다. 문화재보호 행정 안에서의 전면적인 활동과, 민속학의 응용 및 연장에서의 개별적인 활동이다. 감에 의존해 추진해온 가운데 성사된 일은 극히 제한적이고 그 검증

작업도 끝나지 않았지만, 본 장에서는 이들 활동을 돌이켜 보고 그 과정에서 알게 된 앞으로의 과제를 정리하고자 한다.

참고로, 본 장에서 사용하는 '무형문화유산'이라는 단어는 원래 지정·미지정을 포함한 무형문화재, 무형민속문화재, 선정보존기술을 가리키는 전문용어다. 하지만 이번 동일본대지진에서만 본다면, 부흥지원의 대상이 된 대다수가 민속예능이나 제례행사(풍속관습)와 같은 무형의 민속문화재였다. 따라서 본 장에서는 무형문화유산과 무형의 민속문화재를 거의 같은 의미로 사용한다는 점에 대해 미리 양해를 구한다.

2. 문화재행정으로서의 무형문화유산 부흥지원

도쿄문화재연구소(이하, 도문연)는 유·무형의 문화재 보존과 계승을 위한 기초적인 연구를 진행하는 기관이다. 지진 후에 구축된 '일본 도호쿠지방 태평양 연해 지진피해 문화재 등 구원위원회 활동(이른바 문화재 구조사업)'에서는, 도문연에 그 본부를 두고 거의 모든 직원이 다양한 형태로 구조활동에 참여하게 되었다. 하지만 문화재 구조는 그 이름대로 긴급한 구조를 필요로 하는 유형문화재를 중심 대상으로 하고, 부형분화유산에 관해서는 조직적인 움직임이 바람직하지 못한 상황이었다.[1] 조직적으로 움직일 수 없는 상황에서 무형문화유산의 부흥지원을 위해 무엇을 할 수 있

---

1   「일본 도호쿠지방 태평양 연해 지진피해 문화재 등 구원사업실시요강」(2011.3.30. 문화청 차장 결정)에 따르면, '사업의 대상물'로는 '국가와 지방의 지정유무를 불문하고 회화, 조각, 공예품, 서적, 전적(典籍), 고문서, 고고자료, 역사자료, 유형민속문화재 등의 동산 문화재 및 미술품을 중심으로 한다'고 명시되어 있다.

을까? 그것이 무형문화유산부서에 소속한 필자의 출발선이었다.

2.1 무형문화유산을 둘러싼 여러 문제

사람들이 민속예능의 재개에 대해 다양한 생각을 가지고 있다는 목소리가 보도에서 다뤄지게 된 것은 지진 이후 1개월여가 지난 4월 하순무렵부터다. 예컨대 2011년 4월 19일자 〈이와테닛포(岩手日報)〉에는 오후나토시(大船渡市) 산리쿠정(三陸町) 오키라이(越喜來)의 우라하마(浦浜)염불검무가 탈과 도구를 분실한 상황에서도 "이럴 때일수록 더더욱 검무를 추어야한다!"라며 재생을 다짐하였다는 기사가 게재되었다. 그런가 하면 같은해 5월 2일자 〈니혼케이자이(日本經濟)신문〉에서는 오쓰치정(大槌町)에서우스자와(臼澤) 사자춤이 공연된 사실, "지진에 져서는 안 된다", "사자춤을 멈춰서는 안 된다. 처음에는 우리만이라도 봉화를 올리자!"라는 전승자의 결의가 보도되었다.

이런 상황에서 한편으로는 시간이 지날수록 무형문화유산의 부흥지원에 앞서 처리해야 할 문제들이 산적해 있다는 사실도 알게 되었다. 그'벽'의 대부분은 지진 이전부터 내재하였던 뿌리 깊은 문제였고, 그랬던것이 지진의 충격으로 표면화되었다.

가장 먼저 문제가 되었던 것은 무형민속문화재의 소재정보가 집약되어 있지 않았다는 점이다.

피해지역인 도호쿠지방 3개 현(이와테, 미야기, 후쿠시마-옮긴이) 연안부에서는 적어도 1,400건에 이르는 민속예능과 제례행사가 치러지고 있었는데, 그중 지진 이전에 국가나 현 혹은 시정촌(市町村)의 지정과 선택을 받았던 것은 고작 110여 건. 특히 미지정 문화재에 대해서는 어디에 어떤 것이 어떤 상태로 있는지, 혹은 관계자의 연락처도 모르는 경우가 대부분이었다.

미리 언급해두자면, 미지정 문화재의 지위는 민속문화재와 그 외 문화재에서는 큰 차이가 있다. 유형문화재의 지정기준은 '역사상' '예술상' 혹은 '학술상' '가치가 높은 것'이어야 하고, 엄선주의와 우수문화재 우선주의를 기본으로 한다. 한편 민속문화재(와 문화적 경관)는 유일하게 보편적 가치를 따지지 않는 문화재로, 지정기준은 '국민 생활의 추이를 이해하기 위해 간과할 수 없는 것'이어야 한다. 즉 사람들의 생활양식이나 그 변천을 나타내는 전형적인 예여야 함을 요구한다. 그런 민속문화재 중에서도 사람이 개입되어 표현되고 전해지는 무형민속문화재는, 인간에게 가치의 상하가 없듯이 국가 지정이든 미지정이든 가치에 서열은 없다고 보는 것이 사고의 원칙이다. 이런 의미에서 무형민속문화재는 미지정 문화재도 국가 지정의 문화재와 동등하게 보호(지원) 대상이 될 수 있다고 볼 수 있고, 또 그렇게 생각해야 한다.[2]

이런 미지정 무형문화유산은 요컨대 사람이 사는 곳이면 어디에든 존재할 수 있다. 그런 만큼 그 수가 방대하여 소재정보를 하루아침에 파악하기는 절대 쉽지 않다.

부흥지원의 두 번째 문제는 만성적인 인재와 조직 그리고 자금 부족을 들 수 있다. 문화재과에 민속전문가가 있는 지방공공단체는 지극히 소수에 불과하고, 게다가 행정기관에서는 각각의 지정안건에 대한 대응이 최우선 사항이 된다. 도쿄국립박물관이나 나라(奈良)문화재연구소 등 7개의 시설에 약 180명의 전문직원이 배치된 국립문화재기구지만, 민속전문

2　다만, 문화재 구조사업에서는 대상의 '지정 유무를 불문하고'라고 되어 있듯이(각주 1 참조), 미지정의 문화재도 구조대상이 되는 방침이 관철되었다. 이는 획기적인 일이었다고 할 수 있다.

가는 필자를 포함한 도쿄문화재연구소의 두 명뿐으로 방대한 미지정 문화재의 부흥지원에 대응할 수 있는 조직은 사실상 존재하지 않는다.

조직 간의 네트워크도 부족하다. 예를 들어 민속문화재와 마찬가지로 지역소재의 문화재를 다수 소유한 역사자료는, 1995년의 한신·아와지(阪神·淡路)대지진을 계기로 만들어진 역사자료네트워크가 동일본대지진 때 큰 활약을 했고, 현재도 더 많은 활동을 펼치고 있다. 이에 비해 무형문화유산의 경우, 필자의 소견으로는 유사시에 유효한 기능을 발휘할 활동체는 아직 조직되어 있지 않다. 오히려 무형문화유산에 대한 부흥지원 활동은 대부분이 개인의 노력과 선의와 열정으로 유지되고 있다는 인상이 강하다. 그것은 그것대로 훌륭한 일이지만, 지방에서 정보수집부터 지원중개까지를 몇몇 개인이 추진하는 것은 부담이 너무 크다. 그 때문에 아무래도 시선이 미치지 못하는 곳이 많아 지원격차가 발생하는 경우가 있다는 것이 큰 과제였다.

이런 체제상의 문제와 더불어 무형문화유산이 '살아있는 문화재'라는 이유로 겪게 되는 곤란함도 컸다. 무형문화재는 사람, 사물, 때, 장소 등 다양한 요소가 유기적으로 연결되면서 형성된다. 그러므로 예능을 수행하는 사람의 목숨이 건재하더라도, 도구가 유실되거나 상연할 장소나 도구의 보관장소가 유실되거나 예능을 펼치며 방문할 집들이 없어졌거나 피난과 이전(移轉)으로 사람들이 모이지 않게 되는 등 각양각색의 피해유형이 있었다. 이런 피해 중에는 언뜻 봐서는 알 수 없거나 일정한 시간이 지나야 가시화하는 것도 많다. 이런 것들이 지원의 전제가 되는 피해상황 파악을 보다 어렵게 하는 요소들이다.

또 '변화'를 전제로 하는 문화재를 어떻게 '보호'할 것인가 하는 논의가 제대로 이뤄졌다고도 단언할 수 없다. 박물관 자료처럼 유리보관함에 넣어 보존할 수 있는 것도 당연히 아닌데, 지정이라는 방식을 선택한 이상 어떤 형태로든 보호조치를 강구하지 않으면 안 된다. 그래서 무형민속문화재에 관해서는 '기록'이 가장 중요한 보호수단이라고 고려되던 시기가 길었다.[3]

한편 재난지역에서는 민속예능이나 축제가 다이내믹한 변모를 꾀해 왔다. 지금까지처럼 제한된 사람들(행정이나 연구자, 일부의 애호가)만이 아니라 매스컴이나 관광객, 아티스트나 I턴·U턴 인구 등 더 폭넓은 층의 사람들이 적극적으로 관여하게 되었고, 예술·음악활동과 지역방문이나 투어리즘 같은 다양한 영역과 협업하는 새로운 활동들도 생겨났다. 이런 '외부의 힘'에 의해 부흥을 이루고 그 힘 없이는 유지될 수 없게 된 예능과 마쓰리도 지금은 적지 않다. 이런 현상은 문화유산 자체를 '외부'를 향해 열어두는 것이 무형문화유산의 새로운 계승(보호)형태가 될 가능성을 시사하는 것이었다. 하지만 검증해야 할 과제는 산적해 있었다. 어떠한 변화가 '허용' 범위인지, 행정이나 연구자가 어디까지 관여해야 하는지, 외부의 힘을 수용하는 구조나 외부로의 발신방법 등. 이들에 관한 논의는 현재진행형의 변화를 주시하면서 현상을 뒤좇는 형태로 추진할 수밖에 없었다.[4]

---

3   1954년에 무형민속문화재의 전신이었던 '무형의 민속자료(풍속관습)'가 처음 보호대상이 되었을 때부터, 무형의 민속자료는 '자연적으로 발생하여 소멸되는' 성질을 가지고 있어 '그대로의 형태를 보존하려고 해도 그것은 불가능하며, 의미 없는 일'이므로, '기록보존의 조치로 충분하다'고 보는 인식이 지배적이었다(1954.6.22. 문화재보호위원회 사무국장 통달 〈문화재보호법의 일부 개정에 대하여〉의 〈제4 민속자료 1항의 주〉에 따른다). 오시마 아키오에 따르면, 이러한 사고는 1975년의 법개정 이후에도 계승되어, 현재까지도 행정적 시책의 중심이 된다고 본다(오시마 2007:31~33).
4   무형문화유산부서에서는 2015년 12월에 개최한 제10회 무형민속문화재연구협의회에서 '열린 무형문화유산-매력의 발신과 외부로부터의 힘'을 테마로 이 문제에 적극적으로 접근하였다(도문연 편 2016b).

2.2 〈무형문화유산정보 네트워크〉의 활동

이런 문제점들을 접하면서 무형문화유산의 부흥지원을 고려할 때 필자가 필요성을 통감했던 것은 네트워크였다. 거기에는 거대재난을 직면한 개인과 일개 조직이 할 수 있는 일은 극히 제한적이라는 필자 자신의 무력감이 무엇보다 크게 자리했다. 지방에서 행정이나 민간단체, 보존회 관계자, 연구자, 애호가 등이 각각의 입장에서 부흥을 위해 전력을 다하는 사람들이 있다는 사실도 알게 되었다. 그때 각각이 갖는 네트워크와 정보 그리고 전문분야를 연결 짓는 것이 더 세심하고 폭넓은 지원을 가능하게 하지 않을까 하는 생각에서 시작한 것이, 후방지원으로서의 〈311부흥지원 무형문화유산정보 네트워크〉의 활동이었다.

- 활동의 경위

〈무형문화유산정보 네트워크〉는 정보의 집약과 발신을 통해 관계자의 원활한 네트워크를 구축할 목적으로, 공익사단법인 전일본향토예능협회, 일반사단법인 의례문화학회, 국립연구개발법인 방재과학기술연구소, 도문연 등 4개 단체의 협동으로 출발했다.[5]

중심이 된 것은 전일본향토예능협회와 의례문화학회(정확히는 양 단체에 소속된 개인)가 실시해왔던 정보수집 활동이다. 양 단체에서는 지진 직후부터 피해를 입은 민속예능과 제례행사에 관한 정보를 수집해왔다. 먼저 기존의 보고서류에서 무형문화유산의 명칭과 소재지, 공개정보 등의 기초정보를 선정하고 목록화했다. 거기에 개개인의 네트워크를 활용하

---

5   설립 당시에는 전일본향토예능협회는 사단법인, 의례문화학회는 임의단체, 방재과학 기술연구소는 독립행정법인이었다.

여 수집한 피해정보를 기입한 후 관계자들이 공유하고, 지원을 중개하였다. 도문연은 약 1년 늦은 2012년 여름 무렵부터 이 정보수집 활동에 가담하게 되었다. 무형문화유산부서의 사업 중 하나로 지정하고, 민속예능 관계의 대학원생 아르바이트를 고용하여 매뉴얼을 만들고 정보수집과 정리 및 입력 작업을 추진했다(무형문화유산정보 네트워크 편 2014 참조).

2013년 3월에는 보다 넓은 정보수집과 발신, 네트워크 구축을 위해 정식으로 무형문화유산정보 네트워크라는 이름을 내걸고 출범하였다. 이에 맞춰 그때까지 관계자들만 공유하던 일람표를 공개하기 위해 지도와 연동하여 정보를 발신할 수 있는 웹사이트를 구축하였다(그림2-1). 이때는 정보시스템 면에서 방재과학기술연구소의 전면적인 협력을 얻었던 것이 무엇보다 큰 힘이 되었다.

그 후 부흥상황이 다양화·복잡화·개별화되면서 단순히 부흥 여부를 척도로 하여 측정하기가 어려워졌다. 또 지원과 수혜의 움직임이 일단락되자, 2014년 3월 말을 기점으로 망라적인 정보수집 사업은 종료하였다(다만, 지진 후의 부흥기록으로서 웹사이트는 지속하여 공개하고 있다).

이런 움직임과 병행하여 2012년부터는 매년 3월에 주로 후방지원자를 대상으로 한 무형문화유산

〈그림 2-1〉

311부흥지원 무형문화유산정보 네트워크 웹사이트 (http://mukei311.tobunken.go.jp)

정보 네트워크협의회를 도문연에서 개최하여 정보공유에 힘쓰고 있다(협의회의 기록은 도문연 편, 2016a에 수록). 또 2014년 3월에는 지원과 부흥과정을

기록으로 남길 목적으로 30명 가까운 관계자들에게 집필을 부탁해 보고서를 간행했다(무형문화유산정보 네트워크 편 2014).

- 재난 문화재 맵

　지면의 한계를 고려하여 이상의 활동 중에서 '재난 문화재 맵'에 대해서만 간략히 소개하도록 하자. 2013년에 공개된 무형문화유산정보 네트워크의 웹사이트에서는 일람표와 더불어 지도를 이용한 재난정보를 제시하도록 하였다.

〈그림 2-2〉

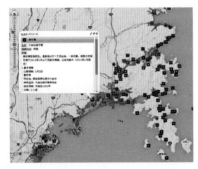

재난·부흥정보를 게재한 민속예능 맵

　지도상의 소재지에 플롯된 아이콘을 클릭하면 예능이나 제례에 관한 상세정보가 팝업으로 표시되는 구조이다. 어떤 형태로든 재난·부흥상황이 파악된 곳은 청색 아이콘으로, 파악되지 않은 곳은 적색 아이콘으로 표시하였다(그림 2-2). 색깔로 구분한 것은 현상을 파악하지 못한 문화유산이 다수라는 사실을 시각적으로 나타내고 정보제공을 촉구하기 위해서였다.

　또 방재과학기술연구소의 지도시스템에는 통상 표시하는 지도(Google Map)에 재난 이후의 항공사진이나 쓰나미의 침수지역 등을 덧붙이는 기능이 탑재되어 있어, 재난 전후의 상황을 확인하고 피해를 유추할 수 있게 되어 있다.

　이런 지도를 이용한 재난·부흥정보의 제시는 일람표로 나타내는 것보다 가시적이고 감각적으로 피해상황과 크기를 전달할 수 있고, 훨씬 넓은 층에 지원을 호소할 수 있는 일정한 힘을 가지고 있다. 또 이것은 당초 의도했던 것은 아니지만, 해안선을 빼곡하게 덮고 있는 아이콘이 연안지역에 얼마나 많은 무형문화유산이 있는가를 보여주는 효과도 발휘했다. 지진의 풍화를 멈출 어떤 대책도 마련되지 않은 가운데, 더 지속적인 지원을 얻기 위해서는 '안타까우니까' '불쌍하니까' 지원하는 것이 아니라 그 문화 자체에 큰 매력이 있기 때문에 지원해야 한다는 가치전환을 꾀할 필요도 있을 것이다. 그런 의미에서 지도를 이용해 그 지역의 문화가 얼마나 풍부한가를 알리고, 우선은 흥미와 관심을 유도하는 방법도 후방지원의 하나라고 할 수 있을 것이다. 앞으로는 평상시에는 문화재 맵으로, 재난시에는 피해 · 부흥상황을 가필하는 재난 맵으로 활용할 수 있는 시스템이 전국규모로 실현되는 것이 이상적이라고 생각한다.

2.3 활동을 통해 표면화한 것, 앞으로의 과제

무형문화유산정보 네트워크의 활동은 그 후 무형문화유산부서의 통상업무 중 하나로 아카이브 사업과 방재사업으로 이어지고 있다. 2016년 3월부터는 방재과학기술연구소와의 협동으로 개발한 〈무형문화유산아카이브스〉(http://mukeinet.tobunken.go.jp)를 공개하고, 예능이나 제례행사를 검색하는 기능과 관련영상, 사진, 음성 등의 기록을 집적하는 아카이브 기능을 탑재하고 있다(현재의 노력과 전망에 대한 자세한 내용은 본서 제3장의 논고를 참조).

이상과 같은 사업은 아직 개발도상 중에 있지만, 여기서는 재난지역의 부흥활동과 관련하여 깨닫게 된 무형민속문화재 보호의 향후 과제를 두 가지 정도 말하고자 한다.

- 무형문화유산이 갖는 힘과 문화재제도

첫 번째는 무형문화유산이 갖는 힘과 문화재 제도의 상관성에 대해서다. 민속예능이나 제례 행사가 재난부흥 때 얼마나 큰 역할을 해냈는지 지금도 기억이 생생하다. 지진 이후, 빠르게는 백일법요와 맞물리는 2011년 6월경부터 사자(死者)공양 행사인 백중(お盆)에 걸쳐 재난지역에서는 민속예능이나 제례가 차례로 재개되었다. 재난이라는 거대한 비일상 속에서 예능과 제례는 의식주와 마찬가지로 갈망의 대상이 되고, 오히려 그것이야말로 일상을 돌이키기 위한 원동력이 된 듯도 하다. 이 놀라운 부활극을 목격하기까지, 예능과 제례를 연구해오던 연구자조차 그 힘을 과소평가하고 있었던 것은 아닐까.

이런 무형문화유산이 갖는 힘에 대해서는 반드시 강조하고 사회에 널리 알려야 할 것이다. 물론 민속학을 배우는 우리는, 지역이 반드시 바위처럼 단단한 조직은 아니라는 것도 잘 알고 있다. 또 화려한 축제의 이면에 방대하고 평범한 일상이 있다는 것도, 귀찮고 거추장스러움을 모두 감내했을 때 비로소 화려한 무대에 설 수 있다는 것도 이미 터득하고 있다고 믿는다. 하지만 예산도 인원도 갈수록 줄어들기만 하는 문화재 행정 안에서, 향후 무형문화유산의 보호가 얼마나 중요한가를 주장하기 위해서는 무형문화유산이 사회에 공헌할 수 있는 역할을 지금 다시 검증하고 그것을 전략적으로 발신할 필요도 있을 것이다.

한신·아와지대지진 이후, 건조물 전문가로서 문화재 방재의 제도 개혁에 전력을 다했던 무라카미 야스미치(村上裕道, 효고현 교육위원회) 씨는 무형문화유산 특유의 힘 —커뮤니티의 결속을 강화하고 회복력을 높이는 힘— 은 사회관계자본으로서의 측면을 가지며, 그것이 재난을 겪은 후의 '피해감'을 단축시키는 효과가 있음을 지적했다. 효고현(兵庫縣)에서는 평소에도 문화재부국에서 실시한 예능이나 마쓰리의 조사결과를 지역계획이나 복지 등을 담당하는 부서와 공유하려는 시도를 하고 있다고 한다. 예년대로 예능이나 마쓰리를 지속하지 못하게 된 커뮤니티에는 어떤 형태로든 문제가 내재하거나 발발할 가능성이 높아, 그것이 커뮤니티의 건전성을 측정하는 하나의 지표가 된다고 보기 때문이다.[6] 이런 무형문화유산이 갖는 힘을 검증하고 재평가하여 발신하는 것은, 문화재 행정에서 무형문화유산의 입지를 확보하는 데 향후 중대한 의미를 가지며 필자가 주력해야 할 과제 중 하나라고 할 수 있다.

이와 더불어 언뜻 모순되어 보일지 모르지만, 무형문화유산이 갖는 힘의 크기에 초점이 맞춰지면 맞춰질수록 오히려 존재감을 잃는 것이 민속문화재 제도이다. 도호쿠의 태평양 지역은 내륙부보다 지정 무형민속문화재가 적고 지진 전에는 민속예능의 연구도 활발하지 않았다고 한다. 이와테현을 예로 들면, 지진 전의 문화재 지정 건수를 보더라도 국가 지정·현 지정의 무형문화재 32건 중 연안부의 것은 '구로모리 가구라(黒森神樂)'(미야코시) 등 7건뿐이었다.

지정 건수가 적은 가장 큰 이유는 연안부의 예능에는 비교적 새로운 것이 많고, 또 항상 변화를 꾀하기 때문인 것으로 파악된다. 자기표현의 발로로서 관객을 기쁘게 하고 관람료를 더 받기 위해, 엔터테인먼트로서 항상 변화를 주기 위해 노력하는 것이 연안부 예능의 공통된 특징이다. 예컨대 야노 요코(矢野陽子) 씨는 지진 이후의 야마다마쓰리(山田祭, 이와테현 야마다정)를 밀착 취재하는 동안, 다이쇼 초기에 가마이시시(釜石市)에서 배워왔다는 사카이다(境田) 호랑이춤이 '사람들에게 보여주는 것을 가장 중요'

6   제11회 무형민속문화재 연구협의회에서 무라카미 야스미치 씨가 한 발언에 의한다(도문연 편 2017).

하게 여겨온 '창작예능'이며, 의상이나 연출을 대담하게 변화시켜온 역사를 갖는다는 사실을 전승자 자신이 들려준 이야기를 통해 말해주고 있다 (야노 2017:89-104).

'살아있기에' 불가피한 변화가 문화재 제도의 기준에 맞지 않는다는 이유로 지정대상이 되지 못했다는 사실과, 그러나 '살아있기에' 비로소 부흥의 원동력이 될 수 있었다는 사실은 얼마나 모순적인가? 문화재 제도는 원래 유형문화재를 염두에 두고 설계된 제도로 무형의, 게다가 민속문화재라면 더더욱 탄생한 순간부터 제도의 이단아였다. 그런 모순이 여실히 드러난 것이 지진 후의 무형문화유산을 둘러싼 현상으로, 향후 검증을 거쳐 지양하지 않으면 안 될 커다란 문제 중 하나일 것이다.

- 잊힌 민속기술

향후의 과제로 제시하고 싶은 또 하나는 전통적인 기술에 대해서다. 지진 후 같은 무형문화유산 중에서도 민속기술 등 전통적인 기술에 대한 정보수집과 지원은 문화재 행정에서는 거의 이뤄지지 않았다. 그 배경에는 민속문화재의 민속기술이 2005년의 문화재보호법 개정에서 추가된 새로운 분야이고, 민속예능과 제례행사보다 소재정보의 집약이 더 미진했다는 사정이 있다. 더불어 기술 그 자체가 갖는 성질도 연관이 있다. 민속예능이나 제례행사는 기본적으로 집단에 의해 공유되는 화려한 행사다. 그런 만큼 비일상적인 고양감이 부흥의 원동력으로 전환되기 쉬워 커뮤니티의 결속과 연대감 강화의 상징적인 존재로도 기능했다. 그에 비해 기술은 개인의 생활양식으로 운영되는 것, 즉 개인과 일상에 속하는 것이 많으므로 그 존재가 널리 알려지기 어렵고 화제에 오르기도 어려웠던 것으로 보인다.

실제로는 지형이나 지질의 변화, 원전사고에 의한 방사능 오염 등으로 원재료를 확보하기 어려워지고, 유통망과 마케팅 구조가 괴멸하는 등 기술특유의 피해가 있었을 것이다. 왜선(倭船)의 조선기술이나 어구제작기술 등 지진 후에 역으로 수요가 증가한 것들도 있었으리라 본다. 보도기관 등 민간에서 크게 다루는 일이 드문, 언뜻 보기에 '작고 사소한' 문화재야말로 원래는 공적제도나 행정에서 뒷받침해줄 필요가 있다. 하지만 후쿠시마현 오보리소마야키(大堀相馬燒, 도자기)나 미야기현의 오가쓰 벼루 등 극소수의 예를 제외하고는 개개의 기술에 관한 지진 후의 동향과 과제 파악은 현재까지도 전혀 이뤄지지 않고 있다.

향후 이 과제를 실현하기 위해서라도 우선은 기초정보와 논의가 축적되어야 할 것이다. 물론 그 노정은 길다. 이 '잊힌 민속기술'의 문제는, 지진 후의 부흥지원이 평소의 조사연구 축적을 전제로 실현되는 것이라는 사실을 역설하는 것이기도 하다. 앞으로 일어날 수 있는 재난에 대한 방재의 의미에서라도 이런 기초작업의 축적을 서둘러야 할 것이다.

3. 민속지(誌) 제작 프로젝트 - 민속학이 할 수 있는 일

지금까지 살펴본 대안들이 문화재 보호의 관점에 의거한 것이라면, 민속학적인 방법의 활용이라는 관점에서 시작된 시도가 '민속지 제작 프로젝트'다.

3.1 활동의 방침

이 프로젝트는 지진 이전의 생활양식과 그 변천, 지역에 퇴적되어있는 '소문자(小文字)'의 역사와 문화를 민속학적인 현장조사 방법으로 기록하고, 지역에서 공유할 수 있는 형태로 정리하는 것을 목적으로 한 활동이다. 민속예능이나 마쓰리와 같은 민속문화의 화려한 측면은 물론이지만, 그것보다 주목한 것은 아주 당연한 일상이었던 사사로운 생활의 단편들이다. 생업, 주거양식, 토지의 이용방법, 가호(屋号, 저택의 이름-옮긴이)나 지명 등은 총체적으로 그 지역의 생활을 결정지어온 요소이자, 커뮤니티와 생활의 양식이 변해가는 와중에 가장 먼저 잊히는 것이기도 하다. 그런 작은 민속문화를 기록해두는 것은 단순히 과거를 기록하는 것에 그치지 않고 지역주민들이 자신들이 짊어져온 역사와 문화를 알고 정체성을 재확인하기 위해, 또 부흥과정에서 새로운 지역 이미지를 모색할 때 중요한 단서가 되지 않을까. 그런 생각에서 활동은 시작되었다.

활동에는 세 가지 방침이 있었다. 첫 번째는 충분한 시간을 들여서 하나의 지역과 마주할 것. 민속문화는 가령 인접한 지역이라도 서로 다른 측면이 있게 마련이고 사람들은 그 차이에 자부심을 느끼는 경우가 많다. 게다가 그 지역의 현재와 미래에 중요한 것은 그야말로 '우리 방식의 문화'였다. 그런 의미에서 이 기록활동은 어디까지나 지역 한정적이고 작은 대책에 철저해야 한다고 생각했다.

두 번째는 활동의 성과를 가능한 한 알기 쉬운 형태로 지역에 돌려주는 것을 목표로 했다. 전문분야의 방법과 경험을 활용하면서도 연구를 위한 조사가 아니라 지역에 의미 있는 것을 만들겠다는 일관된 의지가 있었다. 그리고 활동의 성과를 지역주민들이 접하기 쉽게 책자 형태로 정리하여 모든 가정에 배포하기로 했다.

세 번째로 이 일련의 사업을 통해 의식적으로 조사하고 기록한 것은, 과거 특정 시점에 대한 기억만이 아니라 지역이 거쳐온 변천사였다.

지역은 항상 변화한다. 이번의 거대한 지진도 먼 훗날 돌이켜보면 끊임없는 변화의 역사를 이루는 한 페이지가 될 것이다. 그것을 이해하기 쉽게 제시함으로써, 지금 전력을 기하고 있는 부흥도 그 변천사의 연장선에 있다는 사실과 과거의 생활 위에 세워졌음을 강조하려는 의도가 있었다.

3.2 활동의 경위

이런 방침을 가지고 활동을 개시한 것은 이와테현 남부 고이시(碁石) 반도의 '고이시 5지구'라 불리는 다섯 마을이다(오후나토시 마쓰사키정). 이 5 지구 중 피해가 가장 컸던 곳이 니시타테(西舘), 도마리(泊里), 고이시로 특히 니시타테와 도마리는 가구 수의 90% 이상이 가옥을 유실하는 심각한 피해를 입었다.

지진 1년 후인 2012년 여름, 어떤 인연으로 처음 니시타테를 방문한 것을 계기로 활동이 시작되었다. 그리고 2013년도 말까지 민속학과 민속예능, 민가건축을 전문으로 하는 연구자 세 명과 함께 대략 3개월에 한 번 2~4일 단위로 방문하면서 쇼와(1925~1989) 초 무렵부터 지진 직전까지의 생활에 대한 지역주민들의 이야기를 들었다.[7] 취재내용은 어업이나 농업에 대해, 제례나 신앙, 연중행사, 지명이나 가호, 집집의 역사 등 다양했다. 아무래도 조사 주체의 전문분야에 치우치는 부분은 있었지만, 기본적으로는 애초에 테마를 정하지 않고 가능한 한 하고 싶은 이야기를 하도록 하는 방향을 취했다.

취재와 더불어 중점적으로 실시한 것은 사진과 지역문서(마을회관 활

---

7   조사멤버는 다음과 같다. 스즈키 기요시(鈴木淸, 민속건축연구소), 효키 사토루(俵木悟, 세이조 대학), 모리모토 다카시(森本孝, 어촌연구가), 이마이시 미기와(今石みぎわ).

동이나 지역행사, 제례에 관한 문서 등) 같은 연관성 있는 자료의 수집이었다. 특히 사진은 각 가정의 앨범이 유실되어버린 상황에서 새로운 지역공유앨범을 만들자는 의도로, 지역주민의 협력을 얻어 중점적으로 수집했다. 이런 사진들은 다양한 추억을 불러일으키는 우수한 장치이기도 하고 주민들의 이야기를 들을 때도 큰 도움이 되었다.

이와 같은 활동을 통해 두 권의 책자가 간행되었다. 한 권은 해당 지역의 구마노(熊野) 신사에서 2012년에 개최한 식년대제(式年大祭, 주기적으로 지내는 큰 제사-옮긴이)의 기록 『니시타테의 제사는 세대를 넘어』(니시타테마을회관 편 2013)이다. 이는 기업문화지원협의회인 〈동일본대지진 예술·문화에 의한 부흥지원펀드(GBFund)〉의 조성으로 니시타테 주민들과 함께 만든 것이다(사업주체는 니시타테마을회관, 2013년 10월 간행). 구마노 신사의 식년대제는 고이시반도 9지역의 우지코(氏子, 씨족의 제사를 관장하는 사람-옮긴이)에 의해 4년에 한 번 거행되는 마쓰리로, 미코시의 해상도어(海上渡御) 외에도 각 지구에서 민속예능이 총출동하는 정말 화려한 축제다. 지진의 이듬해인 2012년은 마침 마쓰리가 개최되기로 정해진 해로, 니시타테에서는 유실된 의상이나 도구 그리고 수레 등을 지원받아 조달하거나 수리하여 식년대제에 임했다. 그 경위와 당일의 기록, 칠복신을 봉납한 아이들의 감상문, 제례에 관한 오래된 사진 등을 지역주민들과 함께 한 권으로 정리하였다.

다른 한 권은 쓰나미 피해가 막대했던 니시타테와 도마리를 중심으로 하면서 고이시 5지구를 대상으로 한 『고이시민속지』(도문연 편 2014)이다 (2014년 3월 간행, 제4장 4-1 참조). 이 책자에서는 어업 등의 생업, 마쓰리와 신앙, 전통적인 주거양식, 토지이용, 풍경의 변천 등 몇 가지 주제를 정하고 사진과 도표 같은 시각자료를 다용하여 묶었다.

그 외에도 조사를 통해 수집한 사진 및 자료는, 이 지역에 관심이 있는 사람이라면 언제든 관람할 수 있도록 도문연이 운영하는 무형문화유산아카이브스(제3장 그림3-1 참조)에서 공개하고 있다.

3.3 활동을 통해 알게 된 것들

이런 활동은 필자가 기존에 해왔던 민속학적인 조사방법으로 실시한 것이지만, 피해지역이기에 느끼는 어려움도 많았다.

재난지역에서는 실로 다양한 사람들—다양한 분야의 연구자, 봉사자 단체, 행정관계자 등—이 밀려들어 일상이 어지러울 정도로 돌아가고 있었다. 이런 상황에서의 조사는 좀처럼 경험해보지 못했던 터라, '재난지역을 찾는 어중이떠중이'의 한 사람으로서 과연 내가 할 수 있는 일이 뭐가 있을까를 수시로 자문하게 되었다. 특히 부흥계획의 진전이 급한 상황에서 도시계획 전문가들이 구체적인 제안을 속속 내놓는 가운데, 우리 필자들은 언제까지고 '옛날 생활의 기억'이라는 바다 위를 방황하고 있었다. 인문계 연구분야는 성과가 언어화되기까지 시간이 걸린다. 그 때문에 부흥속도에 발맞출 수 없다는 초조함이 솔직한 속내였다.

거기에는 필자 자신과 자신의 학문분야에 대한 실망감도 있었다. 민속학은 다른 어떤 학문보다도 지역 생활에 가까이 다가가 애착을 가지고 매우 섬세하게 기록해왔다고 자부해 왔다. 그 누구보다도 지역을 잘 알고 있다고 믿었던 민속학이, 지진 후의 지역부흥에는 적극적으로 기여할 수 없었다. 필자의 역부족 때문이라고 한다면 할 말은 없지만, 그런 형태로 사회와 연결된 채널과 말과 경험치가 심각하게 결여되어 있다고 자책하지 않을 수 없었다.

가령 이 지역 일대는 게센목공의 근거지로 유명한데, 호쾌한 어부들 덕분에 그곳 전통가옥들은 그야말로 가지각색이고 호화로웠다. 일상생활은 물론 이 지역 고유의 관혼상제와 연중행사도 각 가정에서 치러져 왔다. 지진 직전까지 지속해온 행사도 적지 않다. 그런 행사들은 지진 이후 이 전해간 지역의 획일화된 가옥들에서 어떻게 맥을 이어가게 될까? 혹은 구마노 신사의 제례에서는 배 위에 태운 미코시가 도마리 해안을 출항해서 바다 위에 뜬 오쿠사레지마(麻腐島) 섬까지 건너는 것이 관습이다. 먼 옛날 바다 너머에서 이 섬으로 사자머리와 보물이 흘러왔는데, 그것을 제사지내는 것이 구마노 신사의 창시라는 전승이 있기 때문이다. 이 도마리 해안에 12미터의 방조제를 만들 계획이 진행 중이다. 거대한 방조제가 생기면 미코시의 해상도어라는 전통은 어떻게 달라질 것인가?

지역의 미래를 선택하고 만들어가는 것은 물론 지역주민들이다. 하지만 이번 지진처럼 너무 큰 사회적 변화를 동반한 사태에 직면한 가운데 새로운 지역이미지를 모색하지 않으면 안 되는 국면에 섰을 때, 잠시 걸음을 멈추고 지금까지의 생활양식을 돌이켜보고 그것들을 어떻게 전승해갈 것인가 혹은 전승하지 않을 것인가 하는 관점을 정하는 것은 중요한 의미를 지닌다. 그를 위한 재료를 찾아내고 제공하는 것은 원래 민속학을 비롯한 사회과학계 학문의 역할이 아닐까, 현재로서는 이런 생각이 강하게 든다.

고이시에는 앞으로도 정기적으로 방문하여 관계를 지속하며 지역의 미래를 지켜보고 싶다. 그리고 고이시 이래로 무형문화유산부에서는 미야기현과 후쿠시마현에서도 같은 기록사업을 계속하고 있다. 이런 활동을 통해 민속학이 '지역의 지금'에 어떻게 공헌할 수 있는가를 꾸준히 연구해야 하고 또 실천해갈 단계에 있다고 다시 한번 다짐한다.

4. 맺음말

이상, 지진 이후의 활동과 앞으로의 과제에 대해 부족하나마 정리를 해보았다.

과거의 재난을 통해 무엇을 배우고 미래에 어떻게 유의미하게 활용할 것인가? 그것을 끊임없이 고민하고 행동하는 것은 역사적인 거대재난을 조우한 우리의 책무일 것이다. 특히 지구가 활동기에 접어들었다고 하는 지금, '재난 열도' 일본에서는 언제 어디서 다음의 대재난이 일어나더라도 이상할 것이 없다. 문화재 행정의 말단에 있는 일원으로서, 또 한 연구자로서 앞으로도 시행착오를 두려움 없이 반복해갈 생각이다.

문헌

大島曉雄(2007)『無形民俗文化財の保護-無形文化遺産保護条約にむけて』東京：岩田書院

久保田裕道(2013)「東日本大震災と無形伝承の課題-災害地における地域の儀礼文化をめぐって」、『儀礼文化學會紀要』一(通巻44)：pp.163-176

東京文化財研究所無形文化遺産部編(2014)『ごいし民俗誌-岩手縣大船渡市末崎町碁石五地區』東京：東京文化財研究所無形文化遺産部

_____(2016a)『震災復興と無形文化遺産をめぐる課題』東京：東京文化財研究所無形文化遺産部

_____(2016b)『ひらかれる無形文化遺産-魅力の發信と外からの力』(「第10回無形民俗文化財研究協議會報告書」)、東京：東京文化財研究所無形文化遺産部

_____(2017)『無形文化遺産と防災-リスクマネジメントと復興サポート』(「第11回無形民俗文化財研究協議會報告書」)、東京：東京文化財研究所無形文化遺産部

(*報告書はすべて東京文化財研究所無形文化遺産部のウェブサイトで公開している。http://www.tobunken.go.jp/ich/publication/)

西舘公民館編(2013)『西舘の祭りは世代を越えて-熊野神社式年五年大祭の記録』(「東日本大震災芸術·文化による復興支援ファンド」助成事業)、東京文化財研究所監修、岩手(大船渡市)：西舘公民館

無形文化遺産情報ネットワーク編(2014)、『東日本大震災被災地域における無形文化遺産とその復興』(311復興支援無形文化遺産情報ネットワーク報告書」)、東京：東京文化財研究所無形文化遺産部

矢野陽子(2017)『震災があっても續ける-三陸·山田祭を追って』東京：はる書房

제3장

무형문화유산의 방재라는 사고방식

- 동일본대지진의 교훈과 무형문화유산 아카이브스의 시도

구보타 히로미치(久保田裕道)

1. 지진부흥에서 방재(防災)로의 전환

2011년 3월의 동일본대지진 발생 직후, '도호쿠지방 태평양 연해 지진피해문화재 등 구원위원회'가 결성되었다. 이른바 문화재 구조사업이다. 이 위원회는 2013년 3월 말에 해산되었는데 이때 구조에 참여한 단체와 기관을 중심으로 새롭게 설립된 것이 〈문화유산방재네트워크 추진회의〉다.[1] 주축이 된 것은 국립문화재기구에서 발족한 〈문화재방재네트워크 추진본부〉이다.

---

[1]   참여단체는 독립행정법인 국립문화재기구, 독립행정법인 국립미술관, 독립행정법인 국립과학박물관, 대학공동이용기관법인 인간문화연구기구, 국립국회도서관, 독립행정법인 국립공문서관, 공익재단법인 일본박물관협회, 공익사단법인 일본도서관협회, 전국과학박물관협회, 일반사단법인 문화재보존수복학회, 일반사단법인 일본고고학협회, 일본문화재과학회, 전국미술관회의, 전국역사자료보존이용기관연락협의회, 전국대학박물관학강좌협의회, NPO법인 미야기역사자료보전네트워크, 역사자료네트워크, 니시니혼자연사계 박물관 네트워크, 전국역사민속계박물관협의회, 대학박물관 등 협의회, 공익재단법인 문화재보호·예술연구조성재단이다.

재난을 당한 문화재를 구출하자는 목적으로 출범한 조직이 앞으로 닥칠 재난에 대비하고자 다음 단계로 접어든 것인데, 여기에서 무형문화유산은 어떤 위치에 자리해야 할 것인가? 문화유산방재네트워크 추진회의에 참여한 단체를 보면, 기본적으로는 박물관·미술관을 비롯해 도서·공문서·역사자료와 연관된 단체들이 다수를 이룬다. 무형문화유산과 연관이 있는 기관은 국립문화재기구 내에서 무형문화유산부서를 가진 도쿄문화재연구소와 유네스코 관련하여 설치된 아시아태평양 무형문화유산연구센터[2], 거기에 민속분야를 유일하게 다루는 전국역사민속계박물관협의회 정도밖에 없다.

그 전에 먼저, 동일본대지진 이후의 문화재 구조사업에서는 무형문화유산은 대상이 되지 않았다는 사실을 짚고 넘어갈 필요가 있겠다. 물론 건물잔해들에 파묻힌 북이나 사자머리 등은 구조되긴 했지만, 조직적으로 구성된 무형문화유산 대상의 구조는 이뤄지지 않았다는 사실이다. 추측건대 인간이 전승하는 무형문화유산은 애당초 인명구조가 최우선시되는 상황에서 굳이 문화재 구조 안에 포함시킬 필요도 없다는 것이 당시의 암묵적인 이해가 아니었을까.

그런데도 지진 이후 무형문화유산—특히 민속예능이나 제례—에 대해서는 사회적 관심이 높아졌기도 하고 부흥을 위한 지원이 민간단체를 중심으로 확대되고 있었다. 행정에서도 문화청의 '문화유산을 활용한 관광진흥 및 지역활성화 사업'의 보조금을 응용한 조사와 지원을 실시하기

---

2   설치된 것은 동일본대지진 이후인 2011년 10월. 유네스코무형문화유산보호조약을 중심으로 한 국제적 동향의 정보수집, 아시아태평양 지역의 무형문화유산보호에 관한 기초적인 조사·연구, 무형문화유산보호의 국제적 충실을 위한 공헌 등을 목적으로 하고 있다.

도 하였다. 이런 상황들을 보면, 지진부흥에 있어 무형문화유산은 중요하다는 인식이 자리하게 되었다고 할 수 있다.

2015년 3월 센다이(仙台)에서 개최된 유엔방재세계회의에서는 국제전문가회합인 '문화유산과 재난에 강한 지역사회'에서 무형문화유산의 방재에 대해서도 논의가 이뤄졌다.[3] 예를 들어 그때 국립문화재기구와 문화청이 제작한 6분 분량의 영상「문화유산과 재난에 강한 마을 만들기」[4]에서는 이와테를 중심으로 민속예능 등의 영상기록을 지속해온 아베 다케시(阿部武司, 도호쿠문화재영상연구소) 씨의 영상 등이 이용되었다. 여기에서 "무형의 문화유산이 마음의 부흥을, 유형의 유산이 기억의 계승을 지원하고, 생활의 재건과 마을부흥에 활력을 불어넣는다"는 것을 강조하였다. 참가자의 이야기에 따르면 무형문화유산의 부흥이 성공사례로 받아들여졌다고도 한다.

그렇지만 이상의 회합을 통해 무형문화유산의 방재가 명확히 제시된 것은 아니다. 그 보고에 따르면 '문화유산'의 정의에 부동산유산·동산유산, 시가지나 경관, 공문서나 장서, 거기에 무형유산도 포함된다고 부수적으로 명시되어 있는 정도다. 또 회합의 '권고' 안에 무형이 등장하는 경우는 "국제레벨 및 지역레벨의 유산관계 기관은 첫째, 다양한 유산부문(예:동산 및 부동산, 유형 및 무형) 사이에서 더 나은 커뮤니케이션과 통합을 촉진하지 않으면 안 된다"라고, 유산의 한 예시로만 제시되었을 뿐이다.

결론적으로 무형문화유산의 재난부흥과 방재라는 문제는 사회적 관심에서 혹은 지원사례로서, 또 부흥 후의 관심정도를 보더라도 다루어야

---

3 국제전문가회합 '문화유산과 재난에 강한 지역사회'에 대한 자세한 내용은 문화재방재네트워크 웹사이트에서 열람가능하다.(http://ch-drm.nich.go.jp/result/report/report04).

4 유튜브 상에 동영상을 공개 중(https://www.youtube.com/watch?v=23ayglvnSSk).

하는 과제이지만, 한편으로는 여전히 대상도 방법론도 정해지지 않은 상태에 놓여 있다. 재난부흥에 무형문화유산이 중요한 의미를 갖는다는 사실이 인지되고 있는 만큼, 무형문화유산의 방재를 어떻게 실현할 것인가에 대해 시급히 그 방법을 제시하고 실천해갈 필요가 있다.

2. 무형문화유산의 방재란 무엇인가?

무형문화유산의 방재란 무엇인가를 생각하기 위해서는 먼저 '무형문화유산'과 '방재'의 정의를 분명히 해둘 필요가 있다. '무형문화유산'의 정의를 보자. 유네스코에서 2003년에 채택한 〈무형문화유산의 보호에 관한 조약〉에는 다음과 같이 서술되어 있다. "무형문화유산이란 관습, 묘사, 표현, 지식 및 기술과 더불어 그것과 관련이 있는 도구, 물품, 가공품 및 문화적 공간으로, 사회, 집단 및 경우에 따라서는 개인이 자신의 문화유산의 일부로 인정하는 것을 말한다." 여기에서 '관습, 묘사, 표현, 지식, 기술'이라는 상당히 넓은 범위가 속해 있음을 알 수 있다.

한편 일본에서는 '문화재보호법'에 따라 '무형문화재'와 '무형민속문화재' 그리고 '선정보존기술' 등이 무형문화유산에 해당한다. 이 중 '무형문화재'는 '연극, 음악, 공예기술 그 외 무형의 문화적 소산으로 나라에 역사상 혹은 예술상 가치가 높은 것'이라고 정의되고 있다. 예를 들어 예능에서 보면 노(能, 가면을 쓰고 하는 일본의 전통 무대예술-옮긴이)나 가부키(歌舞伎, 에도시대에 성립된 일본의 전통극-옮긴이) 등 이른바 전문적인 기능이 대상이 된다. '무형민속문화재'의 경우는 먼저 '민속문화재'의 정의부터 살펴야 한다. "의식주, 생업, 신앙, 연중행사 등에 관한 풍속관습, 민속예능, 민속기술 및 여기에 이용되는 의복, 기구, 가옥 그 외 물건들로 국민 생활의 추이를 이해하기 위해 빼놓을 수 없는 것"이 '민속문화재'인데, 그중 무형인 부분이 하위분류로서의 '무형민속문화재'가 된다. 단적으로는 '풍속관습, 민속예능, 민속기술'이다. 거기에 '선정보존기술'은 유형문화재의 수리기술과 그에 필요한 재료나 도구의 제작기술을 가리킨다.

사견이지만, 이런 내용들을 대략적으로 정리하면 세 가지로 집약된다. ①연극, 음악, 민속예능, 풍속관습의 일부(인생·의례, 오락·경기, 연중행사, 제례·신앙 등)와 같이 행위 그 자체가 가치의 대상이 되는 것. ②공예·민속기술·보존기술·풍속관습의 일부(생산, 생업 등)와 같이 유형의 성과를 내기 위한 기술, 혹은 수확을 위한 기술. ③풍속관습의 일부(사회생활, 민속지식 등)와 같이 언어나 지식 등 특정의 행위와는 연결짓기 어려운 것. 번잡해질 우려가 있어 이 이상의 설명은 피하겠지만, 요점은 그만큼 성질이 다른 것에 대해 총괄적으로 '방재'를 상정하는 것은 상당히 어렵다는 것이다.

그런가 하면 '방재'라는 말도 범위가 넓다. 무엇보다 '재난'이 무엇에 기인하는가 하는 부분과 '예방'의 정도를 명확히 할 필요가 있다. 특히 '예방'에 관해서는 피해억제를 첫 번째 의의로 삼으면서도 감재(減災)·위기관리·부흥 등을 포함한 의미로 이용되고 있다. 전문가는 당연히 구분해서 사용하겠지만, '무형문화유산의 방재'라고 했을 때 그것을 어디까지 요구할 것인가를 분명히 할 필요가 있다. 그리고 그것이 유형을 대상으로 하는 방재보다도 어려운 최대요인은 대상이 인간이라는 점이다. 바꿔 말하면 무형문화유산의 방재는, 어디까지나 전승자의 방재와 그에 부수되는 유형물의 방재에 한정될 수밖에 없다. 유형의 경우에는 예컨대 면진(免震)이니 내진(耐震)이니 하는 기술을 갖춘 유지관리, 보관장소나 보관방법의 검토, 재난 시의 대응, 복구를 위한 기술 등이 과제로 거론된다. 반면 무형의 경우는 인명구조가 최우선시된다—라기 보다는 무엇보다 우선시되는 인명구조야말로 무형문화유산의 방재와 직결되는 것은 사실이다.

예를 들어 중요무형문화재 보유자, 속된 말로 '인간국보'를 재난으로부터 보호하고자 하면, 그 주거의 내진공사가 거론되지 않을 수 없다. 물론 그것도 '무형문화유산의 방재'의 일환일 것이다. 하지만 인간인 이상 부상이나 질병 그리고 죽음과 같은 위험은 피할 수 없는 데다 심하게는 동기 저하로도 무형문화유산의 계승에 영향을 미친다. 즉 재난뿐만 아니라 소실과 변용의 위험에 항상 노출되어 있는 것이 무형문화유산인 것이다. 그러므로 전승자에게 사고가 발생했을 때 기술이 계승되도록 계승자의 육성과 기술을 기록하는 것은, 무형문화유산의 방재 이전의 일상적인 보호책인 셈이다. 그렇게 되면 굳이 방재를 강조하지 않더라도 평소의 무형문화유산 보호가 곧 무형문화유산의 방재가 되기도 한다.

그렇다면 '무형문화유산의 방재'라는 시책은 있을 수 없는 것일까? 무형문화유산 방재의 필요성이 요구되게 된 계기를 돌이켜 보면, 역시 동일본대지진이 출발점이었다. 지진으로부터 부흥을 도모하던 중, 민속예능과 제례가 큰 역할을 담당했다는 사실을 많은 사람들이 목격했기 때문이다. 한 가지만 예로 들면, 미야기현 오나가와정에 있는 마을에서는 피난처가 수십 곳으로 분산된 탓에 마을 사람들이 얼굴을 마주할 기회가 전혀 없었다. 그래도 정월과 4월 말의 제례만큼은 재난지역인 마을에 주민들이 모여 사자춤을 감상했다. 사자춤이 커뮤니티를 이어주는 수단이었던 것이다. 이런 예는 재난지역 각지에서 찾아볼 수 있다. 즉 무형문화유산이 지역커뮤니티 재생에 효과가 있다는 것이 입증된 셈이라 할 것이다.

그렇게 되자 '무형문화유산의 방재'에 새로운 가능성이 더해지게 되었다. 즉 지역커뮤니티가 재난으로부터 부흥하기 위해서는 무형문화유산을 활용하는 것이 효과적이라는 것이다. 특히 정신적인 부흥에서는 민속예능과 제례 같은 지역의 무형문화유산은 큰 효과를 발휘한다. 즉 지역방재 안에 재난 이후의 부흥이라는 시점도 포함하고, 거기에 공헌할 수 있는 무형문화유산을 도입한다는 것이다. 따라서 그것은 '지역방재를 위한 무형문화유산의 활용'이며, 더욱이 재난 시 활용할 수 있도록 무형문화유산의 손상을 최소화하기 위해 '무형문화유산의 방재'가 필요하다는 이야기다.

3. 무형문화유산의 방재에 필요한 것

앞서 했던 이야기를 다시 반복하는 것 같지만, 여기에서는 '무형문화유산의 방재'를 '지역방재를 위한 무형문화유산의 활용'과 그를 위한 방재라는 관점에서 볼 때, 어떠한 문제가 상정되고 무엇이 필요한지에 대해 열거하고자 한다.

3.1 개별적 재난의 사례 수집

커뮤니티 부흥에서 무형문화유산의 역할과 의의는 개개의 사례마다 다르다는 사실을 먼저 이해해야 할 것이다. 예컨대 같은 '민속예능'이라도 산리쿠지방의 가구라처럼 준전문가 집단이라고 할 수 있는 집단이 마을들을 돌며 하는 예능과, 사자춤처럼 마을 청년들이 중심이 되어 펼치는 예능과는 지역에서의 역할도 의의도 다르다. 게다가 전승자의 거주지를 기점으로 본 재난구역도 한 곳만이 아니라 다른 지구에 걸쳐있는 경우도 있다. 동일본대지진 때에는 이런 사례별 차이가 부흥에도 커다란 영향을 미친다는 사실을 알았다. 따라서 동일본대지진 등의 재난에서 어떻게 피해를 보고 부흥했는가 하는 사례를 수집·분석하고, 그것을 방재에 힘쓰고 있는 지역의 상황에 접목해서 생각할 필요가 있다.

3.2 지원의 구조

동일본대지진 이후, 일본재단이나 기업의 문화지원 같은 다양한 민간지원으로 무형문화유산에 특화한 지원사업이 추진되었다. 유실된 도구류의 상당한 양이 이들 지원으로 부활할 수 있었다.

하지만 어디에 어느 정도를 지원할 것인가 하는 지원의 분배는 큰 문제였다. 재난정보가 포괄적이지 않은 탓에 정보가 있는 단체에 지원이 편중되는 사태도 벌어졌다. 또 피해상황에 따라 혹은 지역에 따라 부흥의 속도가 다르다. 하지만 지원에 관해서는 여러 가지 제약으로 시기를 한정하여 모집해야 하는 상황이라, 지원이 필요할 때 시의적절한 지원이 안 되는 경우도 있었다. 특히 지진 직후에는 다수의 지원이 있더라도 시간이 지날수록 감소한다는 점도 부정할 수 없다. 방재의 관점에서 보면 이런 지원의 방법론도 재고할 필요가 있을 것이다.

또 한 가지, 이것은 피해자 측이 결코 말할 수 있는 성질은 아니며 혹시 오해를 불러올지 모르지만, '타인에게 받은 것이라서 잘 아끼지 않는 경향이 있다'는 이야기를 들은 적이 있다. 제례용구를 보더라도 평소에는 많은 수고를 들여서 제작하고 구입하던 것을, 지원으로 너무 간단히 손에 넣으면 감각적으로는 받아들이기 힘들다는 사태도 수긍이 간다. 즉 단순히 물질적인 것만을 부활시킨다고 되는 것은 아니라는 이야기다. 또 지원이 계속되면 그에 대해 뭔가 답례를 해야 하리라는 관념이 생기고 무의식적으로나마 심리적인 부담이 된다. 혹은 지원과 관련하여 시기질투의 문제도 있을 수 있다. 간혹 지원자들 사이에서 문제가 발생하기도 하고 금전이 얽힌 만큼 지원을 둘러싼 문제는 클 수밖에 없다. 방재에 있어서 지원방법에까지 주의를 기울이기는 쉽지 않을뿐더러 이런 부정적인 측면은 사례를 수집하기도 곤란하다. 하지만 문제점의 집적은 언제 또 닥칠지 모를 재난에 대비해 반드시 필요하다.

3.3 개인정보에 대한 대책

동일본대지진 이후, 재난정보 수집이라는 작업을 가로막은 것은 개인정보라는 벽이었다. 특히 후쿠시마현을 조사할 때는 여기저기 피난처를 옮겨다니는 전승자들의 행방을 쫓는 것이 어려워, 공공기관에 문의를 해도 개인정보 보호 차원이라며 가르쳐주지 않은 상황이 조사를 보다 난항으로 몰아갔다는 이야기를 들었다. 문화재와 관련된 개인정보는 취급이 어려운 것이 사실이다. 특히 미술·공예 분야에서는 소유정보의 공표를 바라지 않는 소유자도 많다. 문화재로 지정된 시점에서 공적인 측면을 가지므로 공표해야 한다는 지자체도 있지만, 한편으로는 공표로 인해 도난될 가능성이 커질 위험도 있어 일률적으로 시비를 가릴 수는 없다. 무형문화유산, 특히 민속문화재에 대해서는 그렇게까지 엄격하게 생각할 필요는 없을지 모르지만, 무형이라곤 하나 희소한(유형의) 도구를 이용하는 경우도 많기 때문에 마찬가지 문제가 발생할 수 있다. 그렇지만 방대한 수의 문화재에 대해 망라해서 공표의 시비를 확인하는 작업도 많은 어려움을 동반하고, 또 결과적으로 공표를 바라지 않는다면 문제는 계속되게 된다.

나중에 언급하겠지만 필자가 근무하는 독립행정법인 국립문화재기구 도쿄문화재연구소에서는 지방지정(도도부현·시정촌 지정)에 관한 문화재 정보를 문화재 방재의 일환으로 2016년도부터 수집하고 있다. 이때 문화재의 개인정보에 대한 문화청의 견해는 다음과 같았다.

〈행정기관이 보유하는 개인정보 보호에 관한 법률〉의 제8조 제2항 제3호에 따르면 '행정기관의 장'이 "타 행정기관, 독립행정법인 등 지방공공단체 혹은 지방독립행정법인에 보유하는 개인정보를 제공할 때는, 보유한 개인정보를 제공받는 자가 법령이 정한 사무 혹은 업무의 수행에 필요한 한도에서 제공된 개인정보를 이용하고, 혹은 해당 개인정보를 이용하는 데 있어 상응한 이유가 있다"라고 인정한 경우에는 개인정보 제공이 인정된다고 되어 있다. 그렇기 때문에 독립행정법인인 도쿄문화재연구소가 개인정보를 포함한 문화재 정보를 취득한 경우, 행정의 장이 판단하면 소유자 개인에 대한 확인은 불필요하다는 것이다. 간단히 말해 이른바 공적기관이면 지역행정기관의 장이 승낙만 하면 개인의 승낙을 얻지 않더라도 개인정보를 취급할 수 있다는 것이다.

하지만 반대로 생각하면 행정기관의 장이 승낙하지 않는 한은 제공받을 수 없고, 도도부현 측도 재난 시에 문화재 정보를 어떻게 개시해야 할지 등 문화재에 관한 방재계획을 책정하지 않는 한 판단하기는 어렵다. 뿐만 아니라 개인소유의 문화재일 경우는, 재난 시라 하더라도 소유자의 요청이 없는 한은 구원활동을 하지 못하므로 개인정보를 미리 파악할 필요는 없는 것 아니냐는 목소리도 있다.

다만, 요청이 있어야만 구원할 수 있다는 전제는 무형문화유산의 경우는 다소 차원이 다르다. 무엇보다 동일본대지진 때 소재정보조차 얻지 못했고, 설령 얻었다 하더라도 개인정보 보호 전에 확인할 수 없었다는 경위는 반성과 더불어 확실히 고려해야 할 필요가 있다. 무엇보다 구원요청의 목소리를 내는 것이 좀처럼 불가능하여, 외부 지원자가 손을 내밀어서야 비로소 부흥을 시작할 수 있었던 단체가 많았다. 이는 요청이 전제된 구원만으로는 대응하기 어렵다는 것을 방증한다. 물론 재난 시에는 도난도 많이 발생하므로 안이한 정보공개는 위험을 수반하게 마련이다. 그렇더라도 무형문화유산과 그 이외의 분야에서는 방법론이 다르다는 대전제를 주지시킬 필요가 있다.

행정기관의 문화재 담당부서는 아무래도 유·무형과 무관하게 '문화재'라는 일원적인 견해를 갖는 경향이 있다. 하지만 여기에서 서술하고 있는 '지역방재를 위한 무형문화유산의 활용'이라는 관점은 일반적인 문화재보호와는 다른 관점으로 생각할 필요가 있다. 특히 박물관·미술관을 중심으로 하는 미술·공예분야와는 다른 '지역의 문화재'는 그런 활용적 관점이 중시되어야 한다. 그리고 개인정보 문제는 그런 관점을 확립함으로써 이해를 촉구해야 할 것이다.

3.4 네트워크 구축

동일본대지진 이후에 유실된 사자머리를 외부지원으로 다시 만들어낸 전승단체가 여러 곳 있다. 하지만 어느 한 단체를 방문했을 때 "힘들게 만들어 줬는데 더는 유지하기가 어렵다"는 소리를 들었다. 지진 이전부터 인구과소와 고령화가 진행되던 마을이었는데, 지진을 계기로 젊은이들의 전출이 가속화하였고 이제는 사자춤을 추는 정월에도 사람들이 모이지 않는다고 했다. 게다가 그 지역은 고지대로의 이전을 목전에 두고 있어서 향후 행방이 불투명한 상황이었다. 그러한 가운데 이 민속예능에는 어떤 앞날이 기다리고 있을까?

이런 문제는 재난을 입은 지역이라면 대부분 안고 있는 문제다. 특히 원전사고 피난지역에서는 도구의 물리적 파손은 소수에 불과했지만, 지진 후에 재개되지 못한 채 방치된 무형문화유산이 많다. '부흥지원'은 아무래도 형태가 있는 것으로 향하게 된다. 유형문화재의 경우 복구와 재생이 이뤄지면 그것이 도달점이 되지만, 무형문화유산은 도구가 복구·재생된 순간에 비로소 출발점이 된다는 사실을 지원하는 측은 간과하고 있다. 그런 까닭에 '방재'의 관점에 그 부분을 포함하기가 어려운 것이다.

그와 같은 상황에 대처하기 위해서는 재난 이후 계속해서 전승자에게 접근하고 그 시점에서의 문제점은 무엇인가를 파악하는 수밖에 달리 방법이 없다. 지진 이후 재난지역에서는 사례연구가 개입하여 피해자의 정신적인 치유를 꾀하는 활동이 이뤄지는데, 마찬가지로 무형문화유산을 통해 지역커뮤니티의 문제를 공유할 수 있는 존재가 필요하다고 본다. 또 외부자가 그 무형문화유산에 관여하는 것이 전승자의 동기부여로 이어지는 효과도 기대할 수 있을 것이다.

이러한 상황을 연출하기 위한 유효한 수단으로는 전승자와 외부인을 이어주는 네트워크를 구축하는 것이 있다. 전승자와 문화재 행정담당자, 지원단체, 연구자, 그리고 애호가까지 참여시키는 유연한 네트워크야말로 재난 후에 효력을 발휘하는 수단이 될 수 있다. 그런 네트워크의 존재는 큰 재난뿐 아니라 평소에도 무형문화유산을 위협하는 인구과소와 고령화에 따른 소멸의 위험에도 대처할 수 있다.

하지만 일본 문화재 행정의 결정적인 약점은, 민속문화재 담당자의 배치가 너무 적다는 사실이다. 행정적인 발굴조사가 필수인 고고학의 담당에 비해 민속문화재는 경시되고, 동시에 전문직을 회피하는 풍조가 거기에 박차를 가하는 것이 현실이다. 이러한 경향도 역시 무형문화유산을 위협하는 위험이라고 할 수 있다. 그렇더라도 이는 하루아침에 개선될 수 있는 문제가 아니므로, 그것을 보완하기 위해서도 다양한 입장의 사람들을 잇는 네트워크 구축이 요구된다.

3.5 정보수집과 발신

여기까지 재난 이후 진행되는 유효한 부흥지원을 둘러싼 체제와 문제점에 대해 알아보았다. 이제 마지막으로 부흥 시 필요한 정보에 대해 이야기하고자 한다. 재난에 대비하는 '방재'로서 추진해야 할 정보수집 작업에 관한 것이다.

가장 먼저 필요한 것이 소재정보의 수집이다. 동일본대지진 때에는 이와테, 미야기, 후쿠시마 연안에 있는 민속예능과 제례 및 행사의 수가 기존의 조사결과로 볼 때 1천 건이 넘었다. 하지만 그중 국가와 시정촌이 어떤 형태로든 문화재로 지정한 것은 고작 8% 정도에 지나지 않았다. 지정되지 않은 것은 행정적인 파악이 곤란하다. 어디에 무엇이 있는지 알 수 없는 상황에서는 부흥지원의 대상화는 말할 것도 없고 피해파악조차 불가능하다는 것을 의미한다.

게다가 시정촌 지정이나 도도부현 지정 문화재라 하더라도 그 정보가 목록화되어 있지 않은 경우 이전의 데이터에 관해서는 목록화가 안 되어 있다.[5]

즉, 지정받지 않은 문화재는 고사하고 지정되었던 문화재라 하더라도 전국적인 목록은 존재하지 않는다. 타 분야에는 그것을 보충하는 목록이 있을지 모르겠지만, 적어도 무형민속문화재에 관해서는 존재하지 않는다고 단언할 수 있다. 예컨대 일본에 사자춤이 몇 가지가 있으며 가구라가 몇 가지 있는지 등은 아무도 모른다. 따라서 종합적 목록을 작성하는 것이야말로 그 어떤 것보다 선행되어야 하는 '무형문화유산의 방재'라 할

---

5   지방자치단체는 신규의 문화재 등록이 있을 때는 문화청에 보고할 의무가 있으므로, 문화청에는 전국의 지방지정문화재 정보가 집적되어 있다. 하지만 그 데이터가 디지털화된 것은 2011년도 이후이고, 그 이전의 서류로 된 데이터는 목록화되어 있지 않았다.

것이다. 항상 변화하는 것이 무형문화유산이니만큼 정기적으로 갱신되는 내용까지 포함한 목록을 유지할 필요가 있다.

또 그 범위를 미지정 문화재에까지 확대하려고 할 때 문제가 되는 것이 어디까지를 대상으로 할 것인가 하는 점이다. 예를 들어 같은 무형민속문화재라 하더라도 민속예능이나 제례와 비교하면 민속기술의 인정정도가 낮고 조사자료 또한 적다. 그런 것을 어디까지 포함할 수 있을까. 또 민속예능이라 하더라도 가령 최근 시작된 것을 어떻게 다룰 것인가 하는 문제가 있다. 일본의 창작북이나 '요사코이소란(よさこいソーラン, 고치현의 요사코이 마쓰리를 모델로 하여 1992년에 홋카이도에서 시작한 마쓰리로, 매년 6월에 홋카이도 삿포로시에서 개최된다-옮긴이) 마쓰리' 정도는 알기 쉽지만, 전통적인 스타일이면서 전후에 시작된 전승의 사례는 동일본대지진 재난지역에서도 많이 볼 수 있었다. 학술적인 관점에서는 제외시킬 수 있어도 '지역방재를 위한 무형문화유산의 활용'이라는 관점에서는 제외시키기 어려운 것들도 다수 존재한다. 하지만 안이하게 포함했다가는 그만큼 자료량은 방대해지고, 반대로 그렇지 않으면 그것의 전승이 잊히거나 재난 시에 지원대상에서 제외되고 말 우려가 있다. 이는 동일본대지진 이후 목록을 작성할 때 실제로 지적받은 것이기도 하다.

어쨌든 소재정보와 더불어 재난 이후 복원을 가능하게 할 자료를 수집해두는 것도 중요하다. 예컨대 동일본대지진으로 인해 사자머리를 유실한 어느 지역에서는, 관련된 사진조차도 모두 유실된 탓에 복원할 당시 장인의 고생이 이만저만이 아니었다.[6] 자료들을 분산해서 보관하는 것도 물론 필요하지만, 그 이전에 사진이나 계측자료 등을 준비해두는 것이야

---

6   오카베(2017)에 구체적 사례가 소개되어 있다.

말로 중요한 문화재 방재가 된다. 그리고 음악, 예능, 기술과 같이 그야말로 '무형'인 부분에 관해서는 영상을 이용한 기록작업이 틀림없이 이뤄져야 한다.

그리고 이렇게 해서 수집된 정보는 극비를 요하는 것을 제외하고 가능한 한 일반에 공개하는 것이 좋다. 재난 이후의 발신과 공개에 대해 동일본대지진 때에는 신중해야 한다는 의견도 있었다. 불특정 다수가 재난지역으로 모여들 가능성이 있으므로, 물론 일률적으로 논할 수는 없다. 하지만 앞서 말한 네트워크 구축의 필요성과 마찬가지로 무형문화유산의 보호를 위해서는 사람들 간의 연대를 만드는 것이 중요하다. 특히 관객이나 고객을 필요로 하는 무형문화유산에 관해서는, 상연계획이나 구매에 대한 정보를 발신할 필요가 있다. 또 그런 정보를 꾸준히 발신한다면 네트워크의 활성화도 기대할 수 있다.

4. 아카이브스 구축

여기까지 서술한 것을 토대로 도쿄문화재연구소에서 현재 추진하는 사업을 소개하고자 한다. 제2장에서 이마이시 미기와 씨가 '무형문화유산정보 네트워크'의 활동과 웹사이트에 관해서는 설명했으므로 그 경위는 생략하기로 한다. 간략히 말하면 동일본대지진 이후에 무형문화유산 재난정보를 수집하기 위해, 각 현에서 지진 이전에 시행했던 민속예능 긴급조사 보고서와 마쓰리 및 행사 조사보고서의 목록 등[7]을 토대로 작성

---

7   민속예능에서는 『이와테현의 민속예능—이와테현 민속예능 긴급조사 보고서』(이와테현 교육위원회, 1997년), 『미야기현의 민속예능—미야기현 민속예능 긴급조사 보고서』

한 새로운 목록과 지도를, 웹사이트 〈311부흥지원 무형문화유산 정보 네트워크〉에 공개했다는 내용이다. 이것의 목적은 부흥지원에 도움이 된 소재정보를 공유함과 동시에 재난정보·부흥정보를 수집하기 위한 것이기도 하다. 결과적으로 이 시도는 지원단체나 매스컴에 무형문화유산의 피해규모를 알리는 데에는 큰 도움이 되었지만, 정보수집의 수단으로는 그다지 기능하지 못했다. 마침내 부흥도 어느 정도 진행된 시점에서, 앞서 서술한 대로 '부활한 것을 유지하기 어렵다'는 새로운 문제도 표출되었기 때문에 2014년 말을 기점으로 갱신을 그만두었다.

그것을 대신하여 시작한 것이 무형문화유산 아카이브스[8]다. 시스템은 311부흥지원 때와 마찬가지로 국립연구개발법인 방재과학기술연구소의 협력을 얻어 구축. 기존의 311부흥지원 무형문화유산 정보 네트워크보다 이용하기 쉬운 검색시스템을 지향했다. 이것이 〈311부흥지원 무형문화유산 아카이브스〉이고 자료로는 이와테·미야기·후쿠시마 연안부의 정보만을 대상으로 하고 있다. 2017년도 이후로는 이것을 토대로 새롭게 구축한 〈전국판 무형문화유산 아카이브스〉에 전국의 무형문화유산 정보를 수록하고 있다(그림3-1).

정보의 수집방법으로는 문화청 및 도도부현의 교육위원회와 같은

(미야기현 교육위원회, 1993년), 『후쿠시마현의 민속예능—후쿠시마현 민속예능 긴급조사 보고서』(후쿠시마현 교육위원회, 1991년), 제례·행사에서는 『이와테의 축제·행사 조사보고서』(이와테현 문화재애호협회, 2000년), 『미야기현의 축제·행사—미야기현 축제·행사 조사보고서』(미야기현 교육위원회, 2000년), 『후쿠시마현의 축제·행사—후쿠시마현 축제·행사 조사보고서』(후쿠시마현 교육위원회, 2005년) 등이 있다.

8   무형문화유산 아카이브스 웹사이트(http://mukeinet.tobunken.go.jp). 2016년도 말을 기점으로 한 웹사이트 구성으로는 무형문화유산 아카이브스를 시작으로 하고 311부흥지원 무형문화유산 정보 네트워크와 311부흥지원 무형문화유산 아카이브스가 그 안에 포함되어 있다. 이 〈311부흥지원〉의 자료는 기록으로 남기고 향후의 전국적인 자료는 새롭게 구축한 무형문화유산 아카이브스에 축적되게 된다.

문화재 소관에 협력을 의뢰하고, 도도부현을 통해 실시하는 것을 기본으로 한다. 다만 시정촌 지정 문화재 자료까지 반드시 갖추고 있는 것은 아니므로, 미지정 또한 포함한 조사방법에 대해서는 도도부현 별로 협의할 필요가 있다. 2016년도에는 담당자 회의를 여러 차례 개최하여 모든 도도부현의 담당자와 사업목적을 공유할 수 있었는데, 구체적인 수집작업은 향후의 일이 될 것이다. 총괄적으로 어떻게 갱신하고 유지할 것인가도 중요한 과제이다. 어찌 됐든 네트워크를 형성하면서 아카이브스를 구축한다는 동시진행이 필요하고, 더불어 기존 네트워크와의 연대도 필요하다.[9]

무형문화유산 아카이브스에 수집된 정보는 기초자료에 더해 화상, 영상, 음성, 문서, 간행물 등 다양한 것을 대상으로 한다. 현물을 수납할 수 없는 경우에는 그것의 메타자료를 넣을 필요도 있을 것이다. 또 311부흥지원 무형문화유산 정보네트워크에서 실시해온 것처럼 이른바 데이터베이스의 기능도 충실히 할 필요가 있다. 특히 방재를 위한 항목을 어떻게 채워갈 것인가는 앞으로의 중대한 과제이다. 가령 전승지역과 해저드 지도(긴급대피경로도)의 조합이나, 도구의 보관장소와 제작처 그리고 전승자가 광범위하게 포진해 있는 경우 어떻게 표시할 것인가 등, 고려해야 할 항목은 많다. 더구나 화상이나 영상뿐 아니라 소실되었을 때 복원가능한 도구를 계측하는 것도 예능·음악·기술 같은 무형부분의 기복을 작성하고 그런 자료를 수집할 필요도 있다. 하나같이 당장 추진할 수 있는 것은 아니지만, 방재의식이 고양되고 있는 지금이야말로 제언이 필요할 때이다. 그리고 그것을 통해 무형문화유산의 가치를 재인식하고 관계자 간의 네트

---

9   예를 들면 간사이(關西)지역을 중심으로 한 행정기관 〈간사이광역연합〉에서는 방재를 토대로 한 문화재데이터베이스 구축 등을 추진하고 있다. 또 방재를 목적으로 한 문화재데이터베이스를 공개하고 있는 도도부현도 있다.

워크를 형성하는 것이 바람직하리라 본다.

이렇게 하여 모인 자료는 일본의 무형문화유산의 전체상을 알기 위한 기초정보가 되기도 하고, 그를 통해 타지역 문화유산과의 비교도 가능해진다. 그로부터 이끌어낼 수 있는 특색이나 매력은 관광자원으로 활용할 수 있으며, 생애학습이나 학교교육에서도 활용이 가능하다. 뿐만 아니라 지역간 교류와 해외로의 정보발신 등에도 도움이 될 수 있다. 나아가 일반 팬층을 증대시킬 수 있다면, 그것이 전승자에게는 긍정적인 자극이 될 것으로 기대된다. 다만 그러기 위해서는 현재의 무형문화유산 아카이브스가 다소 전문적인 경향이 강하므로, 일반인 대상의 영역을 넓힌 웹사이트 구축도 함께 검토하는 중이다.

<그림 3-1> <311부흥지원 무형문화유산 아카이브스>

5. 해외로의 발신

마지막으로 이 '무형문화유산의 방재'가 해외에서 어떻게 받아들여지고 있는가에 대해 다뤄보기로 하자. 처음 서술한 바와 같이 무형문화유산의 방재라는 개념은 UN방재세계회의에서도 화제가 되었다. 일본에서도 확립되어 있다고는 말하기 어려운 개념이지만, 동일본대지진 경험이 있기에 더욱 일본이 발신할 수 있는 문제이고 일본이 기대를 짊어지고 있는 분야라고 할 수 있다.

도쿄문화재연구소와 같은 국립문화재기구에 속하는 아시아태평양 무형문화유산연구센터에서는 무형문화유산의 방재를 테마로 한 아시아 · 태평양에서의 관계자 조사와 협의를 추진하고 있다. 필자는 그 조사의 협력자로서 베트남을 방문할 기회가 있었는데, 홍수를 비롯한 자연재해가 빈번한 베트남에서는 무형문화유산의 방재를 상당한 흥미를 가지고 받아들였다. 다만 그곳에서 제시된 무형문화유산은 지금까지 서술한 것과는 조금 성격이 다른 것이었다. 본 장 제2절에서 무형문화유산을 세 가지로 집약했는데, 그중의 '특정한 행위와는 연결짓기 어려운 것'에 해당하는 '민속지식'이다. 예컨대 어느 소수민족은 산 위에 집단을 이루고 있었지만, 기후변동에 의한 홍수의 위험성이 지적되자 산에서 내려가게 되었다. 이주한 곳에서는 다른 민족과 함께 생활해야 했고, 결과적으로 전통문화가 소멸했다고 한다. 그에 대해 연구자는 설령 이주한 곳에서 제사를 지냈더라도 신성한 산에서 올리는 제사와는 정신적인 의미가 다르다고 지적한다. 재난의 안전면과 정신면만이 중요시되고 있는데, 문화에 대해서도 고려해야 한다는 비판은 일본과 동일하다. 하지만 한편으로 재난에 대처하는 문화를 가졌던 소수민족조차도 모바일 단말이나 오토바이, 텔레비전 같은 물질의 보급으로 전통문화가 약화되고 결과적으로 재난에 대한 취약성을 드러내게 되었다고도 한다.

또 민속지식에 뿌리내린 기술이 재난에 더 강하다는 지적도 있다. 예를 들어 집을 지을 때 최근에는 전통적인 건축을 버리고 근대적인 건축자재를 사용하게 되었다. 하지만 그런 자재는 고가이고 또한 새로운 자재를 이용할 기술을 가지고 있지 않기 때문에, 홍수와 같은 자연재해에 간단히 파괴되고 만다. 또 전통적인 자재로 만든 집은 홍수 때 물에 뜨는 것도 있다고 한다. 이것도 민속지식에 근거한 주택만들기로 콘크리트로는 불가능한 부분이다.

하노이의 어느 연구기관에서는 이런 재난에 대한 민속지식을 활용한 연구를 진행했다. 생활 속 민속지식을 방재에 어떻게 활용할 것인지, 유효한 민속지식을 찾아내어 새로운 기술과 어떻게 균형 잡힌 방법을 모색할 것인지에 대한 과제다.

이처럼 베트남에서는 주로 재난과 관계가 있는 '민속지식'의 재평가가 초점이 되었다. 이런 경향은 가령 남태평양 도서부에서도 마찬가지였다.[10] '민속지식'이라는 말은 일본에서는 '재래지식' '전승지식' '전통적 지식'과 같은 단어와 함께 다양한 문맥으로 사용되고 있다.[11] 예를 들어 '고양이가 얼굴을 씻으면 비'와 같은 자연과학적인 민속지식도 있는가 하면, 지극히 주술적인 경우도 있다. 그런데 지진 후에 주목받았던 것은 쓰나미의 교훈일 것이다. 이른바 '쓰나미비석'과 같이 방재도 시야에 넣은 민속지식의 집합인 석조건물도 있는가 하면, 쓰나미가 닥치면 각자가 알아서 도망가라는 '쓰나미 각자도생'의 교훈도 효과적이었다고 할 수 있다.

그렇지만 전반적으로는 이미 기존의 민속지식에 기초한 생활로 돌아갈 수 없는 일본에서는, 그만큼 큰 활용가치는 기대할 수 없다. 다만 전

---

10 『대양주 도서국 조사보고서』(도쿄문화재연구소, 2014년) 중에서 키리바시공화국, 투발루의 예를 들고 있다.

11 '민족지식'에 대해서는 나라에서는 1954년 고시한 "중요민속자료지정기준·기록 작성 등의 조치를 강구해야 하는 무형의 민속자료선택기준"에서 처음 제시되었다. 또 예를 들어 노모토·아카사카 편(2013)처럼 '생활의 지식이나 기술' 전반을 대상으로 하는 경우도 있다. 더욱이 국립민족학박물관에서는 「재난부흥에 있어서의 재래지식―무형문화의 재생과 기억의 계승」(대표자:하시모토 히로유키)로서 자연·사회환경과 연관된 가운데 형성되는 실천적·경험적 지식(재래지식)이 재난발생으로 입은 영향이나 그 재생의 활동, 지역사회의 재건에서 맡은 역할에 착목하고 있다.

통적인 사회조직이 부흥에 유효하다거나, 그중에서 무형문화유산이 감당할 수 있는 역할이 있다는 상당히 큰 틀의 민속지식이라면, 지금까지 서술해온 '무형문화유산의 방재'와 합치하는 내용이 될 것이다.

물론 해외와의 연대 안에서 민속지식의 재평가에 대한 연구와 실천을 진행하는 것도 필요하다 할 것이다. 다만 일본 내에서 남해 트러프 지진 등 향후 자연재해의 위협이 커지는 가운데, '방재'라는 관점에서 서둘러 조치를 취해야 할 것은 무형문화유산을 재난부흥 안에 어떻게 위치시키고, 그것을 위해 무엇을 할 것인가 하는 것이다. 결코 '문화유산을 어떻게 지킬 것인가?'가 아니라, '문화유산으로 지역을 어떻게 지킬 것인가?'라는 과제이다. 그리고 그것이 세계를 향해 일본이 발신할 수 있는 '무형문화유산의 방재'가 될 것이다.

〈부기〉 본 장에서 다룬 무형문화유산 아카이브스는 2018년 이후에는 〈무형문화유산 종합 데이터베이스〉 안에 배치될 예정이다.

문헌

岡部達也(2017)「祭礼具から考える無形文化遺産の保持」、『無形文化遺産と防災-リスクマネ
    ジメントと復興サポート』(「第11回無形民俗文化財研究協議會報告書」)、東京：東京文化財
    研究所無形文化遺産部、pp.61-72

野本寛一·赤坂憲雄編(2013)『暮らしの伝承知を探る』東京：玉川大學出版部

제4장

부흥 속의 발견과 창조

- 지진부흥 관련사업에 관한 한 민속학자의 감상

효키 사토루(俵木悟)

1. 시작하는 말 - 지진부흥에 관여하는 것의 갈등

2011년 3월 11일 당시 필자는 도쿄문화재연구소 무형문화유산부서 연구원으로, 도호쿠지방 태평양 연해의 지진이 발생한 그때도 도쿄·우에노 연구소에 근무 중이었다. 연말에 간행되는 보고서의 편집작업과 각종 업무에 쫓기던 시기로, 그날은 귀가도 못하고 드물게 직장에서 함께 밤을 새우던 동료들과 텔레비전으로 재난지역의 영상을 보면서도 머릿속은 대부분 눈앞에 쌓인 일들을 정리하는 데 집중되어 있었다.

이런 개인적인 이야기를 쓰는 것은, 당시의 상황이 마치 지진과 필자의 인연을 시사하는 것처럼 느껴지기 때문이다. 필자는 그해 3월 말 연구소를 그만두고 현재 재직 중인 대학으로 부임하기로 결정되어 있었다. 연말의 업무는 말할 것도 없고 재임기간 중의 잔무처리, 후임에게 해줄 인수인계, 게다가 연구실의 방대한 자료 정리와 이전 등 셀 수 없이 많은 일들이 산재해 있던 탓에, 시시각각 드러나는 지진 피해상황에 충격을 받으면서도 내가 선택한 새로운 길을 목전에 두고 그 밖의 다른 입장과 처신을 생각할 여유는 없었다는 것이 솔직한 이야기다.

그리고 필자의 마지막 근무일이었던 3월 31일, 도호쿠지방 태평양연해 지진피해 문화재의 구원사업, 통칭 '문화재 구조' 실시 요강이 문화청으로부터 발표되고 도쿄문화재연구소는 그 사무국으로 배정받았다. 이렇게 하여 필자는 의도하지는 않았지만 결과적으로 지진부흥에 관여하는 최대규모의 국가사업에서 도망치듯 빠져나와 연구자로서의 새로운 경험을 시작하게 되었다.

또 필자는 민속예능의 조사연구를 전문으로 하지만, 그때까지 도호쿠지방에서 본격적인 조사를 한 경험은 전혀 없었다. 도호쿠를 주요 현장으로 하는 인류학자나 민속학자인 지인들이 종종 사용하는 의미로 그곳이 '나의 현장'이라는 의식 또한 전혀 없었다. 2010년도부터 센다이시에서 문화재 조사사업에 참여하였는데, 그 일과 관련하여 지진 9일 전인 3월 2일에는 다가죠시(多賀城市)의 도호쿠역사박물관에서 이듬해부터 본격화할 예정이었던 미야기현 전통문화활성화사업 회의에 참석하기도 했다. 뒤늦게나마 도호쿠지방과 '나의 현장'으로 마주할 전망이 펼쳐진 찰나에 발생한 대지진으로, 이상의 사업들은 말할 것도 없이 당분간 중단되고 말았다.

이러한 사정으로 필자는 한동안 지진부흥과 얽히는 일에 필연성을 찾지 못하고 있었다. 다소 과장되게 들릴지 모르지만, 필자의 경우는 재난지역과는 반대 방향으로 인도되어 가는 것처럼 여겨지기조차 했다. 지진 직후부터 재난지역의 제례나 예능의 부흥지원으로 정신없이 바삐 움직이던 지인들을 옆에서 보면서, '나도 뭐라도 해야 하지 않을까?' '내가 뭘 할 수 있을까?' 등을 고민하는 한편, 딱히 인연이 있었던 것도 아닌데 지진이 발생했다고 해서 갑자기 달려드는 것은 무절제하고 실례되는 행위로 비치지 않을까 하는 갈등을 안고 있었다.

2. '요구에 부응'하는 방법

그런 필자의 생각을 바꾸게 한 계기가 있었다. 그것은 지진 발생 후 3개월이 지난 2011년 6월 18일, 지인 중 한 명인 도호쿠문화재영상연구소의 아베 다케시 씨에게 촉발되어 처음으로 게센누마, 리쿠젠타카타, 오후나토 등의 상황을 돌아보던 때였다. 이때 찾아갔던 오후나토시 산리쿠정의 오키라이에서, 가나쓰류 우라하마(金津流浦浜) 사자춤을 백일법요로 상연하는 모습을 우연히 목격하게 되었다. 우라하마는 염불검무를 전승한 곳으로도 널리 알려져, 원래라면 사망자 공양의 의미가 있는 검무를 추고 싶었을 테지만, 도구류가 모두 유실되어버린 탓에 사자춤을 출 수밖에 없었던 것이다. 관객이라곤 없이 희생자를 공양하기 위해 아직은 철거되지

〈사진 4-1〉 오키라이에서 본 가나쓰류 우라하마 사자춤의 백일법요(2011년 6월 18일)

도 못한 잔해더미들 사이에서 담담하게 춤사위를 펼치는 모습은, 관례로 전해져온 '때와 장소'라는 민속적 문맥(그것이야말로 민속학자가 '민속예능'의 본질적 요소라고 보아온 것이다)과는 다름에도 불구하고, 그 시간과 그 장소에서 춤추는 의의라는 점에서 한 치의 의심도 없이 순수한 민속예능으로 필자에게는 비쳤다. '전통적' '민속적'과 같은 단어로는 표현할 수 없는 마쓰리나 민속예능의 존재의미를, 재난지역에서 몸소 필자를 비롯한 민속예능 연구자에게 역설하고 있는 듯 보였다(사진 4-1).

같은 시기에 오후나토시 맛사키정(末崎町)의 가도나카구미(門中組) 호랑이춤 전승관도 방문하였다. 후술하게 될『고이시 민속지』를 조사하기 위해 그 후 수년 동안 여러 차례 방문하게 되는 고이시지구에 인접해 있고, 같은 신사의 제례에 참가하는 마을이다. 그곳에서는 필자가 문화재연구소의 직원이라고 밝히자, '오냐 잘 만났다!'는 듯이 행정의 대응에 대한 불만과 그들이 요구하는 지원의 구체적인 포인트를 들려주었다. 물론 그들도 나에게 자신들의 요구를 전달했다고 해서 당장 이뤄질 거라고는 생각지 않았을 것이다. 그렇더라도 그들은 자신들이 필요로 하는 것과 누군가에게 기대하는 것을 명확히 가지고 있었고, 그것을 책임 있는 이들과 조직에 전달할 방법을 찾고 있었다는 것만은 알 수 있었다.

이때의 경험은 필자에게는 큰 교훈이 되었다. 전례를 찾기 어려운 비상사태에 무엇을 해야 할지에 대한 해답을, 그때까지 내가 해왔던 조사연구에서 얻은 경험과 지식을 통해 알아낼 길은 아마도 없을 것 같았다. 그런데 실제로 이야기를 해보니 우리에게 기대를 거는 사람들은 많았다. 그런 그들의 기대와 내가 할 수 있는 일을 어떻게 접목할 수 있을까? 생각이 여기에 미치자, 지진부흥에 관여할 대의명분을 찾아 주저하고 있던 마음이 어느 정도 가벼워졌다.

이렇게 하여 필자는, 재난과 부흥의 현장에서 대치하는 지인과 벗들의 요구를 받아들여 다양한 입장에서 부흥관련 사업에 참여하게 되었다. 나의 능력과 수용할 수 있는 업무의 양을 고려해 거절할 수밖에 없었던 일들도 여럿 있었지만, 가능한 것은 가능한 한 수용하려고 노력해왔다. 결과적으로 이하의 다섯 가지 부흥관련 사업에 지속적으로 참여하게 되었다.

① 동일본대지진으로 피해를 입은 민속문화재 조사(문화청 위탁사업, 미야기현 교육위원회, 도호쿠대학 도호쿠아시아연구센터, 2011년 11월~2013년 3월)

② 민속예능학회 후쿠시마조사단(문화청 위탁사업, 민속예능학회, 2011년 11월~2014년 3월)

③ 백 개 마쓰리 부흥프로젝트(기업메세나협의회 〈동일본대지진 예술·문화에 의한 부흥지원펀드, GBFund〉, 2012년 5월~2017년 현재)

④ 『고이시 민속지』 제작 프로젝트(도쿄문화재연구소 무형문화유산부, 2012년 7월~2014년 3월, 그 후에도 조사는 계속)

⑤ 미야코시(宮古市) 동일본대지진 기억전승사업(미야코시 동일본대지진기억 편집위원회, 2013년 4월~2016년 3월)

이들 중 ①④⑤는 실제로 소사원으로서 현상소사를 실시한 것인데, 각각의 사업목적과 성격은 달랐다. ①에서는 문화재보호의 관점에서, 미야기현 히가시마쓰시 쓰키하마(月浜)의 '엔즈노와리(えんずのわり, 농기구 중 하나)'라고 하는 민속행사의 계승과 부흥에 초점을 맞춘 조사를 실시했다. ⑤에서는 이와테현 미야코시 쓰가루이시(津輕石)의 노리노와키(法の脇) 사슴춤이라는 하나의 민속예능을 대상으로 하는데, 이는 문화재의 구원과 보호가 아니라(애당초 노리노와키 사슴춤은 어떤 문화재지정도 받지 않았다) 지진 후

생활재건의 실태를 기록하여 후세에 전달하는 것이 목적이었다. 또 ④는 지인들과 자발적으로 시작한 사적인 프로젝트로, 민속학의 수법을 활용하여 지역사람들과 조사를 통해 협동하고 그 성과를 그들에게 환원할 수 있는 형태로 정리하는 것이 목적이었다.

한편 재난지역 주민들이 민속학자에게 기대하는 것은 실제 현장의 조사만은 아니다. 오히려 그들이 조사에 협력해준 것은, 학자들의 일이 눈앞의 어려움을 극복하기 위한 지원과 조성으로 이어지리라 기대하기 때문이기도 하다. 공적인 지원과 조성 중개자로서의 역할은 연구자의 업무로는(특히 민속학에서는) 과소평가되기 쉽고 노하우의 축적도 적지만, 재난지역의 주민들이 거는 기대는 크고 이에 부응하는 것도 연구자로서의 책무이다. ②는 조사사업인데, 필자는 부단장이라는 자리에서 사업 요소와 조사표 작성 등에 관여하였다. 계획단계에서부터 이 사업은 민속지(誌)를 위한 조사라기보다 향후 지원사업과 직결되는 포괄적 정보수집의 성격이 강했고, 실제지역의 조사는 모두 조사표를 이용해 후쿠시마현 내의 단원이 실시하였다. 또 ③은 공익사업단 법인이 독자적으로 시행한 예술문화 지원사업의 일환으로, 제례나 향토예능의 지원에 특화한 프로그램을 도입하고 그 조성활동의 심사에 참여하였다.

이들 중 ①과 ②에 대해서는 각 사업에서 필자 나름의 성과를 정리했고(효키, 2014a, 2014b), 또 이 책에는 이들 사업에서 중심적인 역할을 한 저자가 작성한 논고가 수록되었다. 따라서 본 장에서는 ③④⑤ 사업에 대한 각각의 관계와 거기에서 얻어진 필자 자신의 견해를 서술함으로써, 향후 재난부흥 관련사업, 특히 민속학적 관심을 가지고 참여한 의의와 역할에 대한 논의를 대신하고자 한다.

3. 『고이시 민속지』의 경험—지역에 환원해야 하는
   성과의 모색

가장 먼저 다루고 싶은 것은 ④『고이시 민속지』 제작 프로젝트이다. 이것은 도쿄문화재연구소 무형문화유산부의 이마이시 미기와 씨가 출범시킨 프로젝트에 참가한 것으로, 처음부터 명확하고 구체적인 목표가 정해져 있던 건 아니었다. 하지만 현장조사와 민속지 제작이라는 민속학적 방법이 재난지역의 생활을 재건하는 데 어떻게 이바지할 수 있는가를 실천을 통해 생각하자는 성격이 강했다고 필자는 인식하고 있다.

다만, 재난지역에는 각종 부흥관련 사업들이 몰려와 있었으므로, 그들과의 차별성을 고려하는 의미에서 다음의 세 가지를 염두에 두고 있었다. 첫째, 지진과 쓰나미라는 비일상적인 재난과 그 후의 큰 변화 속에서 간과되기 쉬운 '평소의' '당연한' 생활에 주목하자는 것. 둘째, 이전부터 이어져 온 지역사회와 생활의 연속적인 변천 안에서 지진재난을 바라보는 관점을 가질 것. 그리고 셋째, 조사의 성과를 가능한 한 지역주민들이 받아들일 수 있는 형태로 환원할 것이다. 민속학 역시 학문인 이상 작은 지역사회에서의 조사결과를 비교·분석하고 일반적 혹은 보편적인 이해를 끌어내야 한다는 사명은 부정하지 않지만, 본 프로젝트에 한해서는 지역주민들이 '우리 문화'를 보다 깊이 이해할 수 있도록 돕자는 데에 중점을 두었다.

조사지역인 이와테현 오후나토시 마쓰사키정의 고이시 지구(도마리, 니시타테, 고이시, 야마네, 산주가리 다섯 마을로 구성)에서는 프로젝트의 의의에 찬성해준 지역유지들의 협력을 얻을 수 있었다.

2012년 7월 초 현지를 방문한 후, 이마이시 씨가 조사의 방향성을 정하고 방법으로는 민속학의 일반적인 수단인 '구술녹취'와 더불어 '오래된 사진 수집'으로 정했다. 또 조사내용으로는 ①1년의 생업, ②생활의 기도(신앙), ③의식주, ④마을풍경 및 경관을 중심으로 하였다. 이 계획의 실현을 위해 저명한 어촌 연구가이자 해당 지역을 1970년대에 탐방한 경험을 가진 모리모토 다카시 씨가 멤버로 동참해준 것은 참으로 마음 든든한 일이었다.

실제 조사를 진행하면서 우리의 계획은 조금씩 수정되었다. 초기에는 도마리와 니시타테를 중심으로 한 지진피해가 큰 범위의 조사를 상정했었는데, 생업(어업)이든 경관(주민과 거주의 이동과 토지이용)이든 혹은 신앙(우지가미쿠마노 신사의 제례 등)이든, 더 넓은 범위를 포함한 조사를 하지 않으면 도저히 이해할 수 없다는 사실이 분명해지자 결과적으로 고이시 지구의 다섯 마을을 가능한 한 모두 포함하기로 하였다.[1]

지역주민들의 관심과 조사성과를 어떻게 접목시킬까에 대해서도 여러모로 생각을 모았다. 가령 '의식주'에 관한 조사에서는, 마침 같은 시기에 피해를 본 세대의 고지대 이전 계획과 주택재건이 추진되고 있었던 만큼 집 짓기에 관심이 높았다. 그래서 민속건축 전문가인 스즈키 기요시 씨에게 참여해 달라고 부탁하여, 게센목공에 의한 해당지역의 독특한 집 짓기와 공간배치 나아가 그곳에서의 생활에 초점을 맞춘 조사를 실시하였다.

또 대재난에 직면했을 때는 지역에 전해오고 축적된 다양한 역사자료가 분실될 우려도 있는데, 반대로 이것을 계기로 새로운 자료가 발굴되

---

1   책자가 간행된 이후 지역에서의 반응을 보면, 책 제목에 비해 쓰나미 피해가 컸던 도마리와 니시타테 이외의 마을 정보가 충분하지 않다는 의견이 많았다. 필자로서는 이 민속지가 단순히 '재난지역 조사보고' 이상의 것으로 받아들여졌다는 의미에서 이 반응을 긍정적으로 보았다. 향후 조사의 확대와 보충으로 이어가고 싶다.

거나 주목을 받게 되는 경우도 있다. 이번 조사에서도 도마리의 해안과 구마노 신사의 옛 모습을 그린 오래된 그림이 발굴되기도 했고, 1940년부터의 도마리 마을의 구마노 신사 제례에 대한 참가기록이 정리 및 제공되기도 했다. 이런 것들도 지역주민들의 관심에 부응하여 성과에 추가하도록 했다.

〈그림 4-1〉『고이시 민속지』

이 같은 일련의 조사성과를 정리하여 2014년 3월 『고이시 민속지』(그림 4-1)를 간행했다(도쿄문화재연구소 무형문화유산부 편집, 2014). 개인적으로도 앞에서 말한 다양한 부흥관련 사업 중에서도 가장 자주 현지를 방문하면서 지진부흥에 관한 수많은 아이디어를 얻었던 뜻깊은 프로젝트였다.

다음은 필자가 본 프로젝트에 참여하면서 얻었던 견해 몇 가지를 선정해서 보다 구체적으로 소개하려고 한다.

3.1 고유이름이 갖는 환기능력

먼저 앞서 말한 도마리 마을의 제례기록에 대해 이야기하자. 필자는 이 프로젝트에서 제례를 중심으로 한 신앙에 관한 부분을 주로 담당했는데, 이 자료는 전쟁 전부터 나카모리 구마노(中森熊野) 신사 제례의 모습과 변천을 이해하는 데 유효한 자료임에 틀림없다고 생각하고 있었다. 구마노 신사의 5년 제례는 해상도어(海上渡御, 배에 미코시를 싣고 해양으로 나가는 형식의 제례-옮긴이)를 포함한 미코시 순행과 더불어 고이시 지구의 다섯 마을을 포함한 아홉 개 집락이 각각 봉납예능을 추렴하여 구성되는데, 이 구성은 근현대에서도 상당한 변화를 거친 것이 분명했다. 도마리의 제례기록

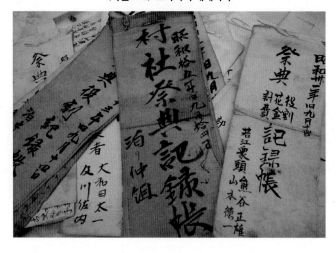

〈사진 4-2〉 도마리의 제례기록

에서 그것을 찾을 수 있지 않을까 기대했다(사진 4-2).

하지만 이 기록 한 장 한 장을 사진으로 찍어서 지역을 돌며 취재를 해보니, 당사자의 관심은 제례나 봉납예능의 내용이 아니라 거기에 적힌 무수히 많은 사람의 이름 그 자체라는 사실을 알았다. 그때는 이미 도마리 마을회를 해산하기로 결정하고, 대부분의 원주민은 산재해 있는 피난지에 정착하고 있었다. 갑작스러운 재난으로 옛 지역주민은 어찌해 볼 수 없이 뿔뿔이 흩어지고, 그 후 만나지도 못하고 있는 사람들이 적지 않았다. 그런 의미에서 거기에 적힌 이름은 옛날 이웃들과의 추억을 되새겨주는 강한 힘을 가지고 있었다고 생각한다.

또 한 가지, 도마리 원주민을 방문해도 바로는 알아보지 못하는 이름이 예상외로 많았다는 것도 흥미로웠다. '상점가'라고 할 것도 못 되었지만, 옛날의 도마리 바닷가에는 상점도 많아서 상거래를 위해 마을에 드나들던 사람들도 많았고, 일을 찾아 일시적으로나마 주민이 된 이들도 개중에는 있었다고 한다.

　　그런 사람들도 일시적이라고는 하지만 지역의 생활을 짊어졌던 사람들이므로, 그 이름을 발견하면 그가 어떤 사람이었는지 또 당시의 생활은 어떠했는지를 이야기해주는 최적의 화제가 되었다.

　　이렇게 하여 필자는 도마리의 제례기록에 나오는 인명을 특정하는 데 상당한 시간을 들였고, 그것을 목록화하여 민속지에 게재하였다. 조사에 협력해준 사람들은 필자를 앞에 두고 여기저기로 전화를 걸어 가능한 한 인물정보를 알아내려고 노력했다. 그러다 어느새 전화 내용이 옛날의 추억담으로 바뀌어 가는 사례가 종종 있긴 했지만 말이다. 조사과정을 통해 기억이 환기되고 서로 교감한다는 사실에 민속조사의 학술적 의의와는 또 다른 효용을 절감했다.

　　민속학자인 가토 고지(加藤幸治)는 지진부흥과 관련하여 민구나 옛 사진 등이 갖는 기억과 이야기를 환기하는 힘에 주목하고, 그것을 계기로 한 상호작용으로 공감을 형성하는 것을 '큐레이션'이라는 어휘를 사용하여 방법론적으로 제기하였다(가토, 2017). 필자의 조사에서도 여기에 서술한 인명 이외에도 물가·해변·곶 따위에 부여된 장소의 이름과 옛 그림에 그려진 돌·나무·가옥 등의 고유이름을 조사할 때, 지역주민들 사이에 기억의 교환이 일어나는 모습을 가까이에서 지켜보면서 그런 힘을 여실히 느꼈다(그림 4-2). 거기에 열거된 인명은 가령 학술적인 자료로서의 가치는 그렇게 인정받지 못하더라도, 옛날의 도마리 주민들이 어떤 계기를 맞아 당시의 생활상을 이야기할 때 '기억의 방아쇠'로 기능해줄지 모른다. 그렇다면 본 프로젝트의 목적에도 부합하리라 생각했다.

3.2 가호(屋号)에 깃든 지역의 변천

또 한 가지 소개하고 싶은 것은 쓰나미 피해가 컸던 범위에서 실시한 가호 조사의 사례이다. 조사대상인 마을로 들어갔을 때 가장 먼저 가호를 조사하는 것은 민속학에서는 드문 일은 아니다. 마을을 구성하는 집들과 그 주인을 인식하기 위해서도, 가호는 기초적인 정보로 중요하다. 특히 본 프로젝트에서는 당초의 조사대상으로 상정했던 범위의 가옥 대부분이 쓰나미로 유실되어, 조사 중에 화제에 오른 집을 식별하기 위해서는 가호와 그것의 지도상 위치를 알 필요가 있었다. 한편 지진 이전에도 지역주민들의 생활에서 가호는 사람과 집을 식별하는 기호로서 일상적으로 사용되었는데, 친분이 있는 집의 가호는 알아도 일정 범위 안의 가호를 전체적으로 파악하고 있는 사람은 의외로 거의 없었다.

그래서 적어도 쓰나미의 침수피해를 입은 범위 안의 모든 가호를 알아내고자 조사를 진행했는데, 지역주민들 중에서도 이에 관심을 가진 사람이 나타났다. 그리고 조사를 통해 그때까지는 딱히 의문을 갖지 않았던

"왜 그런 가호를 썼을까?"라는 새로운 흥미가 생겼다.

예컨대 '목호협(木戶脇)'이라 불리는 집이 있었다. 목호(木戶)란 일각대문을 뜻하는 말로 이 가호는 바로 '일각대문 옆에 있는 집'이라는 의미일 텐데, 현재 그 근처에 그럴듯해 보이는 집은 없었다. 취재 결과, 이 집은 1933년에 발생한 쓰나미로 니시타테 마을의 약간 높은 지대로 이전하게 되었는데, 원래는 도마리만에 면한 바닷가에 있었다는 사실을 알았다. 그 집의 장소는 니시타테성이라는 지역 지도자의 저택 문 옆이었다는 이야기를 들을 수 있었다. 그런가 하면 '오카네즈카(お金塚)'라는 흥미로운 가호를 가진 집이 있었다. 지역주민들도 평소에는 그렇게 부르고 있지만, 다시 조사하려고 했더니 "자네 집에 금이라도 매장되어 있는 거 아니야?" 등의 농담이 오가는 통에 결국 의미를 알아내지 못했다. 다만, 다른 지역의 사례를 조사해보니 그와 같은 가호가 존재하였고, 그것은 고신즈카(庚申塚) 근처에 있는 '고신', 즉 육십갑자 중 하나에서 유래하는 '삼원(三猿), 즉 보지 않고 듣지 않고 말하지 않는 세 원숭이'를 새긴 탑을 뜻한다. 그리고 '오카네즈카'는 바로 거기에서 유래하는 '고신즈카'를 의미하는 지역 방언인 셈이다. 실제로 이 집도 고신즈카에 오르는 입구에 세워져 있었다.

이처럼 가호와 그 유래의 조사는 일부 지역의 주민에게도 수수께끼 게임 같은 재미로 받아들여진 듯했다. 동시에 그 성과는 전체적인 견지에서 의미가 있었다. 가호는 집이 이전되더라도 이어지는 것이 일반적이다. 이것을 조사하는 과정에서 상상 이상으로 많은 집이 이동했다는 사실이 분명해졌다. 그리고 그 이동의 이유 대부분이 쓰나미 피해를 입었거나 그것을 피하기 위한 것이었다는 사실도 알았다. 즉 가호는 지역 내 집들의 이동과 마을 경관의 변화를 입증하는 중요한 자료이고, 그와 동시에 종종 '천 년에 한 번'이라고 형용되는 쓰나미 피해에 대한 인식과는 달리, 이 지역이 지금까지도 쓰나미와 더불어 살아왔다는 역사적 사실을 여실히 보여주는 자료이기도 했다. 앞서 소개한 '오카네즈카'라는 집도 이번 쓰나미의 피해를 입고 같은 고이시의 다른 마을로 이전해 갔는데, 앞으로는 그 가호가 고신즈카에서 유래했다는 사실도 차츰 잊힐지 모른다. 이 같은 상황에서 가호 변천의 흔적을 기록으로 남겼다는 것은 본 프로젝트의 중요한 성과라 할 것이다.

지금 고이시에서는 도마리 해안을 중심으로 쓰나미로 유실된 집들이 하나둘 고지대로 이전해가고 있다. 이전해간 지역에서는 신축된 주거에 가호와 가인(家印-가옥이나 상가가 자기 소유임을 나타내기 위해 표시하는 기호 등-옮긴이)을 새긴 도판을 내거는 활동이 주민들 주최로 진행되고 있다. 가호가 그들에게 새로운 생활과 그때까지의 생활을 이어주는 중요한 문화임을 인식하는 데 우리의 조사가 미력하나마 역할을 했다면 더할 수 없는 기쁨이 될 것이다.

4. 부활을 서두르지 않는다—노리노와키 사슴춤의 부활과 공동성의 재편

다음은 미야코시 쓰가루이시에서 노리노와키 사슴춤의 부흥과정에 관해 조사한 경험을 이야기하고자 한다.[2] 앞서 말한 대로 본 조사는 미야코시의 동일본대지진 기억전승사업 일환이며, 지진과 그 후의 생활재건 실태를 기록하여 후세에 전달하는 것이 사업 전체의 목적이었다. 그렇지

---

2   본고를 탈고한 후 이 조사사업의 성과를 정리한 기록집이 간행되고, 본 절의 내용에 대해 상세하게 서술한 졸고가 수록되었다(효키 2017).

만 먼 곳에서 방문한 필자에게는 하나의 문화가 부흥하는 경위를 한시도 빠짐없이 장시간에 걸쳐 조사하는 것은 현실적으로 곤란한 일이었다. 그래서 어떤 형태로든 부흥 프로세스에서 특징이 드러나는 사례를 조사하자고 다짐하고, 많은 민속예능이 전승되고 있는 쓰가루이시 지구 중에서 지진 후 2년이 지났음에도 활동이 재개되지 못하고 있는 노리노와키 사슴춤에 대해 조사하기로 했다. 당시 필자는, 제례나 예능의 화려한 부활의 기운이 감도는 가운데 그것이 성사되지 않았을 때의 초조함과 고뇌를 마주할 필요가 있다고 생각했다. 또 결과적으로 노리노와키 사슴춤이 부활을 포기했다 하더라도, 지진에 의해 하나의 민속예능이 단절되는 경위를 기록하는 것도 의미가 있으리라는 생각이 있었다.

하지만 이상의 상정은 2013년 가을에 실시한 최초의 조사 시점에 일찍이 뒤집히고 말았다. 그때 이야기를 들은 노리노와키의 마을회장, 춤의 장인, 북 장인 등은 하나같이 사슴춤의 부활에 대해 흔들림 없는 확신을 가지고 있었다. 노리노와키 마을은 쓰가루이시 지구에서도 특히 막대한 쓰나미피해를 입은 곳으로 가옥 대부분이 유실되어, 필자가 방문했을 때는 이미 마을 거의 전체가 제1종 재난위험구역으로 지정되어 있었다. 그것은 곧 노리노와키가 마을로서는 이미 소멸함을 의미했다. 하지만 그렇기에 더더욱 '노리노와키'라는 이름을 남기기 위해서라도 사슴춤은 지속되지 않으면 안 된다는 결의가 엿보였다.

그렇더라도 총출동하다시피 하여 이 춤을 지켜오던 마을이 사라진다는 것은 피할 수 없는 사실이라, 이전과 같은 방식으로 춤을 유지하는 것은 불가능하다. 그래서 그들은 사슴춤 부활의 프로세스를, 그때까지 자명했던 마을주민의 유대를 새로운 생활환경에 적합한 형태로 재편하기 위한 중요한 기회라고 생각했던 것이다.

제례와 민속예능의 부활을 계획할 때 도구나 의상, 또 연습하고 상연할 장소의 상실을 어떻게 보충할 것인가가 큰 과제가 되었다. 노리노와키 사슴춤도 사슴머리, 북, 의상 등의 대부분과 활동거점이었던 마을회관을 상실하여, 이 점에서 심각한 어려움이 있었던 것은 말할 것도 없다. 하지만 그것 이상으로 그들에게 중요했던 것은 춤출 사람과 그것을 지원해줄 사람, 즉 담당자와 참여자를 동원하는 것이었다. 실제로 인적피해가 있었던 것은 아니지만, 기존에 이 춤을 전승해오던 사람들의 연대를 지진재난 이후에도 유지할 수 있을지는 큰 문제였다. 애당초 지진 이전부터 젊은이의 인구수가 심각하게 저하되었던 노리노와키의 주민들만으로 춤을 지키기에는 어려움이 있었다. 그런데 지진으로 마침내 이 문제에 근본적으로 대치할 국면에 이르고 말았다고 할 수 있다. 그런데 이것은 지진을 거치면서 더 중대한 문제가 되었다. 거기에는 단순히 춤의 전승조직을 존속시키는 문제가 아니라 '노리노와키 주민'들의 공동성을 유지하는 역할이 기대되고 있었다.

그들은 필자의 취재에, 도구나 의상은 보조금을 받아 주문하면 쉽게 갖출 수 있고 실제로 그만한 지원도 가능해 보이지만 그렇게 부활하는 것은 의미가 없다고 대답했다. 그렇게 하면 향후의 계승을 지탱하는 조직을 재편성할 귀중한 기회가 사라져 버리기 때문이다. 이 프로세스에 많은 사람을 동원하고 그것을 토대로 부활 후의 사슴춤 전승을 이어갈 핵심이 되는 관계성 구축이야말로 정말 중요한 것이지, 그저 춤이 재개되기만 해서는 안 된다. 그러므로 그들은 충분한 시간을 들이고 많은 사람의 협력을 얻을 수 있는 상황이 마련될 때까지 '부활을 서두르지 않는' 길을 선택했던 것이다(사진 4-3).

보도에서는 피해 각지의 제례나 민속예능이 고난을 극복하고 부활하는 모습이 빈번하게 다뤄지고 있었는데, 그런 와중에 오히려 때가 무르익기를 기다린다는 것은 결코 쉬운 선택은 아니었을 것이다.

2015년, 지진으로부터 4년 이상이 지나 이윽고 노리노와키 사슴춤

---

3   "노리노와키 주민 어러분의 조인을 부덕드립니다!"

견본으로 가져온 모이치의 사슴머리

쓰가루이시중학교에서는 새해부터 '작년 대지진 때문에 중지되었던 문화제에서의 향토예능을 계승하기 위해(중학교 생활은 3년밖에 안 되니까)', 가을문화제를 위해 중학생용 사슴머리의 부활제작에 중학생이 적극참여하고 있습니다. 이 활동에 '조언을 부탁드립니다'라는 요청이 있었습니다.

우선은 7월 11일 AM9:00~PM.3:00

중학생은 오락시간(그룹으로 나눠서 수업시간에 못한 테마활동을 하는 시간)에 제작하도록 노력한다고 합니다.

상기일시 : 상황이 좋은 시간에 견학(옮긴이 주)

〈사진 4-4〉 자택에 마련한 작업장에서 사슴머리를 제작하는 보존회 부회장, 2015년 9월 2일.

은 부활을 위한 태동을 시작했다. 원주민의 대다수가 이전할 곳이 정해지고 사람들이 모일 장소로 신설된 쓰가루이시마을회관을 어떻게 사용할지의 전망이 세워진 것이 재태동의 직접적인 계기가 되었다. 사슴머리는 목공이기도 한 북의 장인이 중심이 되어 집단이전한 자택 옆에 작업장을 손수 만들었다(사진 4-4). 그리고 노리노와키 원주민뿐만 아니라 이전해간 지자체 등에도 전단지를 배포하여 작업하는 모습을 견학할 수 있도록 하여, 향후의 활동에 관심을 촉구하고 사람들을 모집하고자 했다. 또한 활동재개를 계기로 그들은 새롭게 보호회를 결성하고, 참가자를 쓰가루이시 전체에서 모집하기로 하였다. 쓰가루이시 지구의 다른 마을의 예능은 물론 전부터 향토예능 학습에 힘을 기울여온 쓰가루이시중학교와 연대하여, '노리노와키'라는 이름의 예능으로 쓰가루이시 전체에서 널리 계승하기 위한 새로운 전승조직을 탄생시키려고 하였다.

본 조사를 통해 필자가 받은 인상은, 일반적으로 지역사회를 모체로 하여 전승된다는 민속예능이 그 지역사회의 특성을 명시하는 것의 위태로움이다. 특히 지진부흥을 이야기할 때는 커뮤니티의 결속이 강조되는 경향이 있는데, 현실에서는 지진으로 안정적인 커뮤니티의 존재가 흔들리고 때로는 해체되는 수많은 사례를 직시할 필요가 있다. 그런 상황에서 여러 가지 사회실천을 도모하기 위해 필요한 관계성이 어떻게 재편성되었는가를 확인하는 것이 얼마나 중요한가를 절감하였다. 노리노와키 사슴춤의 경우, 그때까지는 생활을 함께해온 마을이 거의 그대로 민속예능의 전승조직이기도 했으나[4], 앞으로는 일상생활 측면에서는 각자 이전해간 지역의 일원으로 적응해나가야 한다. 그리고 한편에서는 사슴춤에 관해 지연적(地緣的) 유대를 확대시키고 새로운 관계를 구축하는 방향으로 키를 돌린 셈이다. 하지만 동시에 거기에는 '노리노와키'라는 이름과 거기에 깃든 공동성을 어떻게든 연결짓는 역할도 기대되고 있다. 이런 마쓰리나 예능과 같은 무형문화를 계승하는 집단의 재편성이라는 문제는, 지진재난뿐만 아니라 향후 지역문화의 동향을 고려할 때 중요한 논점이 될 것이다.

5. 백 개 마쓰리 부흥 프로젝트—'미래에 전하기 위한' 부흥지원

마지막으로 이상에서 서술한 두 가지 사례와는 다르게, 필자 자신이 직접 현장에 나가지 않고 현장과 지원을 연계하는 중개역할을 했던 사례

---

4   노리노와키에서는 1960년의 칠레지진쓰나미 때에도 전30가구 중 7가구가 유실되고 거의 모든 가구가 침수피해를 입었다. 다만 이때는 유실된 집도 마을 내에 재건하고 이를 계기로 이후 사슴춤의 활동거점이 되기도 한 마을회관을 주민의 손으로 건설하는 등, 결과적으로 커뮤니티의 결속이 강화되었음을 알 수 있었다.

로, 부흥지원기금의 조성선고위원을 역임했던 경험을 이야기하려고 한다.

필자가 이 일을 맡게 된 계기는, 2011년 6월에 문화인류학자인 후나비키 다케오(船曳建夫) 씨로부터 미국의 미일교류단체인 〈재팬 소사이어티〉의 기부를 받아 실시하는 도호쿠 예능의 부흥지원에 대해 상담을 받은 일이다. 그때는 이미 활동을 시작한 몇몇 마쓰리와 예능의 지원활동을 필자가 아는 범위에서 소개하고, 그중 어떤 것에 기부금을 맡겨 운용하게 하자는 아이디어를 내는 정도였다. 그 후 후나비키 씨 등이 적극적으로 추진한 결과, 지진 후 서둘러 예술문화활동에 대한 지원을 제안한 지원활동으로 높게 평가받았던 공익사단법인 기업메세나협의회에 의한 〈동일본대지진 예술·문화에 의한 부흥지원펀드(GBFund)〉 안에 '백 개 마쓰리 부흥'이라 명명한 재난지역의 제례와 향토예능의 부흥지원에 특화한 프로젝트가 개설되었다. 필자는 백 개 마쓰리 부흥이 출범한 후인 2012년 5월부터 심사위원을 맡았고, 지금까지 10회의 지원활동 심사에 참여하였다. 백 개 마쓰리 부흥은 그 전에 GBFund에서 선정된 것까지 포함하면, 2015년까지 5년간 105건의 마쓰리와 향토예능에 지원하여 당초의 '백 개 마쓰리' 지원이라는 목표를 달성했지만, 2016년의 구마모토지진으로 조성대상을 확대하여 현재까지도 지속되고 있다. GBFund 자체도 앞으로는 '예술·문화에 의한 재난부흥지원펀드'로서 동일본대지진에 국한하지 않는 재난부흥지원 방안으로 전개해갈 예정이다.

이 프로젝트에서 필자가 맡은 일이 다른 일들과 크게 다른 점은, 직접 접촉했던 재난과 부흥 현장에서 생각하고 판단하는 것이 아니라 각지에서 보내온 지원신청의 전체를 파악하고 그에 대해 상대적인 판단을 내려야 한다는 점이었다. 솔직히 말해 필자 자신도 복수의 부흥지원 활동에 직접 관여하고 있어, 각각의 우열을 가리는 것이 얼마나 무의미한가를 알고는 있었다. 하지만 기부를 자본으로 하는 기금에는 한계가 있다. 조성금 지원의 대상을 선정하는 것은 필연적으로 그 대상이 되지 않을 활동을 선정하는 일일 수밖에 없다.

그렇지만 달리 생각하면 그와 같은 입장이야말로 사회가 연구자(전문가)에게 요구하는 부분이 아닐까. 현장의 고뇌와 어려움은, 아무리 현장조사를 거듭한 연구자라 하더라도 그들보다 당사자들이 더 잘 이해하고 있다. 하지만 모든 당사자에게 각자의 경험은 유일무이한 것이며 타인의 그것과 비교할 수 있는 것이 아니다. 그렇기에 그런 사례를 종합적으로 바라보고 제한적인 부흥자원을 유효하게 배분하고 활용하게 하는 것이, 다수의 사례에 횡단적으로 관여하고 있는 연구자가 맡아야 할 역할의 하나라고 보는 것은 당연하다.

그렇다면 그 역할을 받아들인 시점에서 무엇을 기준으로 지원대상의 우선순위를 정할 것인가? 이 물음에 정답은 없다. 이와 관련된 개개인의 판단이 요구된다. 심사에 참여한 초기에, 필자는 신청된 활동내용의 독창성과 계획성 그리고 유효성(이들은 예술문화진흥의 관점에 의한 평가의 일반적 지표다)은 거의 도외시하고, '당사자에 의한, 당사자를 위한' 활동이라는 점을 중시했다. 구체적으로는 지역에서 마쓰리나 예능을 실시하고 상연하는 것이나, 그를 위해 필요한 도구와 의상을 조달하고 수리한디는 지조(自助)적이고 실질적인 활동이, 부흥이벤트 같은 공연으로 대표되는 외부지향의(혹은 밖에서 도입된) 지원활동보다도 우선해야 한다고 생각했다.

그런데 나중에 필자의 내면에서 이런 평가에 대한 견해가 조금씩 달라졌다. 시간이 지남에 따라 지자체에 의한 문화재보호와 같은 행정적 지원이 마쓰리나 예능에도 미치게 되고, 기업의 메세나활동을 토대로 한 백 개 마쓰리 부흥 프로젝트의 독자적인 방안을 고려할 여유가 생긴 것도 원인 중 하나다. 하지만 그것 이상으로 수많은 신청서류를 읽어가는 가운데, 단순히 잃어버린 것을 되돌린다는 것만으로는 아우를 수 없는 신청자의 마음이 읽혔기 때문이다. 확실히 신청내용은 도구의 조달이나 중단된 마쓰리의 부활을 위한 운영자금의 지원이었다. 하지만 그 저변에는 자신들의 세대에서 이것의 맥이 끊어져선 안 된다, 어떻게든 후손들에게 물려줘야 한다는 마음이 담겨있다. 솔직히 말해 백 개 마쓰리 부흥안건의 신청서는 그야말로 간단한 것이 많다. 그 밖의 예술문화활동처럼 사업의 의의나 목적 등을 유창하게 서술하고 있는 것은 극히 드물다. 하지만 거기에 담긴 '여기서 멈추게 하고 싶지 않다'는 결코 길지 않은 말이 뭐라 형용할 수 없는 담당자의 절실한 각오를 호소하고 있었다. 그런데 문제는 그와 같은 장래에 대한 각오와 책임을 지역 담당자만 일방적으로 짊어져야 하는가 하는 것이다. 그렇게 간단히 담당자가 되는 건 아니지만, 우리가 그 마음을 부분적으로나마 공유할 여지는 과연 없을까?

이렇듯 지원활동의 심사에 참여한 경험을 통해, 마쓰리나 예능의 부흥지원은 재난으로 잃어버린 것을 회복한다는 발상보다는 그것을 장래 후손에게 전승하기 위해 어떤 역할을 할 수 있는가 하는 발상을 가져야 한다는 데에 생각이 미쳤다. 상처 입은 것을 구제하는 행동은, 의식하지 않아도 약자를 감싸고 보호한다는 은혜의 관계에 빠지기 쉽다. 하지만 지원활동은, 그런 온정주의적인 태도가 아니라 전승해온 것을 차세대에 물려준다는 당사자의 마음을 존중하고, 그것을 위해 우리가 무엇을 할 수 있는지 같은 눈높이로 생각하고 입장이 다름을 인정하면서도 협동하는 태도로 이루어져야 할 것이다. 그렇게 생각하면 외부조직이나 활동과의 교류도 그 질을 판단한 이후에 적극적으로 인정되어야 한다. 이러한 생각은 이후의 지원활동 심사에 반영되었을 뿐 아니라 필자 자신이 참여하는 부홍지원 현장과의 관계에도 영향을 미치게 되었다.

6. 맺음말

이상, 필자가 동일본대지진 이후에 여러 입장에서 참여해온 부흥지원 활동들에 대해 돌이켜보았다. 한 마디로 필자는 지진부흥과 관련된 사업을 통해, 민속학자라는 입장에서 일상적이고 당연하다고 생각하고 돌아볼 기회조차 많지 않았던 문화의 의미와 가치를 가능한 한 되살리고 싶었다. 그런데 실제로 업무를 하면서 깨달은 것은, 그런 '일상적'이고 '당연한 것'이 실제로는 지극히 복잡한 원인들이 얽히고 많은 시간을 들여서 형성되어 왔다는 것, 이것이야말로 당연한 사실이었다. 여느 때와 다름없이 누려왔던 것을 더는 누릴 수 없게 되었을 때, 그것을 지속하기 위해 얼마만큼의 노고와 고민이 필요했는지를 알았다. 필자에게 그것은 놀라운 발견이었고 지역의 민속예능 담당자에게도 아마 그러했을 것이다. 지진을 극복하고 마쓰리와 예능을 부흥한다는 것은, 기반이 되는 사회관계와 물질적으로 필요한 것 그리고 공연할 장소와 기회 등 당연했던 것들의 '고마움'을 다시 한번 발견하고 또 그것을 새로운 문맥으로 재창조하는 것을 의미한다. 즉 부흥이란 일상화한 생활문화를 재문맥화하여 구축하는 창조적인 과정이다.

하지만 이 창조는 전혀 존재하지 않았던 것을 새롭게 만드는 것도, 지금까지 없던 종류를 탄생시키는 것도 아니다. 특히 도호쿠 연안부의 마쓰리와 예능에는 그렇게 멀지도 않은 과거에 "○○에 가서 배워왔다"라느니 "◇◇의 장인을 불러 안무를 짰다"느니 하는 이야기를 전하는 예가 적지 않다. 의상이나 도구는 마을 상가의 의류점에 부탁하고, 북은 다른 마을에서 안 쓰는 것을 빌려오고, 피리 부는 이는 곳곳의 마쓰리를 돌며 명성을 날리는 자로 그들이 다양한 지역의 연주자나 춤꾼노래꾼을 구성하여 전승해 왔다. 수레나 사자머리도 언제 누가 어떻게 만든 것인지 쉽게 알 수는 없다. 오히려 몇 대에 걸친 수많은 장인에 의해 가공되고 복원되는 과정이 반복되어 온 것이다. 즉 마쓰리나 예능은 종래부터 생활세계에서 다양한 타인과의 교류를 통해 얻어진 소재와 기술을 이용해 그때그때 급하게 만들어졌다. 그만큼 여러 차례의 쓰나미를 포함한 이 지역 역사 속에서 작은 개편을 이중삼중으로 시행해 왔던 것이다.

그리고 민속학과 그 외의 인문과학은 이와 같은 발견과 창조에 이바지할 수 있다. 지역주민들과는 다소 다른 시야로 일상생활을 바라봄으로써, 예로부터 거기 있었던 것과 당연하다고 생각되는 것들의 복잡성과 그 변천의 발견이 가능한 동반자로서의 역할을 해낼 수 있을 것이다. 또 그 발견을 토대로 일상을 재창조하는 프로세스에 외부인과 사회와의 교류 혹은 각종 지원과 조성프로그램을 연결하는 것을 가능하게 하는 매개자로서의 역할도 마찬가지다.

확실히 이번 지진은 너무 큰 충격이었다. 하지만 그로부터의 부흥을 위해 필요한 창조력은 지금까지 이 지역의 마쓰리나 예능을 키워왔을 힘찬 생명력임이 틀림없다. 다만 그 압도적으로 큰 규모 앞에서, 그들은 우리의 힘에 기대하는 뭔가를 분명 가지고 있었다. 그 기대에 부응하기 위해 당사자와 같은 눈높이로 생활문화를 발견하고 창조프로세스에 다소나마 가담하는 것, 지금 돌이켜보니 이것이 필자가 발견한 지진부흥과의 관계 방법이었다.

문헌

加藤幸治(2017)『復興キュレーション-語りのオーナーシップで作り伝える"くじらまち"』東京：社會評論社

東京文化財研究所無形文化遺産部編(2014)『ごいし民俗誌-岩手縣大船渡市末崎町碁石五地區』東京：東京文化財研究所無形文化遺産部

俵木悟(2014a)「東松島市月浜の被災民俗文化財調査からみる、民俗行事の伝承と生業の復興」、高倉浩樹・滝澤克彦編『無形民俗文化財が被災するということ-東日本大震災と宮城縣沿岸部地域社會の民俗誌』東京：新泉社、pp.111-120

＿＿＿(2014b)「無形民俗文化財の役割-無形の民俗文化財'で'再生するということ」、民俗芸能學會福島調査団編『福島縣域の無形民俗文化財被災調査報告書2011～2013』福島：民俗芸能學會福島調査団、pp.202-206

＿＿＿(2017)「法の脇鹿子踊りの被災と復活(津輕石法の脇)」、宮古市東日本大震災記録編集委員會編『東日本大震災宮古市の記録 第二卷(下) 記憶伝承編』岩手：宮古市、pp.707-717

제2부

재난지역에서 본 민속예능의
부흥과 계승

제5장

마쓰리의 '부흥' 과정

- 미야기현 야마모토정의 야에가키 신사의 사례

이나자와 쓰토무(稲澤努)

1. 시작하는 말

동일본대지진 이후, 재난지역에서는 그때까지와는 많이 다른 형태의 경우가 대부분이기는 했지만, 아직 각자가 살 장소조차 정해지지 않은 시기부터 다수의 장소에서 제례가 치러졌다. 이러한 움직임에 대해, 지진 후 2~3년 동안에 '마쓰리의 재개=부흥의 첫걸음'이라는 보도가 매스컴에 자주 등장하였다. 또 민속학이나 인류학을 전공하는 많은 연구자들이 재난지역을 찾아가 재개한 마쓰리를 소사했다. 필자가 실시한 연구(이나사와 2014)도 그중 하나다. 반면, 그렇게 재개한 마쓰리가 시간이 흐름에 따라 어떤 변화를 겪어왔는가에 대해서는 지금까지 그다지 언급된 바가 없다.

본 장의 보고는, 미야기현 야마모토정 연안부의 야에가키 신사에서 시행되었던 마쓰리의 부흥과정을 기록한 것이다. 이를테면 이나자와(2014)의 속편에 해당한다. 전편인 졸고 이나자와(2014)는 지진 이전의 상황에 대해서도 언급하고, 2011년의 지진발생에서 2012년 마쓰리의 기록까지를 대상으로 한 보고였다. 그로부터 벌써 4년 이상의 시간이 흘렀다. 그 사이 야마모토정에서는 신시가지가 정비되고 가설주택에 사는 사람들은 차츰 감소하고 있다. 또 2016년 12월에는 JR조반선(常磐線)도 야마모토정을 가로지르는 하마요시다(浜吉田)-소마(相馬) 간 운행을 재개하였다. 이처럼 신사와 마쓰리를 둘러싼 환경은 조금씩 변화하고 있다. 또 신사 자체도 재건을 위해 움직이기 시작했다. 여기에서 다시 한번 그 발자취를 정리할 필요가 있다고 생각한다.

필자는 미야기현이 도호쿠대학 도호쿠아시아연구센터에 의뢰한 〈동일본대지진으로 피해를 입은 민속문화재조사〉를 위해 2012년부터 야마모토정에서의 조사를 개시하였다. 이 조사는 재난 직후에는 시정촌의 교육위원회에서 소개받은 정보제공자를 대상으로 보조조사자와 함께 여러 명을 취재하는 형태로 실시하였다. 더구나 반복적으로 같은 조사지역으로 가는 경우는 단독 취재도 가능했다(다카쿠라 2014:294). 이런 조사방법은 대부분의 인류학자가 그때까지 이상적으로 생각해온 장기거주를 통한 참여관찰과는 크게 다른 것이었다.

하지만 그 후, 이 책의 서론에서 보았듯이 '느긋한 취재'를 반복하는 사이, 마쓰리 외에도 식수(植樹)기념 등의 이벤트도 하나둘 치러지게 되고, 재난 직후에는 어려웠던 새로운 '참여관찰'도 가능해졌다. 나아가 2014년에 필자가 대학에서 지역문화를 학습하는 강의를 맡게 되었을 때, 위탁조사를 위해 도움을 받았던 마을의 교육위원회 생애교육과 과장이나 신관에게 수업에서 학생들에게 이야기를 들려달라고 부탁하거나, 마을 문화제 등의 기회에 학생과 함께 야마모토정의 이야기를 들을 기회를 가졌다. 이런 기회는 필자에게도 화자에게도 지진 이후의 발자취를 그때그때 돌이켜보는 기회의 장이 되었다. 또 본 장 제3절에 있듯이 필자 자신은 2014

년부터 미코시를 메기 시작했는데, 세미나를 시작한 2016년부터는 세미나에 참석한 학생들과 함께 미코시를 멨다.

이와 같은 조사방법과 조사지역 사람들과의 교류로 편성된 본 장의 보고는, 인류학자가 조사지역 주민들과 '동화되고 응답해가는'(시미즈 2016) 하나의 형태이며, 변화해가는 민속문화재에 '행정과 연구자는 어디까지 관여할 것인가?'라는 이 책의 제2장에서 이마이시가 던진 의문에 대한 하나의 답이기도 하다.[1]

2. 야마모토정의 재난과 부흥

야마모토정은 미야기현 연안부 최남단에 위치하며, 후쿠시마현 신치정(新地町)과 인접해 있다. 1955년에 야마시타정과 사카모토정(坂元町)의 합병으로 탄생하였는데, 2010년 10월 1일에는 인구가 1만 6천 711명이었다.

야마모토정에서는 지진에 의한 사망자가 635명에 달했다. 침수 범위 면적은 총면적의 37.2%에 해당하는 약 24㎢였다. 건물의 피해도 전괴는 2,217건, 대규모 반괴는 534건, 반괴 551건, 일부손괴 1,138건으로 막대한 것이었다. 이런 피해를 입은 마을 연안부는 제1종 위험지구로 지정되어 원칙적으로 거주불가 지역이 되었다. 후술하게 될 신사와 그 주변 지역 대부분도 그 위험구역 안에 있다. 위험구역으로 지정됨으로써 야마모토정의 연안부에서는 원래 살고 있던 지역 안에서의 거주가 어렵게 되었다.

뿐만 아니라 선로 및 야마시타역과 사카모토역을 내륙 쪽으로 이설

---

1   물론 이것이 '유일한 답'이라거나 '정답'이라는 말은 아니다. 다만 각자가 다양한 형태를 모색하고 상황에 맞춰 선택해갈 필요가 있다.

한 사실도 있어, 조반선의 재개는 지진으로부터 5년 9개월 후인 2016년 12월 10일까지 기다려야 했다. 그동안 야마모토정에서 센다이 방면으로의 출근통학은 불편하기 그지없었다. 고등학교나 대학교가 야마모토정에 없기 때문에 재난 이후에는 인구가 크게 감소하였다. 그리하여 2016년 11월 30일 기준에서는 인구 1만 2천 492명이었다. 2015년도의 조사를 토대로 한 자료에서는 지진 이전인 2010년에 실시한 전년도 조사와 비교한 감소율은 26.3%로 전국에서도 다섯 번째로 컸다(〈가호쿠신보〉 2017년 1월 24일 미야기 판).

이처럼 재난 이후의 가옥재건에 있어 센다이시와 나토리시(名取市), 이와누마시(岩沼市) 등으로 거주지를 옮긴 사람도 많다. 한편 내륙으로 이전한 새로운 야마시타역과 사카모토역 주변에 부흥공영주택을 포함한 신시가지가 정비되고 있었다. 이것은 마을이 제시한 콤팩트 도시계획에 부응하는 것으로, 새로운 역을 핵심으로 하여 시가지를 집약시켜가는 것이다.

3. 마쓰리의 재개

3.1 보존회의 발족

옛날에는 신사 주변에 사는 우지코(氏子, 씨족사회의 후손들-옮긴이)가 중심이 되어 마쓰리를 수행해 왔다(이나자와 2014). 하지만 지진 이후에는 신사 주변은 제1종 위험구역으로 지정된 탓에 살기가 어려워졌다. 위험구역에 포함이 안 된 몇몇 곳을 중심으로 원래의 행정구역 내에서 토지를 매입하여 집을 재건한 사람도 있다. 다만 약 30가구 정도로, 옛날의 우지코 지역으로 마쓰리를 주관하던 무렵의 규모에 비하면 턱없이 모자란다. 옛날 우지코 지역에서 마쓰리를 관장해오던 지구가 지금까지와 같은 마쓰리를 시행하지 못한다면, 향후 어떻게 할 것인가? 여기에서 등장한 것이 지진을 계기로 등장한 '보존회'라는 형식이다.

하시모토(2000)가 말하듯이 민속문화재 '보존회'의 대부분은 행정의 무형민속문화재 지정을 계기로 발족한 것이다. 이것은 그때까지의 전승 주체를 대신해 말 그대로 보존을 목적으로 하여 후계자 부족이나 재정난 등의 위기를 극복하고자 하는 조직이다(하시모토 2000:77).

지진 이후인 2012년 2월에 야마모토정의 8개 단체가 부흥을 후원할 목적으로 〈야마모토정 무형민속문화부흥협의회〉를 발족시켰다. 담당부서는 야마모토정 교육위원회 생애교육과이며, 단체 간의 정보공유와 미야기현의 도구나 후계자 육성 예산을 지원하는 사업 소개 등을 담당하고 있다.

야에가키 신사(八重垣神社)의 〈오텐노사마(お天王さま) 마쓰리〉도 총대장을 보존회 회장으로 하고 신사의 B신관을 보존회 서무로 하여 이 부흥협의회에 참가하고 있다. 이 '보존회'라는 시스템은 향후 만일 우지코 지구가 사라지더라도 계속할 수 있는 형식으로 수용되고 있다. 한때는 마쓰리를 위해 지구에 살던 우지코들에게 한 집 한 집 기부를 받았다. 하지만 지진 이후인 2012년부터 새개한 여름 마쓰리에서는 그런 모금은 없이 기업이나 일부 우지코의 자발적 기부로 운영되고 있다. 이런 형태로도 방조제 공사를 추진하는 건설회사의 기부가 있어서 지금까지는 불꽃놀이 등의 비용도 부족함이 없었다.

3.2 용구의 정비

앞서 말했듯이 지진 때에는 야에가키 신사도 신전과 신관의 자택까지 유실되었다. 미코시는 이전 총대의 자택 부근에서 기적적으로 발견되었지만, 마쓰리에 쓰이는 다른 용구들은 대부분 유실되고 말았다. 이렇게 유실된 용구의 정비도 보존회를 통해 이뤄지고 있다. 행정의 관여 측면에서 보더라도, 종교와 연관된 신사에 직접 원조를 하기보다 '보존회'를 통한 지원이 훨씬 문제가 발생하지 않는다. 그 외에 신관의 개인적 네트워크를 이용해 신사관계자의 지원을 받는 경우도 많다.

쓰나미로 떠내려갔던 미코시는 전직 총대의 자택 부근에서 발견되었다. 지진 직후부터 이듬해에 걸쳐 부흥을 위해 건축업계는 여러모로 바쁜 시기를 보냈지만, 문화청으로부터 지원된 자금을 들이고 마을 내 전문 목공의 협력을 얻어 2012년 여름 마쓰리 때는 미코시의 수선을 제때 끝낼 수 있었다. 지원단체는 미코시를 새로 조달하는 것이 어떻겠냐고 제안했지만, 기적적으로 발견된 기존의 미코시를 메고 싶다는 바람으로 수리하여 메게 되었다. 실제로 수리된 미코시가 처음 공개되었을 때는 "수리할 수 있을 거라고 생각지도 못했다!"라며 얼마나 기뻐했는지 모른다. 마쓰리 때 미코시 뒤를 따르며 집집을 도는 새전함도 역시 문화청의 보조사업 예산을 이용해 미코시 수리를 맡은 목공에게 만들게 하였고, 마쓰리를 주관하는 담당자의 의상도 새로 조달하였다.

사자머리와 북 등은 마쓰리를 재개할 당시에는 지원이 제때 이뤄지지 않아 B신관이 겸직하고 있는 다른 신사(봄 마쓰리는 있으나 여름 마쓰리는 없는)에서 빌려왔다(이나자와 2014). 하지만 그 후 야마모토정 무형민속문화부흥협의회의 중개로 공익재단의 지원을 받아 사자머리와 북도 보존회에서 구입하였다.

이상의 내용에서, 행정이 중개하여 외부의 지원을 얻어냈다는 사실을 알 수 있다. 그뿐만이 아니라 신사와 인연이 깊은 지역의 목공이 미코시의 수선을 맡았는가 하면 유실되어 부족한 도구를 다른 신사에게 빌리는 등 지역 간의 연대를 활용하여 마쓰리를 위한 용구들을 마련해왔음을 알 수 있다.

3.3 마쓰리의 시행 과정

야에가키 신사의 여름 마쓰리는 2011년에는 임원들만 참여한 가운데 제사만 지내고 전야제나 미코시 행차는 2012년부터 재개되었다. 그 후로 매년 7월 마지막 주말에 추진하고 있는데, 형태에 조금씩의 변화가 생겼다. 필자는 2012년부터 매년 전야제와 마쓰리의 본 행사에 조사차 방문하고 있는데, 2014년부터 2016년까지는 미코시 행차에서 미코시를 메는 가마꾼으로 참여하고 있다. 여기에서는 그에 관하여 정리하려고 한다.

2012년에 마쓰리를 재개했을 때는 신사 주변에 있던 재난 이전의 주택들이 없어졌기 때문에, 본 마쓰리에서 미코시가 바다로 들어간 후에는 우지코 사람들이 비교적 많이 거주하고 있던 두 곳의 가설주택으로 행차를 진행했다(이나자와 2014). 하지만 가설주택에 살던 사람도 시간이 흐를수록 야마모토정 안팎으로 거주지를 정해 나가면서 그 수가 두드러지게 감소하였다. 그 결과 2014년에는 가설주택에 빈집이 많아져 미코시가 가설주택에 도착해도 사람들이 그다지 모이지 않자, 가마꾼들 사이에서 "관중이 적은 곳에서 미코시를 메는 것은 괴롭다"라는 목소리가 나왔다. 또 그무렵에는 몇 가구이긴 하지만 원래의 우지코 지구 안에 집을 재건하여 살기 시작한 사람들도 생겨났다. 그래서 2015년부터는 가설주택으로의 행차를 한 곳으로 축소하고, 가사노(笠野) 지구 안에 재건한 집들을 돌게 되었다. 게다가 2016년에는 내륙으로 이전한 새로운 야마시타역 앞에 신시가지가 형성되어, 거기에도 한때의 우지코 지구 주민들이 거주하게 되었으므로 그쪽으로도 행차하게 되었다. 한때는 신사 경내에 있었던 사무소도 유실되고 말았기 때문에 마쓰리 직후의 연회도 마을 안에 마련한 별도의 장소에서 진행하고 있다.

또 전야제에도 약간의 변화가 생겼다. 2014년부터 와타리(亘理)야마모토상공회의 청년부가 전야제를 공동으로 주최하게 되었다(표 5-1). 저녁 무렵부터 거리공연단이나 지역의 아이돌, 트로트 가수, 지역의 북 동아리 등의 무대를 제공하고, '사랑해요 야마모토 여름 마쓰리' '사랑해요 야마모토 불꽃놀이' 같은 이벤트를 야에가키 신사에서 추진한다. 그때는 마을의 광고담당인 '홋키군'도 등장한다(사진 5-1). 또 신사의 불꽃놀이를 시작하기 전에, 이와 거의 연이은 형태로 상공회 청년부가 제공한 불꽃놀이가 펼쳐진다. 이것은 2013년까지는 별도의 장소에서 별도의 날짜에 진행하던 청년회의 여름이벤트를 신사의 마쓰리와 동시에 진행함으로써 성대하게 개최하자는 의도에서 기획되었다.

이처럼 우지코 사람들의 거주지 변화에 맞춰 미코시의 행차 방향을 바꾸거나, 마을 이벤트를 상공회 청년부와도 협력하여 개최하는 등 최

〈사진 5-1〉 전야제에 등장한
야마모토정 PR담당 계장(係長)
홋키군(2016년 7월 30일)

근 5년 동안에도 많은 변화가 있었다. 부흥의 발자취와 함께 진행된 이런 변화를 기록해두는 것에는 일정한 의미가 있다. 다만, 신사에서 제사를 지낸 뒤 미코시는 반드시 바다로 들어간다. 그리고 그 뒤 우지코들이 사는 지역을 돈다는 기본적인 형태는 줄곧 바뀌지 않았다. 물론 방조제 공사가 진전되면서 바다로 들어가는 진행로가 바뀌기도 하고 모래사장의 지형에 변화가 생겨 가마꾼에게는 여러 가지 어

려움이 있지만, 매회 그런 사정에도 적절히 대응하면서 마쓰리를 수행하고 있다.

<표 5-1> 축제의 개최형태와 미코시 행차 방향의 변천

연도	개최형태	신사와 바다 이외의 미코시 행차 방향
2011년	임원들끼 제사만	행차 없음
2012년	전야제+행차	가설주택 두 곳
2013년	전야제+행차	가설주택 두 곳
2014년	전야제(공동주최)+행차	가설주택 두 곳
2015년	전야제(공동주최)+행차	가설주택 한 곳 +구내 재건가옥의 지역 두 곳
2016년	전야제(공동주최)+행차	가설주택 한 곳 +신시가지 한 곳 +구내 재건가옥의 지역 두 곳

3.4 마쓰리에 모이는 사람들

매년 미코시를 메는 C씨는 우지코 지역인 가사노 지구 출신이다. 한때는 신사 바로 옆에 살았지만, 대지진 이후에는 가설주택으로 옮겼다. 집안은 농가였는데, 재난 이후 딸기재배 하우스에서 일하고 있다. 18~9세 무렵부터 미코시를 멨는데, "우리 모두 애향심에 참여한다. 가사노와 신하마(新浜)에 태어난 사람의 숙명이다."라고 말한다. 그리고 "미코시를 메는 것은 힘들다. 하지만 '일 때문에 못 온다'는 것은 변명이다. 옛날부터 날짜는 이미 정해져 있으니까."라고 말하기도 한다. 그의 말에서 그가 얼마나 강한 의지로 마쓰리에 참가하고 있으며, 지구 내 젊은이 중에도 참가하지 않는 이들이 있다는 사실을 엿볼 수 있다. 또 농협 관련의 이유로 마을 안 별개 지구의 사람들이 참가하기도 한다.

더욱이 필자처럼 외지에서 참가한 사람도 있다. 필자는 2014년부터 미코시를 메기 시작했는데, 2016년에는 필자가 주관하는 세미나의 학생 두 명과 함께 참가하였다. 또 2014년과 15년에는 가설주택에서 봉사활동을 하던 교원과 학생이 참가하였다. 다만 전체 인원수를 보면 지진 이후에 참가하게 되었다는 사람보다 지진 전부터 계속해서 참가한 사람이 많다. 그중 한 사람으로 '훈도시(남성 전용의 일본 전통의 하의 속옷-옮긴이) 선생'이라 불리는 D씨는 다른 현에서 매년 참가하고 있다. 그는 2001년에 현의 광고지에 게재된 기사를 보고 친구와 둘이서 참가한 것이 계기가 되었다고 한다. 그때 그들이 두르고 있던 훈도시가 '멋지다!'라며, 그전에는 수영바지를 입고 바다에 들어갔던 지역의 참가자들도 그 후로 훈도시를 입게 되었다고 한다. 왜 계속 참가하고 있는지 그에게 물어보니, "마쓰리가 많긴 하지만, 규모가 큰 마쓰리에서는 한 사람 한 사람이 톱니바퀴가 돼버린다. 그런데 이런 작은 규모의 마쓰리에서는 누구나 주인공이 된다. 지역주민들도 친절하게 잘해주어 관계가 지속되고 있다. 1년에 한 번밖에는 못 만나지만, 이 순간이 너무 기대되고 즐겁다. 기적의 미코시를 메는 것도 행복하다."라고 대답했다. 이처럼 마쓰리가 계기가 되어 새로운 인연이 만들어지고, 그것이 줄곧 이어지고 있다. 다만 그것은 지진 후에 일어난 일이 아니고 지진 이전부터 계속되고 있는 일이다.

옛날에는 지역 사람만 미코시를 멜 수 있었다. 고다니 류스케에 따르면, 1965년 무렵 부친은 가사노 출신이지만 자신은 센다이에 거주하는 사람이 미코시를 메고 싶다고 신청했을 때는 총대회(總代會)에 상의를 구했다고 한다(고다니 2006:56). '가사노와 신하마에 태어난 사람의 숙명'이라는 지역의 목소리에는 그 지역 마쓰리로서의 참모습에 대한 생각이 담겼다고 본다. 하지만 그 후 서서히 야마모토정 내의 다른 지구와 지구 밖의 사람들도 짊어질 수 있게 되었다. 지역의 젊은이를 중심으로 하면서 훈도시 착용에 이른 경위에서 보듯이, 외부에서의 다양한 영향을 받으면서 지속해왔음을 알 수 있다. 그리고 그런 경향은 지진 이후에도 변함이 없다. 즉, 지역주민들이 여전히 중심에 있으면서 필자처럼 이 지역의 재난을 계기로 참가한 이들까지 수용하여 함께 마쓰리를 진행하고 있다.

그것은 미코시 행차의 가마꾼을 바라보는 사람들도 느끼는 모양이었다. 가설주택에서 미코시를 관람하던 5~60대 여성은 옛날에는 신사 바로 옆에 살았다는 가사노 지구의 사람이었다. 미코시를 본 그녀는 "야에가키 신사에는 강한 힘이 넘친다."고 술회하면서, "지역주민도 애쓰지만, 봉사자라고 해야 하나, 어쨌든 도와주는 사람들이 있다는 것도 참 감사하다. 지역이 번성해졌다. 부흥에 힘이 된다. 부흥이 속도를 내는 것 같다."라고 말했다. 미코시 행차가 신사에 이익이 되고 젊은이의 힘을 느낄 기회가 된 것 같았다. 또 옆에 있던 사회복지협의회(이하 '사협')에서 근무하는 여성은 "평소에는 업무의 일환으로 마을을 돌기 때문에 미코시를 볼 수 없다. 오늘은 우연히 근처에 있어서 볼 수 있었다. 사협도 마쓰리를 후원하고 있다(가마꾼의 이동용 마이크로버스는 사협 소유). 실제로 보게 돼서 너무 기쁘다."라고 말한 후 "젊은 남성들이 저렇게 많이 있다니! 대체 저들은 평소에는 어디에 숨어 있는 걸까?"라고 농담처럼 말했다. 고령화가 심각한 야마모토정에서 일상적으로 젊은이들이 한 데 모이는 일은 드물다. 딸기하우스 등에서 일하는 젊은이를 사협 직원이 만나는 일은 결코 흔한 일이 아니니 말이다.

전야제에는 지진 후에도 매년 10곳 정도 노점상이 나온다. 그곳에 중고등학생들이 모여든다. 유카타(일본의 여름용 전통의상-옮긴이)를 입고 있는 여성도 많다(사진 5-2). 자택에서 신사까지가 전처럼 걸어올 수 있는 거리가 아니라서 아이들이 못 오게 되지 않을까 하는 주최 측의 걱정은 기우로

〈사진 5-2〉 유카타 모습의 젊은이들이 모인 전야제의 경내, 2015년 7월 25일

끝났다. 또 아이들을 데려다주고 데리러 오는 어른들도 전에 알고 지내던 사람과 오랜만에 환담을 즐기고 있었다. "사람들이 웃으며 한자리에 모일 수 있는 곳이 신사다."라고 하는 것은, 바로 이런 마쓰리가 열릴 때를 두고 하는 말일 것이다. 그런가 하면 현장의 음향을 담당하는 E씨는 후쿠시마현 소마시에서 다니고 있다. 한때 야마모토정 마을회관 이벤트에서 음향을 도왔던 것이 인연이 되어, 그 뒤로 꾸준히 다니게 되었다고 한다. 이처럼 지진 전부터 맺어왔던 네트워크는 여전히 계속되고 있다. 다른 이야기지만, 이제는 새롭게 살게 된 집이 멀리 떨어져 있어 신사까지 자동차로 오는 사람이 대다수이기 때문에, 마쓰리긴 하지만 술을 마시는 사람이 줄었다. "옛날에는 술에 취해도 집까지 걸어갈 수 있어서 좋았는데, 지금은 마실 수가 없다."며 아쉬워하는 어른들도 많다. 지진 이후에 변한 것들은, 신사 주변에 집들이 없다는 사실에서 기인하는 부분일 것이다.

4. 신사의 부흥

야에가키 신사도 지역 내의 집들과 마찬가지로 막대한 피해를 입었다. 하지만 신사에는 지진 직후부터 여러 가지 지원이 집결되어 더디기는 하지만 부흥하고 있다. 야에가키 신사는 타 지역에서처럼 내륙으로 이전한 이후에 재건하는 것이 아니라 원래 있던 장소에서의 재건을 지향하고 있다. B신관도 쓰나미가 덮친 이곳이 아니라 내륙의 고지대로 옮기는 것이 좋을 거라고 생각한 적도 있었다고 한다. 하지만 선조가 이 땅에 1,200년이나 있었다는 것은 분명 어떤 의미가 있을 거라고 생각했고, "사람들이 웃으며 한자리에 모일 수 있는 곳이 신사다."라고 한 어느 우지코의 말에 용기를 얻어 이곳에서의 재건을 선택했다고 한다.

지진 이후인 2011년 7월에는 도쿄의 신사가 작긴 하지만 신전을 기증해주었고, 가설 사무소로 쓸 조립식 주택을 센다이의 오자키하치만구(大崎八幡宮)에서 기증했다. 게다가 기도에 사용되는 용구들도 신사의 동료들에게 기증받았다. 또 일본재단이나 일본문화흥륭재단 등에서도 많은 액수의 지원을 보내왔으며, 진수(鎭守)의 숲 재생프로젝트로 2012년 6월 24일에는 식수기념식이 거행되어 신사 주변에 2천 그루 이상의 묘목을 심었다. 재난 이후의 야에가키 신사와 고군분투해온 B신관의 모습이 신문과 잡지 그리고 블로그 등에 곧잘 게재되자, 그것을 계기로 더 많은 지원신청이 들어오기도 하였다. 2013년 11월에는 높이 약 5미터, 폭이 약 3미터 되는 도리이(鳥居, 일본의 신사 입구에 세워진 기둥문-옮긴이)가 도쿄의 한 신사의 지원을 받아 설치되었다. 이처럼 여러 다양한 지원을 받아 서서히 신사의 시설들은 제 모습을 갖추게 되었다.

그리고 가설이 아닌 항구적인 신사의 재건이 2015년부터 시작되었다. 다른 신사의 건물을 이설해 사용하자는 제안도 나왔지만, 일본재단의 지원을 받아 신축하기로 결정되었다. 2015년 여름 마쓰리 전에는 조립식 건물이 아닌 미코시 보관소와 사무소를 사용하여 여름 마쓰리를 할 수 있게 되었다.

건설비용은 재단의 지원 약 1억 5천만 엔만으로 끝내지 않고, 재건을 위한 '자신들의 의지를 표명한다'는 뜻에서 신사의 자체 자금과 지구 예산에서의 기부금을 더하고 또 우지코와 취지에 동의한 사람들을 대상으로 모금운동을 추진하였다.

재난을 입은 신사들이 많은데 그중에서 왜 야에가키 신사가 지원을 받게 되었을까? 이와 같은 지원을 얻어 재건에 이르게 된 요인으로는 첫째, 우지코 사람들의 재건에 대한 염원을 들 수 있다. 2014년 3월에 열린 지구 총회에서 신사의 총대장은 다음과 같이 말하며 동의를 구했다.

"재단의 지원을 받더라도 우리 쪽에서 어느 정도 준비를 해두고 명시하는 편이 좋다고 생각한다. 지진 이전의 명부를 이용해 여러분에게 부탁을 드리고 싶다. 다만, '집도 없는데'라는 불만도 나오리라 생각하므로 '한 집 당 얼마'라는 조건은 낼 수 없고, 다만 얼마라도 좋으니 기부해 달라는 형태로 갈 것이다. 또 재단 측도 우리가 지진으로 곤란을 겪고 있다는 것은 알고 있으므로, 턱없이 많이 내라고는 하지 않을 것이다. 단 우리가 할 수 있는 한의 성의를 보이고, 이만큼의 자체 자금이 준비되어 있다고 말할 필요가 있다. 실제로 나는 아무리 가난해도 좋으니 반드시 기부하겠다는 목소리도 있다. 여러분께 부탁한다."

이런 열의가 외부로부터의 지원을 끌어냈음은 분명하다.

일본재단은 재건지원의 대상으로 정할 신사의 조건을 다음과 같이 내걸었다. 대상지역은 이와테, 미야기, 후쿠시마 세 재난지역이어야 한다는 조건 외에 ①신관에 의한 주체적인 활동이 있을 것, ②부흥의 상징이 되는 각 지역의 중핵적인 신사일 것, ③우지코 대표와 지역주민의 이해 및 찬성을 얻을 것 등 세 가지다. ③은 앞에서 서술한 형태로 찬성의 뜻을 나타내는 것과도 관련이 있다. 대표뿐만 아니라 지구도 재건을 지향한다는 태도를 보였기 때문이다.

또 야에가키 신사에 대해, 재단의 웹사이트에서는 다음의 세 가지 특징을 소개하고 있다.

*센남(仙南, 미야기현이 지정한 광역행정지역의 하나-옮긴이)지방의 3대 야
  간 마쓰리로 유명
*진수(鎭守)의 숲 부활프로젝트 제1탄 지원
*신관은 현의 여성신직회(神職會, 신사의 흥행과 발전을 위해 일하는 단체-
  옮긴이) 대표로, 가장 이른 단계부터 부흥을 위해 진력해왔고 지도
  력 강한 존재

마쓰리가 야마모토정이라는 범위를 넘어 센남지역에서 유명하다는 것은 ②의 조건과 일치한 것이라 할 수 있다. 그와 더불어 ①의 조건을 충족시키는 B신관의 인격과 네트워크에 의지한 부분도 크다. B신관은 "내가 많이 부족하니까 모두가 도와준다."고 겸손하게 말하지만, 지금까지 살펴본 것처럼 우지코 사람들과 신사관계자의 폭넓은 지지를 얻고 있기에 비로소 어려운 문제들도 잘 해결되었다고 생각한다.

신전 재건공사는 신사건축을 전문으로 하는 목공에게 의뢰하여 진행 중이다. 이 또한 B신관의 네트워크에 힘입어, 현 내에서 이미 재난재건에 성공한 신사의 공사에 참여했던 목공을 소개받은 것이다. 2016년 6월

〈사진 5-3〉 상량식(2017년 2월 4일)

에는 우지코와 공사관계자, 마을 촌장들이 참열하여 지진제(地鎭祭)를 지 냈다.

또 2017년 2월에는 상량제가 집행되었는데, 약 200명이 참가하여 떡 을 뿌리는 행사도 하였다(사진 5-3). 총대와 우지코 그리고 공사관계자 외에 지역 매스컴도 취재를 위해 방문했다. "드디어 여기까지 왔구나!"라는 감 격의 목소리가 참가자들 사이에서 들려왔다. 또 지진 후 오래도록 만나지 못했던 동급생과 재회하는 장면도 목격할 수 있었다. 그야말로 '웃으며 모 이는 장소'로서의 신사를 여기서도 엿볼 수 있었다.

5. 맺음말

본 장에서는 지진 이후 야에가키 신사의 마쓰리가 걸어온 길을 돌아 보고, 거기에 어떤 사람들이 모였는가를 간결하게 소개하였다. 지진 이후

야에가키 신사에서는 행정의 후원을 받아 정비된 '보존회'라는 구조를 활용하면서, 도구를 조달하고 마쓰리를 추진하였다. 또 사람들이 가설주택에 살게 되고 그곳에서 별개의 장소로 이동하는 시간의 흐름에 맞춰, 미코시 행차의 경로를 변경한 것에 관해서도 설명했다. 〈표 4-1〉에서 보듯이 미코시가 행차하는 가설주택이 두 곳에서 한 곳으로 줄고, 그 대신 옛 지구나 신시가지로의 행차를 추가한 것은 지극히 사소한 변화일지 모른다. 하지만 아마도 누구도 기록하지 않을 부흥과정에 나타난 민속의 변화를 기록으로 남겼다는 것은 큰 의의가 아닐 수 없다.

또 재난 이후에 그 신사가 기존의 자리에 재건을 이룩하게 된 과정에 대해서도 기록했다. 지진 전과 같은 장소에서의 재건이 우지코와 외부 재단의 지원을 모두 얻었다는 것을 알 수 있다. 지진 전부터 마쓰리는 수많은 사람을 집결하게 했다. 지진 이후에도 그 사실에는 변함이 없었다. 그리고 다양한 장면에서 '웃으며 모일 수 있는 장소=신사'라는 것을 실감할 수 있었다.

반면 신사 주변에 예전의 우지코 지구가 존재하지 않게 되었다는 점은 간과할 수 없는 큰 변화이다.[2] '보존회'라는 이름처럼 향후에도 지속가능한 구조는 만들어지고 있지만, 실제로 어떤 형태로 추진해 갈 것인가? 어떤 사람들이 여기에 모일 것인가? 이에 대한 대답은 앞으로도 꾸준한 조사를 통해 찾을 수밖에 없을 것이다.

---

2   축제를 주최해온 '지구'에 대해 재난지역에서의 커뮤니티라는 관점에서 논할 필요가 있다. 이에 대해서는 별고(이나자와 2017)를 참고하기 바란다.

문헌

稲澤努(2014)「'地區'と祭りの変遷-山元町八重垣神社のお天王さま祭りの調査から」、高倉・滝澤編(2014) pp.177-187

_____(2017)「無形民俗文化の'復興'とコミュニティ-宮城縣山元町の事例から」、『人類學研究所 研究論集』四：掲載予定

小谷竜介(2006)「笠野のお天王さん-縣南地域の浜降り行事」、『東北歴史博物館研究紀要』七：pp.41-59

清水展(2016)「巻き込まれ、応答してゆく人類學-フィールドワークから民族誌へ、そしてその先の長い道の歩き方」、『文化人類學』81(3)：pp.391-412

高倉浩樹・滝澤克彦編(2014)『無形民俗文化財が被災するということ-東日本大震災と宮城縣沿岸部地域社會の民俗誌』東京：新泉社

日本財団(2014)「津波で被災した神社、"再建"へ-東北三縣・沿岸部の三神社で」、日本財団ウェブサイト(http://www.nippon-foundation.or.jp/news/pr/2014/46.html) 最終アクセス：2017年8月15日

日本財団公益チーム編(2013)「むすびつなぐ-伝統芸能と復興への軌跡』東京：日本財団

橋本裕之(2000)「民俗芸能の再創造と再想像-民俗芸能に係わる行政の多様化を通して」、香月洋一郎・赤田光男編『民俗研究の課題』(「講座日本の民俗学」10巻)、東京：雄山閣、pp.69-80

제6장

재난지역에서 본 민속예능의 미래
- '어린이 가구라'의 탄생과 그 활동을 보다

고야 준코(吳屋淳子)

1. 시작하는 말

동일본대지진 이전, 미야기현 남동쪽 연안부에 위치한 야마모토정의 나카하마(中浜)초등학교(이하, 나카하마초교)에서는 학교 자체교육의 하나로 〈나카하마 어린이 가구라〉를 진행 중이었다. 나카하마 어린이 가구라는 초등학교가 있었던 나카하마 지구의 신사에서 주관하는 제례에서 봉납하는 나카하마 가구라를, 나카하마 가구라보존회에서 활동하던 당시 30대였던 담당자 두 명이 학교 교육용으로 유용한 것이다.

그런데 동일본대지진에 의한 쓰나미로 해안에서 약 300미터 저지대에 위치한 나카하마초교를 비롯해 나카하마 지구 대부분이 피해를 입었다. 지진 이후, 재개가 어렵다고 판단된 나카하마초교는 구릉 지역에 위치한 야마모토정의 사카모토(坂元)초교에 병설되어 합동형태로 수업을 재개하였다. 그런데 지진 2년 후에는 나카하마초교의 폐교가 결정되고 2013년 4월에 사카모토초교로 통합되었다(사진 6-1).

〈사진 6-1〉 쓰나미 피해로 폐교가 된 나카하마초등학교(2013년 10월 20일)

촬영:신센샤 편집부

한편 나카하마 가구라의 가면과 의상 등의 도구가 쓰나미로 유실됐을 뿐 아니라 나카하마 가구라보존회의 담당자로 촉망받던 N씨(30대 남성)마저 잃었다. N씨는 초등학교에서 나카하마 어린이 가구라의 지도에 전력을 다한 인물이기도 했다. 쓰나미 피해는 여기에 그치지 않았다. 연안부에 위치했던 나카하마 지구는 쓰나미로 건물 대부분이 유실 혹은 침수되고, 마을은 괴멸 상태였다. 주택을 잃은 나카하마 지구 주민은 야마모토정의 가설주택이나 지구 밖으로 피난하게 되었고 보존회의 멤버들도 뿔뿔이 흩어지고 말았다.

이런 상황에서 나카하마 어린이 가구라의 재개는 불가능하게만 보였다. 그런데 2012년 4월의 합동수업 개시로부터 3개월 후에 나카하마 가구라보존회의 응원에 힘입어 나카하마·사카모토초교의 합동운동회를 개최하였다. 그리고 2013년 4월, 나카하마초교와 사카모토초교가 통합되면서 '나카하마'라는 지명을 생략한 명칭으로 바꾸고, 모든 아이들을 대상으로 한 〈어린이 가구라〉[1]라는 새로운 가구라가 탄생하였다. 어린이 가구라의 특징은 ①사카모토 가구라보존회와 나카하마 가구라보존회의 멤버들이 지도를 맡고 있다는 것과, ②교육과정 안에서 학습의 일환으로 진행되고 있다는 것이다.

본 장은 동일본대지진으로 괴멸적 피해를 입은 학교와 지역이 어떻게 하여 가구라를 존속시켰는지, 재난 이전과 이후의 노력을 중심으로 '신'사카모토초등학교[2]의 어린이 가구라에 대한 조사과정과 그 결과의 일부를 보고하는 것을 목적으로 한다.

2. 지진 이전의 나카하마 지구와 〈나카하마 어린이 가구라〉

먼저 나카하마 지구에서 실시되었던 나카하마 가구라와 나카하마 어린이 가구라의 탄생에 대해 간단히 소개하도록 하자. 지진 전의 모습에 대해서는 〈미야신문〉(미야기현 재난민속문화재조사사업)의 데이터베이스[3]를 참조하여 정리한다.

야마보토정 나카하마 지구는 야마보토정에서노 남쪽에 위치한 지구이다. 지진 이전의 나카하마 지구 인구는 950명 정도였으며, 바다 근처 평

---

1   2015년도까지 어린이 가구라의 명칭으로 활동하였지만, 2016년도 이후에는 〈사카모토 어린이 가구라〉로 개명하여 학교교육으로 도입시켰다.

2   통합 이전의 사카모토초교와 구별하기 위해 통합 후의 사카모토초교를 여기에서는 '신'사카모토초교 라고 기술한다.

3   〈미야신문〉데이터베이스(http://mukeidb.cneas.tohoku.ac.jp) 중에서 야마모토정 사카모토 나카하마 지구에 관한 조사기록을 참조하였다(최종검색일:2017.3.1)

야에 마을을 이루고 있었다. 나카하마 지구 안에서도 바다 가까운 곳에 나카하마초교가 있고, 나카하마 지구와 인접한 이소(磯) 지구의 아이들이 통학하고 있었다.

본 장에서 다루게 될 나카하마 어린이 가구라는 나카하마 지구에서 실시해왔던 나카하마 가구라가 토대가 된 연무(演舞)이다. 나카하마 가구라란 나카하마 지구 중에서도 바닷가 쪽 주민을 중심으로 춤을 추던 가구라로, 나카하마 지구에 있는 덴(天) 신사라는 신사에서 매년 4월에 봉납되었었다. 모두 열두 개의 상연목록이 있었는데 실제로 계승되고 있는 것은 열한 개뿐이라고 한다.

한편 나카하마 어린이 가구라는 1988년부터 나카하마초교에서 시작한 〈겐코 마쓰리〉⁴에서 학부모들이 나카하마 가구라를 공연한 것을 계기로 학교에서도 가르칠 수 있게 되었다. 한때 중단된 적도 있지만, 2006년도에 새로 부임해온 사토 준코(佐藤純子) 교장이 과거에 초등학교에서 나카하마 가구라가 상연되었다고 기술된 자료를 교장실 금고에서 우연히 발견한 것이 계기가 되어 재개되었다고 한다. 당시 사토 교장이 "가구라는 지역문화를 배우기 위한 좋은 교재가 된다."고 말했다는 데서, 방과 후 동아리활동이 아닌 교과과정의 하나로 가구라를 도입할 생각이었음을 엿볼 수 있다(2015년 10월 26일 '신'사카모토초교 사쿠마 교장).

이렇게 나카하마 어린이 가구라는 2006년도부터 4학년생을 대상으로 하여 '종합적인 학습시간' 중 하나로 배정되었다(2015년 10월 26일 '신'사카모토초교 사쿠마 교장). 지도는 앞서 말한 나카하마 가구라보존회에서 활동하고 있던 N씨와 T씨(30대 남성)가 맡았다. 당시의 나카하마 어린이 가구라가

---

4   '겐코'란 조개를 뜻한다.

어떻게 지도되고 어떤 목록을 가르쳤는지를 알 길은 거의 없지만, 〈가호쿠신보(河北新報)〉 기사에 따르면 "12종류가 있는 나카하마 가구라 춤 중에서 '검무'를 어린이용으로 각색하여 업무 중 여유 시간을 이용해 연간 40시간의 수업과 발표회를 가졌다."고 한다(〈가호쿠신보〉 2012년 2월 27일 조간).

또 다카쿠라의 조사보고에 따르면, "초등학교에서 가르칠 때는(중략) 12종류의 춤을 모두 가르치는 것은 시간적으로 불가능하였으므로, 학교에서 가르치는 것은 검무로 제한하였다. 왜냐하면 이 춤에서는 무용수의 수를 늘리기가 쉽기 때문이다. 원래대로라면 두 명이 춤을 추기 때문에 그때 쓰는 새의 가면이 두 개밖에 없다. 학생들 중에서 능숙해진 두 명에게 가면을 쓰게 하고, 나머지 학생들은 가면 없이 춤을 춘다. 학교 프로그램으로 진행하기에는 이것이 적합"하다고 한다(다카쿠라 2014:191).

참고로 문부과학성이 정한 초등학교 4학년의 '종합적인 학습시간'의 수업시수는 연간 70시간 이내로 규정되어 있음을 고려하면, 나카하마초교의 40시간이라는 수업시수는 전체의 60%를 차지한다. 이것은 나카하마초교가 가구라의 학습을 적극적으로 도입하고자 했음을 시사한다. 또 4학년 전원이 '검무'를 경험할 수 있도록 고민하는 한편, 춤이 능숙한 아이를 선발하여 가면을 쓰고 춤을 추게 한 배경에는 아마도 나카하마 가구라의 계승자로 육성하려는 바람이 있었던 것으로도 보인다.

3. 재난을 당한 〈나카하마 어린이 가구라〉

앞서 말한 대로 해안에서 약 300미터 낮은 지역에 있었던 나카마하초교는 동일본대지진으로 괴멸적인 피해를 입고, 2011년도부터는 병설이라는 형태로 사카모토초교에서 수업을 재개하였다. 그 후 지진 후의 학교 병설·합동수업의 상황에 대응하기 위해, 야마모토정 교육위원회는 2012년에 〈야마모토정 초·중학교 교육환경정비 검토위원회〉를 발족시키고 학교·학구의 재편을 검토하였다. 그 결과 2013년 3월에 나카하마초교의 폐교가 결정되고, 사카모토초교로 통합되어 '신'사카모토초교로서 새롭게 출발하였다.

초등학교의 폐교는 지역사회에 충격적인 사건이 아닐 수 없다. 그럼에도 지역주민들은 나카하마초교와 사카모토초교의 통합은 어느 의미에서 '필연적인 것'으로 받아들인 모양이었다. 왜냐하면 애당초 나카하마초교는 1878년에 사카모토초교의 분교로서 개교된 학교였기 때문이다. 예를 들어 지진 후에 교직원을 대상으로 실시한 통폐합 관련 설문조사 의견서에는 "사카모토초교와 나카하마초교의 통합은, 나카하마초교가 원래 사카모토초교의 분교였다는 사실에서도 어쩔 수 없다고 생각한다."라는 코멘트가 적혀있었다. 그렇다고는 해도 재난지역에서의 학교 폐교는 지역 사람들과 학교 측의 고육지책이었다는 것은 쉽게 상상이 간다.

한편 학교관계자에 따르면, 지역주민과 학부모들이 이와 같은 초등학교의 역사를 잘 알고 있었던 것이, 두 초등학교 아이들이 합동으로 수업을 듣거나 통합 후에 두 지구의 '가구라'나 '오케사(일본 전통 민요의 일종-옮긴이)' 같은 민속예능을 학습하거나 하는 것에 그다지 거부감을 느끼지 않은 이유가 되었다고 한다. 확실히 이런 의견은 지진 후의 병설·합동수업에 대한 교직원과 지역주민들의 논의 중에도 종종 엿보인다.

그렇다면 학교에서는 실제로 어떤 민속예능 대책이 이뤄졌을까? 2011년도의 사카모토초교 측 대응에 관한 기록을 보면, 교육과정에서는 '종합적인 학습시간'의 수업 중 일부는 학교별로 이뤄졌던 것으로 보인다.

이때의 '일부'라는 말은 '특색 있는 교육활동' 부분을 가리키는 것으로, 나카하마초교의 나카하마 어린이 가구라와 사카모토초교의 '사카모토 오케사'라는 학교 독자의 교육활동을 의미한다.

반면 나카하마초교 측의 기록을 보면, 특색 있는 교육활동의 하나로만이 아니라 지역부흥의 토대로서 나카하마 어린이 가구라를 부활시키고 싶다는 바람이 있었던 듯 하다. 2011년 가을에 개최된 합동운동회(사카모토초교와의 합동)에서는 나카하마 어린이 가구라의 부흥을 목표로 지진 이후 처음으로 나카하마 가구라보존회 멤버들의 지도를 받아 연습하였다.

당시의 나카하마초교 교장이던 이노우에 쓰요시(井上剛) 씨는 나카하마 어린이 가구라에 대해 다음과 같이 기술하고 있다.

"학교행사를 지역커뮤니티 재생의 기폭제로 삼기로 하고, 운동회를 준비하는 과정에서 지역의 전통예능인 어린이 가구라의 부활이 지역 활성화에 도움이 되리라 판단했습니다. 쓰나미로 인해 마지막까지 열심히 지도하셨던 분이 돌아가시고, 의상도 유실되어 그야말로 존망의 갈림길에 몰려 있던 가구라였습니다. 하지만 가설주택의 어르신을 찾아가 유실된 의상의 제작을 의뢰했을 때, 기꺼이 의상제작을 맡아주셨습니다. (중략) 의상을 만들어주신 어르신은 연습하는 모습을 참관하러 와주시기도 했습니다. 이것을 계기로 아이들의 연습도 한층 진지해졌습니다. 어르신들의 모습에서 자신이 만든 의상을 입고 손자들이 운동회에서 펼칠 가구라를 볼 기대로 들떠계신다는 걸 충분히 알 수 있었어요. 학교가 지역커뮤니티 재생에 적극적으로 참여하는 것이 아이들의 건전한 성장으로 이어진다는 것을 알 수 있는 사례였습니다."(국립교육정책연구소 편 2012:28)

이렇게 하여 2011년 가을 합동운동회에서는 3학년부터 6학년 아이들 23명이 나카하마 어린이 가구라를 공연했다. 이것이 지진 이후 첫 번째

나카하마 어린이 가구라의 부활이었고 동시에 나카하마 가구라보존회 멤버가 가구라의 '부흥'을 검토해보자고 결심한 계기가 되었다.

4. ⟨나카하마 어린이 가구라⟩에서 ⟨어린이 가구라⟩로

이미 서술했듯이 2013년부터 나카하마초교는 사카모토초교로 통합되었다. 그와 더불어 나카하마 어린이 가구라는 지명을 생략한 ⟨어린이 가구라⟩로 변경되었고, '신'사카모토초교의 모든 학생이 참가할 수 있는 새로운 가구라가 탄생하였다. 또 사카모토 지구에는 그 지역의 사카모토 신사에 봉납하는 가구라로 사카모토 가구라가 별도로 있었으므로, 학교 측이 솔선하자는 자세로 두 개의 보존회 관계자를 불러 조정을 시도하였다(2015년 10월 26일, '신'사카모토초교 관계자). 나카하마 가구라보존회와 사카모토 가구라보존회에서 각각 세 명의 관계자가 참석하여 모두 6명이 모였다. 이들 6명이 어린이 가구라의 지도를 맡기로 하였다. 지진 전에는 30대의 지도자 두 명이 가르쳤는데, 지진 이후의 지도자는 모두 60대의 멤버들로 구성되었다.

2013년도부터 시작된 어린이 가구라에서는 기본적으로는 나카하마 어린이 가구라의 춤을 답습하면서 일부의 춤사위를 사카모토 가구라의 춤동작(발을 내릴 때는 발꿈치부터 지면에 닿게 한다, 검지와 중지를 나란히 붙이고 허리에 댄다, 소금을 뿌린다, 소라고둥을 분다 등)을 도입한 '검무'가 공연종목으로 정해졌다. 또 춤 외에도 큰북, 시메다이코(締め太鼓, 가죽끈으로 북몸통을 동여맨 일본북의 일종-옮긴이), 소라고둥, 피리 등의 악기연주도 양쪽 보존회의 멤버가 와서 지도하기로 하였다. 나카하마에서 한 명, 사카모토에서 한 명이 참여

〈사진 6-4〉 태블릿 단말로 아이들의 연습풍경을 영상촬영

하여 한 조를 이뤄서 아이들을 가르쳤다(사진 6-2, 6-3).

　그밖에도 매년 4학년 아이들을 맡는 담임도 연습에 참가하고 있다. 2015년도 4학년 담임이었던 N씨(20대 여성)는 아이들과 함께 실제로 춤동작을 몸으로 확인하면서 배우고 있다. 또 연습 중에는 개인 태블릿 단말을 이용해 아이들의 연습풍경을 동영상으로 촬영하고 있다(사진 6-4). 이것은 수업시간 이외에도 가구라의 움직임을 확인할 수 있도록 하기 위해서라고 한다. 2016년도 담임이었던 K씨(30대 여성)는 함께 피리를 연습했는데 좀처럼 늘지가 않은 모양이었다. 그래도 배우는 속도가 늦은 아이에게 "선생님도 포기 안 할 테니까 같이 열심히 하자!"라고 격려하기도 했다.

피리는 춤이나 북과는 달라서 악기의 특징상 폐활량이 없으면 일정한 소리를 낼 수 없다. 그 때문에 피리를 부는 것은 체구가 작은 아이에게는 상당히 힘든 일이다. 또 교사가 실제로 가구라를 배우는 것은 항상 아이들과 함께한다는 의미를 넘어, 나카하마 가구라보존회와 사카모토 가구라보존회 그리고 아이들의 커뮤니케이션을 원활하게 하는 원동력이 되기도 한다. 예컨대 사카모토 가구라보존회와 나카하마 가구라보존회는 가구라의 계통이 다를 뿐 아니라 원래 서로를 용인하지 않던 관계였다. 그런 두 보존회가 학교라는 장소에서 아이들에게 가구라를 공동으로 가르치는 것은 상당히 특수한 상황이다. 또 가구라를 지도하면서 아무래도 아이들에게 엄격해야 할 때가 있게 마련이다. 즉 어린이 가구라는 통상의 수업과는 전혀 다른 환경에서 학습이 이뤄진다. 그렇기 때문에 교사가 이런 학습의 장에 함께 한다면, 그로써 분위기가 완화되고 긴장이 풀리기도 한다.

이처럼 어린이 가구라의 지도는 나카하마·사카모토 가구라보존회 멤버가 중심이 되긴 하지만, 학교관계자는 외부에서 온 지도자에게 모든 것을 맡기지 않고 교사가 가구라를 아이들과 함께 배움으로써 새로운 학습방법이 탄생하기도 하고 환경이 정비되기도 하였다.

5. '종합적인 학습시간'으로 개설된 〈어린이 가구라〉

2007년 6월에 이뤄진 학교교육법 개정에 따라 '종합적인 학습시간'의 학습을 통해 익힌 학력에 대해, ①기초적이고 기본적인 지식·능력의 습득 ②그 지식·기술을 활용한 사고력, 판단력, 표현력 등 ③주체적으로 학습에 참여하는 태도 등 세 가지 요소가 명시되었다(문부과학성 2011:7). 이를 고려하여 '신'사카모토초교에서는 '종합적인 학습시간'의 학습으로 어린이 가구라를 개설할 때, 강의를 통해 지식을 터득하고 실천을 통해 표현력을 익히는 것을 학습목표로 하였다.

또 〈어린이 가구라〉는 '신'사카모토초교의 '특색 있는 교육활동'의 일환이다. '학교에서 하는 것인 만큼 학습으로서 성립해야 한다'라는 학교 측의 주장은, 학습으로서 성립되지 않으면 어린이 가구라의 교육활동이 지속될 수 없다는 뜻을 내비치고 있다.

어린이 가구라의 학습은 일주일에 한 번 2시간 연속(90분)으로 이뤄지고 있다. 앞서 말했듯이 문부과학성은 '종합적인 학습시간'의 수업시간 수를 70시간으로 정하고 있다. 사카모토초교의 '종합적인 학습시간'의 수업계획은 ①우리 지역과 함께하자(56시간) ②안전·방재(8시간) ③PC를 이용하자(3시간) 로 나뉘어 있다(괄호 안은 배당된 시간 수).

2015년도, 2016년도의 어린이 가구라는 ①'우리 지역과 함께하자'의 한 단원으로 '전통 가구라를 계승하자'(31시간)라는 테마로 학습이 이뤄지고 있었다. 어린이 가구라의 수업시간 수는 31시간으로 학습계획이 세워져 있고, ①4~7월 '가구라를 탐구하자'(13시간) ②8~11월 '가구라를 계승하자'(15시간) ③12~3월 '가구라로 전하자'(3시간) 등으로 모두 세 가지 테마가 설정되어 있다. 4월부터 5월까지는 가구라에 대한 강의를 듣고, 6월부터 보존회의 멤버에게 춤과 악기 등을 배운다. 8월부터 11월까지는 1학기에 배운 가구라에 대한 이해를 깊이하고, 배운 것을 연주와 춤으로 표현한다. 12월부터 3월 기간에는 그때까지의 복습과 마을회관 행사나 야마모토정 행사에서 가구라를 공연하여 지역주민들에게 감사의 마음을 전하고 있다.

6월부터 시작되는 보존회 멤버와의 학습은 실기만이 아니라 사카모토 가구라보존회의 A씨에 의한 강의도 병행된다. A씨의 강의는 '가구라에 대한 이야기'라고 적힌 빈칸 채우기 식 프린트(합계 7회)를 이용하여 이뤄진다. 가령 첫 번째 강의에서는, 산사람이 전해준 가구라에 대해 4학년 아이가 알아들을 수 있는 표현으로 설명한 후 퀴즈형식으로 괄호 안을 채워가는 식이다. A씨가 "신을 기쁘게 하기 위한 춤입니다."라고 말하면 아이들은 긴장된 표정을 보인다. 또 어려운 한자를 사용할 때는 학교 측과 상의해서 4학년 학생이 이해할 수 있는 말로 바꾸거나 읽는 법을 미리 병기해 둔다. 학교 측에 따르면, A씨가 준비해온 프린트자료를 토대로 아이들은 사전조사를 하고 포스터에 정리해둔다고 한다.

또 연습한 것의 성과발표는 1년에 2회로 설정하고, 첫 번째는 사카모토 신사의 여름 마쓰리 봉납무대, 두 번째는 가을에 개최하는 학습발표이다. 그 외에 사카모토 마을회관에서 하는 지역행사에서도 발표하고 있다. 최근에는 어린이 가구라가 화제가 되어 야마모토정에서 개최하는 이벤트의 뒷풀이무대에 출연하고 있다. 참고로, 발표 때 입는 의상은 2013년부터 2016년 여름까지 2년 반 동안은 사카모토 신사에서 빌렸는데, 2016년도 가을 학습발표회부터는 아이들 전원이 하카마(袴, 일본의 전통의류 중 하나로, 옷 위에 덧입는 주름 잡힌 하의-옮긴이), 백의, 토시, 버선 등을 학교비품으로 구입했다. 이것은 사카모토 가구라보존회가 의상구입비로 〈사카모토아이린공익회(坂元愛林公益會)〉의 조성금에 응모하여 마련했다(2016년 1월 8일, 사카모토 가구라보존회 T씨).

6. 〈어린이 가구라〉를 존속시키기 위해

어린이 가구라의 실천은 2016년으로 4년째가 되었다. 2013년도부터 어린이 가구라를 담당하고 있는 학교관계자는 나카하마·사카모토 가구라보존회 분들과도 소통할 수 있게 된 것을 기쁘게 생각한다고 말했다. 2017년 현재, 어린이 가구라는 4학년 아이들을 대상으로 가르치고 있는데, 첫해인 2013년에는 나카하마초교 아이들이 사카모토초교 아이들을 인솔하면서 연습을 했다고 한다. 저학년 아이들이 무대발표회 때 4학년 학생들이 춤추는 어린이 가구라를 볼 기회가 증가하자, 자연히 어린이 가구라의 이미지가 정착되었다고 했다. 그리고 4학년이 상연하는 가구라를 보고 '멋지다' '나도 빨리 배우고 싶다' 등등 동경을 품은 저학년이 증가한 듯하다(2016년 10월 8일, '신'사카모토초교 관계자).

2016년도 시점에서 어린이 가구라를 배운 4학년은 27명으로, 그중 나카하마 지구 출신 학생은 1명이다. 학생의 출신지역 정보에 대해 학교관계자에게 들은 바로는, 향후 나카하마 지구 출신의 학생이 증가하기는 어려울 것으로 예측된다. 2014년에 부임해온 '신'사카모토초교의 사쿠마 교장이 "사카모토초교와 나카하마초교의 아이는 야마모토의 아이"라고 말한 것처럼, 어린이 가구라는 나카하마 어린이 가구라를 토대로 하면서 '신'사카모토초교의 전통으로서, 또 야마모토 아이들의 전통으로서 앞으로도 전승될 것이다.

문헌

國立教育政策研究所編(2012)『東日本大震災と學校-學校運營や教育指導における工夫など』東京：悠光堂

高倉浩樹(2014)「殘されたご神体と奉納できぬ神樂-被災した山元町中浜神樂の再開に向けた活動の連鎖」、高倉浩樹・滝澤克彦編『無形民俗文化財が被災するということ-東日本大震災と宮城縣沿岸部地域社會の民俗誌』東京：新泉社、pp.188-198

文部科學省(2011)『今、求められる力を高める總合的な學習の時間の展開(小學校編)』東京：教育出版

제7장

민속예능의 중기적 부흥과정에서
계승활동의 여러 양상과 원동력

- 후쿠시마현 하마도리 지방의 세 가지 모내기춤을 사례로

이치야나기 도모코(一柳智子)

1. 시작하는 말

지진, 쓰나미, 원전재난, 풍평(風評) 피해 등 2011년도 동일본대지진으로 인한 온갖 재난이 닥친 이래로 후쿠시마현에 6년 이상의 세월이 흘렀다. 부흥청(復興廳)은 중장기적 목표로 가이드라인을 제시하였고[1], 제염작업으로 공간선량이 감소하자 피난지시 구역의 재규정 혹은 해제를 실시[2]하는가 하면 고향으로의 귀환을 지시하였다.

본 장에서는 후쿠시마현 하마도리(浜通り) 지방 북부의 동일본대지진

1 　부흥청 웹사이트 〈부흥의 현상과 대책〉을 참조
　　(http://www.reconstruction.go.jp/topics/main-cat1/sub-cat1-1/20131029113414.html)(최종검색일:2017년 1월 23일)
2 　후쿠시마현의 피난지시 구역의 변천에 대해서는 후쿠시마부흥스테이션 〈피난지시 구역의 상황〉(후쿠시마현 웹사이트) 등에 상세하게 나와 있다.(http://www.pref.fukushima.lg.jp/site/portal/list271-840.html)(최종검색일:2017년 1월 23일)

이이타테중학교 고추잠자리 마쓰리에서(2013년 11월 10일, 후쿠시마 시내의 가설교사)

〈사진7-2〉 고미야의 모내기춤(이이타테무라).

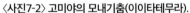

〈후루사토(고향)의 마쓰리 2016 in 시라카와〉에서
(2016년 11월 6일, 후쿠시마현 시라카와시)

재난지역을 터전으로 하는 민속예능 중, 지진 이후 부흥한 무라카미(村上, 미나미소마시 오다카구), 우케도(請户, 나미에정), 무로하라(室原, 나미에정) 세 지구의 모내기춤을 사례로 하여 재난 이후의 계승활동 국면을 명백히 살피고 비교함으로써 장기(長期)를 전제로 한 중기적 부흥과정 양상을 고찰하는 것을 목적으로 한다.

도호쿠지방에 고유한 분포를 보이는 모내기춤은 후쿠시마현에서도 특유의 존재성을 띠고 있는데, 특히 하마도리 지방 북부에는 다수의 모내기춤이 계승되고 있다. 제2차 세계대전 이후 후계자 부족을 우려한 지 오래지만, 그렇더라도 지진 전까지 심의(心意)전승 속에 대부분이 계승되고 재난 이후에도 여전히 복수의 모내기춤이 부흥했다(사진 7-1, 7-2).

'마음의 전승'과 '형태의 전승'(오시마 2007b:36)이라는 두 톱니바퀴가 맞물려 계승된 민속예능의 중기적 부흥단계까지의 프로세스를 지금까지의 계승활동을 통해 돌이켜보고자 한다.

2. 중기적 부흥과정

2.1 고향상실기

이마이 아키라(今井照)는 원전재난에 따른 피난의 양상을 언급하면서, 메이지 시대(1868~1912)까지 지자체의 원점이 되었던 '무라(村)'라는 용어를 써서 광역·초장기(超長期) 피난의 양상을 '이동하는 무라'라고 일컬었다(이마이 2014:9-14). 지자체가 통째로 피난하는 모습에서는 사람의 집합체인 '무라'가 갖는 원상(原像)을 확인할 수 있다고 했다(이마이 2014:9-10).

한편 야마모토 히로코(山本宏子)는 후쿠시마현 미하루정(三春町)의 '세 마리 사자춤(三匹獅子舞)'의 전승에 관해, 미국 위스콘신주 농촌에서의 예능조사와 비교하면서 그 사회적 기능의 상이점에 대해 논하였다(야마모토 1986). 즉 미국에서는 예능을 오락으로 실행하고 있지만, 그것의 사회적 기능은 희박하다고 보았다. 농촌집단에서 이웃과의 교류, 축제, 생활 면에서의 상호부조 등이 거의 보이지 않는다는 것에 그 근거가 있다는 것이다(야마모토 1986:67~78). "미국에서는 사람이 지자체를 만든다는 사고방식이 일반적이므로 사람이 없는 곳에는 지자체가 없다(이마이 2014:18)." 여기에서 이마이가 말하는 지자체는 '무라'의 원상으로서 사람의 집단을 의미한다.

이들은 사람의 집단과 지역과의 관계성 유무, 혹은 예능의 사회적 기능 유무라는 각도의 관점을 전달해주고 있다. 하지만 민속예능을 기반으로 한 원전피해자의 광역·초장기적 피난상황을 고려할 경우, 여기에 '고향'이라는 개념을 부가하지 않으면 안 된다. 중기적 단계란 지진 직후에 나타나는 '사실적인 일상생활'(이마이 2014:13)의 초기 물질상실의 양상이 고향을 그리워하는 향수의 다음 단계로 옮겨가는 과정을 가리킨다. "피난을 강요당한 주민이 외부에서 떠나온 지역을 바라보며 그곳을 고향이라고 인식했을 때 고향상실이 시작된다."(세키 2016:113) 귀환곤란 지역에 가옥이 남아있는 어느 전승자는 타지역에 정착하면서 집을 보러 찾아갔다. 쓰러지기 직전의 자기 집을 보며 한탄하고, '이제 이곳은 고향이라고 생각하지 않으면 안 되는가!'라고 한탄했다.

톰 길(Thomas P. Gill)은 정부는 재난부흥을 위한 조작으로서 '고향 이데올로기'를 이용하고 있다고 지적하고, 이때의 '고향'이 가리키는 것은 무엇인가를 자문한다. 그리고는 "'사람'과 '장소'의 조합"이라고 단적으로 답하고 있다(Gill 2013:201~207).

여기에서 필자가 의거하는 '고향'의 개념은 세키(關)씨가 말하는 "외부에서 떠나온 지역을 보고 그곳을 고향이라고 인식했을 때", 즉 피난으로 지역을 떠난 후 원래의 지역을 고향으로 인식할 때까지 경과한 시간을 가미한 것이다. 말하자면 톰 길의 "'사람'과 '장소'의 조합"에 '시간의 경과'를 더한 의미로 '고향'을 이해하고자 한다. 이런 경위로 지역이 '고향'이 되기 시작한 시기를 중기적 단계라고 보는 것이다.

또 민속예능은 한때 '향토예능'이라고 불렸다. 하지만 '향토'의 어감에는 근대에 와서 중심과 주변의 사회성 논리에 따라 '주변'의 이미지를 띤다. 즉 "우리 마을(무라)은……"이란 표현은 학술적으로 적합하지 않을 것이라는 뜻에서 연구자들 사이에서는 '민속예능'으로 변천한 경위가 있다. 중심에서 볼 때 향토, 지방에서 중앙으로 이동한 사람이 볼 때 향토. 민속예능의 장을 상실한 계승자 측에서 보면, 이 '향토'라는 말의 어감은 오히려 심의전승을 함의하기보다 심의에 따른 말처럼 보인다(이치야나기 2017). 전승자가 지진 전에는 '지역'이라고 말했던 장소는 '중기'인 현재 상실하고 '향토'로 변화했다고 할 수 있다. 여기에서의 '향토'는 '고향'에 가까운 개념으로 해석할 수 있을 것이다.[3]

2.2 문화재화(化)와 보존회

민속예능을 계승한다는 것은 계승자가 집단단위로 활동한다는 것이다. 예능의 무용(舞踊) 부분이 복수이든 솔로이든, 반주를 맡은 사람과 함께 종교적인 일에 수납되어온 탓에 여럿이 무리 지어진 속에서 실시됐을 것이다. 본 장에서 사례로 제시할 세 모내기춤은 보존회에 의해 관리운영되어 왔다. 본 장은 유지관리하는 계승자 본인 혹은 관리자 집단인 보존회가 모내기춤을 상연해온 동향을 보기 위한 것이다.

계승자에 의한 집합적인 무형민속문화재의 보호단체인 보존회는,

---

3 군지 마사카쓰(郡司正勝)는 '향토'라는 말의 발생에 대한 설명에서 "그 예능이 거행되고 있는 지방에서 생긴 말은 아니라는 점에 유의해야 한다"(군지 1958:11)고 토로했다. 여기에는 어디까지나 '도시 대 지방'이라는 구도가 있고, 도시 연구자에 의한 시점이 불가피하다. '향토'와 '고향'에 공통되는 개념으로는 지역의 내부존재에 대한 외부에서의 시점이라는 공통성이 있다.

1975년의 문화재보호법 개정으로 지정제도가 신설되었을 때 창설되었다. 원래 "무형민속문화재의 지정이라는 행위는 민속문화재보호 행정의 이념상에서는 결코 그 중심을 이루는 것이 아니다."(오시마 2007a:10) 그렇다면 그 보호의 중심이란 무엇일까? '보존'과 '활용'이다. 이것을 실시하기 위해 관념적인 존재인 민속예능의 예술형태로 나타나는 무용동작 안에 "'특정형태'의 존재를 인정하고 그 보존을 위한 단체를 지정함으로써 영속적 보존이 가능"(오시마 2007a:11)케 하기 위해, 행정상의 조치로서 보존회와 같은 보호단체를 창설한 것이다.

그 후 전국적으로 민속예능 대다수가 보존회에 의해 운영·관리되게 되었다. 하지만 우지코 조직, 청년회, 부인회 등이 단위가 되어 추진하는 경우도 있다. 본 장에서 살펴볼 세 가지 사례의 보호단체 중에도 현재 우지코 조직과 부인회를 겸임하고 있는 계승자가 많다.

이런 보존회가 중시하는 안건이 무형민속문화재로의 지정을 일종의 목적 혹은 동기화되고 있는 현상에 관해, "민속의 계승을 후원해온 본래의 의미는 사라지고, 문화재지정을 받았다는 행위에 계승의 근거를 두는 풍조가 생겨날 위험성이 대대적으로 지적된다."(오시마 2007a:13)는 오시마의 우려는 이해가 가지만, 그래도 보존회의 존재와 문화재지정행위는 계승자에게 심의전승의 동기적 역할을 맡는 일이기도 하다.

2.3 구역재편의 변천과 모내기춤의 부흥프로세스

후쿠시마현 하마도리 지방은 지진 이후의 국가시책에 따라 구역재편이 이뤄져 변경되었다.[4] '후쿠시마'라고 하면, 다른 재난지역인 두 현과

---

4   데이터에 관해서는 이하의 웹사이트 등을 참조하고, 종합적으로 정리했다. (최종검색

의 개별적 상이점으로 후쿠시마제1원자력발전소의 폭발사고에 따른 방
사능오염이라는 인재(人災)가 재난특수성을 띠고 있는데, 하마도리 지방은
방사능오염으로 내려진 피난지시 구역과 쓰나미 침수에 의한 피해의 위
험구역이 중층적으로 변천해 왔다.

미나미소마시(南相馬市) 오다카구(小高區) 무라카미(村上) 지구는 후쿠
시마제1원전으로부터 20킬로미터 권내에 위치해 있는데, 정부는 2011년
4월 21일 "거주자의 생명과 신체에 대한 위험을 방지하기 위해" 경계구
역으로 설정하고, 긴급사태 응급대책에 종사하는 자를 제외한 모두의 출
입을 금지하고 퇴거할 것을 지시했다. 1년 후인 2012년 4월 16일에 피난
지시 해제준비 구역으로 재편되어, 낮 동안의 출입은 가능하게 되었다가
2016년 7월 12일에 피난지시가 해제되어 오늘에 이르고 있다.

미나미소마시 남쪽에 위치한 나미에정(浪江町) 우케도(請戸) 지구와
무로하라(室原) 지구는, 미나미소마시 오다카구 무라카미 지구와 마찬가
지로 2011년 4월에 경계구역으로 지정되었다. 그 후 우케도 지구는 2013
년 4월 1일 피난지시 해제준비구역으로 재편되고, 다시 2017년 3월 31일
에 피난지시가 해제되었다. 행정기구의 기능도 니혼마쓰시(二本松市)에서
원래의 청사로 복귀되고, 이 행정기구 주변은 완전귀환을 위한 준비기관
으로서의 역할을 맡고 있다. 한편 무로하라 지구는 이 지구보다 서쪽 지역
이 모두 2013년 4월 1일에 귀환곤란 지역으로 지정된 이래 재편이 안 되
고 있다(2017년 현재).

일:2017년 1월 23일). 미나미소마시 〈복구·부흥〉(https://www.city.minamisoma.lg.jp/index.
cfm/10,0,58.html), 나미에정 〈부흥비전·계획〉(http://www.town.namie.fukushima.jp/site/
shinsai/list16-42.html), 경제산업성 〈원자력피해자지원〉(http://www.meti.go.jp/earthquake/
nuclear/kinkyu.html), 후쿠시마부흥스테이션 〈피난지시구역의 상황〉 후쿠시마현 웹사
이트(http://www.pref.fukushima.lg.jp/site/portal/list271-840.html)

단, 여기에서 간과해서는 안 될 중요한 점이 있다. 그것은 쓰나미 피해에 의한 구역지정이다. 사실 무라카미 지구와 우케도 지구는 해안에 면해 있는 쓰나미 침수지역이다. 경계구역이 해제된 이후, 무라카미 지구는 2012년 10월 17일, 우케도 지구는 2013년 12월 27일에 각각 조례를 통해 재난위험구역으로 지정되었다.[5]

3. 재난 이후의 모내기춤 부흥프로세스

1991년의 후쿠시마현 교육위원회의 조사[6]에 따르면, 미나미소마시 오다카구(당시는 소마군 오다카정)에 10건, 후타바군 나미에정에 12건의 모내기춤이 확인되고 있다. 그중에서 현재 활동이 확인되는 여러 단체 중 무라카미, 우케도, 무로와라 세 곳의 모내기춤을 선정하였다. 본 절에서는 주로 취재조사[7]와 보존회 자료를 토대로 하고 있다. 각각의 모내기춤은 재난 이후에도 예능 형태의 완전보존판으로 정하고, 관계자는 동일인 혹은 그 친족으로 한정하여 인적으로도 연고지와의 연대계승에 진력하고 있다.

---

5   〈나미에정 재난위험구역에 관한 조례〉(2013년 12월 27일 조례 제37호) 및 〈미나미소마시 재난위험구역에 관한 조례〉(2011년 9월 5일 조례 제11호, 개정 2012년 12월 20일 조례 제34호).

6   후쿠시마현 문화재조사보고서 제261집 『후쿠시마현의 민속예능─후쿠시마현 민속예능긴급조사보고서』(후쿠시마현 교육위원회, 1991년)

7   무라카미와 우케도에 관해서는 2011년의 재난 이후 문화청이 실시한 피해조사에 관여한 이래, 〈표 7-1, 7-2〉의 각종 공연 대부분의 현장에 직접 동행하여 조사를 거듭하였다. 우케도의 모내기춤에 대해서는 2014년, 2015년, 2016년의 3년간에 걸쳐 고리야마여자대학 단기대학부 유아교육학과에서 모내기춤 실기지도 강사로 초빙하였다. 그 3년 동안의 수업내용은 졸고(이치바야시 2017b)에 자세히 소개되어 있다.

3.1 사례 1 : 무라카미 모내기춤

미나미소마시 오다카구 남부에 위치한 무라카미 지구는, 후쿠시마현 하마도리 지방의 연안지역이다. 해당 예능의 터전인 기부네(貴布根) 신사는 그 최동단에 위치하고 표고 24.2미터 고지대에 있었기 때문에[8], 쓰나미가 덮쳤을 때는 사람들의 피난장소가 되었고 다행히 침수는 면하였다.

- 지진 이전의 계승상황

제2차 세계대전 직후까지는 음력 1월 14일에 기부네 신사(같은 지역에 고시오 신사도 있다)에서 공동기원의 마을기도에서 봉납되었고, 그 후 이것 외에 민속예능대회 같은 공연에 출연했다(미나미소마시 박물관 편 2009:36). 그리고 1988년 이후에는 4월 23일 봄 마쓰리에서 2년에 한 번 해당 신사에서 봉납해 왔다. 그 밖에도 해마다 한두 번 현과 각 지방에서 개최하는 민속예능대회에서 춤을 발표하고 있다.

지진 직전 무렵에는 춤과 반주 모두 성인여성들이 맡았는데[9], 도케가타(道化方, 가부키 등 무대예능에서 웃음을 유도하는 역할-옮긴이)는 성인남성이 담당했었다. 그리고 보존회 명칭인 〈무라카미 모내기춤 보존회〉에서 알 수 있듯이 모내기춤만을 보존하기 위한 단체이다. 무라카미 지구에는 시시카구라(獅子神樂, 가구라의 일종으로 사자머리를 신격화하여 춤추게 하는 의식-옮긴이)

---

8 소마나카무라번 제2대 번주인 소마 요시타네(相馬義胤)에 의해 이 요충지에 축성을 개시하였지만, 화재가 발생하자 요시타네는 그것을 불길한 징조라고 보고 축성을 단념한 경위가 있을 정도로 지세가 험한 지역이었다.

9 무라카미의 모내기춤 보존회에는 1914년부터의 활동기록이 남아있다. 현물은 쓰나미로 인해 소실되었지만, 그 복사본이 현존하고 있다(『무라카미 모내기춤 보존회 관계철』). 그것은 1937년 무라타 시게루(村田繁) 씨에 의한 것인데, 그에 따르면 제2차 세계대전 전까지는 청년회에 의해 전승되었다는 기술이 있다.

도 계승되고 있는데, 구성원을 중복시키면서도 현재까지 별개의 단체로서 활동해왔다.

- 지진 이후의 계승활동

지진 이후의 상연횟수는 모두 24회다(표 7-1). 그중 후쿠시마현 무형민속문화재지정 목적의 영상수록이 두 번(제13, 24회)인데, 그중 한 번은 기부네 신사 경내에서 실시되었다.[10] 지진 후 첫 상연은 지역전통예능전국대회인 〈고향의 축제 2012〉(고리야마시, 2012년 10월)에서인데, 이 대회에는 본장에서 살펴볼 모내기춤의 세 단체가 모두 참가하였다. 본 보존회는 조직적으로 견고함을 보유하고 있고 임원회와 총회 그리고 감사 등을 매년 실시하는데, 상세한 내용이 사업보고로 정리되어 있다.

해당 단체활동의 특징으로는 현내 특히 미나미소마 시내에서의 공연이 절반 이상을 차지하고 있다는 점을 들 수 있다. 미나미소마시 외의 후쿠시마현내까지 포함하면 18건의 공연이다. 이는 오다카구에서의 피난을 강요당한 보존회 회원의 거주지 때문이 아닐까 사료된다. 2016년 현재, 보존회 회원 28명 중 현 밖에 거주한 예는 1명뿐으로, 대다수가 인접한 미나미소마시 하라마치구 거주라는 사실에서, 모내기춤 상연을 전제로 한 보존회 운영에 시간적·공간적으로 집합가능 지역이라고 볼 수 있다.

지진 이후 해당 보존회의 최대 관심사는 후쿠시마현의 중요무형문화재로 지정되었다는 사실이다. 지정이 결정된 것은, 하마도리 지방 북부

---

10   지진 전의 보존회 회원수는 39명, 그중 당시의 회장과 부회장을 포함한 12명이 쓰나미로 사망하였다. 그 밖에 의상과 도구류는 모두 쓰나미로 유실되었다. 문화청의 보조금으로 상연에 필요한 의상과 도구류는 새로 조달할 수 있었으므로 각종 행사에 참가할 수 있었다.

에 위치한 옛 소마나카무라번 영지의 모내기춤이 옛 모습을 잘 보존하고
있다는 이유에서다.[11]

<표 7-1> 지진 이후 '무라카미 모내기춤' 활동기록(~2016년)

회	연	월일	행사의 명칭	주최	장소	시정촌
1	2012	10.27	지역전통예능전국대회 후쿠시마대회 '고향의 마쓰리 2012'	후쿠시마현, 고향의 마쓰리 실행위원회	고리야마역 앞 광장	후쿠시마현 고리야마시
2	2012	12.1	노마오이노사토 건강마라톤대회 전야제	노마오이노사토 건강마라톤대회 실행위원회	미나미소마시 박물관	후쿠시마현 소마시
3	2013	1.26	특별전 '고향과 오다카' (의상 전시)	미나미소마시 박물관	미나미소마시 박물관	후쿠시마현 소마시
4	2013	2.3	제7회 미나미소마시 민속예능발표회	미나미소마시 교육위원회	미나미소마 시문화회관	후쿠시마현 소마시
5	2013	2.24	제13회 지역전통예능 마쓰리 전국대회	지역전통예능 마쓰리실행위원회	NHK홀	도쿄도 시부야구
6	2013	4.20	도케이지(同慶寺) 봄 마쓰리 봉납	도케이지	도케이지	후쿠시마현 미나미소마시
7	2013	6.8	동일본대지진부흥지원 도호쿠의 예능Ⅲ(후쿠시마)	국립극장	국립극장	도쿄도 치요다구
8	2013	8.15	부흥, 인연, 오봉오도리 불꽃축제	미나미소마시	미나미소마시 우시고에 응급가설주택	후쿠시마현 미나미소마시
9	2013	8.18	제1회 전통문화계승포럼 2013	전일본향토 예능협회	일본청년관	도쿄도 치요다구
10	2013	11.2	JA소마 마쓰리	JA소마	미나미소마 자스몰	후쿠시마현 미나미소마시

11 「후쿠시마현 지정문화재 지정요지」에 따르면 해당 모내기춤이 무형민속문화재로 지
   정되어야 하는 이유에 대해 다음과 같은 간단한 설명이 있다(지정번호 54, 2015년 3월
   31일자). "모내기춤은 풍작기원의 예능으로 현 내에서는 아이즈(會津) 지방에서 가장
   일찍 시작되었고, 그것이 예능화되면서 나카도리 지방을 거쳐 에도 중기 덴메이(天明,
   1781~1789)의 기근 후 급속도로 옛 소마나카무라번으로 전파하였다. 그중에서도 이
   모내기춤은 춤사위가 지극히 세련되고 노래는 민요라고 해도 좋을 정도로 소절이 많
   은 기교적인 것으로, 현 내의 모내기춤 변천을 아는 데 귀중한 자료이다."

회	연	월일	행사의 명칭	주최	장소	시정촌
11	2014	7.26	하마도리 고향 마쓰리 2014~후쿠시마현 가설주택생활응원기획	라디오후쿠시마, 텔레뷰후쿠시마	빅팔레트 후쿠시마 다목적전시홀	후쿠시마현 고리야마시
12	2014	10.4	「지역의 보물」 전통예능승계사업 「고향의 마쓰리 2014」	후쿠시마현, 고향의 마쓰리 실행위원회	시키노사토	후쿠시마현 후쿠시마시
13	2014	11.15	후쿠시마현 문화재조사위원회 수록	후쿠시마현	무라카미기후네 신사	후쿠시마현 미나미소마시
14	2015	2.8	미나미소마시 제9회 민속예능발표회	미나미소마시 교육위원회	미나미소마시 문화회관	후쿠시마현 소마시
15	2015	8.22	오다카구 5개교 PTA 연락협의회 여름 마쓰리	오다카구 5개교 연락협의회	사쿠라홀(가고시마 생애학습센터)	후쿠시마현 미나미소마시
16	2015	10.12	지역전통예능전국대회 「지역전통예능에 의한 풍요로운 마을만들기대회 아키타」	아키타현, 요코테시, 지역전통예능 활용센터, 「지역전통예능에 의한 풍요로운 마을 만들기대회 아키타」 실행위원회	아키타 후루사토무라 돔극장, 아키타 후루사토무라 오마쓰리광장, 후지미오도리	아키타현 요코테시
17	2015	11.1	「지역의 보물」 전통예능승계사업 「고향의 마쓰리 2015 in 미나미소마」	후쿠시마현, 고향의 마쓰리 실행위원회	미나미소마 자스몰	후쿠시마현 미나미소마시
18	2015	12.6	미나미소마시 스포츠부흥 기념사업 제28회 노마오이노사토 건강마라톤대회의 리셉션	노마오이노사토 건강마라톤대회 실행위원회 (미나미소마시 시민 생활부 문화스포츠과)	로얄호텔 마루야	후쿠시마현 후쿠시마시
19	2016	4.10	히와시 신사 춘계례대제 강연회	내일의 오다카를 생각하는 모임, 동부지구행정구장회	우키후네 문화회관	후쿠시마현 미나미소마시
20	2016	6.12	제26회 소마나가레야마 전국대회	소마나가레야마 전국대회 실행위원회	미나미소마 시민문화회관	후쿠시마현 미나미소마시
21	2016	8.6	제55회 기타카미·미치노쿠 예능마쓰리	기타카미·미치노쿠	기타카미시 문화교류센터 (사쿠라홀), 오마쓰리광장 (기타카미역전)	이와테현 기타카미시
22	2016	9.4	제24회 후쿠시마현 고령자대집회	후쿠시마현 고령퇴직자연합	후쿠시마현 교육회관	후쿠시마현 후쿠시마시
23	2016	10.7	제22회 전국보덕서밋 미나미소마시대회	제22회 전국보덕서밋 미나미소마시대회 실행위원회	미나미소마 시민문화회관	후쿠시마현 미나미소마시

회	연	월일	행사의 명칭	주최	장소	시정촌
24	2016	11.19	후쿠시마현 교육위원회영상수록	후쿠시마현 교육위원회	우키후네 문화회관	후쿠시마현 미나미소마시

출처: 무라카미 모내기춤 보존회 사무국장과의 인터뷰를 토대로 필자 작성

3.2 사례 2 : 우케도 모내기춤[12]

나미에정 우케도 지구는 사례1의 미나미소마시 오다카구 무라카미 지구에서 수 킬로미터 남쪽에 위치하며, 우케도어항이 있는 연안지역이다. 오다카와의 상호교통은 근세부터 해안가도를 이용해 빈번하게 이뤄졌다.

〈표 7-2〉 지진 이후 '우케도 모내기춤' 계승상황(~2016)

회	연	월일	행사의 명칭	주최	장소	시정촌
1	2011	8.21	가이도의 역사와 문화에서 배우다	고쿠가쿠인대학원 우회 하마도리 지부	아쿠아마린 후쿠시마	후쿠시마현 이와키시
2	2011	9.10	고토구 보란티어 마쓰리	고토구복지협의회	고토구 문화센터	도쿄도 고토구
3	2011	10.2	간밧페이와키부흥제	이와키부흥제 운영위원회	이와키시 21 세기의 숲공원	후쿠시마현 이와키시
4	2011	11.5	부흥 나미에정 도카이치 마쓰리	부흥 나미에정 도카이치 마쓰리 실행위원회	니혼마쓰 시민교류센터	후쿠시마현 니혼마쓰시
5	2011	11.26	가라쿠리민화차야 마음의 부흥민화 마쓰리	NPO이야기와 방언 모임	고리야마 서부프라자	후쿠시마현 고리야마시
6	2011	12.11	모토미야시 민속예능대회	모토미야시 민속예능 실행위원회	선라이즈 모토미야	후쿠시마현 모토미야시
7	2012	1.29	후쿠시마의 봄	후쿠시마현 현 복지방진흥국 외[(*1)]	에스펄5층 코랏세 후쿠시마 다목적홀	후쿠시마현 후쿠시마시

---

12 '우케도 모내기춤'에 관해서는 졸고(이치야나기 2013, 2014)에서 지진 이후의 무용동작 분석 및 현상분석을 진행하였다.

회	연	월일	행사의 명칭	주최	장소	시정촌
8	2012	2.19	암바 마쓰리	우케도예능보존회	후쿠시마시 제1 북간선, 동부, 사사야, 아다치 응급가설주택	후쿠시마현 후쿠시마시, 니혼마쓰시
9	2012	2.26	니혼마쓰시 민속예능대회(제14회) 니혼마쓰전통예능 마쓰리	니혼마쓰시 무형민속문화재보존단체 연락협의회	니혼마쓰 시민회관	후쿠시마현 니혼마쓰시
10	2012	3.11	나미에 3.11부흥의 모임「진혼에서 내일로」	나미에정	니혼마쓰 아다치문화홀	후쿠시마현 니혼마쓰시
11	2012	7.30	메이지천황 백년제	전일본향토예능협회	메이지신궁 하이덴 앞	도쿄도 시부야구
12	2012	10.21	진재에서 미래로, 후쿠시마 민속예능차세대계승을 위한 심포지엄	전통미래광장 실행위원회	후쿠시마현 문화센터 소극장	후쿠시마현 후쿠시마시
13	2012	10.27	지역전통예능전국대회 후쿠시마 대회「고향의 마쓰리 2012」	고향의 마쓰리 실행위원회	고리야마 시민문화센터	후쿠시마현 고리야마시
14	2012	11.24	부흥 나미에정 도카이치 마쓰리	부흥 나미에정 도카이치 마쓰리 실행위원회	니혼마쓰역 주변	후쿠시마현 니혼마쓰시
15	2012	11.25	모토미야시 민속예능대회	모토미야시 민속예능 실행위원회	시라사와 컬쳐센터	후쿠시마현 모토미야시
16	2012	12.24	건강을 꽃피우자! 후쿠시마대교류 페어	후쿠시마현	도쿄국제포럼	도쿄도 지요다구
17	2013	2.17	암바 마쓰리	우케도 예능보존회	제1북간선 가설주택, 사사야동부 가설주택, 아다치 가설주택	후쿠시마현 후쿠시마시, 니혼마쓰시
18	2013	3.16	나미에 3.11부흥의 모임	나미에부흥의 모임 실행위원회	니혼마쓰 아다치문화홀	후쿠시마현 니혼마쓰시
19	2013	5.19	이즈모오야시로 천좌제	이즈모오야시로	이즈모 오야시로	시마네현 이즈모시
20	2013	8.17	제15회 전국어린이민속예능대회	전일본향토 예능협회	일본청년관	도쿄도 신주쿠구
21	2013	11.4	전통문화미래광장 후쿠노사토 마쓰리	전통미래광장 실행위원회	고무코무	후쿠시마현 후쿠시마시
22	2013	11.23	부흥 나미에정 도카이치 마쓰리	부흥 나미에정 도카이치 마쓰리 실행위원회	니혼마쓰 시민교류센터	후쿠시마현 니혼마쓰시

회	연	월일	행사의 명칭	주최	장소	시정촌
23	2014	3.9	암바 마쓰리(2월 셋째 주 일요일은 폭설로 연기)	우케도예능보존회	제1북간선 가설주택, 사사야동부 가설주택, 아다치 가설주택	후쿠시마현 후쿠시마시, 니혼마쓰시
24	2014	4.6	쇼켄황태후 백년제	전일본향토 예능협회	메이지신궁 하이덴 앞	도쿄도 시부야구
25	2014	7.21	센도오바라이	후쿠시마현 신사청 이와키 오바라이회	아쿠아마린 후쿠시마	후쿠시마현 이와키시
26	2014	10.5	「지역의 보물,전통예능승계사업 「고향의 마쓰리 2014」	후쿠시마현, 고향의 마쓰리 실행위원회	시키노사토	후쿠시마현 후쿠시마시
27	2014	10.21	국민문화제 아키타 2014	센보쿠시 실행위원회	와라비극장	아키타현 센보쿠시
28	2014	11.8	제2회 후쿠노사토 마쓰리	전통문화미래광장 실행위원회	후쿠시마 역전 거리	후쿠시마현 후쿠시마시
29	2014	11.29	부흥 나미에정 도카이치 마쓰리	부흥 나미에정 도카이치 마쓰리 실행위원회	니혼마쓰 시민교류센터	후쿠시마현 니혼마쓰시
30	2014	12.23	건강해지자 하마도리의 민속예능	고쿠가쿠인대학원 우회 하마도리 지부	소마시 농촌 환경개선센터	후쿠시마현 신치정
31	2015	2.15	암바 마쓰리	우케도예능보존회	제1북간선 가설주택, 사사야동부 가설주택	후쿠시마현 후쿠시마시
32	2015	3.8	부흥지원음악대 노래의 프로젝트(유즈)	후쿠시마방송, 미쓰비시상사	고리야마 빅팔레트	후쿠시마현 고리야마시
33	2015	3.14	나미에 3.11부흥의 모임	나미에부흥의 모임 실행위원회	니혼마쓰 이디치문회흘	후쿠시마현 니흔미쓰시
34	2015	7.20	센도오바라이	후쿠시마현 신사청 이와키 오바라이회	아쿠아마린 후쿠시마	후쿠시마현 이와키시
35	2015	10.31	「지역의 보물,전통예능승계사업 「고향의 마쓰리 2015 in 미나미소마」	후쿠시마현, 고향의 마쓰리 실행위원회	미나미소마 자스몰	후쿠시마현 미나미소마시
36	2015	11.1	제3회 후쿠노사토 마쓰리	전통문화미래광장 실행위원회	A.O.Z.MAX 후쿠시마	후쿠시마현 후쿠시마시
37	2015	11.14	부흥 나미에정 도카이치 마쓰리	부흥 나미에정 도카이치 마쓰리 실행위원회	니혼마쓰 시민교류센터	후쿠시마현 니혼마쓰시

회	연	월일	행사의 명칭	주최	장소	시정촌
38	2016	2.21	암바 마쓰리	우케도예능보존회	제1북간선 가설주택, 사사야동부 가설주택	후쿠시마현 후쿠시마시
39	2016	3.12	나미에 3.11부흥의 모임	나미에부흥의 모임 실행위원회	니혼마쓰 아다치문화홀	후쿠시마현 니혼마쓰시
40	2016	7.17	센도오바라이	후쿠시마현 신사청 이와키 오바라이회	아쿠아마린 후쿠시마	후쿠시마현 이와키시
41	2016	8.8	이세신궁(외궁) 마가타마이케 봉납무대	이세신궁	이세신궁	미에현 이세시
42	2016	8.8	전국신사스카우트대회 무용공연	신사본청 신사스카우트 협의회	이세체육관	미에현 이세시
43	2016	11.3	제4회 후쿠노사토 마쓰리	전통문화미래광장 실행위원회	A.O.Z.MAX 후쿠시마	후쿠시마현 후쿠시마시
44	2016	11.6	「지역의 보물」 전통예능승계사업 「고향의 마쓰리 2016 in 시라카와」	후쿠시마현, 고향의 마쓰리 실행위원회	시라카와 시립도서관 특설회장	후쿠시마현 시라카와시
45	2016	11.20	부흥 나미에정 도카이치 마쓰리	부흥 나미에정 도카이치 마쓰리 실행위원회	니혼마쓰 시민교류센터	후쿠시마현 니혼마쓰시

*1 미나미소마시, 도미오카정(富岡町), 후타바정(双葉町), 나미에정, 니혼마쓰시, 이다쓰시, 모토미야시, 구와오리정(桑折町), 구니미정(國見町), 가와마타정(川俣町), 후쿠시마현 고용노정과

출처: 우케도예능보존회 부회장과의 인터뷰를 토대로 필자 작성

- 지진 이전의 계승상황

매년 2월 셋째 주 일요일에 개최되는 구사노 신사의 제례행사인 암바(安波) 마쓰리를 맞이하여 신사 경내와 우케도 해안에서 공연했었다(소마시역사편집회 편 1975:689~692). 그밖에 매년 한두 번 현과 각 지역의 민속예능 대회에서 춤을 발표하였다. 춤의 상연양상은 무라카미와 마찬가지로 춤과 반주로 나뉜다. 지진 직전의 춤은 모두 초등학교 여학생이 맡았다. 춤 동작은 무라카미와 유사하다. 기록에 따르면, 제2차 세계대전 후에 무라

카미 모내기춤의 스승이 춤사위를 전해주었다는 기술에 기인하여 무라카미 지구에서 무용동작이 전수되었다고 전해지고 있다.[13]

〈우케도예능보존회〉에는 해당 모내기춤과 〈시시카구라〉가 속해 있다. 제례행사에서는 시시카구라를 먼저 공연한 뒤 뒤이어 모내기춤을 봉납하도록 하였다. 시시카구라의 무용동작 담당자는 성인남성이다.

- 지진 이후의 계승활동

우케도 모내기춤은 재난 이후 아주 많은 횟수의 상연기회를 얻었고, 지진 직후인 2011년 8월에 이와키시에서 상연한 이래 피난지시가 해제되기 이전인 2016년까지 총 45회에 달하는 상연을 했다(표 7-2).

행사를 유형별로 구분하면 크게 '지진 이전부터 있었던 나미에정의 행사'와 '지진 이후 마련된 지진관련 행사 참가 또는 의뢰공연'으로 분류할 수 있다.

'지진' 이전부터 있었던 나미에정의 행사'란 유래지와의 관계성을 가지고 지속적으로 실시하고 있는 〈부흥 나미에정 도카이치(十日市) 마쓰리[14]〉(제4, 14, 22, 29, 37, 45회)와 〈암바 마쓰리[15]〉(제8, 17, 23, 31, 38회)에서의 상연이다.

---

13 『무라카미 모내기춤 보존회 관계철』에는 다음과 같이 기술되어 있다. "인접한 나미에정 우케도에도 이 무라카미 모내기춤과 유사한 모내기춤이 있다고 하여 조사해보니, 다이쇼시대(大正, 1912~1925) 무라카미의 지붕엮는 기술자 중 우두머리였던 야오지(八百治)라는 자가 우케도에 전수했다고 한다." "우케도에도 원래 모내기춤이 있기는 하였으나 해가 갈수록 춤사위가 흐트러져 본격적인 형태를 잃어가고 있었다." "그때 새롭게 활기를 불어넣어 부활시킨 것이라고 한다."(5페이지)

14 〈도카이치 마쓰리〉는 "나미에정의 최대의 제례로, 1873년에 현재의 나미에 신사의 최대 제사일로 당시의 권현당 마을에 시장을 열게 된 것에서 비롯되었다."(나미에정 역사편찬위원회 편 2008:177).

15 〈암바 마쓰리〉란 '암바 신'이라 불리며 치바(千葉)에서 이와테현에 걸친 태평양연안의 어촌에서 받들어지는 신이다. 그 발상지는 이바라기현 이나시키군 사쿠라가와정 가와나미에 있는 오스기 신사의 분령을 제사지냈다고도 알려지는데, 그 대부분은 제신(祭

〈사진 7-3〉 우케도 모내기춤.

암바 마쓰리에서(2014년 3월 9일, 후쿠시마 시내의 가설주택)

즉 우케도 모내기춤의 경우, 지진 전후를 비교했을 때 상연장소는 달라도 대부분 기존대로의 행사를 쉬지 않고 실시하였다고 할 수 있다[16](사진 7-3).

　　다음으로 '지진 이후 마련된 지진관련 행사 참가 또는 의뢰공연' 중 특히 〈메이지천황 백년제〉(제11회), 〈이즈모오야시로(出雲大社) 천좌제〉(제19회), 〈쇼켄황태후 백년제〉(제24회), 〈이세신궁 마가타마이케 봉납무대〉(제41회)에서의 봉납공연은, 해당 민속예능의 높은 주목도와 우케도 예능보존회 사람들의 부흥지원에 부응하려는 책임감이 강하게 표출되었다고 볼 수 있다. 사실 춤을 추는 아이들에 대한 각종 보도기관의 취재와 인터뷰 횟수가 많을 뿐 아니라 다수의 특집이 구성되었다. 그리고 그때마다 아이

神)이 불분명하고 해안의 모래톱 같은 곳에 임시로 제사지내는 경우가 많다(소마시 역사 편찬회 편 1975:482).

16　나미에정은 지진 후 부흥한 민속예능에 대해 공평하게 보조금을 지급하고 있다. 민속 예능의 보존회 담당자들이 부흥을 지향할 때의 문제점 중 하나로, 광범위하게 산재해 있는 보존회 회원이 상연기회를 위해 집합할 때 드는 이동비를 들었다. 지진 이후, 후 쿠시마현 등은 이 문제에 대한 이해를 표명하고 보조금 교부 조치를 강구해 왔다.

들은 "춤을 통해 마을주민 모두가 행복하게 웃을 수 있도록 앞으로도 열심히 하겠다."는 취지의 대답을 하고, 그 내용은 또다시 기사화되었다.[17]

보존회 회장 및 부회장의 전적인 노력 외에, 예능의 선두에 선 아이들의 상연에 관한 인식이 여기에서 변용되고 또 복합적인 새로운 인식이 더해졌다. 인터뷰에 따르면 지진 이전에는 마쓰리 시기가 되면 보존회 사람들이 춤을 의뢰하기 위해 초등학교를 방문했다고 한다. 의뢰공연의 많은 횟수와 방대하고 적극적인 취재가 해당 민속예능의 계승의욕에 일종의 자극이 되었다고 볼 수 있다. 이런 자극으로 인식의 형태가 변하고 유래지역에 대한 연대가 재인식되었을지도 모른다.

우케도 예능보존회는 지진 이후 전통예능의 재개를 위한 노력 부분에서 2012년에 〈지역전통예능특별상〉을 수상하였다.[18]

또한 피난지시 해제 후인 2017년 8월 12일에는 구사노 신사의 임시 신전에서 펼쳐진 부흥기원 마쓰리를 통해, 나미에정에서는 지진·원전사고 후 처음으로 모내기춤이 봉납되었다(『후쿠시마민우』 2017년 8월 13일).

---

17   지진 이후 후쿠시마현 내의 보도기관들은 물론이고 각국의 보도기관들이 후쿠시마현 내를 돌아다니며 취재하고 있다. 2011년 10월에 시작된 아사히신문이 연재기사인 〈프로메테우스의 함정〉 제32장(2013년 6월 14일~9월 28일)에 우케도 모내기춤의 지진 이후 소식과 무라카미 모내기춤 보존회 관계자들의 소식에 대한 자세한 기술이 있다(아사히신문 특별보도부 2014). 또 우케도 예능보존회는 그 외에도 수많은 보도기관과 취재를 했다. 취재 횟수의 방대함은 미증유 사건인 원전재난에 관한 높은 주목도를 말해주는 하나의 현상이라 할 수 있다.

18   지역전통예능특별상의 개요는 아래와 같다. "2011년 3월의 동일본대지진의 피해지역에서 전통예능단체에 소속되어 있던 단원 및 전통예능공연에 사용되는 의상, 용구 등에 피해가 생긴 상황인데, 그 후 지역에 전해오는 전통예능의 재개를 위해 노력을 거듭해온 단체 혹은 개인에게 수여한다. 현창함으로써 지역전통예능의 보존과 계승을 도모함과 동시에 대지진으로부터의 부흥을 더욱 추진하는 동력이 될 것을 목적으로 한다."(일반재단법인 지역전통예능활용센터, '전통예능대상 등', 1월 23일)

3.3 사례 3 : 무로와라 모내기춤

나미에정 무로와라 지구는 우케도 해안에서 서북서쪽으로 약 10킬로미터 떨어진 내륙의 아부쿠마(阿武隈) 고지에 위치한다. 따라서 지진 당시 피해는 있었지만 쓰나미의 침수피해는 없었다. 다만 원전사고에 따른 피해가 심각하여, 사고 후 6년이 지나도록 여전히 공간선량률이 높아 연간축적선량이 20미리시벨트를 밑돌지 않을 거라는 우려가 있는 지역이다. 그 때문에 귀환곤란지역으로 여전히 지정되어 있으며 출입이 제한되어 있다. 무로와라 지구의 모내기춤이 상연되던 하치류(八龍) 신사와 아키하(秋葉) 신사는 다른 주택들 못지않게 어찌해볼 도리도 없이 방치되어 있다.

- 지진 이전의 계승상황

무로와라 지구에 있는 하치류 신사와 아키하 신사에서 7년마다 열리는 천궁제(遷宮祭)에서, 가구라와 함께 봉납되어왔다(소마시 역사편찬회 편 1975:685~689). 춤과 반주는 모두 성인남성이 운영하였다. 그밖에 현과 시정촌의 민속예능대회와 같은 행사 때 상연할 기회를 얻었지만, 인터뷰에 따르면 천궁제 이외의 경우에는 부인회에 출연의뢰를 하는 경우가 많았다고 한다.[19]

무로와라 지구에서는 민속예능이 펼쳐지는 제례행사인 '가리센구제(仮遷宮祭)'가 지극히 성대한 것이었고, 대지진 직전인 2010년에 실시되어 마을의 무형민속문화재로 지정되었는데, 정식으로 공개하기 전에 대지진 재난이 닥치고 말았다. '가리센구제'란 일대 최대의 행사인 〈쇼센구제(正遷宮祭)〉를 간략화한 행사인데, 그렇더라도 일대 주민들 대부분이 참가하

---

19 무로와라 향토예능보존회 고문인 완다이 요시히로(椀台芳廣) 씨와의 인터뷰 내용에 따른 것이다(2016년 5월 31일).

는 지역의 안전과 오곡풍요를 기원하는 제례이다. 1876년부터 7년 간격으로 실시되었다는 기록이 남아있다.

- 지진 이후의 계승활동

2010년의 가리센구제 실시 이후, 다음 거행예정인 2016년에 집행해야 할 보존회에서 회의를 열었지만 준비가 미비하다는 이유로 어쩔 수 없이 이듬해로 이월되었다. 따라서 가리센구제는 실시되지 않았지만, 그렇더라도 6번의 공연을 추진하였다. 〈표 7-3〉은 모내기춤만의 계승상황인데, 무로와라 모내기춤보존회는 명칭이 〈무로와라 향토예능보존회〉라 하여 모내기춤만이 아닌 시시카구라도 계승하고 있다. 이 시시카구라도 모내기춤과 같은 정도로 상연기회를 얻었다. 그 때문에 보존회의 활동횟수로는 〈표 7-3〉의 두 배 정도가 된다.

〈표 7-3〉 지진 이후 '무로와라 모내기춤'의 계승상황(~2016년)

회	연	월일	행사의 명칭	주최	장소	시정촌
1	2012	10.27	지역전통예능전국대회 후쿠시마 대회 「고향의 마쓰리 2012」	고향의 마쓰리 실행위원회	고리야마 시민문화센터	후쿠시마현 고리야마시
2	2013	10.27	제55회 홋카이도·도호쿠 블록 민속예능대회	아오모리현 교육위원회	아오모리현 하치노에시 공회당	아오모리현 하치노에시
3	2014	10.4	「지역의 보물,전통예능승계사업 「고향의 마쓰리 2014」	후쿠시마현, 고향의 마쓰리 실행위원회	시키노사토 (옥외특설무대)	후쿠시마현 후쿠시마시
4	2014	10.23	DVD촬영·전통예능기록촬영	NPO법인	니혼마쓰 남녀공생센터	후쿠시마현 니혼마쓰시
5	2014	11.29	부흥 나미에정 도카이치 마쓰리	부흥 나미에정 도카이치 마쓰리 실행위원회	니혼마쓰역 앞	후쿠시마현 니혼마쓰시
6	2015	11.3	피재지전통예능공연지원사업 in 시부야구민의 광장	시부야구민의광장 실행위원회	도립요요기 공원 야외무대	도쿄도 시부야구

출처:무로와라 향토예능보존회 고문과의 인터뷰를 토대로 필자 작성

4. 민속예능의 부흥·계승에 관한 여러 양상과 그 동기

　　세 사례의 모내기춤 부흥프로세스를 활동의 공통점과 상이점에 착안하여 살펴보니, 상연횟수에 관한 점, 상연자 신체의 종별에 관한 점, 유래지역의 현상에 관한 점, 그리고 세 가지 사례에 공통되는 계승 동기에 대한 자극 등 4가지를 들 수 있다.

　　상연횟수는 이미 보았듯이 우케도가 가장 많은 45회, 무라카미가 24회, 무로와라는 6회로 제각각이었다. 언뜻 보면 큰 차이가 있어 보이지만, 이를 지진 이전의 상연횟수와 비교하면 우케도는 매년, 무라카미는 2년에 한 번, 무로와라는 7년에 한 번꼴이므로 신기하게도 상연상황의 비율은 지진 이전의 상황과 거의 비슷한 정도라는 결과가 나왔다. 더욱이 앞서 본 상연횟수 중 우케도만이 장소가 상이한데, 그것은 종래의 제례행사 관습에 따라 집행되고 있다. 그 외에는 모두 '○○모내기춤'이라는 민속예능의 무대상연이다. 무로와라에서는 보존회 내부에서 차기 센구제의 집행 여부에 대해 협의하지만, 사실은 정하지 못한 상황이다. 다만 시기가 왔다는 공통인식은 있다. 제8장에서 다카쿠라(高倉)는 제례행사가 내포하고 있는 사회통합성과 시간의 반복성을 언급하고 있다. 그는 이 두 특성 중 후자에 대해, 계승자의 신체내면에 침투한 회복감각은 결국 재난 이후 중기단계에서 평소의 감각으로 회복되기 위한 양호한 변질을 이뤘다. 이런 의미에서 재난부흥에 공헌할 가능성이 있다고 할 수 있다.

　　후쿠시마의 경우, 이런 상태는 계승자 집단의 발생으로 나타난다. 사람들이 각자의 피난처에서 모여들었다가 상연이 끝난 후 해산하는 모습은, 보는 사람에게 고향을 떠올리게 하는 '이동하는 마을'(이마이 2014)의 찰나적 발생을 제시한다. 그것은 '생생한 일상생활'이 없이 전전하는 장소에서의 발생으로 나타나는 것이다.

민속예능을 본질적인 문맥에서 분리하여 현상으로 받아들인 경우, 우리는 춤을 추는 사람의 무용동작을 바라본다. 그리고 예능을 담당하는 신체를 종별로 보면 무라카미는 성인여성, 우케도는 여아, 무로와라는 성인남성이다. 이 차이는 무용이 이뤄지는 장에서 타자에게 부여하는 시각적 인상 또는 집합이라는 행동에 영향을 미치는 듯하다. 광범위한 피난장소에서 '생생한 일상생활'이 없는 이동하는 장소로 집합하는 여자아이, 집안을 책임지는 성인남성, 그리고 성인여성에 주어진 다양한 부담의 성질도 역시 다른 것이 된다.

각 모내기춤이 유래한 지역의 현상은 쓰나미 침수로 인해 건물을 지을 수 없게 조례로 지정된 '위험지구'와, 원전재난으로 인해 집은 있지만 공간방사선량 때문에 돌아갈 수 없는 '귀환곤란구역'으로 서로 상이하다. 쓰나미 피해로 마찬가지로 재난위험구역으로 지정되어, 원래의 지역에 집은 없고 또 세울 수도 없게 된 무라카미와 우케도의 경우다. 하지만 한 발 앞서 원전사고의 경계구역이 해제되고 유래지에 인접한 지역에 보존회 회원이 많이 살고 있는 무라카미와, 여자아이가 주된 무용수라는 이유로 초광역 피난을 강요당한 우케도에서는 집합행위의 시간적·경제적 영향이 자연히 달라지게 된다. 또 보존회 회원 대다수가 가계책임자인 부로와라에서는 이 두 가지 영향이 보다 강하게 작용하고 있다.

세 사례의 모내기춤은 제각각 표에 나타난 것처럼 다양한 재난부흥 지원 관련의 공연요청을 받았다. 우케도의 경우는 그것이 지극히 다수에 달했고 또 각종 보도기관에서의 취재의뢰도 많이 받아왔다는 점은 앞에서 서술하였다. "이 춤만이 나와 우케도를 이어주는 유일한 것이다." "나미에정 주민 여러분이 건강하고 행복해지면 좋겠다." "예로부터 전해오는 춤이 우리 세대에서 끊어지는 걸 원치 않는다." "쓰나미로 집도 없어지고 가족도 죽고, 그런데 모내기춤마저 잃게 된다면 나와 우케도를 잇는 것은 아무것도 남지 않는다." 등등이 아이들이 취재에서 한 대답이다.[20] 거기에서 아이들 나름의 민속예능 계승에 대한 책임감을 읽을 수 있다. 신앙과는 다른 계승동기가 원동력으로 더해진 것이다. 그리고 세 보존회에는 원래의 심의전승에 더해져 문화재 지정, 수상, 지정확정이라는 동기부여가 있었다. 민속예능의 문화재화(化)에 대한 옳고 그름의 판단은 차치하더라도, 요청에 응하고자 하는 계승자의 책임감에 긍정적인 자극을 준 것은 확실해 보인다. 그것은 우케도 예능보존회 부회장의 '마을의 지정문화재가 되는 것을 지향한다'거나 무로와라 향토예능보존회 고문의 '지정된 만큼 최선을 다하고 싶다'와 같은 말들[21]에도 잘 나타나 있다.

5. 맺음말

지진 이후 개최된 다수의 상연횟수는, 그대로 상상을 초월하는 보존회의 노고와 심의전승이 구현된 모습이며 노력의 표출이다. 그리고 고향을 그리워하는 중기단계에 이르러 부흥지원 요청에 부응하고자 하는 책임감과, 상실한 고향에 대한 향수를 읽어낼 수 있었다. 각각의 피난처에서

---

20   우케도 예능보존회 부회장인 사사키 시게코(佐々木繁子) 씨 및 춤을 추는 아이들에 대한 취재조사에 따른다(2013년 2월 17일)

21   무로와라 향토예능보존회 고문인 완다이 요시히로 씨에 대한 취재조사(2016년 5월 31일), 우케도 예능보존회 부회장인 사사키 시게코 씨에 대한 취재조사(2016년 5월 13일)에 의한다. 무로와라 향토예능보존회의 모내기춤에 관해서는 사실 해당 모내기춤을 포함한 〈센구제〉가 제례행사로서 마을(町)지정무형민속문화재에 지진 직전에 지정되었다. 하지만 지진 이후 마을의 웹사이트는 갱신되지 않고 있다(2017년 1월 30일 현재).

계승노력을 피력하기 위해 모이는 보존회 관계자들의 모습은, 찰나적인 마을의 발생이며 그 모임 자체가 고향의 역할을 해내고 있었는지 모른다.

문화재보호의 이념과 지정이라는 인센티브(동기, 요인)는, 후쿠시마형(型) 광역·초장기적 피난 속에서 민속예능을 계승시키고 싶다는 바람을 가진 계승자에게 활동을 개시할 동력이 되었다는 것을 인정하지 않을 수 없다. 민속예능의 여러 요소를 냉동보존하는 문화재화는, 후쿠시마형 재난양상에서는 유효성을 발휘하였다고 할 수 있지 않을까. 그렇게 생각하면 사전의 영상보존 등의 작업뿐만 아니라 문화재지정이라는 행정행위는 방재(防災)의 기능도 겸비하고 있다고 해석할 수 있다. 다만 이것은 중기단계까지이고, 목표점이 보이지 않는 장래를 겨냥하는 것은 아니다. 앞으로도 가까이서 지켜볼 필요가 있을 것이다.

감사의 말

본고는 과학연구비기반C 「민속예능에 관한 지진부흥을 위한 전승형태의 재구축—후쿠시마현의 모내기춤을 사례로—」(과제번호:15K11946, 2015~2017년도, 대표:이치야나기 도모코)의 성과 일부이다. 〈무라카미 모내기춤 보존회〉 회장·사무국장, 〈우케도예능보존회〉 회장·부회장, 〈무로와라 향토예능보존회〉의 회장과 고문 등, 긱 보존회의 여리분께서 기쁜 미음으로 인터뷰에 응해주셨다. 진심으로 감사드린다.

문헌

朝日新聞特別報道部(2014)『プロメテウスの罠6-ふるさとを追われた人々の、魂の叫び!』東京：學研パブリッシング

一柳智子(2013)「福島県における無形民俗文化財に對する原發事故の影響-こども民俗芸能'請戸の田植踊り'の変遷と変容から」、『比較舞踊研究』19：pp.55-65

_____(2014)「こども民俗芸能'請戸の田植踊り'の舞踊動作と構造」、『民俗芸術』30：pp.32-37

_____(2017a)「原災による避難から歸還の間における民俗芸能の意義の変容-福島縣浪江町請戸芸能保存會の動向を事例として」、『民俗芸術』33：pp.87-92

_____(2017b)「地域教育に關わる民俗芸能の意義-福島縣における幼兒教育課程學生に對する健康を目指した民俗芸能の授業より」、『郡山女子大學紀要』53：pp.163-179

今井照(2014)『自治体再建-原發避難と'移動する村'』ちくま新書、東京：筑摩書房

大島曉雄(2007a)『民俗文化財保護の基本理念について-特に、昭和五〇年文化財保護法改正を巡って」、植木行宣監修、鹿谷勳・長谷川嘉和・樋口昭編『民俗文化財-保護行政の現場から』東京：岩田書院、pp.8-19

_____(2007b)『無形民俗文化財の保護-無形文化遺産保護条約にむけて』東京：岩田書院

ギル、トム(2013)「場所と人の關係が絶たれるとき-福島第一原發事故と'故郷'の意味」、トム・ギル/ブリギッテ・シーテガ/デビッド・スレイター編『東日本大震災の人類學-津波、原發事故と被災者たちの'その後'』京都：人文書院、pp.201-238

郡司正勝(1958)『郷土芸能』東京：創元社

關礼子(2016)「原發事故避難と故郷の行方」、橋本裕之・林勳男編『災害文化の継承と創造』京都：臨川書店、pp.109-125

相馬市史編纂會編(1975)『相馬市史 第三卷 各論編二 民俗・人物』福島：相馬市

浪江町史編纂委員会編(2008)『浪江町史 別卷二 浪江の民俗』福島：浪江町

南相馬市博物館市史編さん係編(2009)『おだかの歴史 特別編四 DVD映像で見るおだかの民俗芸能』福島：南相馬市

村上の田植踊保存會(n.d.)『村上田植え踊り保存會關係綴』

山本宏子(1986)「民俗芸能の伝承方法についての一考察-三春町の芸能の調査事例をもとに」、
『民俗芸能研究』三：pp.67-78

제8장

후쿠시마현의 민속예능과 감재(減災)무형문화유산

- 재난부흥정책에 왜 무형문화재가 필요한가

다카쿠라 히로키(高倉浩樹)

1. 시작하는 말

전통문화는 재난부흥에 공헌할 수 있을까? 만일 그렇다고 한다면, 왜일까? 이것이 본 장에서 다룰 관심문제이다. 여기에서 말하는 전통문화란, 문화인류학에서 정의되는 '문화'만큼 광범위한 것은 아니다. 오히려 문화재행정에서 의미하는 무형문화재, 그중에서도 특히 제례나 민속예능 등 특정 지역사회 속에서 사람들에 의해 역사적으로 계승되고, 그 사회에서 가치 있는 것으로 인정되고 있는 집합적인 활동을 염두에 두고 있다. 문화행정적으로 무형문화재는 가부키나 공예 등 예술적 가치를 갖는 것과 민속예능 등 역사문화적 가치를 갖는 것으로 분류되는데, 본 장에서는 후자를 다룰 것이다.

동일본대지진 이후의 재난부흥 과정에서 특징적이었던 것은, 앞서 말한 것처럼 무형문화재가 부흥의 대상으로 인식되었다는 것이다. 그것은 당사자, 매스컴, 행정의 공통되는 태도였다고 할 수 있다. 그것은 한신·아와지대지진의 부흥과정과 비교하면 명백히 알 수 있다. 〈그림 8-1〉은 〈도호쿠롯콘 마쓰리〉의 이미지 영상이다. 이것은 도호쿠지방 6개 현의 대표격이라 할 수 있는 마쓰리와 향토예능을 한자리에 모아 개최하고, 희생자를 추모하며 재난지역의 부흥을 기원하는 것을 목적으로 한다.

〈그림 8-1〉〈도호쿠롯콘 마쓰리〉 웹사이트(2016년 6월)

http://www.rokkon.jp

지진 직후인 2011년, 대규모 광고 대리점인 덴쓰퍼블릭릴레이션즈가 시작한 것인데, 현재는 지역 방송국이나 시정촌 등 지역 기업들이 협력하여 개최하고 있다. 전통 마쓰리나 의식은 동일본대지진과 후쿠시마원전사고의 재난지원정책, 부흥정책과 연관 지어져 왔다. 이러한 상황은 재난부흥정책에서 무형문화재가 갖는 의의를 검토해야 한다는 사실을 보여준다. 무형문화재를 조사연구해온 인류학과 민속학 혹은 지역사회의 개발과 관계된 사회학과 도시계획학 등의 연구자는, 이 문제와 관련하여 전문적 식견의 제공을 요구받고 있다.

실제로 지역사회의 재난부흥에 있어서 무형문화재나 전통행사에 초점을 맞춘 인류학·민속학적 연구는 많이 이뤄지고 있다(다카쿠라·와카사와 편 2014; 히다카 편 2012; 하시모토·하야시 편 2016; 하시모토 2015 등). 이 중에서 출발점이 되는 것은 하시모토 히로유키(橋本裕之)가 재난을 입은 민속예능을 조사하여 도출한 "생활재건이나 지역재건을 위해 빼놓을 수 없는 아이템이 바로 민속예능이다."(하시모토 2012:125)라는 논점이다. 예능은 종교적 성격도 있지만 오락적 요소도 있다. 선뜻 건강과 경제를 우선시한다고 생각하기 쉽지만 그렇지 않다고 강조한다. 그 이유는 '민속예능을 키워온 곳, 즉 관계 자체를 어떻게 회복시킬 것인가?'(하시모토 2012:129)가 얽혀있다. 지역사회의 사회관계 유지·발전에 무형문화재는 중요한 기반을 제공한다. 실제로 후쿠시마현 이와키시 에나(江名) 지구에서는 지역사회의 재생을 목표로 〈에나스와(江名諏訪) 신사 문화전통보존회〉를 설립하고 맥이 끊어졌던 예능을 부활시킨 사례가 보고되었다(다나카 2016:58).

우에다 교코(植田今日子)가 제시한 의례성의 논점도 시사적이다. 그녀는 동일본대지진 피해자는 왜 긴급한 상황 속에서 오히려 전통행사인 제례=무형문화재를 지속하고 있는가? 라는 흥미로운 의문을 제시했다. 제례를 특징짓는 것은 정해진 순서에 따라 구성되는 의례과정이다. 그러므로 사람들은 회귀적인 시간을 되돌린다고 한다. 한편 피해자는 부흥정책이라는 부가역적이고 직선적인 시간의 흐름에 맞서 실무적으로 대처해가지 않으면 안 된다. 그것은 피해자에게는 지금까지 경험하지 못했던 비일상의 연속이며, 그때마다 판단과 결단을 강요받는 과정이기도 하다. 이런 상황에서 제례가 갖는 의례성은 일상생활로 돌아간다는 것을 사람들이 알도록 해주는 것이라는 말이다(우에다 2013). 재난지원을 위해 왜 무형문화재가 필요한가를 생각하는 데 있어 이러한 지적도 중요하다. 재난부흥이란 재난으로 인해 파괴된 일상성을 회복하는 것이라는 사실은 말할 것도 없다. 그렇게 보면 제례 민속예능에 대한 행정적 지원은 지진 이전에 존재했던 지역사회의 일상성을 어떤 식으로든 주민이 환기하도록 해주기 때문이다.

문화인류학에서는 의례를 사회통합적 기능에 초점을 맞춰왔다. 의례란 일상생활과는 다른 행동형식을 내포하는 혹은 적어도 다른 목적을 가지는 것으로, 그것은 독자적인 상징 때문에 표현된다는 점에서 집단 내 교류의 역할을 감당함과 동시에, 개인을 사회와 이어주는 역할을 감당하는 기능을 갖는다(Mitchell 1996). 이 관점으로 본다면, 하시모토가 제시한 민속예능의 특징은 의례가 갖는 사회통합성의 일종이라고 이해할 수 있을 것이다. 요컨대 무형문화재는 사회통합성과 시간의 반복성을 내포하고 있으며, 그 특질을 강화하는 형태로 이것을 행정이 지원할 때 재난지원으로서 효과적이라는 것이 선행연구를 통해 얻은 견해이다.

본 장의 목적은 후쿠시마원전사고의 재난부흥에 있어, 앞서 서술한 의미에서의 무형문화재는 어떤 역할을 수행하고 있는가를 현장조사의 성과를 토대로 하여 검토하는 것이다. 이와테현이나 미야기현과 달리 후쿠시마현에서의 재난부흥은 방사능 재난을 포함한다는 점에서 질적으로 차이가 있다. 이 점을 명백히 밝히면서 무형문화재는 재난부흥에 과연 도움이 되는가? 만일 그렇다고 한다면 그것은 왜인가에 대해 이론적으로 생각해보고자 한다. 나아가 인류학·민속학의 식견에 기초한 재난부흥정책의 제언을 검토할 것이다.

2. 후쿠시마원전사고의 곤란성

동일본대지진 사망자 대다수는 쓰나미에 의한 경우였다. 다만 후쿠시마현의 경우, 연안부의 쓰나미에 의한 피해도 그렇지만 후쿠시마제1원자력발전소의 폭발로 발생한 방사능 재난이 추가되었다는 것이 가장 큰 차이다. 물론 방사능 재난은 후쿠시마현에 한정된 것은 아니다. 행정적인 대응은 행정영역에 따라 다르므로, 야마구치(2016)의 보고처럼 공중의 잔류방사능 수치가 같아도 도로를 사이에 두고 대응이 달라진다. 또 방사능 오염의 리스크를 인지하는 데 개인차가 있다는 것도 문제를 복잡하게 하고 있다.

원전사고의 피해는 여러 가지가 있는데 건강피해, 가옥의 상실, 귀환에 대한 딜레마, 뿔뿔이 흩어진 가족, 농업이나 관광 등 지역산업에 미치는 풍평피해, 장래에 대한 불안 등등 다양하다. 그중에는 모자(母子)피난의 문제도 있다. 아이들에게 미치는 방사능피해를 우려한 엄마가 후쿠시마현에서 직장에 다니는 남편과 헤어져 피난생활을 보내고 있는 것을 의미한다. 연구자는 모자피난자들이 지역사회는 말할 것도 없고 심지어 가족에게조차 고립되는 경향과 그 심리적·사회적 과정을 민족지(誌) 형태로 기술하고 있다. 거기에서는 지역사회·친족·가족 안에서 피해자의 인간관계에 심각한 충돌과 갈등이 발생하고 있기 때문이다(다쓰미 2014; 이케다 2013). 그 이유는 방사능에 의한 건강피해와 영향을 어떻게 받아들이느냐, 그 리스크 판단에는 가족 안에서도 개인차가 있기 때문이다. 방사능피해는 고도의 학술적 전문적 지식을 기반으로 하기 때문에, 과학자나 의사들 사이에서도 평가와 판단이 일치하지 않는다. 그런 논의의 여지가 있는 방사능 리스크에 대해 일정한 과학적 입장을 전제로 하면서 정부나 지방행정은 재난지역 부흥정책을 실시하고 있다.

이 문제는 인류학연구에서는 체르노빌원전사고를 조사연구한 아들리아나 페트리나(Adriana Petryna)의 '생물학적 시민권'과 연관이 있다. "생물학적 시민권이란 생물학적 손상을 인지하고 보상하기 위한 의학적, 과학적, 법적 기준에 근거하여 수행되는 사회복지의 한 형태에 대한 거대한 요구이며, 또 그에 대한 선별적인 접근이다."라고 설명하고 있다(Petryna 2002=2016:37). 그녀는 구소련 우크라이나라는 사회주의국가에서 발생한 원전사고의 피해자가 겪는 곤경과 그에 대한 저항·극복을 밝히면서 자립적인 시민사회가 구축되어가는 양상을 논했다(Petryna 1995). 그것은 전체주의 국가체제가 내면화된 사람들이 이재민이라는 능동적 주체로서 시민적 연대를 만드는 과정을 기술하는 것이었다.

후쿠시마원전사고로 그와 같은 생물학적 시민권이 행사되고 있는 것도 사실이다(가유카와 2016; 모리오카 2013). 하지만 후쿠시마현의 상황은 오히려 시민사회를 붕괴시키는 움직임을 보이는 듯하다. 이것은 시민사회를 어떻게 정의하는가와도 연관이 있겠지만, 가족이나 친족 그리고 친구 등을 포함한 지역사회라고 유연하게 정의한 경우, 앞서 소개한 모자피난자의 조사연구에서 보듯이 피해자의 사회적 연대는 타격을 입고 있다. 이에 대해 다쓰미(2014)는 개인이 시민적 자립성을 획득하기 위해 피난을 결단하고 실행하는 의사결정의 실현이, 그 개인의 사회관계성을 단절시킨다는 점에서 제로섬 관계가 되었다고 지적하고 있다. 그녀는 모자피난자의 문제해결안 중 하나로 "분쟁원인과 거리를 두면서 피난자끼리 혹은 피난자와 지원자, 피난자와 고향과의 관계를 다시 잇는 실천을 지속하는 것이다."라고 서술하고 있다(다쓰미 2014:206).

이와 같은 후쿠시마원전사고의 재난부흥이라는 문맥에서 민속예능이나 제례와 같은 부형분화재는 어떤 역할을 할 수 있는가가 본 상의 핵심문제이다. 재난부흥에서 시민적 자립성과 전통문화의 관계가 양립될 수 있을까 하는 점이다. 재난으로 발생한 사회관계에 대한 타격·파괴는 후쿠시마원전사고의 모자피난만이 아니라 우리 주변 곳곳에서 목격할 수 있다. 후쿠시마현 이이타테정의 사례에서는, 부흥되어야 할 것은 사람들의 공동체인가 아니면 물리적 공간인가에 대한 첨예한 대립이 발생하고, 부흥을 추진하는 마을과 그 안에 있는 지역사회가 대립하는 상황이 벌어지고 있다(Gill 2013). 이와테현이나 미야기현의 쓰나미 피해지역에서도 정도의 차이는 있지만 마찬가지 현상이, 특히 지역사회 레벨에서 발생하고 있다. 연안부의 쓰나미 피해 격심지역 대부분은 거주금지구역으로 지정되어, 집단이고 개인이고 할 것 없이 이전해야만 하는 상황이기 때문이다. 이런 문제의 배경에는 개인이 어디에 생활의 터를 잡을 것인가라는 선택이 가로지르고 있다. 무형문화재의 의례성은, 역사문화적 배경이나 기존의 사회적 연대를 긍정적으로 회고하면서 지역사회에서 정해진 문맥을 강조하기 위해, 귀환을 바라는 사람들에게는 그 실현을 재촉하는 데 일조가 될지 모른다. 한편 귀환을 고민하는 사람들, 특히 자립적 시민성 문맥에서는 오히려 사회적 압력으로 받아들여질지 모른다. 시민적 자유의 자기결정성과 이것과의 상대적 문맥에서는 지연(地緣)의 생득적 성질이 대립할 가능성이 있기 때문이다.

이제부터는 원전사고 이후의 후쿠시마현 민속예능에 관한 조사연구를 통해, 무형문화재가 어떤 식으로 부흥에 기여하고 있는가를 생각해보자.[1]

---

1 조사방법으로는 관계자 및 제례의 참가자에 대해 자율적인 면담과 참여관찰을 실시하는 형태로 민족지 자료를 수집하였다. 동시에 비디오카메라와 사진을 이용해 민속예능의 영상기록도 실시하였다. 이와키시 요쓰쿠라정(四倉町)의 시모니이다 사자춤은 사자춤이 실시된 2015년 8월 21~22일, 그리고 같은 해 12월 30일이다. 필자는 이와키시 요쓰쿠라정 출신으로 관계자 중에는 중학교 동급생도 있다. 후타바정 나가레야마(流れ山)춤은 쓰쿠바시로 피난한 이들의 지원자를 하고 있는 다케다 나오키(武田直樹) 강사(쓰쿠바가쿠인대학)에게 소개받아, 2015년 7월 6일과 2016년 1월 10일에 실시하였다.

3. 민속예능

3.1 시모니이다(下仁井田) 사자춤

이 사자춤은 이와키시 요쓰쿠라 시모니이다의 스와(諏訪) 신사에서 4년에 한 번 8월 하순에 치러진다. 필자가 취재한 결과, 그 기원은 17세기(1634년)로 거슬러 올라간다. 수사자, 중사자, 암사자 세 종류의 가면을 쓴 무용수가 오곡풍성과 자손번영을 바라며 스와 신사에 춤을 봉납한다. 스와 신사는 작은 신사로 신주는 상주하지 않고 지역주민이 신전을 관리하고 있다. 〈사진 8-1〉은 2015년 행사 때 기념촬영한 것이다. 신전 안에는 오랜 옛날의 기념사진이 여러 장 장식되어 있었다. 시모니이다라는 지명은 에도기부터 1889년까지는 마을(村)이었다(『가도카와일본지명대사전』에 의함). 또한 1971년의 보고에 따르면 시모니이다 사자춤은 음력 7월 27일에 봉납되었는데, 1940년경부터 양력 8월 28일로 바뀌었다. 그런가 하면 5년 혹은 7년에 한 번, 대풍작의 해에 실시하며 그것도 청년회의 발의로 우지코 조직이 합의하였다고 보고되고 있다(이와키시 역사편찬위원회 편 1971:430~431).

〈사진 8-1〉 이와키시 시모니이다 사자춤에서의 기념촬영(2015년 8월 22일)

사진제공: 다카키사진관(高倉写真館)

시모니이다 사자춤이 있는 이와키시는 후쿠시마제1원전에서 남쪽으로 35킬로미터 떨어진 곳에 위치하며, 앞서 말한 거주개념 상으로는 안전한 구역으로 분류된다. 피난지시가 내려진 구역, 거주제한구역, 귀환곤란구역 등에 지진 전에 살던 사람 중에는 이와키시를 피난지로 하여 거주하고 있는 이들도 있다. 그런가 하면 정부가 제시한 안전성에 저항을 느끼는 시민 중에는 여기에서 자주적으로 더 먼 곳으로 피난한 경우도 있다.

현재, 사자춤을 운영하는 곳은 지구의 청년회와 우지코 조직이다. 8월에 들어서면 연일 연습을 하고, 본 마쓰리에서는 신사에서 먼저 봉납한 후 일행이 지구 내를 함께 걸으며 몇몇 집을 방문하여 마당에서 춤을 선보인다. 사자춤 일행은 문장이 찍힌 하카마를 입은 피리 담당자 13명 정도, 검은 두건을 뒤집어쓴 사자춤 선도역의 '도로쿠', 사자머리를 쓴 남자아이 셋, 춤에 등장하는 꽃장식 삿갓의 여자아이 셋, 유카타를 입고 '사사라춤(사이사이춤)'을 추는 익살꾼 역의 남성 20명 정도, 거기에 익살스럽게 찌그러진 얼굴의 가면을 쓴 두 명으로 구성되어 있다. 춤을 선보인 후에는 식사나 음료가 제공되고 대열을 지어 걸을 때는 아이와 지역주민들이 그대로 춤의 일원을 뒤좇는 광경이 펼쳐진다. 인류학적으로 흥미로운 것은 사자춤이 시작되기 전에 실시되는, 남성에 의한 원무(圓舞) '사사라춤'이다. 스무 명 가까운 남성들이 남자의 성기를 본뜬 '사사라봉'을 주위에 보이며 성적 행동을 표현하기 때문이다.[2]

흥미로운 것은 이 사자춤의 운영이다. 시모니이다 지구의 청년회와 우지코 조직, 그리고 보존회가 관리하고 운영하는 데에 주도적 역할을 맡

---

2 이와키시의 사자춤에 대해서는 DVD동영상 「4년에 한 번인 사자춤이 이어주는 것 : 2015년 여름의 후쿠시마현 이와키시 요쓰쿠라정 시모니이다」를 필자가 제작하여 도호쿠대학기관리포지토리에 수록하였다. 이하의 URL에서 다운로드가 가능하다.

고 있다. 보존회는 행정구(시모니이다) 조직의 하나라고 한다. 구체적으로는 행정구를 구성하는 여러 '도나리구미(隣組, 원래는 태평양전쟁 당시 일제가 마을 주민들의 전쟁총동원과 상호감시를 목적으로 만든 마을의 작은 행정단위지만, 여기서는 단순히 소규모 조직단위를 의미한다-옮긴이)'에서 4년 임기로 한 사람씩 임원을 내기로 정해져 있다. '도나리구미'는 이 지역에서 볼 수 있는 지연적 사회조직으로, 인접한 10가구 정도로 구성된다. 시모니이다 행정구를 구성하는 도이무카이(樋向) 지구에 4개, 스카무카이(須賀向) 지구에 2개(원래는 3개였지만), 도테이(道庭) 지구에 3개의 '도나리구미'가 있다. 이들 중 도이무카이와 스카무카이가 스와 신사를 관리하고 도테이는 가까운 이나리(稲荷) 신사를 관리하고 있다. 도나리구미는 장의(葬儀) 등이 있을 때 협동하는 단위이기도 한데, 이 지역에서는 벼농사의 공동작업이 지금도 여전히 이뤄지고 있다. 봄에는 무논의 물을 빼기 전에 도랑을 청소하고 논두렁과 도로 가장자리의 풀베기도 함께 한다.

한편 사자춤을 실제로 운영하는 데 주도적인 역할을 맡은 스와 신사의 우지코 조직은, 보존회와는 별개의 것이다. 다만 이상에서와 마찬가지로 도나리구미에서 한 사람씩 4년 임기의 임원을 선출하여 조직된다. 우지코 조직은 정월의 기념장식과 5월과 7월의 마쓰리, 8월의 봉오도리(盆踊り, 일본의 큰 명절인 백중에 남녀가 모여 주는 윤무-옮긴이), 그리고 4년에 한 번 열리는 사자춤을 책임지고 관리한다. 준비의 실무작업이나 사자춤 공연이 시작되기 전에 하는 '사사라춤'을 추는 것은 청년회 멤버. 스무 살에서 서른다섯 살까지의 11명 남성으로 구성되어 있다. 그들은 8월 초순부터 2주간 스와 신사 근처에 건설된 집회소에 매일 밤 모여 도구와 장식 등의 제작을 준비하고 춤 연습도 함께 한다. 그들 중에는 사자춤을 추고 꽃장식 삿갓 춤을 추는 아이들의 아버지도 있다.

필자가 이 사자춤을 조사한 것은 2015년 8월이었는데, 4년 전 행사는 지진이 있었던 해인 2011년에 실시되었다. 연안부인 까닭에 쓰나미 피해가 컸다. 지진·쓰나미·원전사고로 피해가 컸던 만큼 사자춤은 안 하는 편이 낫겠다고 생각한 사람도 있었다고 한다. 하지만 맥을 잇는 것이 부흥에 공헌한다, 즉 부흥을 위해서는 오히려 진행해야 한다는 의견이 최종적으로 우세했다. 그렇게 하여 2011년 8월에도 사자춤은 진행되었다. 다만, 아이들이 감소한 탓에 4년 후인 2019년에 사자머리를 쓸 아이가 있을까 불안해하는 목소리도 있다.

참고로 2015년 현재 이 지구의 가구 수는 약 60가구이다. 즉 인구로는 수백 명 규모의 작은 지역사회가 그야말로 자율적으로 총동원하여 사자춤을 운영하고 계승하고 있다는 인상을 받았다. 지역의 사회조직이 이렇게까지 활발하다는 사실에 필자는 정말 놀랐다. 청년회는 지역주민을 하나로 집결시키는 데 놀라울 만큼 큰 역할을 하고 있었다. 그들은 또 연장자인 우지코 조직의 임원들과도 협력하여 조직을 체계적으로 운영하고 있었다.

이렇게 보면 시모니이다 사자춤은 앞서 말한 의례의 전형이라는 생각이 든다. 비일상적인 행동과 목적을 가지고 집단 행위를 하고, 거기에서 사회적 통합성이 양산되고 있기 때문이다. 의례적인 성적표현이라는 비일상적 행위는 확립된 사회질서를 자극하고 사회조직의 새로운 프로세스를 생산하는 힘을 가지고 있다. 특히 중요하게 생각되는 것은, 이 의례가 공동작업과 신앙 정서를 기반으로 하는 지연적 사회조직을 토대로 하고 있다는 것이다. 그리고 그 사회조직은 4년에 한 번의 의례에 맞춰 교체된다. 이 교체는 실제적으로는 사자춤의 운영을 둘러싸고 과거의 임원과 인수인계한다는 의미로, 지역의 역사문화적 과거를 직접 교류할 수 있는 기회가 된다. 조직에서 임원이 선출되는 것은 그 단위인 도이무카이니 스카무카이니 하는 '자(字)'의 이름이 되기도 하는 역사적인 공간의 존재를 당사자에게 인식시키고, '도나리구미<자(樋向, 須賀向)<지구명' 순서이며 근세기의 무라(村, 시모니이다)라는 구조화된 역사적 공간에서 이 지역 사람들이 생활하고 있었다는 사실을 자각하게 할 것이 틀림없다. 사자춤은 지역 주민들에게 커뮤니티의 역사적 경위를 의식하게 하고, 그 안에서의 인적 교류를 활성화시킴과 동시에 4년 후의 미래를 상기시키는 힘을 갖는다.

3.2 후타바정의 나가레야마(流れ山) 춤

후타바정의 나가레야마 춤은, 후쿠시마현 소마 지방의 민요인 소마 나가레야마(相馬流れ山) 가락에 맞춰 진바오리(陣羽織, 전장에서 무사가 갑옷 위에 걸치던 소매 없는 일본의상-옮긴이)를 걸친 사람들이 추는 춤이다(사진 8-2). 민요 자체는 소마번주의 옛 영지였던 시모우사(下總)의 나가레야마(현재의 치바현 나가레야마시)에서 유래한다. 국가의 중요무형민속문화재로도 지정된

〈사진 8-2〉 이와키시에서 개최된 〈후타바정 달마장터〉에서의
후타바정 나가레야마 춤(2016년 1월 10일)

소마노마오이(相馬野馬追)에서 불렸던 군가로 남성의 춤이었다. 그랬던 것을 여성이 추게 되었다고 한다. 소마노마오이에서 공연하는 경우는 80명 정도가 필요한 대규모 공연이다. 후타바정에서는 부인회가 기획하고 운영하며, 매년 열리는 마쓰리에서 상연하였다.

후쿠시마제1원전사고의 발생으로 인근 지구의 주민은 강제피난 대상이 되었는데, 그 일부는 원전에서 160킬로미터 남쪽에 위치한 이바라기현 쓰쿠바시로 피난했다. 쓰쿠바시에는 입주가능한 공무원사택이 있었는데 그곳이 피난자에게 제공되었던 것이다. 방사능오염으로 후타바정에서는 나가레야마 춤을 공연할 수 없었다. 후타바정에서 온 피난자가 많은 이와키시에서는 매년 1월 초순에 〈후타바정 달마장터(双葉町だるま市)〉가 열려, 마을주민이 집결하는 기회가 되었다. 후타바정 부인회 회장인 나카무라 도미코(中村富美子) 씨는 피난처 주민과 지원단체에 대한 감사의 마음을 전하기 위해, 향토예능의 춤을 공연하자고 제안하여 실시하게 되었다. 쓰쿠바시 내에서 펼치는 지원단체를 위한 공연 외에도 후타바정 관공서가 당초에 피난했던 사이타마(埼玉)현 가조시(加須市) 내 각지에서, 또 후쿠시마에서 온 피난자를 일시적으로 받아줬던 사이타마슈퍼아리나에서도 공연하였다. 공연횟수는 2012년에 9회, 2013년에 4회, 2014년에 3회, 2015년에 4회였다.

피난으로 인해 지역주민이 각지로 흩어지게 된 탓에 지진 이전의 무용수 전원이 모이는 것은 불가능했고, 그래서 나카무라 씨는 춤을 출 그룹을 재편성할 필요가 있었다. 쓰쿠바시의 피난자 중에서 춤에 익숙하지 않은 사람들에게 춤을 가르치면서, 동시에 의상도 준비할 필요가 있었다. 이런 어려움이 많은 가운데서도 그런 활동들 덕분에 여러 장소에 사는 후타바정 사람들이 다시 만날 기회를 가질 수 있었고, 후타바정 때의 추억과 현재 상황을 이야기 나누는 만남의 장소가 되었다.

나가레야마 춤이라는 예능은 후타바정의 피난자에게 어떤 의미를 가지고 있을까? 확실한 것은 그 참가자들에게는 원전사고 이전의 일상을 상기시키고 거기에서 존재했던 사회관계를 확인하고 되살리려는 움직임이 있다는 것이다. 피난자가 이 예능을 본다면, 원전사고 이전의 생활과 피난생활에 얽힌 복잡한 감정과 귀환이 곤란한 상황을 관련짓게 될 것이 분명하다.

부인회 회장인 나카무라 씨는 활동적인 사람으로, 나가레야마 춤의 리더일뿐 아니라 매월 한 번 있는 위령제를 공무원 사택 정원에서 실시하고 있다. 그밖에도 후타바정의 옛날이야기를 낭독해 CD로 제작하는 활동도 진행 중이다.[3] 그렇더라도 재난부흥 과정에서의 이런 예능활동이 대표의 개성에만 의존하고 있다는 의미는 아니다. 그녀와의 인터뷰를 진행하는 가운데, 나가레야마 춤에 관한 흥미로운 역사적 배경을 발견할 수 있었다. 그것을 소개하기 전에 선행연구를 통해 이 예능의 역사에 대해 살펴보도록 하자. 소마노마오이 자체는 이 지방의 영주였던 소마나카무라번이 군사훈련의 일환으로 시작했는데, 그 기원은 1천 년쯤 전으로 돌아간다. 소마나카무라(相馬中村) 신사(현, 소마시), 소마오타(相馬太田) 신사(현, 미나미소마시 하라마치구), 소마오다카(相馬小高) 신사(현, 미나미소마시 오다카구) 등 세 신사와 그 번의 영역이었던 다섯 향리(현재는 소마시에 인접한 여러 시정촌)에 의해 실시되어 왔다. 역사적인 종교행사로 갑주경마, 신기(神旗)쟁탈전, 기마무사의 행렬 등으로 구성되었다. 현재 민요가 된 나가레야마는 나카무라번 시대에는 마쓰리 전야제에 무사들이 노래하는 진영가였다. 1960년대

---

3 〈마이니치신문〉 2016년 1월 15일

보고서는 노마오이 마쓰리 중에서 나가레야마 춤이 중요했으며, 또 남녀
는 각각 다른 의상을 입고 춤을 추었다는 기록이 있다. 지진 이후 여러 어
려움이 있었지만, 주민들 노력으로 이 노마오이도 2011년 7월에 실시되었
다(우에다 2013:46; 후쿠시마현 1964:1001~1005).

　　나카무라 씨에 따르면, 소마노마오이 중에 공연되는 나가레야마 춤
공연에는 후타바정만이 아니라 주변 6개 지역사회가 교대로 참가하고 있
다. 구체적으로는 가시마(鹿島), 하라마치(原町), 오다카, 나미에, 후타바, 오
구마(大熊)다. 6개 지역사회가 돌아가며 진행하므로 6년에 한 번 주최할 기
회를 얻는다. 〈그림 8-2〉를 보자.

　　현재의 행정구역에서는 미나미소마시 안에 가시마, 하라마치, 오다
카 세 구(區)가 있고, 나미에, 후타바, 오쿠마 세 마을(町)이 있다. 미나미소
마시의 세 개 구는 2006년 1월에 합병되기 전에는 독립된 시정(市町)이었

〈그림 8-2〉 옛 소마나카무라번 영지와 피난지시구역(2015년 9월 시점)

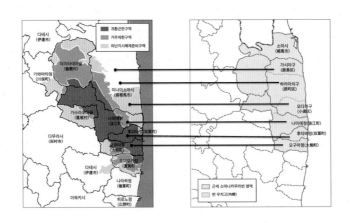

출처: 『번사대사전(藩史大事典) 제1권 홋카이도·도호쿠 편』(雄山閣, 1983), 후쿠시마부흥
스테이션 「피난지시구역의 상황」 후쿠시마현 웹사이트(http://www.pref.fukushima.lg.jp/site/
portal/list271-840.html)(최종검색일:2016년4월30일)를 토대로 필자 작성.

다. 그리고 6개 지역사회는 한때의 나카무라번 영지였다. 소마시에 성하촌이 있고, 이들 세 마을은 농촌이었다. 여기에서 알 수 있는 것은 나가레야마 춤을 계승하는 것은 소마나카무라번의 옛 구조적 지배영역과 전국시대부터 전해오는 그 역사적 기억을 확인하는 것과도 연결된다는 것이다. 참고로 소마시와 미나미소마(南相馬)시의 일부를 제외하면, 대부분이 현재도 피난지시구역인 채이고 지시가 해제된 지역조차도 주민귀환이 제대로 진행되지 않고 있다.

4. 민속예능과 재난부흥

전통문화는 재난부흥에 공헌할까? 지금까지의 논의에서 보면, 필자는 그렇다고 생각한다. 두 사례를 보면, 적어도 민속예능 당사자들은 그것이 재난부흥에서 지역사회의 재생에 공헌하고 있다고 인식하고 있다. 그리고 그 활동은 당사자 집단을 넘어 지역사회의 다양한 연대를 만들어내고 있다. 전통문화가 재난부흥에 도움이 된다면 그것은 왜일까를 이론적으로 명시하고자 한다. 그 문제의식에 따라 민족지 자료를 분석 및 해석해보자.

두 사례는 민속예능이 어떻게 재난부흥에 도움이 되는가를 명확히 보여주고 있다. 첫째, 민속예능의 의례성 즉 사회적 통합성이 발휘되기 때문이다. 시모니이다 사자춤에서는 지진 직후의 실시를 놓고 논의가 있었지만, 지역사회에서 계승되어온 예능을 실시하는 것이야말로 부흥으로 이어지는 것이라는 사회적 합의에 도달했다. 그리고 그 실시를 위해서는 지역사회의 우지코 조직, 청년단, 보존회가 협동하여 활동을 추진했고 그

멤버를 공동의 목적을 위해 동원하였다. 후타바정의 나가레야마 춤도 마찬가지다. 지진 전의 주거지에서 생활할 수 없게 되자 지역주민이 제각각의 피난지로 흩어져 살아야 하는 상황이었지만, 이 나가레야마 춤 공연을 통해 원래 멤버가 모이게 되고 또 새로운 멤버를 창출하게 되었다.

둘째, 민속예능은 지역사회의 아이덴티티 형성과 유지 및 강화 면에서도 중요한 역할을 해내고 있다. 시모니이다 사자춤의 경우, 그 주민의 대부분은 지진 전후 변함없이 같은 장소에 살고 있으므로 형성과 유지는 그렇다 하더라도 '강화'에까지 도움이 되었다고는 말하기 어려울지 모른다. 하지만 후타바정의 나가레야마 춤은 생리적인 의미에서의 지역사회가 사라져버린 조건에서 후타바정을 상징하는 역사적인 문화로서 주민과 후타바정을 이어주는 역할을 적극적으로 해내고 있다. 민속예능은 주어진 지역사회 안에서 역사적으로 계승되어왔다고 인식되고 있고, 이 점에서 역사문화적인 정통성을 갖는 문화적 상징이 될 수 있다.

셋째, 이미 우에다가 지적한 의례에서의 회귀적인 시간, 다시 말하면 시간의 반복성을 민속예능에서 엿볼 수 있다. 4년에 한 번 개최하는 시모니이다 사자춤, 매년 지역사회에서 실시되고 동시에 6년에 한 번 큰 무대에서 공연되어온 후타바정의 나가레야마 춤은 다른 무엇과도 대체할 수 없는 형태로, 원전사고 전의 생활감각 특히 일정한 사이클을 가지고 반복되어왔다는 감각을 사람들에게 제공한다.

이 세 가지 이유는 기존연구 중에서도 언급되었던 부분이다. 필자가 두 사례에서 말하고 싶은 것은 민속예능 담당자와 조직, 그리고 지역사회가 역사적인 구조성을 갖는다는 점이다. 어느 예능이 되었든 담당자 집단은 지역을 포섭하는 행정구역의 역사와 연관되어 있다. 그것은 지역사회가 지금·여기에 있는 존재만이 아니라 메이지 이전의 근세적인 역사감각으로부터 연면히 이어져 오고 구조화된 통합체의 일부라는 것을 시사하고 있다. 본고에서는 이것을 '역사문화적 구조성'이라고 부르기로 하자. 나아가 민속예능은 단순히 1년마다 하는 연중행사라기보다 4년·6년과 같이 상대적으로는 중장기적 주기성이라는 속성을 갖는다.

　　어느 민속예능이 됐든, 그 담당자나 그것이 공연되는 장면은 단순히 일회성에 그치는 집단적 행위가 아니라, 시간 혹은 공간이라는 의미에서 구조화된 어느 한 부분을 형성하고 있다. 사자춤의 경우, 담당자는 과거 자신의 형, 아버지, 할아버지 등의 윗세대가 실현했다는 사실을 의식할 것이다. 나가레야마 춤은 후타바정에서 매년 하는 공연뿐 아니라 6년마다 펼쳐지는 소마노마오이 마쓰리에서의 공연이라는 시간이 상기될 것이다. 민속예능은 이와 같은 형태로 당사자가 현재 거주하는 공간이 역사적인 과정을 거쳐, 그리고 지리적인 의미에서 인접공간에서 맺은 사회조직과의 관계 안에서 존재하면서 현재에 이르고 있음을 상기시키는 것이다. 그리고 그것은 단기가 아니라 4~6년처럼 중장기적인 주기로 돌아오는 것도 중요하다. 시모니이다 사자춤은 도나리구미에 의해 구성되는 도이무카이나 스카무카이라는 지구가, 단순히 주소상의 차이가 아니라 스와 신사의 우지코 조직이라는 의미에서 협동해왔던 역사인 것이다. 후타바정의 나가레야마 춤은, 마찬가지로 소마나카무라번의 역사와 인접한 지역사회의 연대 그리고 행정구역상에서의 분단(독립)의 역사감각을 담당자에게 전해준다. 참가자들은 일상생활에 내재되어 있는 구조화된 역사적·문화적 심원성을 민속예능을 통해 느낄 수 있다.

　　민속예능이 지진부흥에서 중요한 이유는, 그것이 재난을 겪은 지역사회의 사회적 통합성, 지역적 아이덴티티, 회귀적인 시간을 사람들에게 제공하기 때문이다. 하지만 중요한 것은 이상의 세 가지 요소는 중장기적 주기성에 의해 지켜져온 역사·문화적인 구조 안에 존재한다는 것이며, 그것은 지역사회에 있어 그 어떤 것으로도 대체할 수 없는 문화적 자원이라는 것이다.

5. 변화하는 전통과 자립적 시민성

마지막으로 부흥에 대한 무형문화재의 기여와 방사능오염에 의해 생긴 사회적 연대의 위기·파괴에 대해 생각해보자. 앞서 말한 것은 민속예능은 전통적인 지연사회와 연결되어 있다는 것인데, 이것은 시민적 자유와 모순되는 게 아니냐는 의문이었다. 즉, 재난부흥에 미치는 민속예능의 역할을 과도하게 강조하는 것은 그 사회의 통합성과 지역의 아이덴티티가 일종의 억압으로 기능할지 모른다는 사고다. 민속예능의 중요성을 주장하는 것은 귀환을 주저하는 피난자에게는 압력이 될지 모른다.

먼저 지적해야 할 것은, 본 장의 사례에서도 언급해왔듯이 전통문화는 변화한다는 것이다. 변하지 않는 전통이란 없다. 1970년대의 보고서에서는 시모니이다 사자춤은 5~7년마다 혹은 대풍작이었을 때 실시되었고, 청년회의 발의와 우지코 조직의 합의가 필요했다. 나가레야마 춤도 1960년대의 보고에서는 남녀가 각각 다른 의상을 입고 춤을 추었다고 기록되어 있다. 말할 것도 없이 전통예능을 바꾸는 것은 당사자들의 합의다. 이와 관련하여 연구자이자 이와키시 사자춤 계승과 연관이 있는 다나카 가쓰라(田仲桂)는, 지진 이후 민속예능 계승이라는 과제를 놓고 갈등요소가 되는 것은 담당자의 완화조건 즉 외부자 유입을 용인할 것인가 말 것인가, 담당자의 동기부여를 어떻게 높일 것인가 등이라고 지적한다. 즉 봉납노

선을 고집할 것인가 이벤트 같은 쇼로 할 것인가 등을 제시한 후에, "어떻게 계승해갈 것인가? 무엇을 선택할 것인가? 예능의 어느 것에 가치를 둘 것인가? 등은 지역에 따라서도 달라진다."(다나카 2016:60)라고 서술하고 있다. 전통문화이기에 변하지 않는다는 것은 사실과는 반대되는 이야기다. 그때그때 처한 조건 안에서 어떻게 예능을 실현할 것인가, 누가 담당할 것인가는 당사자들이 정하는 것이다. 이 점에서 시민적 자유와 모순될 일은 없다.

과거가 그랬듯이 미래의 지역사회는 현재와 다른 공간과 사람들의 연대로 재편되어 갈 것이다. 시민의 자립적인 의사결정은 민속예능의 지속을 위해 필요하다고 필자는 감히 생각한다. 이런 의미에서 무형문화재는 다쓰미(2014)가 말한 피난자와 고향의 관계를 연결짓는 실천의 중요한 한 요소라고 생각한다.

6. 맺음말

본 장의 목적은 현장민족지(誌) 자료를 토대로 하면서 무형문화재가 재난부흥에 공헌한나고 본나면 그것은 왜인가를 이론적으로 해명하는 것이었다. 이에 대한 결론은 다음과 같다. 민속예능은 사회통합성, 지역사회의 아이덴티티, 회귀적인 시간을 가지고 있다. 특히 이들 세 요소가 중장기적인 주기성을 가지고, 역사문화적 구조를 이어받으면서 새로운 사회적 연대를 만들어낼 수 있다. 그러므로 지역사회의 부흥이라는 문맥에서 독자적인 공헌이 가능한 것이다.

지역사회의 지진부흥정책에 의해 참가형 이벤트나 예능인을 초빙

한 오락이벤트 등이 진행되고 있다. 그런 형태로라도 사회통합성과 지역 사회의 아이덴티티, 회귀적인 시간이라는 요소 모두, 혹은 일부분이나마 주민에게 제공할 수 있을지 모른다. 하지만 민속예능은 이들 세 요소를 한 묶음으로 하고 있으며, 다른 지역에서는 대체불가능한 문화자원이라는 점에서 독보적이다. 그리고 지역사회의 역사·문화적 구조를 계승하면서 새로운 사회적 연대를 만들 수 있다는 점에서는 특이한 성질이다. 게다가 행정이 주도하는 것이 아니라 지역사회의 주민 스스로가 전승한다는 의 식을 갖는다는 것도 중요하다. 부흥정책의 일정 부분을 시민주도로 추진 할 수 있기 때문이다. 중요한 것은 민속예능이 불변의 전통문화가 아니라 주민 스스로가 변화시켜온 전통이라는 사실이다. 그러기 위해서는 시민 적 자립이나 개인적인 의사결정이 오히려 필요한 요소이다.

이와 같은 결론에 근거하여, 재난부흥정책에 대해 인류학·민속학적 관점에서의 제언을 정리하도록 하자. 지진, 쓰나미, 원전사고를 포함한 재 난부흥에 일정의 역할을 발휘하는 민속예능 등의 무형문화재를 〈감재무 형문화유산(Disaster Risk Reduction Intangible Cultural Heritage)〉이라고 부를 것을 제 창한다. 방재·감재라는 말은 재난에 대한 사전준비라는 뉘앙스가 있지 만, 국제연합방재전략사무국은 재난 이후의 부흥과정을 포함하여 이 말 을 사용하고 있다. 올해는 예로부터 내려오는 고유지식과 사회적 관습을 방재·감재정책과 연계하는 것이 얼마나 중요한가를 국제사회에서 주장 하고 있다(Shaw et al.eds. 2008: V~Ⅶ). 또 '무형문화유산'의 개념은 유네스코가 제창한 것으로 지역사회가 전승해온 관습과 표현, 지식과 기술까지 포함 하고 있다(이이다 편 2017; 나나미 2012:11).

감재무형문화유산이란 지역사회가 역사·문화적으로 계승해온 문 화적 행위와 지식 그리고 기술로서, 자연의 강력한 외부 힘과 사회가 충돌

했을 때의 완충작용임과 동시에 그것이 피해를 초래했을 때의 회복에 기여하는 것이다. 그런 의미에서 차세대에 계승하는 것은 바람직한 것이다. 민속예능이나 제례 등 집단적 행위 외에도 이른바 '쓰나미텐덴코(津波てんでんこ, 쓰나미에서 살아남기 위해 주위를 돌아보기보다 자기 먼저 서둘러 높은 지대로 피하라는 오랜 지혜-옮긴이) 같은 오래된 지혜도 포함된다. 문화행정은 향후 감재무형문화유산을 조사하고 인정할 필요가 있다. 그것은 지금 그렇다고 명백해진 것들만이 아니라 앞으로 그렇게 될 가능성이 있는 사람들의 행위를 보전하고 발전시켜나가기 위해서도 연구자와 민간조직은 서로 협력해나가야 할 것이다.

감사의 말

본고는 과학연구비기반 B「지진부흥의 공공인류학: 후쿠시마현을 중심으로 한 창조적 개발실천」(2014~2016년도, 대표: 세키타니 유이치 도쿄대학 준교수, 과제번호 26284136) 및 도호쿠대학 도호쿠아시아연구센터 공동연구「동일본대지진 후의 부흥과정에 관한 지역사회 비교와 민족지 정보의 응용) (2013~2015년도, 대표: 다카쿠라 히로키) 성과의 일부이다.

문헌

飯田卓編(2017)『文化遺産と生きる』京都：臨川書店

池田陽子(2013)「‘汚染’と‘安全’-原發事故後のリスク概念の構築と福島復興の力」、ギル他編(2013) pp.165-200

いわき市史編さん委員會編(1971)『いわき市史 第七卷 民俗』福島：いわき市

植田今日子(2013)「なぜ大災害の非常事態下で祭礼は遂行されるのか-東日本大震災後の‘相馬野馬追’と中越地震後の‘牛の角突き’」、『社會學年報』四二：pp.43-60

粥川準二(2016)「チェルノブィリとフクシマの生物學的市民權」、Petryna(2002(2013) = 2016) pp.315-328

ギル、トム(2013)「場所と人の關係が絶たれるとき-福島第一原發事故と‘故郷’の意味」、ギル他編(2013) pp.201-238

ギル、トム/ブリギッテ・シテーガ/デビッド・スレイター編(2013)『東日本大震災の人類學-津波、原發事故と被災者たちの‘その後’』京都：人文書院

高倉浩樹・滝澤克彦編(2014)『無形民俗文化財が被災するということ-東日本大震災と宮城縣沿岸部地域社會の民俗誌』東京：新泉社

辰巳頼子(2014)『避難が生み出す平和-原發事故からの母子避難者が形成する新たなつながり」、小田博志・關雄二編『平和の人類學』京都：法律文化社、pp.187-209

田仲桂(2016)「いわき市における無形民俗文化財の継承の取り組み-‘三匹獅子踊’の事例より」、『地方史研究』六六(六)：pp.55-61

七海ゆみ子(2012)『無形文化遺産とは何か-ユネスコの無形文化遺産を新たな視点で解説する本』東京：彩流社

橋本裕之(2012)「岩手縣沿岸部における無形民俗文化財への支援と今後の課題」、日高編(2012) pp.122-133

_____(2015)『震災と芸能-地域再生の原動力』大阪：追手門學院大學出版會

橋本裕之・林勳男編(2016)『災害文化の継承と創造』京都：臨川書店

日高眞吾編(2012)『記憶をつなぐ-津波災害と文化遺産』大阪：千里文化財団

福島縣(1964)『福島縣史 第二三卷 民俗一』福島：福島縣

森岡梨香(2013)「立ち上がる母-受身の大衆とマヒした政府の間で戰う女性たち」、ギル他編(2013) pp.239-268

山口睦(2016)「縣境を越えたもの、越えなかったもの-宮城縣丸森町筆甫地區における放射線對策」、『東北文化研究室紀要』五七：pp.23-39

Mitchell, Jon P.(1996) "Ritual," in Alan Barnard and Jonathan Spencer eds., Encyclopedia of Social and Cultural Anthropology, London: Routledge, pp.490-493

Petyna, Adriana(1995) "Sarcophagus: Chernobyl in historical light," Cultural Anthropology, 10(2): pp.196-220

_____(2002, 2013) Life Exposed: Biological Citizens after Chernobyl, Princeton: Princeton University Press.(=2016,『曝された生-チェルノブイリ後の生物學的市民』森本麻衣子·若松文貴譯、京都：人文書院)

Shaw, Rajib, Noralene Uy and Jennifer Baumwoll eds.(2008) Indigenous Knowledge for Disaster Risk Reduction: Good Practices and lessons Learned from Experiences in the Asia-Pacific Region, Bangkok: United Nations Office for Disaster Risk Reduction(UNISRD). (http://www.unisdr.org/files/3646_IndigenousKnowledgeDRR.pdf)

제3부

재난 사망자의 위령·추도와 기억의 계승

제9장

재난 사망자의 공양과 전승

가와시마 슈이치 (川島秀一)

1. 시작하는 말

2011년에 발생한 동일본대지진 사망자와 생존자와의 관계를 테마로 한 연구나 보고는 그다지 많지 않다. 예를 들어, 가네비시 기요시(金菱淸, 2016) 편저 『깨어나는 영성의 진재학(呼び覺まされる靈性の震災學)』과 오쿠노 슈지(奧野修司, 2017) 『영혼이라도 곁에 있어 줘(魂でもいいから、そばにいて)』 등이 있다.

다만 이들의 저서에서 보이는 '기괴현상'과 '택시 드라이버의 심령 현상', '영혼 체험' 등은 대지진 이전부터 있었던 속설 유형에 따라 전승되 고 있다는 점은 간과할 수 없다. 대지진이라는 '비일상'으로 증폭되었다고 는 해도 모종의 '일상'적으로 전해졌다는 점에 주목하는 경우가 드물었다. 오히려 현재 가족의 모습과 사생관의 관련 등에 관심이 쏠리는 연구였다. 게다가 이러한 체험담이 왜 이번 대지진에서 주목을 받게 되었는지, 그것 을 풀어낼 필요도 있을 것이다.

또 가와무라 구니미쓰(川村邦光, 2013)의 『조문론(弔い論)』과 『조문의

문화사(弔いの文化史)』(2015)에서도 다소 언급되어 있기는 하지만, 이들은 특별히 재난 사망자에 한정 지은 논고는 아니다.

본 장에서는 대지진 이전부터 전해져 온 재난 사망자를 둘러싼 민속을 대상으로, 재난 사망자와 생존자의 관련 방식이 재난 열도라 불리는 광범위한 지역에서 이전부터 공통성이 있었는지 살펴보고자 한다.

예를 들어, 미야기현(宮城縣) 게센누마(氣仙沼) 지방에서는 산이나 바다에서 부상을 당했을 때 그대로 집에 들이지 않고 반드시 집에 있던 이가 키로 까불어 부상자에게 깃든 액을 물리치고 나서 안으로 들였다. 또한 밖에서 사고사를 당한 경우에도 그대로 시신을 집안에 들이지 않고 덧문짝 위에 실은 채로 밖에 놓아둔다. 그것이 1950년대 중반까지 행해지고 있었다고 한다. 사고로 인한 부상 또는 사고사나 재난사에는 그 죽음과 함께 죽은 자에게 부정한 것이 씌여 있다고 믿었던 것이다.

본 장에서는 이러한 재난 사망자를 어떻게 공양해 왔는지, 일본열도 각지의 공양 실태와 공양을 통해 행해지는 개개의 재난 전승에 대해서 살펴본다. 먼저, 지역민 사망자가 아니라 우연히 그 재난지역에서 일하던 외지인의 공양에 대해서 사례를 든다. 다음으로 그 재난지역과 전혀 연고가 없는 자의 공양, 예를 들어 마침 그곳을 지나가던 여행자나 쓰나미로 떠밀려온 시신의 공양 등에 대해서 사례를 들어 서술한다. 또한 해상에서 건져 올린 표류(漂流) 시신을 어떻게 모셨는지에 대해서도 함께 생각해 본다. 특히 본 장에서는 재난 사망자 중에서도 연고가 없는 영혼에 대한 대처방식에 주목하는데, 그들을 공양하는 것이 왜 재난의 전승과 연관되는가를 도호쿠(東北)지방 무녀의 '공수(무녀 등이 신내림을 받아 영혼을 불러들여 그 의사를 전달하는 것-옮긴이)'의 예를 통해서 고찰해 본다.

2. 여행자의 재난

1933년의 산리쿠(三陸) 쓰나미 때는 전체 피해자가 3,064명이었는데, 그중 사망자 1,522명에 비해 행방불명자가 1,542명으로 사망자 수를 다소 웃도는 결과였다. 이러한 수치에 좀처럼 나타나지 않는 것이 여행자 같은 외지인이 쓰나미에 휩쓸려 사망한 경우이다.

예를 들어, 이와테현(岩手縣) 히로노정(洋野町) 야기(八木)에서는 쇼와 산리쿠 쓰나미 이후, 쓰나미가 발생했던 3월 3일에 쓰나미 기념비 앞에서 매년 공양제를 지내고 있는데, 이 쓰나미로 사망한 200여 명 중에는 당시에 내륙의 농촌이나 산촌에서 축항(築港)공사를 위해서 체재하고 있었던 외지 사람들이 많았다고 한다.

또한 같은 이와테현 미야코시(宮古市) 타로정(田老町) 미즈사와(水澤)에 있는 묘지 일각에는 1896년과 1933년의 쓰나미로, 그곳에 업무를 위해 장기체류를 하고 있다가 사망한 여행자를 모시고 있다(사진 9-1). 묘지에는 5기의 무덤이 있는데, 그중에 내용을 알 수 있는 것이 3기, 1896년이 1기, 1933년이 2기였다. 1896년의 무덤에는 "1896년 음력 5월 5일 시모후사 다마노무라 요네키치(米吉) 28세 아내 히사미(久美) 48세 나무관세음보살 하나게야마 조노스케(畠山長之助) 이것을 세우다"(세로 63×가로 35cm)라고 기록되어 있다. 1933년의 무덤 중 하나에는 "출생지 미야기현 나나키타무라 마쓰모리 1933년 음력 2월 8일 해운공수신사(海雲功樹信士) 쓰나미 조난 야스다 요스케(安田要助) 향년 58세 모리야마 지요마쓰(森山千代松) 이것을 세우다'(세로47×가로 33cm), 다른 하나에는 '1933년 3월 3일 故 다카하시 마사

오(高橋正雄)의 묘 향년 69세"(세로 66×가로 25cm)라고 기록되어 있다.[1]

메이지 산리쿠 쓰나미의 발생일이 음력 5월 5일이고 쇼와 산리쿠 쓰나미의 발생일이 양력 3월 3일이었던 것을 재차 확인할 수 있는데, 쇼와의 쓰나미에 대해서 '음력 2월 8일'이라는 표기도 있었던 것을 이 묘비들 중 하나에서 알 수 있다.

오히려 메이지는 '단오 명절'(음력 5월 5일), 쇼와는 '삼월 삼짇날'(양력 3월 3일)과 관련되어 이 발생일이 일반적으로 회자된 것으로 보인다. 메이지 산리쿠 쓰나미 희생자의 묘지가 '旧 5월 5일'로 '旧'가 덧붙여진 것을 보면 묘비 외에도 양력 표기(양력 6월 11일)가 있었을 것이다.

〈사진 9-1〉 쇼와 산리쿠 쓰나미로 사망한 '여행자'의 묘 (2015년 2월 16일)

그런데 이 묘비에서 볼 수 있는 여행자의 출신지인 '시모우사 타마노무라(下總玉野村)'(현, 지바현 소데가우라)와 '미야기현 나나키타무라 마쓰모리(宮城縣七北村松森)'(현, 센다이시)에서는 이들의 묘지가 별개로 존재할까?

---

1   2015년 2월 16일, 이와테현 미야코시 셋타이구 미즈사와에서 묘비조사.

아니면 인수할 가족이 없었기 때문에 여기에 묻은 것인지 묘비만으로는 확인하기 어렵다. 하지만 미즈사와 마을 사람들이 모신 것은 확실하여, 지금도 백중날이나 피안의 성묘 때에는 합장하는 곳이라고 한다.[2]

이상은 다소나마 안면이 있는 사람이 재난을 당했을 때의 경우인 듯한데, 재난을 당한 마을 사람들과 연고가 없는 희생자에 대해서는 어떻게 대응했을까.

3. 아마쿠사(天草)의 '요리비토상(寄り人さん)'

구마모토현 아리아케해 연안에도 쓰나미로 떠오른 '쓰나미 돌'과 '쓰나미 묘비'가 있다. 쓰나미 묘비는 나가사키현에서 41기, 구마모토현에서 43기가 발견되었다. 이때의 쓰나미는 1792년에 운젠 후겐다케 분화로 인해 시마바라(島原)의 마유야마(眉山) 산이 눈앞의 아리아케해로 무너져 내리면서 발생한 쓰나미다.

그 쓰나미로 인해 건너편 히고 국(肥後の國, 구마모토현)에서도 5,000명 가까운 사상자가 발생했다. 시마바라 지역에서만 약 1만 명의 사망자가 발생한 것을 보면 근세에서도 큰 규모의 사건재해이나. 사람들은 이 쓰나미를 '시마바라 대변고, 히고 민폐(島原大変、肥後迷惑)'라고 일컬었다.

그리고 약 200년 후인 1991년 운젠 후겐다케 분화 때는 주야를 불문하고 구마모토 시내에서 아리아케해 연안까지 자동차로 달려 분화 모습을 구경하는 사람이 끊이지 않았다고 하니 '시마바라 대변고, 히고 민폐'

---

2   2015년 2월 16일, 이와테현 미야코시 셋타이구 미즈사와의 모리야마 시우(1923년생) 씨에게 듣고 기록.

의 전승도 위험천만한 것이 분명했다.

한편 쓰나미가 발생했던 4월 1일에 쓰나미 묘비 앞에서 공양 의례를 행하는 곳이 구마모토시와 아마쿠사시에 있다.

〈사진 9-2〉 구마모토시 가와치정 시오야의 '쓰나미 공양제' (2016년 4월 3일)

구마모토시 가와치정 시오야의 쓰나미 공양비는 안산암 자연석(세로 244×가로 247cm)에 새겨져 있다. 묘비 표면에는 '남묘호렌게쿄 법계만령(南無妙法蓮華経 法界萬靈)'이라고 새겨져 있고, '1792년 4월 1일流'라는 날짜도 읽을 수 있다. '류(流)'란 쓰나미에 의한 피해를 말한다. 봉납자는 '구마모토 신쓰보이 고야마치 아카기 야지로(赤木弥次郎)' '신우오야마치 아라카와 소베(荒川綜兵衛)' '신우오야마치 소바야 지타라(治太良)' 3인으로, 이들 모두 구마모토성 성하촌의 상인이었다. 시오야(塩屋)라는 어촌과 성하촌 상인과의 관계가 깊었던 것을 알 수 있다. 이 공양비 소재지인 가와고에 미쓰노리(川越光則) 가문에서는 이전부터 매년 쓰나미가 발생한 4월 1일에 형제들과 친척을 불러서 도미와 농어 등의 생선을 공양비 앞에 바치고 공양을 드렸다고 하는데, 가와고에 집안 선조가 재난을 당했다는 전승이 없는 것

을 보면 그 집안과 직접적인 인연은 없는 공양인 셈이다. '쓰나미 공양제'로서 마을 사람들까지 참여한 것은 약 10년 전부터로, 어업협동조합과 소방단도 편입시켜 신관의 주도 하에 공양이 행해지고 있다.[3](사진 9-2)

한편, 아리아케해에 면한 아마쿠사 가미시마(上島)의 고시마고(小島子)(아마쿠사시 아리아케정)에서는 1991년 발생한 운젠다케의 분화로 쓰나미가 발생하지 않을까 우려하던 사람들이 있었다. 고시마고의 구지라미치라는 12~13가구가 사는 마을로, 매년 요리비토상(寄り人様)을 제사 지내던 사람들이다.

이 요리비토상의 장소에는 아리아케정 교육위원회가 2004년에 세운 요리비토상 유래에 대한 안내판이 있는데, 그 내용은 다음과 같다.

"1792년 음력 4월 1일 운젠 마유야마의 화산성 대붕괴로 아리아케해에 커다란 쓰나미가 발생했습니다. 이 대재난으로 히젠, 히고의 연안 주민 1만 5천 명 남짓이 한순간에 아리아케해로 사라지고 말았습니다. 아마쿠사에서도 그때의 거대 쓰나미로 400여 명(일설로는 1,400명)이 희생되었습니다.

각 마을의 해안에는 엄청난 시신이 밀려왔습니다. 사람들은 시신을 요리비토상이라고 부르고 공양을 드렸습니다. 그 후, 각 지구에서는 무연탑을 건립해서 요리비토상의 영혼을 정중하게 애도했습니다.

이곳 고시마고 구지라미치의 위령탑도 그중 하나로 위령제는 지금도 계승되어, 매년 4월 1일에는 쓰나미 공양을 위해 손수 만든 요리를 대접하여 지역민의 교류를 활발히 하고 있습니다."

---

3   2015년 4월 18일, 구마모토현 구마모토시 가와치정 시오야의 가와고에 미쓰노리
     (1923년생) 씨에게 듣고 기록.

쓰나미로 인한 '표착(漂着) 유해'라는 말보다 '요리비토상(寄り人樣)'이라고 친근하게 부르며 쓰나미로 인해 떠내려온 사람을 제사 지낸 것이라고 전해지고 있었다.

4월 1일은 1492년 쓰나미가 발생한 날(음력)인데, 그 공양을 '쓰나미 명절(津波節句)'이라고 부르며 일종의 지역행사로서 같이 모여 즐기는 행사이기도 했다. 아마쿠사에서 4월 1일 무렵은 벚꽃이 활짝 피는 행락철이기도 하다. 아마쿠사 시모시마(下島)의 이쓰와정(五和町) 지역의 구로사키 해안에 건립된 '나무아미타불'도, 1492년의 쓰나미로 주변에 떠밀려온 유해를 공양하여 건립된 것인데, 바로 최근까지 4월 1일에는 시마바라 반도의 구치노쓰에서 사람들이 배를 타고 건너와서 공양비 앞에서 음식을 먹고 돌아갔다고 한다. 연고가 없는 이의 공양비이기 때문에 희생자의 자손은 아니었겠지만 이처럼 아마쿠사 각지에서 4월 1일을 죽은 이의 공양을 겸한 행락일로 삼았던 듯하다.

2016년 4월 1일에 실제로 제를 올리는 것을 봤는데, 요리비토상 앞에 남색 바탕에 하얗게 '하치만구 어전(八幡宮御前)'이라고 물들인 깃발이 세워져 있었다. 구지라미치의 1935년생 미야시타 가오루 씨(宮下馨)에 의하면, 요리비토상의 비석을 특히 재를 올리는 날에는 '고젠사마'라고 부른다고 한다.[4] 요리비토상 비석 앞에는 돌 사당도 서 있지만, 뒤편 비석에는 정면에 '익사 영혼탑', 맞은편 우측면에는 '이때 1492년 4월 1일'이라고 쓰나미가 발생했던 날, 그리고 좌측면에는 아마도 건립자라 생각되는 마을 사람 21인의 이름이 새겨져 있다. 바로 앞 사당에는 상반신의 작은 불상이 모셔져 있는데 이것이 고젠사마라고 생각된다(사진 9-3).

4　2015년 12월 24일, 구마모토현 아마쿠사시 아리아케정 고시마고 구지라미치의 미야시타 가오루(1935년생) 씨에게 듣고 기록.

〈사진 9-3〉 요리비토상 공양비(뒤)와 '하치만구 어전' 돌사당 (2016년 3월 31일)

〈사진 9-4〉 아리아케정 시모쓰에의 지장보살 (2016년 4월 1일)

'하치만구 어전'이라는 깃발을 봉납한 故 나카야마 미키오(中山幹雄) 씨 이야기에 따르면, 4월 1일의 요리비토상 공양을 한때 멈췄더니 마을에 이질이 유행해서 다시 모시기 시작했다고 한다. 즉, 요리비토상을 '하치만 구 어전'이라는 신으로 다시 모셨다고 생각된다. 33년의 기일이 지나면 고 인은 신이 된다는 전설은 전국적으로 흔히 알려져 있다. 앞에서 언급한 구

마모토시 가와치정 시오야의 쓰나미 공양제에서도 공양에 관여하는 종교적 직능자는 주지승이 아니라 신관이었다.

아리아케정에서 요리비토상이라고 불리는 공양비는 그 밖에 스지(須子, □□□표착 익사탑)에 있고, 아카사키에도 '멘토사마(무연탑님)'라 불리는 비석이 건립되어 있지만 날짜를 정해놓고 마을 사람들이 제사를 올리는 것은 아니다. 또한 아리아케정 시모쓰에(下津江)에는 쓰나미와 관련된 지장보살이 건립되어 있다. 아리아케해로 흘러드는 작은 강 다리 옆에 세워진 지장보살이다(사진 9-4). 좌대를 보면 1976년에 건립된 것을 알 수 있는데, 간세이(寬政, 1789~1801) 시기의 쓰나미를 기록한 비문 후반에 다음과 같이 새겨져 있다.

"이후 180여 년 비참함이 극에 달하여 영혼이 평온하지 않아 원혼이 되어 빈번히 교통사고를 일으키니 마을 사람들이 무연고자 혼령을 위로하기 위하여 지장보살을 건립했다"

여기에서도 쓰나미 이후 184년이 흘러도 여전히 아리아케해 연안에 인접한 도로에서 빈발하는 교통사고를 쓰나미로 희생된 이의 '원한' 때문이라고 보는 감성이 전해지고 있었다. 재난에 의한 비명횡사가 재앙을 불러온다는 전설도 일반적인데, 요리비토상도 당시에 그런 이유로 건립되었다고 생각된다.

4. 오사카 다이쇼바시(大正橋)의 '지장제(地藏盆)'

1854년에 난카이 지진 쓰나미가 기이(紀伊)반도와 시코쿠(四國)를 덮쳐 오사카도 피해를 입었다. 이 쓰나미로 인한 사망자는 1만여 명이라고 전해지는데, 오사카의 나니와구 사이와이정 기즈 강(木津川)에 걸린 다이쇼바시 교각 동쪽에는 쓰나미로 인한 사망자의 공양비가 건립되어 있다. 앞면에는 '나무아미타불'과 '남묘호렌게쿄'가 나란히 새겨져 있고, 양옆에 2단 2행씩 나뉘어 발원문도 새겨져 있다. 남은 삼 면에는 빽빽이 '대지진 료카와구치 쓰나미 기록(大地震兩川口津浪記)'이 새겨져 쓰나미의 모습과 후세에 대한 경고가 쓰여져 있다. 료카와구치란 기즈 강과 아지 강(安治川)을 말한다.

현지에서는 이 공양비를 지장보살이라 부르고, 건립이 1855년 7월이었기 때문인지 매년 8월 24일에는 지장제가 행해지고 있다. 이 비문의 말미에는 "바라옵건대 사려깊은 분은 매년 글씨를 읽기 쉽도록 먹물을 넣어 주십시오"라고 기록되어, 지장제가 가까워질 무렵이면 사이와이정 산초메 부근 사람들이 비문에 먹물을 넣는 행사를 실시하고 있다. 먹물을 넣는 것은 먹물이 흐르기 때문에 칠하기 힘들고 문자를 훼손하지 않도록 옮겨 적은 원문과 조합하면서 칠하기 때문에 시간이 걸리지만, 누구라도 할 수 있다는 이점이 있다. 지장제라는 공양의 연중행사 안에 재난 전승이 포함되어 있다는 점에서 주목할만한 사례 중 하나이다.

2015년에는 8월 21일에 공양비에 먹물 넣기, 23일부터 24일에 걸쳐서 지장제가 행해졌는데, 이들 행사는 〈사이와이정 산초메 니시노마치 마을모임〉 두 개 반(한 반이 10세대)에서 매년 주관하고 있다. 1854년의 쓰나미 공양비를 지장보살이라 부르는 이유는 확실하지 않지만, 아마도 지장제에서 쓰나미 희생자를 공양한 데에서 유래한 것으로 보인다.

공양 당일에는 공양비에 장식된 제등에도 '다이쇼바시 쓰나미 기념 공양'이라는 문자가 보인다.

이 지장제에서 공양비(지장보살)에 바친 공물은 오전 중에 담당자인 여성이 "다이쇼바시 지장보살님의 공물입니다"라고 말하면서 나눠 주고 다녔다. 쓰나미 공양비의 먹물 넣기와 마찬가지로 이러한 행위를 수반하여 간접적으로 재난이 전해지는 것을 알 수 있다.[5]

또한 23일 밤과 24일 공양 종료 후에는 공양비(지장보살)에 바쳤던 메(제사 때 신위 앞에 놓는 밥-옮긴이)를 다이쇼바시 위에서 강으로 흘려보낸다. 이것은 물고기에게 주기 위해서라고 하는데 아마도 이 행위의 상대도 연고지가 없는 희생자일 것이다[6](사진 9-5).

〈사진 9-5〉 다리 위에서 강으로 공물을 바친다 (2015년 8월 24일)

---

5   2015년 8월 21~24일, 오사카시 나니와구 사이와이정 다이쇼바시에서 '지장제'의 조사를 실시. 이 쓰나미 공양비에 관한 연구로 나가오(2012, 2014) 등이 있다.

6   물고기의 공양과 해난자(海難者) 공양의 밀접한 관련에 대해서는 가와시마(2013)를 참조할 것.

또한 다이쇼바시 부근은 현재 네 강이 합류하는 곳인데, 사이와이정에 전해지는 말로 다이쇼바시 건너편에 있는 시리나시 강(尻無川)을 가로지르는 이와사키바시(岩崎橋)의 괴담이 있다. 1990년대 후반의 오사카돔 개발공사에 직접 종사했던 사람들의 이야기에 따르면, 매일 밤 이와사키바시를 건널 때 하얀 기모노를 입은 수많은 사람들이 줄줄이 강에서 올라오는 모습을 목격했다는 이야기가 전해온다. 비슷한 목격자가 잇따르자 공포에 질려 일을 그만두는 사람들이 속출하였고, 이 때문에 이와사키바시를 교체할 때 절의 주지스님에게 염불을 부탁했더니 그 후로 그런 일이 없어졌다고 한다. 지장보살을 모시고 있기 때문에 다이쇼바시에서는 그런 일이 없었다고 전해지는 것을 고려하면, 하얀 기모노를 입은 사람들은 안세이 쓰나미의 희생자였던 것이다.

재난을 당한 희생자를 불쌍하니까 모신 것이라고만 생각하는 것은 근대적인 휴머니즘에 사로잡힌 단편적인 견해일 것이다. 어쨌든 희생자를 제사 지내는 것으로 재난의 기억이 후세에 전해지는 것이라면 이러한 전승에도 진지하게 주목해야 한다고 생각한다.

5. 오키쓰의 '우키코상(うき子さん)'

아마쿠사의 요리비토상은 쓰나미로 인한 표착 시신을 모신 것인데, 해상에서 표류시신을 건진 경우에는 어떤 공양을 하는 것이 일반적일까. 해난사고나 투신자살에 의한 것이 많은 듯한데, 이 경우도 넓은 의미의 재난 희생자로 보는 만큼 그 재앙에 대한 감성도 전술한 것과 같을 것이라 생각된다.

예를 들어, 후쿠시마현 이와키시 나카노사쿠(中之作)에 있는 신푸쿠지(眞福寺) 묘지에는 산 경사면에 일궈진 묘지군 정상에 해난사고로 희생된 이의 공양을 위해 선주가 건립한 오륜탑과 함께 아마도 표류시신을 모신 것으로 보이는 '부류백골성령(浮流白骨聖靈)'이라고 새겨진 묘 2기가 있다 (사진 9-6). 하나는 세로 49.5×가로 25.5cm이고, 폭이 15cm인 비석의 양 측면 중 오른쪽에는 '1935년 음력 11월 30일 사망', 왼쪽에는 '1937년 음력 11월 5일 건축주 요시다 기요시(吉田喜好) 건립'이라고 쓰여 있다. 또 하나는 세로 81×가로 16cm의 부류백골성령의 묘지가 있는데, 이것은 표류해 온 백골시신을 모신 것으로 보이지만 앞에서와는 달리 해당하는 해난사고의 연월일이 명확하지 않다.

〈사진 9-6〉 '부류백골성령'비 (이와키시 나카노사쿠, 2016년 12월 11일)

같은 묘지에는 높이 145cm의 오륜탑이 바다를 향해서 건립되어 있는데, 이것은 나카노사쿠의 선주가 전시하에 희생된 어선, 제2가이운마루

(第二海運丸)의 선원을 모신 공양탑이다. 미야기현 게센누마시 오시마 출신의 선원들이 많아서, 오시마에도 공양비가 있는데도 불구하고 2010년 여름에는 오시마에서 일가족이 공양하러 왔다고 한다. 선주인 가나리(金成) 집안의 불단에는 '제2가이운마루 전몰자'와 '제21가이운마루 순직자' 한 명의 이름이 적힌 하나의 위패가 모셔져 있어, 매일 아침 합장한다고 한다. 제2가이운마루는 1943년에 전몰했고, 제21가이운마루는 21톤의 참치 연승선(긴 낚싯줄에 여러 개의 낚시를 달아 물속에 늘어뜨려 고기를 잡는 기구인 주낙을 갖춘 고기잡이배- 옮긴이)으로 1962년 3월 28일에 가라쿠와(게센누마시) 출신 선원 한 명이 배에서 떨어져 사망했다.[7] 나카노사쿠와 게센누마 지방의 깊은 인연을 알 수 있는데, 선주의 세대가 바뀌어도 공양을 계속하고 있다.

신푸쿠지 묘지에는 1889년 12월에 건립된 '야스다 조타로(安田長太郎)의 묘'(세로 93×가로 34cm)도 있는데, '보슈타테야마(房州館山) 출생 향년 42'라고 새겨져 있다. 보슈타테야마(현, 지바현 다테야마시)에서 온 여행자의 묘인 듯한데, 이것도 앞에서 언급한 미야코시 타로정 미즈사와의 묘와 동일한 마음에서 행해진 공양일 것이다.[8]

나카노사쿠 묘지의 부유백골성령의 '부(浮)'라는 글자에 관해서 참조했으면 하는 공양비로, 고치현(高知縣) 시만토정(四万十町) 연안부 오키쓰에 '우키코(うき子)' 라고 새겨진 묘가 있다(사진 9-7). 묘를 향해서 좌측면에 '홍해묘부신녀(興海妙浮信女)'라는 법명이 새겨지고, 뒷면에 '1962년 6월 1일 다카하시 후미오 건립'이라고 쓰여져 있다. 바로 옆에는 최근에 건립된 것으로 보이는 지장당이 있고, 그 옆 석판에는 '1962년 6월 1일 오키쓰(興津)

---

7   2016년 12월 10일, 후쿠시마현 이와키시 나카노사쿠의 가네나리 유키오(金成幸夫, 1933년생) 씨에게 듣고 기록.

8   후쿠시마현 이와키시 나카노사쿠 신푸쿠지(眞福寺)에서 묘지 조사.

앞바다 부근 부유 중에 발견된 신원불명의 여성, 추정연령 25~26세 1994년 6월 다카하시 후미오 건립'이라고 더욱 상세하게 표기되어 있어, 표류시신을 모시고 있다는 것을 알 수 있다. 필시 이 지장당은 우키코를 지장보살로 모신 것이라 생각된다.

〈사진 9-7〉 '우키코'의 묘 (시만토정 오키쓰, 2013년 7월 24일)

이 시신을 건져올린 오키쓰의 다카하시 후미오(高橋文雄, 1932년생) 씨 이야기로는, 그해는 봄부터 가다랑어의 산 미끼를 잡는 정치망(定置網) 배인 스자키(고치현 스자키시)의 스즈마루에 타고 있었다고 한다.

스즈마루의 선주는 그 밖에 노미(野見, 고치현 스자키시)에 가료마루, 지쓰료마루, 야쿠료마루 등 세 척의 가다랑어 외바늘 낚싯배를 소유하고 있었는데, 다카하시 씨는 그 중의 지쓰료마루에서 실제로 있었던 일을 선주인 노지마 스즈카즈 씨한테 들었다. 표류시신을 발견하게 되는 같은 해 초봄의 일이었다.

가다랑어 외바늘 낚싯배 지쓰료마루는 일찍이 아시즈리 곶(足摺岬) 앞바다에서 여성인 도자에몬(土左衛門)을 발견했다. 입술연지 색깔은 지워져 있었지만 여성이라는 것을 알 수 있었다. 조업하러 가는 중이었기 때문에 이 지방의 관례대로 "돌아오는 길에 건져 올릴 테니까 여기에 계시오!"라고 시신에 말하고 나서 출발했다. 그러나 앞바다에서 뜻밖의 풍어를 해서 만선이 되었기 때문에 서둘러 시장에, 게다가 정어리를 활어로 보관할 수 있는 어장으로 돌아가야 했다.

돌아가는 길에 부디 그 시신을 만나지 않게 해달라고 빌면서 그대로 방치해 두고 말았다. 그런데 그 후에 어느 어장에 가도 고기가 전혀 잡히지 않아 마침내 '다유상'(太夫さん, 종교적 직능자)에게 점을 봤더니 여성이 빙의해서 원망을 털어놓았다. 그래서 여성의 인형을 만들어서 장례식을 올렸더니 이전처럼 고기가 잡혔다고 한다.

이러한 이야기를 들은 후인 6월 1일, 다카하시 씨는 정치망을 떠나서 부친과 제수씨 친정 조카들과 함께 5인승 배로 모자코(방어의 치어)를 잡으러 갔다. 해초가 흘러오는 조류의 경계를 목표로 하여 모자코를 잡아 활어조에 넣고 출발한 지 20~30분 정도 지난 무렵이었다. 부친이 바다 위에 뭔가 떠 있는 것을 발견하여 가까이 가 보니 악취가 나서 표류시신이라는 것을 알았다. 만신기를 올리고 시신 주변을 시계 방향으로 일주한 후에 배의 우현으로 시신을 끌어올렸다. 내릴 때는 좌현으로 끌어 내렸는데, 이런 습관은 모두 이전 선주인 노지마 씨가 지쓰료마루 사건과 함께 알려 주었다.

시신은 얼굴은 부패되었으나 기모노 차림이었다. 무섭다는 생각과 불결하다는 생각이 뒤섞였지만 배로 끌어 올린 시신에 소금을 뿌렸다. 그 사이에 시신에서 샛노란 액체가 선내로 흘러내리기 시작하여 악취가 심했다. 한동안 그 냄새가 사라지지 않았다고 하는데, 다카하시 씨는 기분이 안 좋아져서 견디다 못해 선미에서 토해 버렸다고 한다.

육지로 시신을 올리고 나서는 경찰과 의사를 거쳐서 마지막으로 절에 가서 장례식을 치뤘다. 해부를 할 때는 많은 어부들이 찾아온 탓에 활활 타는 선향 뭉치가 가득했다. 다들 "고료마루(高漁丸, 다카하시 씨의 배), 좋은 운을 받았군"이라고 입을 모았다. 어부가 표류시신을 건져 올리는 것은 운이 좋은 일이었기 때문이다. 시신은 무연고 시신만을 모시는 고지대 한 켠에 묻고, 주지 스님으로부터 법명을 받아 통칭 '우키코상'이라는 이름이 주어져 고분(다카하시 씨의 마을) 사람들도 참배해 주었다. 우키코 씨의 1주기, 7주기, 33주기, 50주기도 행하고, 시신을 발견한 6월 1일을 제삿날로 하여 매년 기일에는 떡을 공양하러 묘에 간다고 한다.[9]

이처럼 해상에서 건져 올린 표류시신은 바닷가에 올라온 표착시신과 달라서 그 시신을 건져 올린 이의 책임이 크고, 그가 공양을 하면 풍어를 한다는 전설이 농후한 것 같다. 물론 그것은 공양을 하지 않으면 고기가 잡히지 않는 재앙이 내린다는 점에서는 다르지 않다. 하지만 표착시신은 발견자에게 특별한 역할이 할당되지 않고 흘러온 바닷가 마을 전체가 공양하는 데 비해, 표류시신은 그것을 건져 올린 개인의 역할이 크다는 점에서 차이가 있다.

시즈오카현 오마에자키시의 가다랑어 외바늘 낚싯배에서는 표류시신의 신원이 밝혀진 경우에도, 그 유골을 건져 올린 선주가 양도받아 선주의 무덤 옆에 사실은 무연고자가 아닌데도 '무연고자'로 모시고 있다. 우란분이 되면 그 무연고자 유족이 공양하러 온다고 한다.[10] 이들 사례에서

---

9   2013년 7월 24일 고치현 시만토정 오키쓰의 다카하시 후미오(1932년생) 씨에게 듣고 기록.

10   2012년 2월 4일, 시즈오카현 마키노하라시 사가라의 니시카와 하루오(1942년생) 씨에

도 표류시신을 건져 올리고 계속 공양하여 선주 집안의 안전 무사, 특히 풍어를 기원했다고 봐도 될 것이다.

그런데 이러한 풍속을 육성해온 사람으로서, 스자키의 지쓰료마루의 사례에서 나온 '다유 상' 같은 종교적 직능자의 역할은 중요하다. 마지막으로 이러한 종교적 직능자에 의한 '무연고자 혼령' 이야기에 대해서 재난 전승과의 관계를 중심으로 좀 더 깊이 짚어 보도록 하자.

6. 방해하는 혼령의 이야기

연고가 없는 영혼이 재앙을 내리는 이유는 사후에 공양할 이가 없기 때문이라는 것은 일반적으로 전해지는 사실이다. 그러나 그 연고가 없는 이를 잊지 않고 이야기하는 것이 그대로 공양으로 이어진다는 견해도 알려져 있다.

예를 들어, 미야기현에서는 장례식 후에 유족 여성들을 중심으로 이전에는 '오카미상'이라고 불렸던 무녀를 집으로 불러, '공수(口寄せ)'라고 해서 죽은 이의 영혼이 무녀에게 빙의하여 유족에게 이야기하는 의례를 행했었다. '공수'의 시작으로 길 안내라는 의미의 '미치비키'라 불리는 선조 혼령의 공수가 행해지는데, 이번에 사망한 자가 남성이라면 여성 선조를, 여성이라면 남성 선조를 불러내어 공수가 행해진다. 이 경우의 '선조'는 이번 사망자보다 먼저 돌아가신 분이면 누구든 상관없고 오히려 죽은 이와 가까운 사자를 부르는 경우가 많다. 이어서 행해지는 공수의 '나나쿠

게 듣고 기록.

치 오로시(七口下ろし)’는 미치비키 이후에 가족 등 7인에게 이야기하는 것을 말하는데, 죽은 이가 상대의 이름을 부르면서 결국에는 그 죽은 이의 일생을 계속해서 이야기하는 것을 의미한다(가와무라 2009).

나나쿠치 오로시를 마치고, 근친자 뿐만 아니라 친척들도 죽은 이와 대화하는 공수가 끝나면 마지막으로 ‘도메쿠치(トメクチ)’라는 공수가 행해진다. 도메쿠치는 남성이든 여성이든 상관없지만 죽은 이와 가장 가까운 이로 장수했던 사람을 가리킨다.

그런데 이 도메쿠치를 부르려는 순간, 갑자기 생각지도 못한 혼령이 무녀에게 빙의하여 이야기를 시작하는 경우가 있다. 특히 새 혼령의 공수 때 출현하는 일이 많은데, 본래 혼령의 공수를 방해한다고 하여 ‘방해하는 혼령’ 혹은 그러한 혼령을 공양하는 이가 없기 때문에 ‘주인 없는 혼령’이라고도 한다.

예를 들어 이번에 사망한 혼령이 갑자기 다른 이야기를 시작했을 때, 혼령이 빙의한 무녀와 같이 이야기를 나누던 사람이 그것을 알아차리고 방해하는 혼령이라고 판단한다. 또한 도메쿠치를 맞이하려고 할 때 무녀가 “나오고 싶어하는 혼령이 있다”라고 말하고 바로 방해하는 혼령의 공수를 시작하는 경우도 있다.

이 방해하는 혼령 중에는 ‘와카바’라고 불리는 영혼으로 태어나서 씻겨지지도 못하고 죽은 아이, 즉 유산한 태아의 혼령이나 새 혼령의 집안 사람으로 바다나 먼 곳에서 비명횡사하여 공양을 받지 못해 나오는 혼령도 있다. 최근에는 이런 공수 중에 일부러 마지막에 ‘무연고자’를 부르는 일이 있다. 다만, 이 무연고자의 공수라는 견해는 최근 것이라고 생각된다. 이전에는 이 지점에서 방해하는 혼령이 나올 가능성이 있어서 지금은 이 방해하는 혼령이 나오기 전에 공수의 의뢰자가 미리 무연고자를 불러

공수를 하는 형태로 변한 듯하다.

이들 무연고자는 자신을 기억해 주기를 바랄 뿐 아니라 이것저것 말해 주었으면 하여 출현한다고 여겨지고 있다. 죽은 사람의 사적을 이야기하는 것이 그 상대에게 공양이 되기 때문이다. 그것이 재난 사망자라면 재난으로 어떻게 죽었는지를 말해주는 것이 하나의 왕생하는 길이 된다. 그 사람의 임종에 대해서 자세히 알지 못해도 그때의 재난을 들려주는 것만으로도 공양이 된다. 재난 사망자의 공양이 개별 재난의 전승으로 이어지는 커다란 이유이다.

7. 맺음말

이상으로 일본 각지의 재난 사망자 공양 실태에 대해서 대략적으로 일람했는데, 특히 재난 사망자 중에서도 무연고자 혼령이 큰 영향력을 갖는다는 것, 그것은 살아서 생활하고 있는 이에게는 '재앙을 내리는 혼령'이라는 점을 명확히 밝혔다. 다만 이들 재난이나 사고로 인한 무연고자 혼령이, 예를 들어 지장보살(구마모토현 아마쿠사시 아리아케정 시모쓰에)과 지장제(오사카시 다이쇼바시), 지장당(고치현 시만토정 오키쓰)의 사례처럼 왜 시장 신앙과 관련되는 경우가 많은지에 대해서는 향후 과제로 삼고자 한다.

또한 사망자의 사적이나 최후를 언급하는 것이 공양이 된다는 생각은 지금도 도호쿠지방에 흔히 있는 일이다. 무연고자 혼령이 재앙을 내리는 것은 제사 지낼 이가 없다는 이유에서 뿐만 아니라, 특히 재난 사망자의 경우에는 우연히 재난을 당한 여행자나 표류시신 등이 다수 눈에 띄기 때문에 그들에 대해서 상세하게 알지 못하여 언급할 수 없다는 것이 재앙을 불러일으킨다고 생각하고 있다. 재난을 계속하여 이야기하는 것이 재난으로 죽은 사망자를 공양하는 일이 되기도 하는 것이다.

도호쿠지방에서는 무연고자 혼령에게는 무녀의 입을 통해서 자신에 관해 이야기하여, 생면부지의 이들에게 전해지는 것이 그들의 바람이기 때문이다.

어쨌든 그러한 공양을 통해서 역사적인 사건인 재난이 생활문화 속에 전해진다면, 그것도 간과할 수 없는 재난 전승의 요건으로서 앞으로도 주목해야 한다고 생각한다.

동일본대지진이 발생한 2011년은 이미 공수를 하는 무녀가 급격하게 줄어든 상황이었다. 그러한 시대에 재난 사망자를 어떻게 공양해야 할지에 직면했던 것이 도호쿠지방 산리쿠의 재난 피해자들이었다. 대지진 이후, 기괴현상과 심령체험 이야기가 현저하게 떠돌았던 것도 스스로가 무녀와 같은 종교적 직능자의 역할을 맡아 자신과 사망자의 생각을 표현해야 했기 때문일 것이다.

문헌

奥野修司(2017)『魂でもいいから、そばにいて―3・11後の靈体験を聞く』東京：新潮社

金菱清(ゼミナール)編(2016)『呼び覺まされる靈性の震災學-3・11 生と死のはざまで』東京：新
　　曜社

川島秀一(2009)『一生を語るということ―東北の口寄せ巫女の語り物』、『昔話―研究と資料
　　―』37 pp.32-40

＿＿＿(2013)「魚と海難者を祀ること」、『歴史民俗資料學研究』18 pp.235-256

川村邦光(2013)『弔い論』東京:靑弓社

＿＿＿(2015)『弔いの文化史―日本人の鎮魂の形』中公新書、東京：中央公論新社

長尾武(2012)「『大地震兩川口津浪記』にみる大阪の津波とその敎訓」『京都歴史災害研究』13
　　pp.17-26

＿＿＿(2014)「大阪市における南海地震石碑と敎訓の継承」、『歴史都市防災論文集』8 pp.263-
　　270

제10장

재난 이후 지속가능한 공동체 구축에 기여하는 기념비의 역할

- 동본대지진과 쓰나미를 사례로

세바스찬 펜메렌 보레(セバスチャン·ペンメレン·ボレー)

다카사오 겐타(高棹健太) 번역

1. 시작하는 말

산업사회는 주로 공학이나 자연과학 연구로부터 도출된 식견으로 지진이나 쓰나미의 위협에 대처해 왔다. 그들 과학에서는 대개 지진뿐만 아니라 사람들의 생활과 환경에 관한 현상의 물적증거를 토대로 연구를 실시하고 있다. 지진공학자들은 내진구조의 건축물을 설계하기 위해서, 그리고 이미 존재하는 건물의 구조적인 취약성을 보강하기 위해서 다양한 흔들림에 대한 건물의 반응을 조사하고 있다. 지질학자는 다음에 발생할 지진이나 쓰나미의 가능성을 진단하기 위해서 구조판이나 퇴적물의 움직임을 연구하고 있다. 마찬가지로 유체역학, 해안침식, 모델링에 관한 쓰나미 공학자의 전문지식은 해안가 지역을 보호하기 위한 방파제설계의 수단과 방파기술이라 할 수 있다. 건축물의 강도를 높이고 재난위험을 감소시키기 위한 해결책으로, 화학과 물리학의 견고함에 관한 과학과 기술력의 급속한 발전은 건조물과 인프라 설비의 견고함의 신뢰를 높이도록 산업사회를 촉구했던 것이다.

　최근 자연재해의 복잡성과 손해의 증대는, 재난과 관련된 집단적인 행동과 문화를 포함하기보다 전체적인 접근을 필요로 하고 있다. 과학자들은 어떻게 사람들의 지식과 경험이 사회의 긴급사태에 대한 대응에 영향을 미치는가를 연구하는 데 많은 시간과 자원을 들였다. 그들은 정부와 지자체 그리고 NPO와 연계해서 학교와 관공서 및 다른 공공시설에 대한 지역공동체의 대비를 위해서 대규모 계획을 세우고 있다. 그것은 지진에 관한 실천과 필요한 지식을 보호하면서 피난 훈련을 계획하고 실험할 것을 촉구하고 있다. 하지만 우리는 재난문화와 민속 지식에 관한 연구가 증가하고 있음을 고려할 필요가 있다. 사회과학자, 역사학자와 다른 재난에 관한 전문가는 재난을 경험한 공동체가 어떻게 세대를 초월해서 특정 지식과 긴급사태에 대한 대응을 만들어내고, 발전시키고, 적응시켰는지에 대해서 이해하려고 노력해 왔다. 현실적인 방호책(防護策)과 마찬가지로 재난에 관한 문화와 사회적인 영향을 이해하는 것은 중요하다. 그리고 그것은 사회의 회복력과 방재를 향상시키는 가장 효율적인 방법이 될 수 있다.

　본 장은 재난기념비의 역할에 대한 조사를 통해서, 재난에 대한 사회적인 대응에 관한 이해의 폭을 넓히는 것을 목표로 하고 있다. 기념비는 기념에 관한 유형 혹은 무형의 행위를 통해 비극과 그 희생자들의 기억 보존에 일조할 수 있는 재난기념행위의 광범위한 과정의 일부분이다. 그들 행위는 사적·공적인 의식, 세속적·종교적인 기념의 장, 대화의 장, 그리고 비공식·공식적인 교육의 장일 수도 있다. 전 세계에서 전쟁 기념비는 가장 일반적인 재난기념행위의 형식일 것이다. 전사한 병사의 기념은 흔히 전쟁의 잔학성과 위협을 새로운 세대에게 깨닫게 하는 수단의 구성요소 중 하나이다. 마찬가지로 자연재난 발생 후에 나타나는 기념비 건립의 증가를 우리는 보고 듣는다. 최근의 예로는, 2004년의 수마트라 섬 연해 지진, 인도양 쓰나미, 2005년의 허리케인 카트리나, 그리고 2008년의 쓰촨 지진이 있다. 다만 전쟁에 관한 기념행위의 지식이 보다 진전되었다 하더라도 자연 재난에 관한 기념이라는 특정 과정을 충분히 이해하고 있다고는 볼 수 없다.

이 점을 고려하면 동일본대지진의 기념행위는 가장 유력한 사례연구일 것이다. 우선 첫 번째로, 일본은 산업국 중에서도 지진과 쓰나미에 관한 경험을 가장 많이 한 나라이다. 이러한 사정으로 일본에서는 방재에 관해서 방대한 조사와 시간을 들이고 있다. 마찬가지로 많은 공동체가 지진을 기념하는 행위라는 풍부하고 심오한 재난문화를 형성했다. 일본 사회는 많은 시간과 자원을 재난기념행위에 투자해 왔다. 이 전통은 도호쿠 지방의 황폐한 해안선을 따라서 세워진 수백 개의 동일본대지진 기념비에서도 명확히 알 수 있다.

하지만 이러한 경향에도 불구하고, 재난 기념비의 필요성에 대해서 의문이 제기되고 있다. 방재와 커뮤니티의 회복력에 관여하는 지도자들은, 예를 들어 과거의 쓰나미 비석이 재난의 적극적인 기억 보존과는 무관했다든가, 사람의 목숨을 구하는 데는 공헌하지 않았다고 주장했다. 이 논의는 동일본대지진 이후 발표된 새로운 피난계획을 위한 캠페인 기간에 일본의 광고회사와 공공기관에서 제기된 것이다. 그들의 프로모션 비디오는[1] 1933년에 발생한 산리쿠 지진 기념비에 새겨진 '여기부터 아래로는

---

1   「『가케아가레!일본』이란?」가케아가레!일본 기획위원회
     (https://www.youtube.com/watch?v=gm7LPIq6c8I).

집을 짓지 마라'라는 말을 비추면서 시작된다. 비석 아래에 있는 바다로 이어지는 황폐한 공동체가 말해 주듯이 내레이션에서는 "이러한 교훈이 받아들여지지 않고 큰 피해가 발생한 지역이 수없이 많았습니다", "미래 세대의 안전을 위해서 비석이 아닌 습관을 남기고 싶다"라고 언급하고 있었다. 비석 대신에 그들은 피난훈련과 같은 새로운 문화를 미래세대에 전해야 한다고 제언한다. 비석에 대한 비판으로 '비석은 쉽게 잊혀진다'든가 '주변 지역에서 발생한 수많은 죽음을 생각하면 충분하지 않다'든가 하는 논의가 자주 거론되었다.

한편 기념비에 찬성하는 의견으로는, 희생된 다수의 사망자를 증언하고 그 환경이 재건되어 재난을 경험한 사람들이 사망하더라도 그 기념비가 기억을 존속시키는 요소가 된다고 말한다. 하지만 그런 의견을 갖는 사람들 사이에서도 비석 자체에 대한 고찰이나 특정한 이벤트에서의 관계성 고찰에 이르는 일은 드물다.

동일본대지진 이후 기념비가 이루어낸 폭넓은 역할을 이해하기 위해서, 본 장에서는 동일본대지진 이후 공동체가 추진한 기념비에 관한 세 가지 활동을 검토한다. 본 논문은 기념비를 단순히 과거의 증명으로 보는 관점이 아니라, 재난교육과 커뮤니티의 회복력에 대한 기념비의 적극적인 공헌의 측면을 명확히 밝힌다. 본 논문에서는 앞에서 언급한 비판에 대해서 다음과 같은 물음을 설정하여 고찰하고자 한다. '방재와 회복력 측면에서 기념비의 유효성은 어떻게 평가할 수 있을 것인가?', '기념비의 유효성을 측정하는 바른 기준이 간과되고 있는 것은 아닌가?', '동일본대지진 이후 세워진 기념비의 역할은 무엇이었는가?'. 본 장의 목적은, 일본 사례에서 재난 기념비의 역할과 유효성의 정도를 평가하는 것, 그리고 그것은 동시에 재난을 줄이고 재난을 막는 데 중요한 영향을 미친다는 사실을 이해하는 것이다.

본 장은 도호쿠지방, 특히 미야기현 나토리시(名取市) 유리아게(閖上) 지구를 중심으로 실시한 2년간에 걸친 민족지적 조사를 토대로 하고 있다. 필자는 참여관찰로 2,551세대, 40명의 행방불명자를 포함한 753명의 목숨을 앗아간 쓰나미 후에 형성된 유리아게 지구 공동체의 전체상을 파악할 수 있었다. 그리고 2013년부터 2014년까지 매주 주말에 황량한 유리아게 지구를 방문하였고, 이후 2016년까지 때때로 방문을 계속하여 지금도 정보 제공자와 강한 유대관계를 유지하고 있다. 이때의 방문은 행방불명자 수색을 비롯해 기념행사와 제삿날의 자원봉사활동도 포함한다. 그러한 과정 속에서 필자는 기념행위의 문제와 함께 재난 이후의 부흥과 유리아게 지구의 미래에 관한 문제에 대해서 이야기를 나눌 수 있었다. 이 비공식 인터뷰는 몇 분 정도로 끝나기도 하고 몇 시간 동안 계속되기도 했다. 중심이 되는 정보 제공자는 5명에서 15명의 정기적인 방문자였는데, 보다 많은 정보 제공자는 임시 또는 1회 한정의 방문자와 자원봉사자들이었다. 유리아게 지구 사람들은 출입이 잦아서 정확한 인터뷰 횟수와 정보 제공자의 숫자를 셀 수는 없다. 하지만 필자는 100일 이상의 방문으로 매일 2명에서 10명 정도의 사람들과 이야기를 나누며 방문자 집단의 행동을 관찰할 기회를 얻을 수 있었다. 모든 정보 제공자는 본 논문에서 나중에 검토하는 〈차 마시는 곳(お茶飲み場)〉, 〈유리아게의 기억(閖上の記憶)〉, 히요리산(日和山), 그리고 유리아게중학교 유적 등에서 만난 사람들이다. 필자는 유리아게의 쓰나미로 인한 희생자들, 그리고 살아남은 유족을 위해서 기념비를 설립해야 한다는 인식을 높이는 운동을 지원하면서 지역주민들과 깊은 유대관계를 맺게 되었다. 이 운동은 본 논문에서 고찰할 두 개의 기념비 설립이라는 결과를 이끌어냈다. 이러한 사람들과의 다양

하고 친밀한 관계성을 통해서, 필자는 본 논문에서 검토할 재난 이후 공동체에 미치는 기념비의 역할에 관한 다양한 견해와 쓰나미 생존자들이 직면한 문제에 대해서 광범위하고 질적인 이해를 얻을 수 있었다.

2. 동일본대지진 기념비

2011년 3월 11일 오후, 일본 도호쿠지방(東北地方)에 매그니튜드 9.0의 지진이 일어났다. 그 지진으로 높이 40미터에 이르는 쓰나미가 발생했다. 이 쓰나미는 연안 마을을 모조리 삼켜버렸다. 쓰나미에 휩쓸려 15,083명이 목숨을 잃고, 3,971명이 행방불명되었다. 이 재난은 역사상 두 번째로 큰 규모의 원전사고와 20조 엔을 넘는 경제적 손실이 보고되는 등, 손해액이 가장 큰 대재난으로 일컬어진다(Ranghieri and Ishiwatari eds. 2014). 이런 압도적인 숫자와 함께 우리는 그 사건의 피해를 입은 공동체와 생존자의 생활, 사회적 관계성, 그리고 문화재에 끼친 파괴적인 영향도 고려해야 한다. 동일본대지진에 의한 파괴는 그것과 동일할 정도로 많은 기념행사를 불러왔다. 일본 정부와 지자체, 불교사원, NGO, NPO, 그리고 지역 교회는 기념식과 의례를 고심하여 실시하고 기념비와 추도시설을 세우고 기념공원과 전시시설을 계획했다. 부흥계획을 위해 한창 고심하던 때, 유적과 유물 등으로 불리는 건축물과 물체를 포함하는 재난 유적을 보존할 것인가 해체할 것인가에 대한 집중적인 논의가 있었다. 가장 유명한 것으로는 게센누마의 선박, 미나미산리쿠정의 방재대책청사가 있다. 일본 사회는 동일본대지진 기념행위의 발전을 위해 막대한 자원과 시간을 들여온 것이다.

이런 기념행위는 세 가지 중요한 기능을 가지고 있다. 첫째, 이들은 생존자에게 희생자와 잃어버린 고향을 비탄할 기회를 부여한다. 유족과 다른 방문자는 명복을 빌며, 고인에게 경의를 표한다. 중요한 것은 희생자를 위한 의례의 실천은, 재난 피해지역 외의 주민에게 쓰나미의 피해를 입은 커뮤니티와의 연대감과 동정을 표현할 수단이 되기도 하는 것이다. 둘째, 이들 기념행위는 재난의 기억과 그 여파를 보존하고자 하는 소망을 전파한다. 그것은 기념식, 기념비, 전시시설, 아카이브, 그리고 최근에 넘치도록 존재하는 디지털 미디어로 결부된다. 우리가 장기적인 연구를 배제하고 있는 디지털 미디어를 제외하면, 기념비는 도호쿠지방의 재난지역을 기념하는 가장 일반적인 방법이다. 본 논문을 정리하는 시점에서 우리는 기념비를 갖지 않는 동일본대지진 재난지역 공동체를 찾아볼 수 없었다.

일본은 기념비와 재난의 기념에 관한 인식이 깊숙이 뿌리내린 문화를 가지고 있다. 첫 번째 유형은 일본에서 가장 일반적인 기념비이다. 기념비는 일반적으로 개인과 사건과 조직에 영원성을 부여하기 위해서 사용된다. 두 번째 유형은, 비명횡사한 이에게 바치는 비석이 있다. 이들 비석은 고인의 영혼을 위로하기 위한 위령비, 또는 고인의 공양을 위한 공양비라 일컬어진다. 위령비와 공양비는 유족, 생존자, 종교 지도자, 정부 관리와 내방자가 고인과 광범위한 재난 피해지역 공동체에 대한 기원과 경의를 나타낼 때의 의례적 중심점을 구성하고 있다. 실천적으로는 이 위령·공양비와 기념비 두 개의 카테고리가 중복되어 있어서 엄밀하게 구분하는 것은 어렵다(가와시마 2016). 우리 연구에서는 위령비는 기념비와 유사한 역할을 하고 있고, 그 반대도 또한 그러하다.

일본의 위령비 관리는 전통적으로는 종교단체의 책무이다. 신사와 신도는 죽은 병사의 영혼을 모시는 집합적인 비석을 소유 및 관리하고 있다. 동일본대지진을 기념하기 위해서 건립된 초기의 위령비 중 하나로 미야기현 이시마키시의 오카와(大川)초등학교를 들 수 있다. 그것은 아동 74명과 교직원 10명의 죽음을 위령하는 것이다. 디자인은 묘비와 유사하다. 중심이 되는 요소는 위령비의 이름과 일시를 새긴 검은색 화강암 기둥이다. 기둥에는 '동일본대지진 거대 쓰나미 비명횡사'와 '오카와초등학교 교사 10영위, 오카와초등학교 아동 74영위, 오카와중학교 3영위, 오카와 지구 거주 남녀노소 제영위'라고 새겨져 있다. 다른 요소는 앞쪽의 향로와 꽃을 바치기 위한 두 개의 블록, 불상, 불탑, 그리고 그 밖에 기념하기 위한 것이 있다. 반영구적인 성질의 이 복잡한 구조는 학교에서 일어난 비극과 쓰나미로 인해 목숨을 잃은 74명의 어린 영혼을 기리기 위한 것으로 해석된다. 후술하겠지만 동일본대지진 기념행위의 새로운 시도 중 하나로 위령비 건립에 지자체가 관여했다는 사실을 들 수 있다.

기념비 건립은 정부, NPO/NGO, 그리고 지방단체가 주도하는 것이 일반적이다. 동일본대지진의 기념비는 다양성과 새로운 시도가 드러나 있다. 이 중에서 가장 눈에 띄는 것은 가마이시시에 있는 '전승하는 거대 쓰나미 2011·3·11'이라는 이름의 건조물이다. 이 기념비는 검은색 화강암으로 각각 높이 2.6미터의 돌기둥 다섯 개로 되어 있다. 각각의 돌기둥에는 쓰나미의 기억과 위협을 보존하기 위한 초등학교 아동이 쓴 메시지가 새겨져 있다. 이 메시지는 다음 세대에 전해질 것을 희망하는 교훈이다. 한 돌기둥은 '쓰나미가 몰려오면 도망가라를 가슴에 새기며 살자' 이고, 또 하나는 잘 알려져 있는 표현인데 '쓰나미 덴덴코. 자신의 목숨은 자신이 지켜라. 지진이 발생하면 곧장 높은 곳으로'라는 경고가 새겨져 있다. 이 프로젝트의 자금을 조달한 회사의 웹사이트에는 이 기념비가 수 천 년의 시간이 지나도 동일본대지진의 교훈을 전하기를 기원한다고 실려 있다(전국우량석재점모임 쓰나미 기억석 프로젝트 n.d.).

만약 기념비의 디자인과 의미만이 중요하다면, 우리는 기념비가 갖는 교훈은커녕 방재에 대한 유효성조차 인정할 수 없다. 이 포인트는 첫머리에서 언급한 피난 문화를 장려하는 이들에 의해서 명확하게 완성되어 있었다. 한편 우리는 기념비만으로는 그 디자인이 아무리 좋을지라도 대재난에서 사람들을 지킬 수 없다는 관점에 찬성한다. 하지만 하나의 사건과 사실에 근거하여 기념비의 유효성을 평가하는 사고방식에는 의문을 제기할 필요를 느끼고 있다. 그 대신 우리는 재난 기념비에 얽힌 언설과 활동을 포괄적으로 검토하는 민족지적, 통시적 접근에서 논하고자 한다. 그러한 접근은 장기간에 걸친 기념행위의 유효성을 향상시키는 데 도움이 될 것이다. 이 관점을 적용하여 다음 절에서는 재난 기념비의 특정한 양식, 동일본대지진 후 지역사회 내에서의 기념비의 관계성과 역할을 고찰한다.

3. 유리아게의 기념비 - 사례연구

미야기현 연안부에 위치하는 나토리시 유리아게 공동체는 도호쿠지방에서 가장 심각한 피해지 중의 하나이다. 강력한 쓰나미는 인구의 10%가 넘는 753명의 목숨을 앗아갔고 40명이 행방불명이 되었다. 동일본대지진 이전의 유리아게는 어부와 통근하는 샐러리맨, 퇴직 후 이주해온 사람들, 그리고 관광객이 뒤섞인 커뮤니티였다. 주민이 약 7,103명으로 2,551세대가 생활하고 있었다. 유리아게는 시장, 모래사장, 사이클링장, 승마센터 등의 관광명소로 유명했다. 이들 시설과 건물 대부분은 나토리시의 평지를 수 킬로미터나 넘어서 덮친 10미터 높이 파도의 압도적인 힘에 떠내려가고 말았다.

유리아게는 5년 이상이나 황무지가 되어 있었다. 쓰나미 이후 지자체는 신속한 회복과 부흥을 실행하려는 결의를 표명했다. 유리아게는 쓰나미의 잔해를 제거한 첫 번째 지역이었지만, 그 수단과 방법에 관한 논쟁으로 부흥사업은 중단되어 버렸다. 유리아게는 2014년 당시 미야기현 피해지 중에서 부흥의 진척상황이 가장 느린 지역이었다(미야기현청 토목부 토목총무과 2014). 이런 상황은 호안(護岸)과 제방건설에 착수한다는 부흥계획의 집행 개시를 통지한 2015년 말까지 바뀌지 않았다. 본 논문을 집필하고 있던 무렵에는 증축공사에 필요한 토사를 운반하기 위해서 유리아게에 매일 수천 대의 트럭이 왕래하고 있었다. 재건이 진전되지 않는 이런 상황은 일요시장을 겸한 기념의 장이 여전히 유리아게의 유일한 중심이었음을 의미한다.

동일본대지진 이전의 유리아게의 모습이 그나마 남아 있는 곳은 히요리 산이라고 불리는 작은 인공산뿐이었다. 그곳은 원래 어부를 수호하는 신을 모시는 작은 신사였다. 동일본대지진 이후, 히요리 산은 자원봉사자와 방문자, 그리고 생존자에 의한 적극적인 기념행사의 장이 되었다. 히요리 산에는 초기에 일시적인 기념비가 세워졌다. 주요한 요소는 희생자의 영령에 바치기 위한 두 개의 기둥과 불탑이었다. 그들 기둥은 일련종(日蓮宗)과 입정교성회(立正佼成會) 두 불교 교단에 의한 것이다. 그곳은 몇 개의 불상과 향로, 종이학과 다른 인공물로 이루어져 있었다(사진 10-1). 유리아게를 찾아오는 사람들은 히요리 산을 방문하여 희생자와 신불에 엄숙하게 기도를 드린다. 이처럼 재난 기념행위의 일부분이 되어 있음에도 불구하고 선행연구에서는 그런 시설은 일시적인 성격의 것이라 하여 분석에서 제외되어 왔다.

〈사진 10-1〉 히요리 산에서 본 유리아게의 풍경

앞쪽에 일시적으로 건립된 기념비

〈사진 10-2〉 나토리시 동일본대지진 위령비 근처로 이전한 유리아게중학교 위령비(우측)

3.1 유리아게중학교 위령비

기념비의 첫 번째 사례는, 나토리 시내에 있는 유리아게중학교의 위령비이다. 유족회 회장의 설명으로는 동일본대지진 당일 유리아게중학교는 졸업식이었다. 이미 식을 마치고 학교에는 아무도 없었지만 오후 2시 46분에 지진이 덮쳤을 때, 근처 주민의 대부분이 피난소였던 유리아게중학교로 피난해 왔다. 다른 사람들은 가족의 안부와 가옥의 손상을 확인하기 위해 집에 돌아가 있었다. 회장인 그녀는 라디오에서 흘러나오는 쓰나미 경보로 인해 사람들은 혼란에 빠졌고, 도저히 믿을 수 없는 심경이었다고 한다. 사이렌도 울리지 않아서, 사람들은 9.0미터의 파도가 밀려오고 있다고는 생각지도 못했다고 회고하였다. 그녀는 그 파도가 유리아게에 도달했을 때 친구 아들과 13명의 아이들이 힘없이 파도에 휩쓸려 갔다는 말로 설명을 마쳤다. 남겨진 유족들은 아이들을 위해서 그 해에 유족회를 결성하고 위령비를 건립하였다고 한다.

유리아게중학교 위령비의 디자인은, 기념행위를 위한 독특한 어프로치를 보이고 있다. 유족회는 우뚝 솟은 커다란 비석을 건립하기보다 다소 경사지게 세운 14명의 아이들 이름을 새긴 낮은 화강암 블록을 선택했다. 위령비 전면에는 재난 일시와 이름 등의 정보가, 후면에는 유족회 이름과 기념비를 건립한 날이 새겨져 있다. 유족회 회장은 디자인이 단순한 만큼 모든 방문자가, 특히 학교 아이들이 희생된 아이들의 이름을 읽고 어루만질 수 있다고 설명한다. 이 비석을 어루만지는 행위는 유족과 기념비를 방문한 사람들에게는 의례가 되어 있다. 고인에 내한 비탄과 함께 유족은 희생자의 '존재 증명서'로서 비석을 유적으로 남기고, 그들의 아이가 존재했었다는 증명으로 삼고 있다(사진 10-2).

유리아게중학교 위령비는 수동적인 비석이라기보다 오히려 많은 재난과 관련되는 활동을 자극하는 것이었다. 먼저 위령비는 매년 '추도집회'를 여는 중요한 장소를 제공하고 있다. 아이를 잃은 부모의 메시지가 집회의 중심이 되고 있다. 집회는 2011년부터 유족회의 주요 지원자가 된

NGO 리더에 의해서 구성되었다. NGO는 기념비와 함께 〈유리아게의 기억〉이라는 유족회 사무실로 사용되는 쓰나미 기념자료관을 건립했다. 현재 쓰나미 기념자료관은 아이들과 다른 생존자에 대한 정신적, 심리적 보살핌을 실시하는 장이 되었다. 자료관의 구조는 방문자가 영상을 보거나, 동일본대지진 경험에 대해서 생존자와 목격자에게 이야기를 들을 수 있는 작은 전시실과 영사실로 구성되어 있다. 마지막으로, 가이드 투어는 위령비와 학교로 시선을 돌리게 한다. 그곳을 고인을 그리워하는 장으로 간주하면, 유리아게중학교 위령비는 유족과 생존자가 도호쿠지방 대지진의 이야기와 교훈을 전하는 중요한 장소가 된다.

3.2 지장보살의 기념비

유리아게에 있는 두 번째 기념비는 '유리아게 수호의 지장보살(閖上寄り添いお地藏さん)'이라 불리는 불상이다. 지장보살은 아이와 여행자, 약자의 영혼을 수호하는 보살이다. 지장보살은 임신 중에 기도를 드리는 여성을 보살펴 준다고 한다. 지장보살은 사람이 비명횡사한 장소에도 건립되어, 일본 각지의 길가와 교차로에서 볼 수 있다.

개인의 죽음은 결국 시간과 함께 잊혀지지만, 지장보살은 지역사회의 일부로 남는다. 지장보살상은 흔히 턱받이와 모자, 가운을 걸치고 있다. 사람들은 지장보살에게 경의를 표하고, 합장하여 빌고, 공물을 바친다. 생존자의 마음을 치유하기 위해 지장의 힘을 빌리고자 불교 단체가 〈피해지역에 지장보살 보내기 프로젝트〉를 시작하기로 결정했다. 이 프로젝트는 도호쿠지방 연안부의 피해지역 곳곳에 50개의 지장보살상을 건립하는 것을 목표로 한다. 이 지장보살상은 2014년 6월 1일에 생존자 가정 소유의 토지에 건립되었다.

유리아게 수호의 지장보살은 연회색 화강암의 세 가지 주요한 요소로 되어 있다. 연꽃 위에 서서, 둥그스름한 모습으로 가늘게 눈을 뜨고 인자한 미소를 띤 2미터 높이의 지장보살이 좌대 중앙에 있다. 그리고 그 양옆에 쓰나미 희생자를 나타내는 소녀와 소년의 작은 상이 세워져 있는데, 3개의 상 모두 좌대에 올라 있다. 좌대의 뒤편에 이 불상의 이름과 설립에 관여한 불교 종파의 이름이 새겨져 있다. 그리고 재난지역의 신속한 부흥과 함께 고인의 영혼과 생존자의 고통을 덜어주기 위해서 이 상이 건립되었다고 알리는 짧은 문장이 있다. 66명의 기부자와 프로젝트 리더들의 이름과 건립 일시가 비문으로 새겨져 있고 모든 재난 희생자에게 바쳐져, 유리아게 수호의 지장보살은 유리아게의 중요한 장소가 되었다(사진 10-3).

유리아게중학교 위령비처럼 유리아게 수호의 지장보살은 개인과 방문자의 작은 단체와 불교승이 고인에게 경의를 표하고, 기도하고, 공물을 바치기 위해서 방문하는 장소이다. 유리아게중학교 위령비와 다른 점은, 이 불상 주변에서 큰 집회나 매년 치러지는 의식이 없다는 것이다. 이 지장보살상이 건립되기 이전에 남동생과 남자 조카를 잃은 여성들이 중

〈사진 10-3〉 유리아게 수호의 지장보살과 히요리 산

심이 되어 올케나 딸과 함께 〈유리아게의 차 마시는 곳〉으로 알려진 즉석 다실을 만들었다. 2011년부터 그녀들은 매주 주말에 모이는 사람들을 위해서 음료와 과자, 식사까지도 제공했다.

주요 목적은 생존자가 이야기를 나누고 동료를 발견하고 마음이 치유되는 장소를 제공하는 것, 재난 이전의 유리아게 기억을 남기는 것, 그리고 인연을 다시 되찾는 것이었다. 시간이 흘러 대화의 대부분이 커뮤니티 재건과 정책에 관한 것으로 바뀌어 갔다. 그와 함께 〈유리아게의 차 마시는 곳〉은 지역 사람들과 개인, 여행자들의 작은 집단, 학생과 자원봉사자의 교류지점의 역할을 하게 되었다. 엄숙하지도 조직적이지도 않지만, 방문자는 재난에 대해서 배우고, 유사한 사건에 휩쓸렸을 때 취해야 할 행동에 대해서 조언을 듣게 된다.

3.3 나토리시 동일본대지진 위령비

세 번째 사례는 나토리시 지자체가 2014년 8월 11일에 건립한 기념

〈사진 10-4〉 유리아게에 위치한 나토리시 동일본대지진 위령비

비이다. 일본에서는 개인의 죽음을 기념하는 공공의 비석인 위령비가 자연재해로 건립되는 일은 드문 일이다. 지자체는 중립성이 높은 기념비나 기념공원을 만드는 경향이 있다. 동일본대지진의 문맥에서조차 희생된 시민의 영혼을 위해서 비석을 세운 것은 나토리시의 이웃인 이와누마시뿐이었다. 당시 나토리시는 그러한 비석을 건립할 계획이 없었다. 기념공원과 기념비의 건설은 유리아게의 부흥이 완료된 후로 예정되어 있었던 것이다. 하지만 생존자가 고인을 추모할 기념비를 찾는 사람들의 목소리가 높아지자, 지자체는 계획을 변경하여 수년 앞당겨서 현재의 위령비를 건립하도록 한 것이다. 유족들의 희망에 부응하여 시는 나토리시에서 목숨을 잃은 944명의 이름을 새기도록 허가했다. 이처럼 위령비는 방문자가 고인에게 경의를 표하고 애도하는 장소인 것이다(사진 10-4).

나토리시 동일본대지진 위령비는 히요리 산에 가깝고, 〈유리아게 수호의 지장보살〉에서 100미터 이내의 장소에 있다. 큰 규모의 인공산으로, 전방에 있는 화강암의 '씨앗의 위령비'와 중앙에 세워진 키가 큰 '움트는 탑'으로 형성되어 있다. 그 '씨앗'에는 이 돌이 재난으로 희생된 시민과 고향을 상징하고 있다고 새겨져 있고, '하얀 싹'은 커뮤니티의 재생과 회복력을 나타내고 있다. 위령비 높이는 쓰나미의 높이 8.4미터를 나타내고 있다. 이 산의 양쪽에는 두 개의 커다란 방명판이 있어서 944명의 희생자 이름, 나토리에서의 동일본대지진에 관한 정보, 그리고 이 위령비에 대한 설명이 쓰여져 있다. 위령비 높이와 방명록에 새겨진 셀 수 없이 많은 이름의 나열은 방문자들에게 유리아게에서 발생한 파괴의 규모를 전하고 쓰나미의 위험성에 대한 인식을 높인다.

건립된 이후로 나토리시 동일본대지진 위령비는 공식 이벤트에서 중요한 장소가 되었다. 예를 들어 아베 신조 수상과 아소타로 부총리(당시)

는 각각 2015년 7월 11일과 9월 28일에 이 위령비를 방문했다. 다른 공적인 방문 사례로는, 국제연합 방재회의 같은 국제회의 기간에 해외 정부 관료와 연구자들이 방문했다. 또한 유리아게중학교 위령비 가이드는 정기적으로 이 지역을 방문하는 학교의 소풍과 쓰나미 스터디투어를 기획하고 있다고 한다. 유리아게중학교 위령비와 〈유리아게 수호의 지장보살〉과 함께 나토리시 동일본대지진 위령비는, 신구 세대가 재난문화를 육성하고 미래의 재난에 대한 대비라는 회복력을 증대시키는 기회를 갖는 장소로서 기념행위의 복합적 기능을 형성하고 있다.

4. 동일본대지진 이후 기념비의 역할

마지막으로 본 절에서는 유리아게에 새워진 동일본대지진 기념비에 관한 조사에서 그들의 일반적인 기능을 설명하고자 한다. 우리의 목적은 외재적 기능과 내재적 기능의 관계성을 논증하는 것이다. 예를 들어, 제1절에서는 슬픔, 연계, 그리고 아이덴티티의 관계성에 대해서 고찰했다.

또 하나의 예는, 고인의 기억 보존과 재난 교육의 결부이다. 우리는 분석을 통해서 기념비에 관련된 사상과 실천에 대한 상대적인 접근으로, 흐르는 시간 속에서 기념비의 사회적이고 광범위한 역할을 이해할 수 있다는 것을 제시하고자 한다.

4.1 비탄과 평온

기념행위에서 일반적으로 나타나는 주제는 고인과 상실한 지역사회에 대한 비탄이다. 자연재해는 그 사례에서 사람이 희생되었을 때만 재난이라고 불린다. 대재난의 규모를 측정하는 공통인자는 피해자의 숫자이다. 주요 정치가에 의한 공적인 스피치는, 슬퍼하는 희생자의 보호자와 친구에 대한 동정을 나타내는 것으로 시작되는 것이 일반적이다. 따라서 유리아게의 세 개의 기념비가 무엇보다 먼저 쓰나미로 희생된 사람들에게 바쳐진 것은 놀랄 일은 아니다. 그들 기념비는 유족과 지역사회의 다른 멤버가 비탄에 대처하는 장치로서의 역할을 하고 있다. 또한 이 연구는 사별의 과정이 지역사회 단위로 실행되고 있다는 것도 명확히 제시하고 있다. 나토리시의 위령비와 지장보살이 건립되기 이전의 대화에서 〈차 마시는 곳〉의 리더는 기념행위의 본질은 그 집단성이라고 언급했다. 그녀들은 방명판 앞에서 고인에게 함께 기도를 올리는 과정을 통해서만 유족은 고통을 극복할 수 있다고 했다. 이 지역사회에서 이루어지는 치유행위는, 재난지역의 위령비와 기념비를 방문해 고인을 기리고 생존자들의 단결을 나타내는 방문자의 적극적인 활동이 없으면 불가능하다.

유리아게의 동일본대지진 기념비의 두 번째 역할은 희생자의 안녕에 기여하는 것이다. 친족과 친구를 잃은 사람들은 재난 생존자 중에서 가장 취약한 집단을 형성한다(Kessler et al. 2014: 265-274). 개개인은 자신의 트라우마적인 경험뿐만 아니라 사랑한 사람들이 비명에 죽었다는 사실과도 직면해야 한다. 그런 상황에서 기념비의 불가결한 측면인 집중적인 정신적 보살핌과 심리적인 지원이 필요하다. 유리아게의 사례에서는 유리아게중학교 위령비와 〈차 마시는 곳〉이라는 고인을 애도하는 두 집단의 리더는 지역사회의 사회적 부흥에 가장 적극적인 관여자이다. 즉, 유족의 평온 회복은 지역사회 재건의 열쇠가 된다고 할 수 있을 것이다.

4.2 사회적인 연계와 고향

집합적인 기념비는 생존자와 그 지역의 연계를 보존하는 데 기여하고 있다. 재난 이후 유리아게의 지역사회는 분단되고 축소되고 약체화되었다. 모든 재난의 잔해가 신속하게 철거된 유리아게 지역은 5년 사이에 달 표면 같은 황량한 풍경이 되었다. 유리아게를 방문한 사람들은 모든 공공시설과 집들이 사라져 버렸을 때, 유리아게를 상상하는 것이 힘들었다. 아마 이 지역으로 돌아오는 것도 거주하는 일도 없을 거라고 생각했을 것이다. 지역 신을 모시는 히요리 산은 생존자와 방문자에게 중요한 순례지가 되었다. 하지만 대중의 시선에 노출되고 프라이버시가 보장되지 않는 상태가, 사람들로 하여금 이 공간에서의 사회적인 집회를 자제하도록 만들었다. 매주 열리는 시장은 캐나다우드에서 기부받은 새로운 메이플관이 설립되자 폐허 속에서 다시 열렸다. 우리 연구에서는 유리아게 지역주민은 재난 이전에 시장에 방문한 적이 없었는데도 불구하고 이 장소와 소원해진 것처럼 느끼고 있는 것이 명확하게 드러났다. 결과적으로 오랜 세월은 공동체의 연대감을 유지하는 것이 심각한 과제라는 사실을 시사해 주었다. 대부분의 생존자는 다시는 돌아올 일이 없을 거라고 단념하고 마침내 유리아게 밖에서 생활 거점을 찾았다.

유리아게의 생존자가 돌아올 장소도 교류할 장소도 없는 것을 고려하면, 〈유리아게의 기억〉(쓰나미 기념자료관)과 〈차 마시는 곳〉 등의 시설이 지역 연계의 유지와 주말에 모이고 싶어하는 사람들 사이에서 인기가 있는 것은 놀랄 일이 아니다. 기념비가 설립된 장소에서 생활하는 사람들은 같은 생존자와 함께 교류할 뿐만 아니라, 한동안 친숙했던 고향에 두 번 다시 돌아오지 않을 것을 객관적으로 직시하고 받아들일 기회를 얻고 있다. 최근에는 작은 모임에서 제방 증축공사와 새로운 유리아게를 위한 새레이아웃으로 나타난 극적인 변화가 화제가 된 일이 있었다. 즉, 이 사례 연구로 집합적인 기념행위를 통해서 생존자가 과거를 수용하게 될 뿐만 아니라, 미래를 마음속에 그리게 되는 것이 명백해졌다.

4.3 재난 기억의 보존

동일본대지진 기념비의 또 하나의 역할은, 대재난의 기억 보존과 전달이다. 유리아게에서는 나토리시 동일본대지진 위령비가 그 역할을 수행하고 있는데, 비극에 대한 가장 광범위한 설명을 제공하고 있다. 아주 큰 기념비에는 희생자 944명의 이름이 새겨져 있어, 지역에서 발생한 비극을 확실히 상기시키고 있다. 규모는 다르지만 유리아게중학교 위령비도 방문한 사람들에게 쓰나미로 잃은 아이들을 떠올리도록 그들의 감성을 일깨운다. 또한 기념비 주변 장소는 사람들이 대재난을 배우기 위해서 방문하는 중요한 사회적 장소가 되었다. 이미 앞에서 언급했듯이 〈유리아게의 기억〉은 생존자와 지원 스태프가 동일본대지진의 비디오와 사진, 자료를 공유하는 활동센터가 되고 있다. 가장 중요한 것은 이 센터가 매주 열리는 증언 모임을 결성하게 된 것이다. 증언 활동을 통해 방문자는 생존자의 경험과 공동체 전체에서 교훈을 얻고, 피난과 자기방어 방법 등에 대한 조언을 얻게 된다. 생존자에게 증언 활동은 그들 자신의 트라우마를 다루고, 개인적인 경험을 공유하는 수단이 되고 있다. 비공식적이기는 하지만, 유리아게의 〈차 마시는 곳〉은 방문자가 재난의 기억을 배우고 공유하는 소우주가 되고 있다.

4.4 쓰나미 스터디투어

기념비는 유리아게의 재난투어리즘과 교육의 랜드마크가 되었다. 또한 〈유리아게의 기억〉은 재난투어리즘과 쓰나미 스터디투어에 공적이고 전문적인 가이드를 제공하여 리더십을 발휘하고 있다. 가이드는 대개 유리아게의 생존자가 담당하고 있는데, 버스를 타고 마이크를 잡고 황량한 토지를 달리면서 동일본대지진을 기억하도록 호소한다. 그들의 이야기는 사진을 사용하거나 다양한 장소에 있는 동일본대지진 이전의 모습을 담은 패널을 사용하면서 쓰나미 이전의 유리아게의 생활을 전하고 있다. 이 투어를 진행하는 동안 가장 인상적인 랜드마크가 되는 것은, 의심할 여지 없이 희생자가 겪은 상실과 고통의 깊이를 방문자가 느낄 수 있는 기념비이다. 가이드는 이 기념비의 의의와 짧은 역사를 설명하는 데 특별한 노력을 기울이고 있다.

5. 맺음말

본 장을 정리하기에 앞서 우리는 먼저 기념비에 방재적 효과가 없다는 비판으로 되돌아가 보고자 한다. 우리는 그 비판이 학술적인 논의를 의도하고 있었지만 그렇게 될 수 없었다고 이해하고 있다. 그리고 우리의 발견이 얼마나 재난 기념비에 대한 잘못된 인식에서 탈피하는 것을 가능하게 하는지, 이하의 네 가지 일반원칙을 제시하고자 한다.

① 사회활동
우리 연구가 제시한 것처럼 기념비의 역할을 이해하기 위해서는, 과학자는 기념비의 사회적인 '힘'을 분석하고 그 형태와 문장, 그리고 상징이라는 외적 특징으로 시야를 넓혀야 한다. 우리는 여기에 기념비의 사회적 존재성을 기념비에 관여하는 사람들과의 활동이라고 정의하고 싶다. 이런 활동은 아마도 동일본대지진 희생자를 위해서 기념비로 행해지는 죽음의 의례일 것이다. 그것은 또한 대재난에 대해 배우기 위해서 재난지역을 방문하는 학교 아이들과 어른 그룹을 대상으로 한 재난투어일 것이다. 이런 논의는 기념비에 관한 '재난 투어리즘' 또는 '다크 투어리즘의' 발전을 이끌어낸다. 그다지 알려지지는 않았지만 기념비는 생존자와 방문자간, 그리고 생존자와 방문자와의 관계성을 만들고, 재건하고 유지하는 수단도 되고 있다. 우리는 이들 집단의 활동에 대해서 부모나 친구, 그리고 커뮤니티 모두의 상실을 슬퍼하는 개인에게 있어서의 기념비의 중요성을 주시해야 한다. 실제로 기념비는 재난 후의 상태를 남기는 유일한 것이고 '당시'의 증명인 것이다.

② 기념비의 복합적 기능

기념비 설립에 있어서 재난에 대한 대처는 불가결한 요소이다. 이들 비석의 기능은 아주 다양하다. 몇몇 기념비는 본질적으로 고인을 애도하고 경의를 나타내는 것이다. 그 밖에 특정한 비극을 기록하고 그 사건의 정보를 공유하도록 의도하는 비석이 있다. 최종적으로 우리는 정보를 제공할 뿐만 아니라 과거 대재난의 교훈을 전승하는 장치로서의 기념비의 기능을 발견했다. 그들의 가장 중요한 기능은 과거의 지진과 재난에 관한 지식을 대대로 전하는 것이다. 즉 각각의 비석은 재난 기념비의 보다 넓은 복합적 기능과의 관계 속에서 역할을 수행하고 있는 것이다.

③ 목적이 아니라 수단으로서의 기념비

본 논문은 기념행위와 방재는 모두 각각의 것을 달성하거나 목적으로 하는 것이 아니라, 과정과 상태로서 파악해야 한다는 견지를 굳힌 것이 되었다. 우리 연구에서는 기념비를 과거 재난의 유적으로 간주할 뿐만 아니라, 흘러가는 시간 속에서 그들의 역할이 어떻게 발전했는지를 관찰하고 이해해야 한다는 것을 제시했다.

④ 재난문화와 사회적 회복력

우리가 일본 사례에서 본 것처럼, 기념비는 재난의 기억과 교육의 중심적인 매체가 되고 있다. 인류학자인 네이션 제시는 그것은 재난의 개별적인 경험을 넘어서 모든 과정이라고 주장한다(Jessee 2016). 또한 그것은 주거와 피난, 안전성이라는 단일한 사실마저도 초월한 것이다. 이 논의는 재난문화는 보다 넓은 교육 문화 위에 성립될 필요가 있다고 하는 다카노와 가미야마의 논의와도 공명한다(다카노 · 가미야마 2015:229-230).

본 논문의 논의는 해답을 제시하지 않은 많은 과제를 남기고 있다. 그것은 '기념비는 어떻게, 그리고 언제, 방재역할을 수행하는 기능이 사라지는가?'와 '기념비의 기능은 어떻게 그리고 왜 기념비의 종류와 형태, 디자인 등에 의해서 시간과 함께 변화하는가?', '기념비의 특정한 역할, 각각의 유효성은 언제 그리고 왜 점차 사라지는가?' 등과 같은 문제이다. 기념비의 사회적인 지속성에 대한 이들 과제의 대답을 유도함으로써, 시간의 경과와 함께 유효성이 증대하는 특정한 해결책과 최선의 실천을 찾아낼 수 있지 않을까. 이런 문제에 대한 대답은 재난교육과 지식의 매체가 되는 기념비의 유효성을 극대화하고, 그 역할을 유지할 수 있도록 한다.

감사의 말

본 연구는 일본학술진흥회 외국인특별연구원 P12702(2012~2014년) 및 도호쿠대학 재난과학 국제연구소 프로젝트 지원금(2015년)의 지원을 받았다. 이에 감사의 마음을 전한다.

문헌

川島秀一(2016)「津波碑から讀む災害觀—人々は津波をどのように捉えてきたのか」、橋本裕之・林勳男 編『災害文化の継承と創造』京都：臨川書店、pp.44-65

全優石津波記憶石プロジェクト(n.d.)「津波記憶石 第三号 岩手縣釜石市唐丹町 碑文」、一般社団法人全國優良石材店の會ウェブサイト(http://www.tsunami-kioku.jp/津波記憶石/津波記憶石3号/碑文)[最終アクセス：2017年9月1日]

高野俊英・上山肇(2015)「防災に資する「記念碑等」の意義と役割に關する研究」,『日本建築學會大會學術講演梗概集』(都市計畫)、pp.229-230

宮城縣廳土木部土木總務課(2014)「東日本大地震からの復旧・復興事業の進捗状況」、宮城縣ウェブサイト(http://www.pref.miyagi.jp/uploaded/attachment/281310.pdf)[最終アクセス：2017年9月1日]

Jessee, Nathan(2016) "Hope for 'Just Resilience' on Earth Day," EnviroSociety, 22 April (http://www.envirosociety.org/2016/04/hope-for-just-resilence-on-earth-day/).

Kessler, Ronald C. et al.(2014) "How well can post-traumatic stress disorder be predicted from pre-trauma risk factors? An exploratory study in the WHO World Mental Health Surveys," World Psychiatry, 13(3): pp.265-274.

Ranghieri, Federica and Mikio Ishiwatari eds. (2014) Learning from Megadisasters: Lessons from the Great East Japan Earthquake, Washington: The World Bank.

제11장

인도네시아와 일본의 쓰나미 기념행사에 나타나는 '구원의 약속'

후쿠다 유 (福田雄)

1. 시작하는 말

본 장은 수마트라섬 앞바다 지진(2004년)과 동일본대지진(2011년)이라는 두 거대 쓰나미에 대해서 인도네시아 아체와 미야기현 이시마키시 두 사회가 어떻게 대응했는가를 고찰한다. 구체적으로는 대지진 이후, 매년 지진 발생일에 개최하는 공식 기념행사를 각각 살펴봄으로써 현대사회의 쓰나미에 대처하는 방법에 대해서 고찰한다.

이하에서는 먼저 기념행사라는 사회현상의 다양한 성질을 특징화하고, 인도네시아 아체의 쓰나미 기념행사를 검토한다. 이어서 아체의 기념행사에 나타나는 '구원의 약속'이라는 관점에서 이시마키시의 기념행사를 재고하려 한다. 본 장의 고찰은 인도네시아 아체는 2014년, 이시마키시는 2011년부터 실시해온 현지조사의 결과 및 자료를 토대로 하고 있다.

2. 기념행사라는 사회현상의 여러 특질

역사가인 폴 코나튼에 의하면 '기념식'은 과거의 사건을 둘러싸고 행해지는 실천 중에서도 '의례를 수행하는 이와 그들이 수행하는 것 사이에 얻어지는 관계를 특정한다'(Connerton 1989=2011:95)는 독특한 성질을 갖는다고 한다. 물론 기념식뿐만 아니라, 예를 들어 본서 제10장에서 보레가 논한 것처럼, 기념비도 사람들과 재난 사망자와의 관계를 유지하고 구축하는 역할을 한다고 생각한다. 하지만 기념식의 의례가 기록문서와 기념비에 새겨지는 기억과 다른 것은, 기념식의 의례행위가 갖는 수행적 성질에 있다고 코나튼은 지적한다. 그는 기념식 중에 곧잘 사용되는 '기원하다' '빌다' '감사하다' 등과 같은 발화를 예로 들어, 이들 발화가 무언가의 의미 내용을 파악하는 텍스트로서뿐만 아니라 언어를 수반하여 수행되는 사회적 실천으로서 접근 가능하다고 주장한다. 이들 발화행위는 '우리'라는 집합적인 행위주체를 전제로 하여 수행되는 것으로, 어느 집단에 과거 사건에 대한 특정한 가치와 의미를 계속해서 부여하는 역할을 한다는 것이다.

이러한 코나튼의 주장에 대해서 소위 '공식행사'로서의 기념식에 단순한 퍼포먼스 이상의 의미는 없다고 그 역할을 과소평가할 수도 있을 것이다. 식전의 의례와 발화가 어떤 것이든 그것을 일방적으로 받아들이는 사람은 거의 없을 것이고, 해당 주최 측도 기념식은 형식상 그렇게 하지 않으면 안될 의례를 엄숙하게 거행하고 있는 것에 불과하다는 측면이 있다. 하지만 기념식은 형식적이기 때문에 수십 년에 걸쳐서 반복가능하고, 이 형식성과 수행성이야말로 '사회의 기억'에 연속성과 지속성을 부여하는 것이라고 코나튼은 주장하는 것이다.

기념식전이 사회의 기억 유지에 이바지하는 문화장치라는 코나튼의 주장이 타당하다면, 과연 오늘날 사회에서 공유하고 계승되어야 할 가치와 의미를 갖는 사건이란 어떤 것일까. 사회학자인 스즈키 겐스케(鈴木謙介)는 이 물음에 대한 대답으로 전쟁과 대사고, 그리고 재난이라는 '공동체에 다가온 죽음을 수반하는 비극'(스즈키 2013:237)을 예로 든다. 왜냐하면 이들 사건은 다양한 의미 부여 실천이 가능한 현대사회에서 '개인적인 의미를 도입하는 것이 불가능할 정도로 강한 의미를 수반하는 의례공간'(스즈키 2013:237)을 만들어 내기 때문이라고 한다.

그렇다면 현대사회의 비극을 기념하는 의례공간에는 어떠한 사회적 가치와 의미를 부여할 수 있을 것인가. 본 장에서는 지역사회가 붕괴할 정도의 피해를 입은 두 피해지역을 대상으로 하여, 그 의례와 발화행위를 통해서 의례 행위자와 의례가 행해지는 대상과의 사이에 어떤 관계가 있는지, 또한 재난에 어떠한 사회적 가치와 의미가 부여되어 있는지를 '형식'과 '수행성'에 주목해서 살펴보고자 한다.

이러한 관심에서 재난을 둘러싼 기념행사를 고찰 대상으로 하는 몇 가지 연구를 들 수 있는데,[1] 모두 테러와 전쟁 시의 인위적 재난을 둘러싼 사건을 대상으로 할 뿐, 자연재해의 기념식에 초점을 맞춘 연구는 없다. 자연재해 중에서도 특히 본 장이 다루는 쓰나미 상습지역에서의 쓰나미 기념식은 다른 재난에는 없는 리얼리티─ '일찍이, 어딘가에서, 누군가'에게 일어난 일이 아닌 '지금, 여기에서, 나'에게도 일어날 수 있다는 재난의 리얼리티─를 지속적으로 환기할 수 있다고 생각한다. 그래서 본 장에서는 인도네시아 아체와 미야기현 이시마키시라는 두 쓰나미 상습지역

---

1   예를 들어 9.11동시다발테러의 기념식전에서 신의론적 구조를 찾아낸 연구(Simko 2012)나, 나가사키시 원폭위령행사의 통시적 변천에 주목한 연구(후쿠다 2011)를 들 수 있다.

의 기념행사를 대상으로 하여, 기념행사에 나타나는 발화행위 속에서 쓰나미와의 대응 방식을 분석한다. 그때 '구원의 약속'이라는 관점에서 이들 기념행사를 재고하고, 각각 지역의 고난에 대한 사회적 대응 패턴을 고찰하고자 한다.

3. 인도네시아 아체의 기념행사

2004년 12월 26일, 수마트라섬 앞바다에서 발생한 지진으로 인한 쓰나미로 인도양 연안부에서 20만 명 이상의 사망자와 행방불명자가 발생했다. 그중에서도 인도네시아 아체주 반다·아체시에서는, 지진 전 인구 22만 명 중 약 30%가 희생되었다고 한다. 먼저 인도네시아 아체의 개요와 역사적 배경을 살펴보고 그곳에서 행해지고 있는 기념행사를 검토하고자 한다.

3.1 '메카의 베란다'로서의 아체

아체주는 북쪽에 말라카 해협을, 서쪽에 인도양을 접하고 있는 인도네시아 공화국 가장 서쪽에 있는 주이다. 도호쿠지방보다 다소 작은 면적에 거주하는 약 500만 명 중 약 90%를 아체인이라고 하는 에스닉 그룹이 차지하고 있다. 그들 대부분이 벼농사와 어업 등 제1차산업에 종사하고 있고, 후추·커피·고무·담배 등의 환금작물(현금수입을 목적으로 한 작물-옮긴이) 농업도 활발하다. 특히 후추는 19세기 전반에는 전 세계 생산량의 절반을 차지하던 시기도 있었을 정도로 명산지이다. 또한 아체는 천연가스와 석유 등의 천연자원도 풍부하여, 그 불평등한 이익 배분이 분리독립

파와 인도네시아 정부와의 30년에 걸친 내전의 이유 중 하나가 되었다. 풍부한 자연을 가진 아체는 한편으로 불의 고리(cincin api)라고 하는 화산과 지진 활동이 가장 활발한 지역에 위치하고 있다. 2004년에 발생한 지진은 인도·호주 플레이트와 순다 플레이트와의 경계에서 발생한 것으로, 그 후에도 커다란 지진이 빈번히 발생하고 있다.

하지만 아체는 이러한 지정학적인 특성 이상으로 동남아시아 최초의 이슬람 군주 국가가 탄생한 땅으로 잘 알려져 있다. 국왕이 개종하여 최초의 술탄국 파사이가 현재의 북 아체 현에 개국한 것은 13세기이다. 그 후 16세기에는 구타·라자(현재의 반다·아체시)를 왕도로 하는 아체 왕국이 수마트라섬 북부를 지배하게 되어 그 권역은 말라카해협 건너편 말레이시아 지역에까지 이르렀다. 후추와 금 수출로 발전한 이 해양교역국가는 아랍지역에서 동남아시아 지역으로의 현관입구, 동남아시아에서 아랍지역으로의 출항지로서 많은 울라마(이슬람 법학자)를 불러 모았다. 이렇게 하여 이슬람 법학의 중심지가 되었던 아체는 점차 '메카의 베란다(Serambi Makkah)'라고 불리게 된다. 즉 아체는 세계적인 움마(이슬람 공동체)에서 메카의 일부로 간주될 정도로 중요한 종교적 아이덴티티를 획득해 간 것이다.

아체 최대의 에스닉 그룹인 아체인에게 '경건함'을 둘러싼 자기 인식은, 종주국 네덜란드에 대한 저항운동과 제2차 세계대전 후의 독립전쟁, 그리고 인도네시아로부터의 분리독립을 요구하는 내전 등 이방인에 대한 전쟁이 끊이지 않았다. 이 '강하고 경건한 아체인'이라는 아이덴티티는 후술하는 바와 같이 현재에도 널리 공유되고 있다. 세계최대의 이슬람 인구를 갖는 인도네시아에서 유일하게 이슬람법(Shari'a)을 자치법으로 하는 특별 주로 아체가 성립한 배경의 일부는 위와 같은 역사에 근거한다. 그리고 이 역사적 문맥은 하필이면 왜 동남아시아 지역에서, 가장 경건한 무슬림이 사는 메카의 베란다를 인류사에 남을 대해일이 덮쳤는가 하는 물음에 직면하게 했던 것이다.

3.2 '신에게 근접하기' 위한 의식

이상에 입각하여 2005년 이후, 아체 주가 거행하고 있는 수마트라 섬 앞바다 지진 기념행사를 기술한다. 매년 연안지구에서 행해지는 기념식은 다음과 같은 식순으로 구성되어 있다. 먼저 처음에 코란의 한 구절을 소리내어 읽고, 주지사와 현지사가 스피치를 한다. 이어서 대지진 고아에 대한 증정(사진 11-1)이 있고, 그 후에 이맘(이슬람교의 지도자)과 국립 이슬람 대학 학장 등이 강연(tausiyah)을 한다. 마지막으로 일동 모두 신에게 기도를 드린 후에 끈두리라는 식사를 하고 기념식은 종료한다. 이 밖에 공식행사로서 기념식 전날과 당일 이른 아침에 집단매장지와 모스크 등에서 기도(zikir이라고 한다)와 설교가 행해진다.

한눈에 알 수 있듯이, 이들 기념행사는 아체의 이슬람 문화로 특징 지어진다. 예를 들어 대지진 고아에 대한 증정은 코란과 하디스(예언자 무하마드의 언행록)에서 명하고 있는 종교적 선행의 하나이다. 고아(anak yatim)는 모내기 전과 장례식, 예언자 성탄제 등의 마을 단위로 행해지는 함께 먹는 의례(끈두리) 때도 먼저 식사하도록 초대된다. 고아를 관대하게 다루고 그들에게 식사와 금품을 베푸는 것은, 내세의 공덕(pahala)을 쌓는다는 아체의 일상에 뿌리내린 종교적 실천인 것이다. 이슬람법을 자치법으로 하는 아체에서 기념식이 이슬람의 여러 문화를 반영한 것은 놀랄 일이 아니다. 원래 이 의례는 '신을 기억하고 신에게 다가서는' 것을 주요 목적으로 하기 때문이다.

의식을 주관하는 아체 주 문화·관광국장은 기념행사의 의미와 목적

<사진 11-1> 11주년 쓰나미 기념식에서 '대지진 고아에게 증정'하는 모습(2015년 12월 26일)

에 대해서 다음과 같이 설명한다. 매년 종교자에게 강의를 의뢰하는 것은, 먼저 "왜 그것이 발생했는가, 그 의미는 무엇인가(중략), 그리고 왜 우리가 앞으로 나아가야 하는가를 이슬람의 관점에서 서로 나누기 위해서"라고 한다. 1년에 한 번이라고 할 것 없이 우리는 일상생활 속에서 신을 기억하고, 재난이 가져온 의미를 상기해야 한다고 그는 말하고, 의례를 그 중요한 계기 중의 하나로 자리매김한다. 그가 이렇게 언급하는 배경에는 '신이 모든 일을 의미 있는 것으로 계획하고 계시다'라는, 아체에서 널리 받아들여지고 있는 전제가 있다. 즉 이들 행사는 먼저 쓰나미를 가져온 신을 기억하고 '신에게 다가서기' 위한 기념식인 것이다. 그것은 동일본대지진 발생 후에 행해진 위령·추도를 목적으로 하는 기념행사와는 명확하게 구별해야 할 행사인 것을 확인할 필요가 있다.

3.3 쓰나미의 종교적 의미 - 순교자로서의 쓰나미 사망자

이상과 같이 아체에서의 쓰나미 기념행사의 형식에 입각하여, 다음으로 아체 주가 주최한 쓰나미 기념행사의 하나인 zikir라는 모임의 설교 (ceramah)에 초점을 맞추고자 한다. 쓰나미 기념식 전에 반다·아체 시내의 우레레 지구 집단매장지에서 행해진 이 공식행사에는 주지사와 내빈 등 식전에 참가하는 이들도 있었다. 우레레 집단매장지는 해안에 근접한 쓰나미 피해가 가장 컸던 지구 중 하나로, 집단매장지에는 약 1만 5천 명이 매장되어 있다. 전염병이 만연한다는 소문이 돌았기 때문에 대부분의 시신은 '어른' '아이'의 구별 이외에는 어떠한 특정 작업도 이루어지지 않은 채로 대지진 직후에 매장되었다. 고인이 어디에 매장되었는지 알 수 없기 때문에 유족 중에는 집단매장지를 수 차례 도는 사람도 있다. 집단매장지에서는 시신이 묻힌 장소를 향해 앉아서 각각 코란의 야신 장을 읊는 모습을 여기저기에서 볼 수 있다(사진 11-2).

쓰나미 발생 후 11주년이 되는 이날은 집단매장지의 통로에 텐트가 설치되었고 남녀가 나뉘어 나란히 앉은 가운데 zikir이 시작되었다. 먼저 한 사람의 tengku가 코란을 낭송하고 그 후에 모두가 한목소리로 몇 군데를 낭송하고 신앙고백(shahadat)을 100회 외친다(사진11-3). 낭송과 기도가 진행되면서 참가자의 목소리와 뒤흔드는 신체의 리듬이 뒤섞이며 일체가 되는 감각이 느껴진다. 이 기도 후에 설교자가 앞에 나와 다음과 같은 내용의 설교를 했다.

"11년 전, 건물은 모두 떠내려가고 많은 사람들이 목숨을 잃었다. 그로부터 11년이 지나 이 거리는 전 세계의 지원으로 쓰나미 전과는 몰라볼 정도로 부흥했다. 신은 모든 것을 아시고 이런 과정을 내다보고 계셨다. 어떻게도 할 수 없는 시련이 닥쳐올 때도 있다. 쓰나미를 신의 징벌이라고 간주하는 사람도 있지만, 그렇지 않다. 신의 힘과 지혜는 우리의 상상을 훨씬 뛰어넘는다. 신의 목적은 무엇일까? 신은 축복을 내리기 전에 곤란한 과정을 겪게 하는 일이 있다. 우리 아체인은 오랜 내전에서 구원을 얻었다. 쓰나미는 신의 시련이다. 우리는 이것을 신에게 감사해야 한다."

이 설교는 쓰나미를 '징벌(azab)'이 아니라 '시련(ujian/cobaan)'으로 자리매김한다. 신은 아체인의 신앙을 굳건히 하여 보다 나은 무슬림이 되기 위한 기회로 쓰나미를 불러왔다. 설교자는 '몰라볼 정도로 부흥한' 현재의 반다·아체를 언급한다. 내전 상태였던 2004년 이전의 아체는 군사 계엄령이 내려지고 국군의 분리 독립과 소탕 작전이 진행되고 있었다. 많은 사람들이 의문의 '실종'을 하고, 누구나가 의심암귀(疑心暗鬼)에 빠졌다. 외국인의 출입이 제한되어 깊이 고립된 아체는 경제발전은 기대하기도 힘들었다. 하지만 신은 이 내전에서 아체를 구원하셨다(diselamatkan). 쓰나미가 발생한 다음 해에 평화조약을 체결한 아체는 외국의 지원을 받아 근대적인 인프라가 정비되고 무엇보다도 평화가 찾아온 것이다.

시련으로서의 재난을 언급할 때, 이 설교자는 하디스의 다음 한 구

〈사진 11-2〉 우레레 지구 집단매장지

'어른의 시신'이라고 쓰인 간판 앞에 멈춰 있는 사람들(2016년 12월 26일)

〈사진 11-3〉 집단매장지에서의 zikir에서 기도를 드리는 사람들(2015년 12월 26일)

촬영:Sebastien P. Boret

절을 인용하면서 쓰나미로 희생된 사람들에게도 '보증(jaminan)'이 주어졌다고 언급한다.

"알라의 사자는 '당신들 사이에서는 어떤 사람이 순교자라고 생각하는가?'라고 말씀하셨다. 사람들은 '알라의 사자여, 그것은 알라의 길에서 살해된 사람입니다'라고 말했다. 사자는 '(만약 그들만이 순교자라면) 우리 공동체의 순교자 수는 실로 소수이다'라고 말씀하셨다. 그들은 '그렇다면 그들은 어떤 사람들입니까?'라고 물었다. 그분은 '알라의 길에서 죽은 자는 순교자이다. 역병으로 죽은 자도 순교자이다. 격심한 이질병으로 죽은 자도 순교자이다"(이소자키 외 역 1987:63-64).

이 인용에 이어서, 그는 '익사한 자는 순교자이다'(이소자키 외 역 1987:64)라는 하디스의 한 구절을 마지막으로 언급하고, 쓰나미 희생자가 순교자(syahid)의 지위에 있음을 강조했다. 이슬람에서 순교자란 최후의 심판에 직면하지 않고 내세에서 낙원(Jannah)으로 인도되는 사망자이다. 즉 쓰나미 희생자는 살아남은 우리보다도 신에게 축복받은 사람들이란 뜻이 여기에 함의된다.

터키의 마르마라지진(1999년)을 기념하는 비석에 sehit라는 말이 확인되어 있는(사타케 2016:6) 사실에서도, 지진 사망자에 대한 이 설교자의 해석은 이슬람 사회에서 일반성을 갖는다는 것을 알 수 있다.

즉 이 말은 사망한 사람을 순교자로 간주하여 내세의 구원을 약속하는 한편, 살아남은 사람에게는 더 나은 무슬림이 되기 위한 시련으로 쓰나미를 자리매김하는 것이다. 이 설교자뿐만 아니라 아체 주의 기념식에서는 대부분의 화자가 신에게 감사드리면서 '그날'을 되새기고 경건한 무슬림으로서 우리 아체인은 신에게 되돌아가야 한다고 말한다. 전지전능하고 자비심 깊은 신이 쓰나미를 불러일으킨 것을 전제로 하는 아체의 기념식은, 사자에게는 내세의 구원을 약속하고 살아남은 자에게는 구원에 다가가기 위한 신앙을 새로이 하는 기념의 장인 것이다.

4. 고난의 신의론(神義論)에서 '구원의 약속'으로

인도네시아 아체의 쓰나미 기념행사에 나타나는 종교적인 응답은, 사회학자인 막스 베버가 논하는 고난의 신의론이라는 관점에서 이해가능한 전형적인 사례일 것이다. 베버에 의하면 몇 가지 종교사상은 말할 수 없는 고통 때문에 '사후의 보다 나은 생활에 대한 기대(파라다이스)'(Weber 1921=1972:48), 즉 구원을 약속하는 '합리적인 불행의 신의론'(Weber1921=1972:47)을 전개시켜 왔다고 한다.[2] 이런 관점에서 보면 앞에

---

2   베버 자신은 이슬람의 신의론에 대해서 논의를 전개하지 않고 있다. 다만, 이슬람 연구자인 Reza Idria(Idria 자신도 2004년에 아체에서 쓰나미를 경험했다)가 이슬람 초기의 신학적 논쟁을 검토하면서 지적한 바와 같이, '경건한 커뮤니티와 마을들이 자

서 본 아체의 기념행사는 사자의 사후 구원을 약속하고, 구원받기에 충분한 신앙을 현세에서 보장해주는 신의론을 그 안에서 볼 수 있다. 그것은 '고난 자체에 본래는 그것과는 전혀 관계가 없는 적극적인 보장이 부여된다'(Weber 1921=1972:47) 고 하는, 구원의 종교가 갖는 합리적 해석의 시도로 파악된다. 다만 이러한 신의론적 해석이 다음 절에서 살펴볼 이시마키시의 기념행사에 존재하지 않는 것은 말할 필요도 없다. 이슬람법이라는 형태로 종교가 합리적인 것으로 남아 있는 아체와는 달리, 현대일본의 사회적 영역에서 악과 모순되지 않는 형태로 변증해야 할 신(혹은 각종 힘)의 설자리는 없기 때문이다.

그런데 베버는 신의론이 고난으로부터의 '구원의 소망'(Weber 1921=1972:45)에서 발생했다고 하는데, 고난으로부터의 구원은 소위 종교의 형태를 취한다고는 할 수 없다. 고난과 죽음의 무의미함을 거절하고, (가령 유의미하다고까지는 하지 않더라도) 그 부조리한 사건 속에서 뭔가의 가치를 사후적으로 찾아내려고 하는 실천은 '신' 없는 현대일본에서도 모색할 수 있지 않을까. 원래 본 장은 아체의 이슬람 문화와 일본의 종교문화를 비교하려는 것이 아니고, 그것이 가능하다고도 생각하지 않는다. 여기에서 시도하는 것은 아체에서의 쓰나미 신의론이라는 관점에서, 그것과 대비되는 현대일본의 쓰나미에 대한 사회적 대응의 형식적 특징들을 재고하는 것이다. 그것은 동일본대지진의 위령과 추도를 둘러싼 사람들의 심정을 그려내는 것이 아니며, 하물며 대표하는 것도 아니다. 하지만 공동체 전체에게 고난을 불러오는 쓰나미라는 재난에 대해서 현대사회가 어떠한 의미를 부여할 —구원을 약속할 — 수 있는지 한정된 관점에 관한 중요한 제

연재해로 인해 붕괴될' 때의 무슬림의 태도는, '신의론이라는 문제의 문맥 속에서 이해'(Idria 2010:16)할 수 있다고 한다.

반 사항을 고찰할 수는 있다고 생각한다. 다음 절에서는 구원의 약속을 둘러싼 실천[3]이라는 관점에서 이시마키시의 공식 쓰나미 기념행사를 검토하고자 한다.

5. 동일본대지진을 둘러싼 이시마키시의 기념행사

이상을 토대로 하여, 본 절에서는 지진 후에 이시마키시에서 행해진 위령제와 추도식에 나타나는 특유의 형식과 수행성에 착안하여, 그 의례가 결부시키는 여러 관계 속에 어떠한 사회적 가치와 의미를 찾을 수 있는지 검토한다.

---

3 '구원의 약속'을 둘러싼 실천이라는 관점은, 종교사회학자 마르틴·리제 브로이트의 종교론에서 착상을 얻고 있다. 리제 브로이트에 의하면, '재앙을 멀리하고, 위기를 극복하고, 축복과 구원'(Riesebrodt 2010:72)을 약속하는 각 실천은 다양한 사회 속에서 그 변화를 관찰할 수 있다고 한다. 리제 브로이트는 베버의 관심을 이어서 '인간을 넘는 여러 힘'과의 관계 속에서 구원을 약속하는 실천을 중심으로 한 종교관을 전개한다. 거기에서는 지식인층에 의해서 체계화된 세계관에서 누락된 다양한 사회의 실천—특히 리제 브로이트는 동아시아의 비인격적인 여러 힘과 교섭하는 대중의 실천에 크게 주목했다—을 비교 연구하여 이 이론의 틀은 그 후에 다양한 사례연구가 축적되면서 비판적으로 검토되고 있다(예를 들어, 2012년의 Journal for the Scientific Study of Religion 51(3)의 특집호를 참조). 특기할 만한 것은 리제 브로이트가 종교를 '병과 죽음, 가뭄과 홍수, 통치와 전쟁' 등의 인간의 무력함이 감지되는 위협에 직면하는 장면에서 발생하는 것이라고 생각하는 점이다. 사람들은 재난이 초래하는 위협을 '인간을 뛰어넘는 여러 힘과의 중요한 관계 속에 자리매김함으로써 충격에 빠지거나 절망하지 않고 상황을 적극적으로 처리하려고 시도할 수 있다. (중략) 이 실존적 의미에서 종교는 우연성에 대한 대처 방법인 것이다'(Riesebrodt 2010:172)라고 리제 브로이트가 서술할 때, 그의 종교론은 고난으로부터의 구원이 어떻게 가능한가라는 사회학적 관심에 기초를 두고 있음을 확인할 수 있다.

5.1 이시마키시 위령비와 추도식의 무종교성

이시마키시는 동일본대지진 피해를 입은 재난 지자체 중에서 희생자가 가장 많았던 지역으로 알려진다. 대지진 전인 2011년 2월 말의 이시마키시 인구 16만 2,822명 중에서 2011년 6월 시점의 사망자와 행방불명자는 약 5,800명에 이르렀다. 피해 규모도 크지만 재난지역 중에서는 비교적 접근이 쉬운 지역이었기 때문에 이시마키시는 각종 미디어에 의한 보도와 자원봉사활동이 가장 집중한 지자체 중의 하나였다.

이시마키시는 대지진 발생 후 1년 동안 다음 두 가지 기념행사를 개최했다. 먼저, 대지진발생 후 100일째인 2011년 6월 18일에 이시마키시 종합운동공원에 설치된 텐트 안에서 '동일본대지진 희생자 이시마키시 위령제'(이하, 위령제)를 거행했다. 10시 30분부터 개최된 위령제에는 유족과 자원봉사 종사자가 다수 참석하여 텐트 내외에 설치된 약 4,000석을 메웠다. 행사 개최장이 된 특설텐트 안에는 생화로 장식된 제단이 설치되고, 그 중앙에 '동일본대지진 이시마키시 희생자의 영혼'이라고 쓰여진 푯대가 세워졌다. 식순은 묵념으로 시작되어 시장 인사말, 내빈 추도사로 이어지고, 유족대표의 말이 끝난 후에 유족대표(지구 대표 7명), 주최자, 내빈, 일반참석자 순서로 하얀 카네이션을 헌화대에 바쳤다.

또한 대지진으로부터 1년을 맞이한 2012년 3월 11일에는 이시마키시 가호쿠(河北)종합센터 체육관에서 '동일본대지진 희생자 이시마키시 추도식'(이하,추도식)을 거행했다. 행사장내에는 위령제와 마찬가지로 제단과 푯대를 설치했다. 14시 30분부터 시작한 식에는 약 2500명이 참석했다. 식순은 먼저 이시마키시 문화협회의 추도합창을 시작으로 이시마키 시장의 인사말이 이어졌다. 시장 인사말 후 같은 시간에 국립극장에서 진행되고 있었던 정부 주최 추도식 영상이 행사장 전방에 설치된 대형 스크린에 비춰지고, 대지진 발생 시각인 14시 46분에 일동 기립하여 묵념을 했다. 이어서 정부 주최 추도식의 '내각총리대신 인사말'과 '천황폐하 말씀'의 중계방송이 흘러나온 후에 내빈에 의한 '추도사'와 '유족대표의 말'이 이어지고 헌화를 했다.

두 위령제와 추도식은 '무종교식' 형식으로 이루어지고 있다. 여기에서는 종교적 특징과 종교자의 관여를 신중하게 배제하고 '헌화, 묵념, 합창'이라는 특정 종교에 한정되지 않는 형태의 위령과 추도 행사로 이루어진다. 이것은 '신도사령(神道司令)'[4]을 비롯해 공적 공간과 종교와의 관계를 놓고 문제를 제기한 몇 가지 사건을 거치면서, 전후 일본 정부와 지자체가 표준화하게 된 기념행사 형식이다.

한편 공공영역 외의 종교자들은 대지진으로부터 5개월 후인 2011년 8월 13일에 '동일본대지진 이시마키 기도 모임'이라는 여러 종교의 합동 기념행사를 했다. 신도, 불교, 기독교, 그리고 신종교 등 각 교단과 교파가 모여서 각각 순서대로 위령과 추도의식을 거행했다. 100여 명이 참가한 이 집회에서 신관과 승려, 목사 등의 성직자들은 센다이만을 내려다보는 히요리 산 신사 경내에서, 여전히 찾지 못한 많은 행방불명자가 잠들어 있는 바다를 향하여 축문과 독경, 성서 낭독과 손들기(手かざし)등 희생자의 영령을 위로하는 제반 의례를 거행했다. 마지막으로 희생자의 위령과 부흥에 대한 기원을 담아서 함께 묵념을 올렸다.

이시마키시가 주최한 위령제·추도식과 '이시마키 기도 모임'의 공통점은, 그 의례가 살아남은 자와 죽은 자의 관계를 결속한다는 것이다.

---

4   1945년 점령 당국이 일본 정부에 신도 종교에 대한 국가 지원을 폐지하라는 명령을 내린 것. 연합군은 이 비공식 '국가 신도'가 제2차 세계대전을 일으킨 일본의 민족주의적이고 전투적인 문화에 크게 기여한 것으로 생각했다(옮긴이 주).

아체의 기념행사가 신과의 관계를 결속하기 위한 행사였던 것에 비해서, 이시마키의 두 행사의 모든 의례와 발화는 사자를 향해 있다. 위령제와 추도식에서는 '희생자의 영령'이라고 쓰인 하얀 푯대를 향해서, 기도 모임에서는 가고시마 미코 신사의 도리이(鳥居, 신사 입구의 문-옮긴이) 너머로 보이는 센다이만을 향해서 모든 의례가 행해지고 있다.[5] 특기할 것은, 가령 종교자가 모이는 기념행사일지라도 쓰나미를 어떤 종교적 해석의 틀로 규정하여 설명하는 명시적인 이야기는 들을 수 없었다는 것이다. 그곳에서는 다만 사자 앞에 서서 각각의 방법으로 사자의 명복을 비는 행사가 거행되었을 뿐이다. 이시마키시의 쓰나미 기념행사에서는 사자와의 관계를 결부시키는 것을 주요한 의례로 하면서도 특정한 세계관에 그 원인과 목적이 귀결되는 일은 없다.

5.2 위령·추도의 장에서 약속받는 것

이시마키시 기념행사에 나타난 이상의 형식을 토대로 하여, 다음은 이들 기념행사에 나타나는 발화행위가 무엇을 수행하고 있는지 그 수행성에 주목하고자 한다. 여기에서 검토할 것은 위령제와 추도식에서 거행된 인사말 15편이다(표11-1). 이들은 모두 단순한 개인이 아닌 '우리'라는 집합적 주체를 대표하는 형태로 거행되고 있다. 그중에서도 본 연구에서는 위령제의 '유족대표의 말'을 그 전형으로 제시한다.

2011년 6월 18일의 위령제에서 낭독된 유족대표의 말은 다음과 같은 것이었다. '고귀한 생명을 잃은 영령의 영혼제가 거행됨'에 있어서 무

---

5   다만 '기도 모임'에서는 성서 낭독을 한 프로테스탄트 교회 목사만이 바다를 등지고 참가자 전체를 향해 설교를 하고 있다.

엇보다 먼저 애도사를 바친다. 이어서 '그날'에 일어난 일을 회상한 후에 '아직도 믿을 수 없다, 나쁜 꿈이었으면 좋겠다', '구하지 못했던 것을 여전히 자책하며 마음에 입은 상처는 평생 아물지 않을 것이다'라는 마음을 이야기하고, 사자의 원통함을 언급한다. 그 후에 다양한 부흥지원에 감사의 마음을 전하고 불안한 마음이지만 '자신들의 인생을 개척해 가겠다'는 미래에 대한 군은 결의를 표명한다. 마지막으로 '피해를 입은 이시마키가 이전의 유서 깊은 거리로 부흥하도록 돕는 것이 돌아가신 분들에게 무엇보다 큰 공양이다'라며 희생자의 명복을 빈다.

〈표 11-1〉 이시마키시가 주최한 동일본대지진을 둘러싼 재난의례

< 동일본대지진 희생자 이시마키시 위령제 > 2011년 6월 18일, 이시마키시 종합운동공원 내 특설텐트	인사말 : 이시마키 시장 추도사 : 내각총리대신 추도사 : 중의원 의장 추도사 : 참의원 의장 추도사 : 미야기현 선출 국회의원 대표 추도사 : 미야기현 지사 추도사 : 이시마키시의회 의장 유족대표의 말
< 동일본대지진 희생자 이시마키시 추도식 > 2012년 3월 11일, 이시마키시 가호쿠종합센터체육관	인사말 : 이시마키 시장 추도사 : 미야기현 지사 추도사 : 이시마키 시의회 의장 추도사 : 재무대신 유족대표의 말
< 동일본대시신 1주년 추도식 (내각부 주최) > 2012년 3월 11일, 국립극장	인사밀 : 내각총리대신 천황폐하 말씀

유족대표뿐 아니라 시장과 의원이 식전 중에 사자를 향해서 언급하는 발화행위는 많든 적든 다음과 같은 정형으로 수렴된다. 먼저 식전을 거행하는 데 있어서 '추도사'(추도식 : 미야기현 지사)와 '애도사'(위령제 : 참의원 의장)를 사자에게 바친다. 이어서 해당 사건이 발생한 일시와 피해상황(사망자·행방불명자의 숫자와 파괴된 거리)을 언급하고 현재 그것을 어떻게 받아들이

고 있는지에 대해서 화자의 태도를 언명한다. 이어서 지원과 시신 수색에 관여한 자위대와 경찰·소방 및 복구 활동에 종사한 국내외 자원봉사 단체와 개인에 대한 감사의 마음을 표현한다. 그리고 마지막으로 시민과 현민, 국민과 유족 대표자로서 부흥에 대한 대처를 맹세하고 사자의 명복에 대한 기원과 소망으로 마무리한다.

이시마키시 쓰나미 기념행사에는 아체에 나타난 것 같은 고난의 의미가 직접적으로 나타나는 일은 없고, 재난의 배후에 있는 '신의 예지'와 '징벌/시련'을 언급하는 일은 앞으로도 결코 없을 것이다. 이들 발화행위에서 알 수 있는 것은 종교적인 신의론이 아니라, 고통의 의미를 무언가의 실천을 통해 미래에 공헌하려는 시도이다. 위령제와 추도식 인사말, 유족 대표의 발화는 대지진으로 파괴된 이시마키를 재건하고 부흥하는 것으로 사자의 '원통함'에 보답할 것을 영전에 약속한다. 원통한 마음을 초월하여 ('그 죽음이 헛되지 않았다'는 의미로의) 구원이 있다면, 대지진 이전의 거리를 재건하고 이 교훈을 후세에 계승하여 두 번 다시 같은 비극을 되풀이하지 않겠다고 다짐한다. 이처럼 실현해야 할 미래를 사자에게 약속함으로써 비로소 살아남은 자는 대지진과 맞서서 사자를 공양하고 고난 속에 일종의 구원(가치와 의미)을 찾아내려고 시도한다.

말할 필요도 없이 사자에 대한 이러한 맹세와 약속은 관습적인 형식을 따른 발화행위이고, 공적인 장소의 단순한 퍼포먼스로 간주할 수도 있다. 하지만 설사 아무리 세월이 흘렀다고 해도 동일본대지진 기념행사에서의 사자에 대한 발화가 이밖에 어떤 형식으로 가능할 수 있겠는가. 모든 종교적인(또는 경우에 따라서는 국민적인) 희생 이야기의 자명성이 요구되는 현대사회에서 쓰나미로 인한 상실이나 생활의 손실, 혹은 우연하게 주어진 생에 어떤 의미를 부여할 수 있다면, 거기에서의 구원은 무언가의 적극적인 가치를 재난 후 생활 속에서 찾아내는 것일 것이다. 그렇다면 사자에게 이것을 약속함으로써 그 (사후 소급적인) 구원을 수행적 발화 속에서 선취하는 것 외에 기념행사에서의 발화자에게는 방법이 없다. 이처럼 이시마키시의 위령제와 추도식은 사자와의 관계를 결부시켜 재난으로부터의 구원을 약속하는 것을 알 수 있다.

6. 맺음말 - '구원을 약속하는' 실천으로서의 기념식

본 장에서는 인도네시아 아체에서의 수마트라섬 연해 지진을 둘러싼 기념행사와 동일본대지진을 둘러싼 이시마키시의 기념행사를 살펴봤다. 이들 두 지역의 기념행사는 개념뿐만 아니라 의례를 기초하는 역사적 문맥과 의례와 발화행위의 대상도 전혀 다르다. 21세기 아시아에서 발생한 인류사상에 남는 거대지진이라는 공통점만으로 두 지역의 기념행사를 비교하려는 시도는 극히 표층적인 것이 될 것이고, 그 비교의 토대가 되는 지금까지의 기록조차도 결코 충분한 것은 아니다.

본 연구에서 논하는 것은 기념식의 실태나 본질이 아니라, 지금까지 기념식의 필드워크에 종사해 온 한 조사자의 시점에 불과하다. 본 장에서 모색한 것은 재난 후의 지역사회에서 기념일마다 반복되는 사회적인 다양한 실천의 여러 형식을 대조하여, 현대사회의 재난에 대한 사회적 대응의 변화를 볼 수 있게 하는 인식의 틀이다. 비록 그것이 일시적이고 불완전한 것이라고 해도, 만약 이 시도로 현대사회가 지향하는 새로운 시점을 얻을 수 있다면 아주 미비하나마 의의가 있다고 생각한다.

본 장의 논의에서 도출된 시점은, 재난 후에 공적인 장소에서 거행되는 지속가능한 기념행사에는 많든 적든 고난의 의미에 관한 '구원을 약속하는 실천'의 다양한 형식이 나타난다는 것이다. 고난의 신의론을 성립시키는 다양한 전제가 자명하지 않은 사회에서, 기념행사는 재난이 초래하는 고난에 대처하는 사회적인 방법을 제공하는 하나의 의례 장치로 간주할 수 있지 않을까. 과거의 위업과 현재까지의 공적을 칭송하는 기념행사와 구별하기 위해서, 여기에서는 편의적으로 재난 후에 행하는 기념행사를 '재난 의례'라 칭하기로 한다. 재난 의례라는 인식 틀과의 차이에 있어서 현대사회의 고난에 대한 대응을 고찰하는 것은 향후의 과제로 삼고자 한다.

감사의 말

본 논고는 과학연구비 보조금(15J01697)의 지원을 받은 연구성과의 일부이다.

문헌

イマーム・ムスリム・ビン・アル・バッジャージ編(1987)『日譯サヒーフムスリム 第三卷』磯崎定基・飯森嘉助・小笠原良治譯、東京：日本ムスリム協會

佐島隆(2016)「トルコ・イズミトにおけるシェヒートsehitの碑」、『地中海學會月報』389：6

鈴木謙介(2013)『ウェブ社會のゆくえ－〈多孔化〉した現實のなかで』NHKブックス、東京：日本放送出版協會

福田雄(2011)「われわれが災禍を悼むとき－長崎市原爆慰靈行事にみられる儀礼の通時的変遷」、『ソシオロジ』56(2) pp.77-94

Connerton,Paul(1989) How Societies Remember, New York: Cambridge University Press. (=2011, 『社會はいかに記憶するか－個人と社會の關係』芦刈美紀子譯、東京：新曜社)

Idria, Reza(2010) "Muslim Theological Perspectives on Natural Disasters: The Case of Indonesian Earthquakes and Tsunami of 2004," Master's thesis, Leiden: Leiden University.

Riesebrodt,Martin(2010) The Promise of Salvation: A Theory of Religion, Chicago: University of Chicago Press.

Simko, Christina(2012) "Rhetorics of Suffering: September 11 Commemorations as Theodicy", American Sociological Review, 77(6): pp.880-902.

Weber, Max(1921) Gesammelte Aufsatze zur Religionssoziologie：Das antike Judentum, Tubingen: J.C.B. Mohr (P. Siebeck).(=1972,『宗教社會學論選』大塚久雄・生松敬三譯、東京：みすず書房)

제12장

재난지역의 축제와 기원을 지원하는 학생 자원봉사자와 종교학자

구로사키 히로유키(黒崎浩行)

1. 시작하는 말

의례를 행하는 것이 사회통합에 기여한다는 것은 에밀 듀르켐을 비롯해 오래전부터 논의되고 있다. 필자는 도시화, 과소화, 저출산 고령화 등 다양한 과제를 안고 있는 현대 일본 지역사회에서 신사와 제례가 나름대로의 가치를 발휘한다고 할 때, 구체적으로 어떤 전개가 펼쳐지고 있는지를 '사회관계자본'(소셜·캐피털)이라는 개념을 실마리로 해서 탐색하고 분석해 왔다(구로사키 2011, 2012).

특히 마쓰리를 지탱해온 이전의 사회집단에 새로운 인재가 참여하거나 차세대의 계승을 의식한 활동이 전개되거나 하여, 신사의 중심이라고 할 만한 '기원(祈り)'이 어떻게 새로운 공동성 내지 공공성을 획득했는지 혹은 획득하지 않았는지, 또한 거기에 어떠한 장벽이 있는지에 대해 주목해 왔다.

그리고 필자의 조사방법과 병행하여 근무지인 고쿠가쿠인대학(國學

院大學) 신도문화학부의 담당수업과목에서도 이 문제를 중점적으로 다루어 왔다. '신사 네트워크론' 이라는 과목이다. 신사를 둘러싼 사회 변화를 개설하고 마쓰리의 계승과 보존, 마을 만들기와 신사, 신사 숲과 환경, 복지·돌봄의 대처 등을 테마로 구체적인 양상을 소개하고 학생들과 함께 과제를 생각하는 수업을 거듭해 왔다. 그러던 중 2011년 3월 11일 동일본대지진이 발생했다.

스스로도 어처구니가 없을 정도로 그때까지 재난과 신사·마쓰리와의 관계에 관심을 기울이지 않았다. 하지만 '종교의 사회공헌'을 연구하는 연구동료는 서슴없이 행동으로 옮기고 있었다. 이 분야를 리드하는 종교사회학자 중 한 명인 이나바 게이신(稲場圭信)이 SNS(소셜 네트워킹 서비스) 페이스북에 '종교자 재난지원 네트워크'페이지를 개설하고, 재난 시 종교자에 의한 지원 활동에 관심이 있는 연구자에게 협력을 요청하여 지원활동 정보를 수집하고 정리와 공유를 진행시키고 있었다. 동시에 종교시설의 피해상황이나 종교자·종교단체의 활동상황을 지도상으로 표시하는 '종교자 재난지원 맵'의 개설을 제안하여 필자도 구축과 갱신작업을 도왔다 (구로사키·이나바 2013).

또한 동년 4월 1일에 종교학자 시마조노 스스무(島薗進)가 대표로 있는 〈종교자 재난지원 연락회〉가 발족하자, 간사의 일원으로 운영을 돕게 되었다(종교자 재난지원 연락회 편 2016). 이러한 연계가 시작되면서 근무지와도 관련이 있는 신사계의 재난지원, 그리고 재난지역에서의 신사나 마쓰리 상황에 자연스럽게 관심을 갖게 되었다.

하지만 필자는 그때까지 도호쿠지방을 현장조사한 적이 없었다. 4월 말에 같은 고쿠가쿠인대학의 모기 사카에(茂木栄) 교수가 후루사와 고유(古沢広祐) 교수와 함께 미야기현 게센누마시, 이와테현 리쿠젠타카타시, 오후나토시, 가마이시시, 오쓰치정에 가서 피해를 입은 신사를 방문할 때 동행하여 비로소 현지의 참상을 접하게 되었다.

위와 같은 경위로 다양한 공동연구 프로젝트에 관여하면서 동일본대지진 재난지역을 방문하여 피해상황과 재난지원, 부흥에 기여하는 신사와 제례의 역할에 대해 알게 되었다(구로사키 2013, 2014a, 2015).

그리고 학생들과 함께 지원활동에 참여할 수 있는 가능성도 모색하기 시작했다. 이에 대해 졸고에서 언급하기도 하고(구로사키 2014a), 참가학생의 체험 보고회를 열어 그 체험기를 학생들이 중심이 되어 편집한 책자를 간행했다(국학원대학 신도문화학부 2016). 하지만 정리된 형태로 돌이켜보고 기록한 적은 없었다.

이 기회에 지금까지의 지원활동을 회고하고, 종교학자로서 관여한다는 것이 어떤 것이었는지 고찰해보고자 한다.

2. 마쓰리와 기원을 지원하는 학생 자원봉사자와 그것을 가능하게 한 것

2.1 체험 보고회에서 출발

2011년 5월 필자가 소속된 신도 문화학부 공동연구의 일환으로 동일본대지진 피해지역 신사의 역할에 대해서 학생들과 함께 나름대로 어떻게 지원할지 모색하면서 조사하기로 결정했다. 그리고 7월과 8월에 후쿠시마현 이와키시를 방문하여 현지 신관을 대상으로 인터뷰를 실시하였다. 또한 동료 교수는 청년 신관의 조직인 신도청년 전국협의회에 연락하여 신도청년 전국협의회가 전개하고 있던 지원활동(오타 2011)에 참가할 수 있는지 모색했다. 하지만 구체적으로 학생들에게 활동에 참가할 기회를 제공하지는 못하였다.

이에 대한 반성으로 2012년 3월 16일에 〈대지진 지원에 참가한 신도문화학부생 체험보고회〉를 열었다. 신도청년 전국협의회의 1도(都) 7현(縣) 협의회 사무국장을 역임한 사이타마현 신사청 다케다 준(武田淳) 씨를 초청하여 청년신관의 지원활동과 과제를 소개하고 개별적으로 현지에서 자원봉사활동을 한 네 학생이 각자의 체험을 발표했다. 현지 모습과 활동 내용을 소개하고 신도문화를 배우는 학생으로서 돌이켜 봤을 때 어떤 지원이 필요하다고 생각했는지, 어떤 지원이 가능한지에 대해 의견을 들었다. 마쓰리를 개최하고 싶다는 재난지역 주민의 요청에 어떻게 부응할 수 있는지, 가설주택에서의 마쓰리 개최에 도움을 줄 수는 없는지 등의 의견이 있었다. 또한 다케다 씨는 학생들에게 다양한 이들과 자원봉사활동에 참가하여 지역의 중심을 떠맡는 신관으로서의 인간성 함양에 힘써 주었으면 한다고 말씀하셨다.

이 체험보고회에 대학OB인 작가 오타 히로토(太田宏人) 씨도 참석했다. 오타 씨는 신사본청 관련단체인 일본문화흥륭재단(日本文化興隆財団)이 편집하는 잡지 『황실』에 「재난지역 신사 '부흥' 르포」를 연재하여 재난지역 신사나 지원활동을 하는 신관에게 거듭 취재를 하고 있었다. 또한 승려들과 함께 〈KTSK(경청에 임하는 종교인의 모임)〉라는 단체를 만들어서 미야기현 오나가와정을 중심으로 불교용품을 배포하고 경청 자원봉사활동을 하고 있었다. 보고회나 그 후의 간담회장에서 다양한 의견을 들을 수 있었고, 앞으로 학생들이 참가할 수 있는 활동 기회가 있으면 요청하겠다는 약속을 받았다. 이 보고회가 계기가 되어 다음 해부터 다양한 활동 기회가 열렸다.

2.2 재난지역 신사 복구지원과 식수제의 참가(2012~2015년)

오타 씨가 먼저 제안한 것은 대지진 피해를 입은 후쿠시마현 이와키 시 히사노하마의 신사 경내 정비 활동이었다. 히사노하마 연안부, 특히 오 히사 강 하구 부근은 쓰나미와 화재로 시가지가 파괴되고 관련된 죽음을 포함하여 68명이 희생된 곳이다. 또한 도쿄전력후쿠시마제1원자력발전소 사고로 인해 이와키시가 2011년 3월 13일에 자주피난을 요청하여 일시적 으로 많은 시민이 피난했다. 그 시가지에 위치하여 쓰나미로 인해 유실된 호시노미야 신사(스와 신사의 다카기 요시로 신관이 겸무)는, 시타야(下谷、도쿄도 다이토구) 신사의 아베 아키노리(阿部明德) 신관에 의해 경내에 임시 신전을 두고 있었다. 2012년 5월 26일, 경내의 네 귀퉁이에 말뚝을 박아 아직도 흩어져 있는 잔해를 주워 모으고 잡초를 뽑고 흙과 모래를 뿌리는 작업을 돕게 되었다(사진12-1).

오타 씨를 비롯한 KTSK 멤버, 후쿠시마현 신도청년회 청년신관들과 네 학생, 세 명의 교사가 함께 작업을 하였다. 하루 작업을 끝낸 후에 스와 (諏訪) 신사 사무소에서 다카기 요시로(高木美郎) 신관은 현재 히사노하마 주민이 처한 상황을 설명하고, '고향'을 지키는 신사가 지역사회의 유대를 되살리는 계기가 될 것이라고 기대감을 나타냈다.

이어서 일본문화흥륭재단이 주관하는 〈모두의 신사 숲 식수제(みん なの鎭守の森植樹祭)〉에 참가할 것을 권유받았다. 이 행사는 미야와키 아키 라(宮脇昭) 요코하마 국립대학교 명예교수의 지도로, 쓰나미로 인해 경내 숲이 유실된 신사에 메밀잣밤나무, 떡갈나무, 너도밤나무, 후박나무 등 조 엽수 묘목을 혼합하여 심어서 신사 숲을 부활시키자는 것이었다. 각 신사 가 주최하고 일본재단이 공동개최하여 지역 신자대표가 중심이 되어 각 지에서 모인 자원봉사자와 함께 식수를 하는 것인데, 일본문화흥륭재단

(오타 씨도 재단의 일원)이 주관하여 실현되었다. 제1회는 2012년 6월 24일에 미야기현 야마모토정 야에가키 신사(후지나미 쇼코 신관)에서 행해졌다.

각지에서 대략 500명의 자원봉사자가 모였다. 고쿠가쿠인대학에서는 필자와 한 학생만 참가했는데 이후 다른 신사의 식수제 참가로 이어졌다(2014년 4월 27일, 후쿠시마현 이와키시 히사노하마정 가네가사와, 미와타시 신사 식수제에 학생 2명 참가, 동년 7월 6일의 미야기현 이시마키시 오가쓰정 와케하마, 이스즈 신사 식수제에 학생 1명과 교사 2명 참가, 2015년 5월 3일 후쿠시마현 미나미소마시 야마다 신사 식수제에 학생 9명과 교사 2명 참가).

2.3 〈동일본대지진 위령 진혼 및 부흥기원 센도오하라이(千度大祓)〉에 참가(2012년~)

2011년 8월 21일 고쿠가쿠인대학 OB와 OG로 조직된 원우회(院友會)의 하마도리 지부 주최로 후쿠시마현 이와키시 오나하마에서 강연회 〈해변도로의 역사와 문화에서 배운다 ~시리즈 II ~〉'가 개최되었다.

지부장을 맡은 야마나 다카히로(山名隆弘) 씨는 이와키시 다이라 스기나미에 위치한 오쿠니타마 신사의 신관으로 후타바군 나미에정 우케도 지구에 전해지는 '우케도 모내기춤(請戶の田植踊)' 부활을 지원하고 있었다. 모내기춤은 우케도 지구에 위치한 구사노 신사에서 2월 세 번째 일요일에 열리는 암바 마쓰리(安波祭)에서 헌납되었다. 우케도 예능보존회에 의해 전승되어 지역 초등학교 여자 아동이 무용수를 맡았는데, 쓰나미와 원전사고로 뿔뿔이 피난하여 전승이 끊어질 위기에 처해 있었다. 이런 사정을 알게 된 야마나 씨가 부활을 돕고 싶다고 나서서 후쿠시마현 문화재보호 심의회위원으로 민속예능학회 후쿠시마 조사단장을 맡고 있는 가케타 히로노리(懸田弘訓) 씨와 함께 우케도 지구의 아이들이 다시 모여서 춤을 보여 줄 수 있는 기회를 제공했다. 그 첫 번째가 8월 21일 강연회 때로, 아쿠아마린 후쿠시마 구내의 아쿠아 씨어터에서 이와키에 전해지는 장가라 염불 춤과 사자춤을 함께 상연하였다(제7장 참조).

이 기회에 필자는 인터뷰와 견학을 위해 방문했다가, 야마나 다카히로 씨와 그의 아들인 오쿠니타마 신사 부신관인 야마나 다카시 씨와 연락을 할 수 있었다. 야마나 다카시 씨는 소방단원으로 시신수색과 잔해철거, 물자운반 등에 종사하고 있었지만, 신관으로서 해야 할 일 중 하나로 이번 재난에 대하여 '불제(祓い)'를 하고 싶다고 생각하고 있었다. 그것이 2011년 7월 바다의 날에 〈동일본대지진 위령 진혼 및 부흥 기원 센도오하라이〉로 실현되었다. 이와키시와 전국에서 모인 신사관련 참가자 100명과 이와키시 신사의 지역 신자대표가 바다를 향해서 축사 10권을 낭독하고 위령제와 방생의 의식을 올렸다.

다음 해인 2012년에도 센도오하라이를 계속하게 됐는데, 2011년만큼 신관이 모이지 않을 것이 우려되었다. 필자는 그것을 알고 신관은 아니

지만 신관을 목표로 하는 학생들이 참가해도 되는지 물었고, 야마나 부신

관으로부터 환영한다는 답신을 받았다. 학생들에게 참가를 요청할 때 처

음에는 희망자가 5~6명 정도일 거라고 예상하고 있었다. 하지만 뜻밖에도

27명의 신도학 전공과생(신도학 전공과는 대졸자를 대상으로 하는 1년간의 과정으로

신관 자격을 취득할 수 있다)이 참가를 희망하였고, 자신들이 전세버스를 빌려

서 가자는 이야기로 진행되었다. 그래서 학부사업으로 전환해서 학부 예

산으로 전세버스를 수배해서 재차 참가자를 모집했다. 그러자 교직원을

포함해서 총 56명이 참가하게 되었다. 야마나 다카히로 지부장을 포함하

여 원우회 하마도리 지부 간부들이 현지에서 맞이해 주었고 연안부(도요마,

우스이소, 누마노우치)를 안내해 주었다(사진12-2).

이후 매년 학생들을 모집하여 참가하고 있다. 센도오하라이는 10년

간 계속하는 것을 목표로 하고 있다. 2012년과 2013년, 두 번 참가한 학생

중의 한 명은 다음과 같이 체험을 회상한다.

"재난을 당한 이들이 가장 두려워하는 것은 기억에서 지워지는 것이

라는 말이 지금도 기억에 선명하다. 수도권에서도 나 스스로도 서서히 잊

〈사진 12-2〉 센도오하라이(2012년 7월 16일)

〈사진 12-3〉 이와키시 히사노하마·4곳 신사 합동제 당일(2012년 5월 4일)

어가고 있는 이 대지진의 기억을 다시 한번 잊어서는 안된다, 전해야 한다고 각성한다. (중략) 선인들이 많은 마쓰리를 남겨준 것처럼 우리도 새로운 마쓰리를 통해 이 기억을 후세에 전해야 한다. 이 센도오하라이가 앞으로 오랫동안 남을 큰 마쓰리가 되어 후손을 구할 수 있는 가르침을 남겼을 때 비로소 센도오하라이 이상의 영령에 대한 위안이 될 거라고 생각한다"(고쿠가쿠인대학 신도문화학부 2016:49)

2.4 제례날 노점상을 낼 준비(2013년~)

2013년 4월 1일, 종교자 재난지원 연락회에 아베 아키노리(阿部明德, 시타야 신사 신관) 씨를 초청하여 '재난지역의 축제 부흥을 위해서!!'라는 제목으로 보고를 들었다.

아베 신관은 1995년 1월 17일에 발생한 한신·아와지대지진 때 신도 청년 전국협의회의 한신·아와지대지진 대책본부 부부장으로 지원활동을 했다. 그때의 경험을 살려서 큰 재난이 발생한 각지에서 긴급지원물자 운반 등의 지원 활동을 해왔다. 동일본대지진 때도 지금까지 구축한 신관 네트워크를 활용하여, 지역 신자를 비롯한 많은 사람들의 협력하에 지원물자 반입과 피해를 입은 신사의 작은 신전이나 임시신전 및 가설 도리이를 기증하는 등 현재도 활동을 계속하고 있다.

2012년 10월에 미야기현 나토리시 유리아게의 미나토(湊) 신사 제례 때, 아베 신관 등은 도쿄와 사이타마의 신관, 신자와 함께 제를 지내는 날의 노점상(금붕어 뜨기, 요요 낚시, 가타누키, 과녁 쏘기 등)을 제공하여, 축제에 모인 많은 아이들이 즐거운 시간을 보낼 수 있었다. 그리고 2013년 5월 4일 후쿠시마현 이와키시 히사노하마 네 곳 신사의 합동 신코사이(神幸祭)에서도 제례 노점상을 마련할 예정이라고 4월 1일의 정보교환회에서 말씀하셨다.

필자는 그때 학생들이 참가할 수 있는지 물었는데 흔쾌히 허락해 주셔서 참가할 학생을 모집했다. 그 결과 학생 5명, 교사 2명이 참가하여 금붕어 뜨기, 과녁쏘기를 도왔다(사진12-3). 이 활동도 10월의 유리아게, 5월의 히사노하마와 함께 계속해서 참가하고 있다. 참가를 통해서 '부흥'이라는 것은 무엇인가, 재난을 부르는 자연과의 공존 공생에 대해서 진지하게 고민하는 학생도 있었다(고쿠가쿠인대학 신도문화학부 2016:44-45).

2.5 미코시(御輿)행차를 지원하는 자원봉사자(2013년~)

학생이 참가할 수 있는 지원활동을 모색하면서 필자도 다양한 자원봉사활동에 개인적으로 참가했다. 그 중에서도 일찍이 참여한 곳이 2012년 5월 3일 미야기현 오나가와정의 와시노카미구마노(鷲神熊野) 신사 예제 미코시행차 지원이었다.

오나가와정 중심부에 있는 호리키리산 중턱에는 오나가와정 지역의료센터가 있고 거기에서 계단을 200단 오르면 구마노 신사에 이른다. 2011년 3월 11일 쓰나미는 지역의료센터 1층까지 차올랐다. 많은 사람들이 계단을 올라서 구마노 신사 경내로 피난하여 목숨을 건졌다. 지역신자 구역인 와시노카미 지구는 괴멸적인 피해를 입었다.

이러한 구마노 신사의 예제 미코시행차를 부활하고자 사자춤 단체 〈마무시〉의 리더이자 지역신자 부대표이기도 한 오카 히로히코(岡裕彦) 씨가 오나가와정을 방문한 자원봉사자에게 미코시의 가마꾼으로 참가해 줄 것을 요청했다. 오카 씨에게 협력하여 자원봉사단체〈REALeYE〉가 인터넷 상에서도 가마꾼을 모집했다.

필자는 그 정보를 접하고 연락을 취하여 미코시행차에 참가했다. 대략 100명의 자원봉사자가 각지에서 모여 목숨을 잃은 많은 지역신자를 대신하여 비를 맞으면서 잔해가 남아있는 지역신자 구역을 돌았다.

처음에 이 자원봉사도 학생들의 참가를 요청했지만 도쿄에서 너무 먼 탓인지 참가할 수 있는 학생이 없었다. 하지만 다음 해인 2013년에는 1명의 학생이, 2014년에는 그 학생의 권유에 힘입어 학생 14명, 교사 2명이 참가했다.

2.6 오나가와(女川)·긴카산(金華山) 스터디투어

2012년 3월에 학생 자원봉사자 체험보고회를 하면서 당시 대학원에 재학중이던 히라모토 겐이치로(平本謙一郎) 씨가 오나가와정에서 인도 국가재난대응부대(NDRF)의 동시통역 자원봉사자로 시신수색 등의 구조활동을 했던 체험을 파워포인트 슬라이드로 보내 주었다.

히라모토 씨도 오나가와정에서의 자원봉사활동과 학생들에게 현지방문기회를 제공하기를 바라고 있었다. 그래서 동료 교수와 협력하여

2013년 12월 14일과 15일에 고쿠가쿠인대학 연구개발추진기구 학술자료센터의 기획으로 '무쓰 긴카산(陸奥金華山)과 오나가와의 재난부흥에서 배운다' 스터디투어를 기획하여 참가 학생을 모집했다. 히라모토 씨가 친분이 있는 오나가와정 사람들을 현지에서 연사로 초대하여 학생들과 함께 진지하게 재난체험과 오나가와정의 부흥에 대한 기대를 듣는 것이 주요 내용 중의 하나였다. 또 하나는 긴카산 고가네야마(黃金山) 신사를 비롯한 오시카(牡鹿) 지역의 신앙을 배우면서 부흥을 돕는 것이었다. 2013년은 정월 참배자를 맞이하기 전의 신사 경내 청소, 다음 해인 2014년에는 사슴 뿔을 자르는 의례에 앞서 행사장 청소를 도왔다.

제1회 스터디투어에는 교수 4명, 연구원 3명, 학생 16명과 히라모토 씨, 와타나베 다이치(NDRF동시통역 자원봉사에 참가) 씨, 가와무라 이치요(원우, 신관·작가) 씨가 참가했다. 고쿠가쿠인대학 학술자료센터(2014)에 참가 학생의 체험기를 담았다. 참가자 대부분은 오나가와정의 재난의 기억을 어떻게 후세에 알려야 하는지, 오나가와정의 부흥을 지켜보고 싶은 마음과 학업을 충실히 하여 취직하는 것으로 사회에 공헌하고 부흥에 기여하겠다는 결의를 글로 담았다.

스터디투어 이틀째 저녁에는 지역의료센터 아래에 있던 헌화대에서 오타 히로토 씨 등 KTSK일행과 합류하였고 가와무라 씨도 신관으로서 참가하여 합동위령제를 지냈다. 그때의 감상을 어느 학생은 다음과 같이 기록했다.

"그때는 믿을 수 없을 정도로 춥고, 바람이 한번 불 때마다 체력인지 정신력인지가 순식간에 빠져나가는 느낌이었다. 떨면서 손을 모으고 있자니 오나가와 향학관에서 들은 재난 이야기가 생각났다. 대지진 직후 며칠간은 '위기적 상황 때문에 공복은 느끼지 않았다. 하지만 추위는 정말

고통스러웠다'는 이야기였다. 스터디투어 때는 곧잘 눈이 내렸는데, 3월 11일도 추위 속에서 눈이 내렸다. 쓰나미에서 목숨은 구했지만 동사한 사람도 있다고 들었다. 나는 의식이 몽롱해지는 추위 속에서 '이런 추위를 느꼈을까' '훨씬 더 추웠겠지' '얼마나 고통스러웠을까' '어떤 마음으로 죽어 갔을까' 생각했다. 이런 생각을 가슴에 새기고 나 나름대로 오나가와를 언제까지나 지켜보려고 한다" (고쿠가쿠인대학 학술자료센터 2014:79).

일정이나 비용 때문에 참가자는 감소하고 있지만, 그 후에도 2014년 10월, 2015년 11월, 2016년 12월에 활동을 계속해왔다.

2.7 그 외 활동

이상은 지속적으로 실시해 온 지원활동과 사업인데, 그 외에 단발적으로 참가한 활동도 있다.

2012년 2월 26일 구마모토현 히토요시시(人吉市)의 구마모토현립 구마공업고등학교 학생들이 실습용으로 만든 사당이 후쿠시마현 미나미소마시 가지마구 야마다 신사의 임시 신전으로 기증되었다. 필자는 2007년부터 구마모토현 히토요시시에 자리잡은 아오이 아소 신사의 예대제(例大祭, 신사에서 1년에 한 번 치르는 특별한 마쓰리를 일컫는다-옮긴이)인 '오쿤치 마쓰리(おくんち祭り)'를 계속해서 조사하고 있는데 그 인연으로 사당의 기증과 설치에 동행하게 되었다.

이 활동의 계기가 되고 중심이 된 것은 구마모토현 아마쿠사군 레이호쿠정 시키야하타구(志岐八幡宮)의 현 구마모토현 신사청장 미야자키 구니타다(宮崎國忠) 신관이다. 미야자키 씨는 동일본대지진 발생 때 혼자서 미나미소마시를 방문하여 일반 사람들과 함께 자원봉사활동에 참여했다. 그때 미나미소마시 가시마구에 위치한 당시 이세 오미카미 네기(禰宜, 신관을 보좌하는 직책의 하나-옮긴이)인 모리 유키히코(森幸彦, 후쿠시마현립 박물관 학예원) 씨를 만나서 야사와우라 간척지를 개발한 야마다 사다사쿠 옹을 기념하여 창건된 야마다 신사가 쓰나미로 유실된 것, 야사와우라 간척지 사람들은 신사를 부활시켜 신에게 기원하여 농지를 부흥시키고 싶어한다는 이야기를 들었다. 그래서 구마모토현에 돌아가 구마(球磨)공업고등학교의 동의하에 사당을 기증하게 된 것이다. 지역의 아오이아소 신사 신관인 후쿠카와 요시후미(福川義文) 씨 등도 협력했다.

이어서 미야자키(宮崎) 씨는 '민생위원의 아버지'(히라세 2014)라고 불리는 하야시 이치조(林市蔵, 1867-1952)의 저택 내에 설치한 신사가 구마공업고등학교에 실습용으로 보관되어 있던 것을, 당시 피난지시 해제준비구역이었던 미나미소마시 오다카구의 가와라다 덴쇼코타이 신궁의 임시신전으로 기증하도록 조처했다. 필자는 그날이 2012년 8월 21일~22일이라고 듣고, 두 학생과 함께 임시 신당 설치작업과 같은 날 가시마구의 오코코야마 하치만 신사에서 홋카이도 신사청, 니가타현 신도청년회, 후쿠시마현 신도청년회가 합동으로 올린 제례를 보조했다.

2014년 9월에는 이와테현 오쓰키정의 오쓰키이나리 신사 예대제의 미코시행차를 지원했다. 오쓰키이나리 신사는 대지진 발생 이래 2011년 8월 초까지 사무소와 경내를 피난소로 개방했다. 이를 지도한 주오다테 이사오(十王舘勳) 네기는 자신의 체험을 책자로 정리했다(주오다테 2012). 2013년 2월 17일, 고쿠가쿠인대학에서 개최된 공존학 포럼 〈대지진 부흥과 문화·자연·사람의 유대 - 이와테 산리쿠·오쓰키의 경우를 예로-〉에 주오다테 씨를 초청하여 강연을 들었다. 또한 2014년 5월 2일에 필자가 담당하는 수업과목 '신사 네트워크론'에도 게스트 강사로 초청하여 신사가 피난소가 되었을 때의 주의사항을 들었다.

오쓰키이나리 신사의 미코시행차는 2012년 예제에서 부활했지만 2013년에 중단되었다. 지역주민의 강한 요청으로 2014년에 다시 부활하게 되었지만 미코시를 짊어질 이가 부족할 것이라는 우려가 있었다. 그래서 학생들에게도 요청하여 네 학생이 전날부터 오쓰키이나리 신사를 방문하여 제전을 돕고 미코시행차에 가세했다. 대학의 제사춤 서클에서 학생들을 지도하고 시타야 신사 아베 신관의 제례 지원활동에 참가하는 등 재난지역 지원에 관심을 기울이던 도쿄의 여성 신관이 경신부인회(敬神婦人會) 사람들과 함께 미코시 가마꾼들의 옷차림, 즉 '관복'을 만들어 주셨다.

2016년 8월 27일에 미야기현 미나미산리쿠정의 시즈가와 가설 어시장 터에서 개최된 〈제6회 산리쿠 바다의 봉 in 미나미산리쿠〉의 행사 운영을 돕기 위해 학생 3명과 방문했다. 〈산리쿠 바다의 봉〉은 세계 종교자 평화회의(WCRP) 일본위원회, NPO법인 도노 마고코로 네트워크 등이 협찬해서 산리쿠 연안 각지에서 개최된 향토예능에 의한 위령 진혼 행사이다. 미나미산리쿠정 도쿠라 지구의 교잔류 미토베 사자춤, 시즈가와 지구의 모토하마 칠복신 춤을 비롯하여 쓰나미 피해에서 부활재생한 향토예능이 선보여져, 참가자의 위령 진혼의 마음을 새로이 하였다.

미나미산리쿠정과의 인연은 2012년에 〈도호쿠재생 사립대 네트워크 36〉에 참가한 것에서 비롯되었다. 2011년 3월에 다이쇼대학 학생과 교직원이 미나미산리쿠정에서 자원봉사활동을 한 것이 계기였는데, 이것은 재난지역에서 배우려는 학생들을 받아들여 지역부흥을 촉진하기 위한 사립대 대학간의 연계조직이다. 2012년 3월에 사립대학 간의 네트워크가 발족하였다. 고쿠가쿠인대학도 운영간사교로 참여하게 되어(2016년 4월에 탈퇴), 다이쇼대학 대학원에서 배운 필자도 자원봉사 프로그램과 스터디투어의 인솔교수로 협력하였다. 이리야 지구의 숙박과 연수시설 '이리야도'

에 상주하는 미나미산리쿠 연수센터 직원의 기획으로 시즈가와 지구에 위치한 가미노야마 하치만구의 구도 스케요시(工藤祐允 , 2015년 10월에 서거) 신관, 구도 마유미(工藤眞弓) 네기, 구도 쇼에쓰(工藤庄悅, 현 신관) 곤네기(權禰宜, 신관을 보좌하는 직책의 하나로 네기보다 하위 직급-옮긴이)를 비롯한 지역 사람들에게 신세를 지면서 미나미산리쿠정의 자연·산업·문화와 그것을 자원으로 하는 지역의 부흥재생에 대해서 체험적으로 배울 기회를 얻었다.

2016년은 세미나 합숙을 독자적으로 기획하여 〈산리쿠 바다의 봉〉 행사장 운영 자원봉사와 구도 마유미 네기와의 질의응답을 실시했다. 일회뿐인 활동이기는 하지만 대학이 운영간사교에서 탈퇴한 것을 이유로 미나미산리쿠정과의 인연이 끊기길 원치 않은 심정에서 실행한 것이었다.

3. 맺음말을 대신하여 - 반성과 과제

- 지원활동의 계기가 된 연구조사와 교육

첫머리에서 서술했던 바와 같이 필자는 지역사회의 과제해결을 위해서, 신사 및 제례의 의의와 새로운 전개에 관심을 가지고 그와 관련된 수업과목을 담당해 왔다. 동일본대지진 때 지원활동과 현지에서의 배움에 학생들이 참가할 기회를 모색하게 된 것도, 개인적인 연구관심도 있었지만 그것을 추구하면서 형성되어 온 종교연구자 사이의 인적네트워크, 소속대학 학부와 신사계와의 관계, 또한 대지진 이전부터의 조사연구를 통한 관계가 활동을 개시하는 데 커다란 발판이 된 것은 의심할 여지가 없다.

- 되돌아볼 기회를 갖는 것과 교육효과

하지만 대지진 발생 후 1년간은 실질적인 지원활동에 착수하지 못했다. 그것을 크게 전환할 수 있었던 것은 1년 후에 체험보고회를 열었기 때문이었다. 체험보고회에서 다양한 자원봉사활동을 통해 재난지역이 '마쓰리'에 기대하는 마음을 확인하고 신관을 목표로 하는 학생의 참가 의의를 교수와 학생 모두가 새롭게 확인할 수 있었다. 또한 그렇게 첫발을 내디딘 학생들이 활동의 의의와 앞으로의 삶의 방식, 재난지역과의 관계를 곰곰이 생각할 기회를 얻게 된 것도 중요했다.

이것은 특히 대지진이 발생하고 시간이 경과함에 따라 필요성이 더해지는 과정이었다고도 할 수 있다. 앞에서 언급한 〈도호쿠재생 사립대 네트워크 36〉 프로그램도 처음에는 잔해 철거나 잡초 뽑기, 어업지원 같은 육체노동 자원봉사 작업에 힘쓰는 것이 주축이었지만, 점차로 그러한 작업에 대한 수요가 없어지고 지역에서 부흥에 착수하는 사람들의 목소리에 귀를 기울이면서 교류하며 배우는 것이 주축이 되었다. 그러던 중에 역시 돌이켜보는 것이 중요하게 되었다.

체험과 그 해석을 대화 형식으로 엮어가는 프로세스는 그 자체가 교육이다. 필자가 학생들과 함께 참가한 활동에서는 종교라는 요소가 수반된다. 신도계통의 사립대학이기 때문에 단순히 재난지역의 마쓰리와 기원의 의의를 확인하는 데 그치지 않고, 거기에 주체적으로 관여하여 신관을 목표로 하는 자로서의 자질 함양을 기대할 수 있다. 또한 실제로 그러한 자각을 높인 학생들도 있었다.

- 종교연구·교육과 사회실천

종교계 사립대학의 재난지역 지원에 대해서는, '건학(建學)정신'과의 결부 및 설립 모체인 종교단체의 사회활동부서와의 연계 그리고 대학 캠퍼스가 있는 지역에서의 사회공헌활동 경험에 발판을 두었다는 호시노 소(星野壯)와 유미야마 다쓰야(弓山達也)의 언급이 있다(호시노·유미야마 2013). 한편 종교계 대학도 타대학과 마찬가지로, 1960년대부터 70년대에 걸쳐서 규모를 확대하면서 사회과학계와 이공계 등의 학부를 증설하고, 교원과 학생의 다양화가 진행되었다고 한다(나카야마 2011). 그로 인해 육성된 전문적 학문분야의 식견 및 조직적인 자원봉사활동 지원체제로 재난지역 지원에 관여한 경우도 있다.

이번 필자의 경험은 전자의 형태에 가깝다고 할 수 있을 것이다. 하지만 톱다운적이거나 이념선행적인 것이 아니라 탐색으로 진행했다는 것이 솔직한 마음이다.

객관적이고 기술적인 학문을 표방하는 종교학자가 규범적인 가치나 이념을 토대로 한 실천에 관여하는 것에 이견이 있을 수도 있다. 하지만 이나바 게이신은 종교학자가 지원활동에 참여하는 것의 의의로서, 다수의 교단이나 행정 그리고 자치단체와의 연계를 취하기가 용이하다는 것을 지적하고 있다(이나바 2012:47). 실제로 종교자 재난지원 연락회가 착수하고 있는 정보공유를 주로 하는 후방지원(종교자 재난지원 연락회편 2016)이나, 도호쿠대학 문학연구과 실천종교학 기부강좌에 의한 '임상종교사 양성 기획'(다니야마 2016)은 여러 종교의 복수성이나 공공 공간에서의 종교 본연의 모습을 배려함으로써 성립한다.

그러한 측면에서 보면, 필자가 근무대학에서 한결같이 신사계와 연계하는 형태로 진행한 학생자원봉사활동에의 관여는 종교학자이기 때문이 아니라 오히려 규범적인 신도학자에 가까운 입장이었는지도 모른다.

- 시간의 경과와 계속성

'센도오하라이'는 10년간 계속하는 것을 목표로 하고 있었다. 그것은 대지진의 기억이 풍화되는 것을 막는 데 하나의 의의가 있었다. 대학 측도 그에 응하여 계속적으로 협력할 것을 약속하고 있다. 또한 유리아게, 히사노하마에서의 제례지원과 오나가와 미코시행차 지원도 도시가 부흥하고 마쓰리가 자립적으로 계속할 수 있게 되기까지는 계속해서 지원을 하게 될 것이다.

하지만 한편으로 대지진과 쓰나미, 원전사고의 영향으로 재난지역의 인구감소는 제동이 걸리지 않는 상황에 처해 있다. 또한 전국적으로 진행되고 있는 지방인구 감소가 한층 가속화되고 있다는 견해도 있다. 그렇게 되면 언젠가 자립할 때까지의 지원이라기보다 계속적인 연대와 상호교류라는 전망을 전개해 가는 것이 보다 중요하게 될 것이다.

안타깝지만 필자의 발상과 역량으로는 수업 등을 통해서 관심이 있는 학생에게 지속적으로 참가 요청을 하는 것이 고작이다. 비상시에 시작된 정규과목 외의 자원봉사활동이라는 약점이 있다.

학생 중에는 일찍부터 그 문제를 인식하고, 학생들의 관심을 호소하는 데 적극적인 학생도 있었다. 2015년 3월부터 체험보고회는 학생 중심의 운영으로 전환했다. 그러자 대지진 이후 향토예능의 부활을 묘사한 영화 상영회를 넣거나 대학의 비축품을 점검하는 방재워크숍과 함께 행사를 진행하는 등 독창적인 노력이 더해지게 되었다(고쿠가쿠인대학 신도문화학부2016).

- 앞으로의 계획

필자는 앞으로도 연구조사와 더불어 때로는 학생들을 데리고 재난

지역을 방문하거나 자원봉사활동을 계속할 생각이다. 하지만 그것이 조직적으로 보다 큰 효과를 거두고 계속되기 위해서는 더한층의 노력이 필요하다는 것을 절실히 느끼고 있다.

그것은 현재까지 관여해온 재난지역 관계자들과 연계해온 종교자, 연구자의 은혜에 보답하고 후속세대로 이어가기 위해서도 필요할 것이다.

문헌

稲場圭信(2012)「東日本大震災における宗教者と宗教研究者」、『宗教研究』86⑵ pp.29-51

稲場圭信・黒崎浩行編(2013)「震災復興と宗教」(「叢書 宗教とソーシャル・キャピタル」4)、東京：明石
　　　書店

稲場圭信・櫻井義秀編(2009)『社會貢獻する宗教』京都：世界思想社

太田宏人(2011)「被災地神社[復興]ルポ 第二回 青年神職は希望の道標」、『皇室』52 pp.106-111

黒崎浩行(2011)「宗教文化資源としての地域神社──そのコンテクストの現在」、國際宗教研究所
　　　編『現代宗教2011』東京：秋山書店、pp.45-58

_____(2012)「都市生活における共存と神社の關わり──東京「大塚まちの灯り」の試み」、國學院
　　　大學研究開發推進センター編、古澤廣祐責任編集『共存學──文化・社會の多樣性』東
　　　京 弘文堂、pp.89-105

_____(2013)「神社神道の活動」、稲場・黒崎編(2013) pp.63-87

_____(2014a)「復興の困難さと神社神道」、國際宗教研究所編『現代宗教2014』東京：國際宗教
　　　研究所、pp.227-248

_____(2014b)「(談話室)つながりの中での學び」、『國學院雜誌』115⑼ pp.32-33

_____(2015)「東日本大震災におけるコミュニティ復興と神社──宮城縣氣仙沼市の事例から」、
　　　『國學院雜誌』116(11) pp.17-29

黒崎浩行・稲場圭信(2013)「宗教者災害救援マップの構築過程と今後の課題」、『宗教と社會貢
　　　獻』3⑴ pp.65-74

國學院大學學術資料センター(2014)「「陸奧金華山と女川の震災復興に學ぶ」スタディツアー
　　　2013實施報告」、『國學院大學學術資料センター研究報告』30 pp.71-87

國學院大學 神道文化學部(2016)『國學院大學 神道文化學部震災ボランティア活動報告書──防
　　　災とコミュニティを考えるつどい～防災 忘れない～實施報告』東京：國學院大學
　　　神道文化學部

十王舘勳(2012)『東日本大震災 僕の避難所長日記──3月11日、その日。』東京：神社新報社

宗教者災害支援連絡會編、蓑輪顯量・稲場圭信・黒崎浩行・葛西賢太責任編集(2016)『災害支援ハ
　　　ンドブック──宗教者の實踐とその協働』東京：春秋社

谷山洋三(2016)「医療者と宗教者のためのスピリチュアルケア―臨床宗教師の観点から」東京：中外医學社

中山郁(2011)「戰後日本の大學と建學の精神―宗教系大學の事例から」、『國學院大學教育開發推進機構紀要』2 pp.17-32

平瀨努(2014)「民生委員の父 林市藏―亡國の危機を救った「方面精神」の系譜」東京：潮書房光人社

星野壯・弓山達也(2013)「大學と市民活動―東日本大震災における大正大學と學外コミュニティの事例より」、稲場・黒崎編(2013) pp.201-220

제 4 부

이재민·가족의 생활재건과 지역사회

제13장

재난지역에서 보는 수공사업과 새로운 사회관계

- 미야기현을 사례로

야마구치 무쓰미 (山口睦)

1. 시작하는 말

1.1 문제의 소재

2011년 3월 11일 동일본대지진이 발생하고 6년여가 흘렀다. 대지진 직후 반년 사이에 재난지역 3현(이와테현, 미야기현, 후쿠시마현)의 완전실업자 수는 대지진 전의 약 15만명에서 19만 명으로 급증했다(후생노동성 조사). 쓰나미 피해가 컸던 연안부에서는 특히 수산가공업이 공장재난으로 휴업, 폐업하고 많은 여성이 직장을 잃었다. 같은 해 연말에는 실업보험 수급자 중 여성의 비율은 재난 이전의 51.8퍼센트에서 58.1퍼센트로 약 7퍼센트 증가했다(《아사히 신문》 2011년 12월 11일). 복구 부흥기에는 건설과 경비 등 남성의 구인이 많았고, 점원과 사무원도 비정규 고용의 여성이 먼저 해고되었기 때문이다.

하지만 그것을 대신하듯이 여성의 수공사업이 다수 발생했다. 예를

들어, 1995년 1월에 발생한 한신·아와지대지진 때도 재난지역 NGO협동
센터(타올을 가공하여 코끼리 얼굴로 만든 벽걸이 타올 '마케나이조'를 제조), 목마회(재
첩 껍질을 사용한 고리 '재첩아'를 제작)라는 단체가 생겼는데(야마구치 외 2007:21-
22), 후술하겠지만 이번 대지진에서는 미야기현에서만 80개가 넘는 단체
가 만들어졌다. 동일본대지진 이후의 재난지역에서는 왜 여성을 중심으
로 한 수공사업이 많이 생겼을까? 도호쿠라는 지역이 갖는 고유의 이유가
있는지, 동일본대지진 특유의 상황이 있는지, 아니면 수공을 둘러싼 시대
적인 배경이 있는 것일까? 이것이 본 장의 출발점이 되는 의문이다.

본 장에서는 미야기현에서 동일본대지진 이후에 생겨난 수공사업
을 통계적으로 파악하고 히가시마쓰야마시와 게센누마시의 사례를 대상
으로 사업발족의 경위와 발전과정, 외부인과의 관련, 재난 발생 전의 지역
사회자본이 어떻게 기능하고 있는가, 종래의 지역사회에 끼친 영향, 사업
에서의 리더십, 대지진 이후 6년간의 활동 변천 등을 비교 검토한다. 특히
재난지역과 외부인과의 관계성에 주목해서 분석을 진행한다.

1.2 부흥 커뮤니티 비즈니스와 수공

문화인류학에서 재난연구가 시작된 것은 비교적 새롭다(Hoffman and
Oliver-Smith eds. 2002=2006). 그 후에도 해외의 인도양 지진쓰나미(2004년), 자바
섬 중부지진재난(2006년), 수마트라남서부연안 지진(2007년), 일본의 한신·
아와지대지진(1995년), 니가타 주에쓰지진(2004년) 등의 사례연구가 축적되
어 있다. 동일본대지진에 대해서는 보다 많은 연구자가 다양한 각도에서
사례연구를 계속하고 있다(길 외 편 2013; 다카쿠라·다키자와 편 2014).

이들 연구 중에서도 본 장에서 다룰 재난부흥과 수공에 대한 연구는
다음 두 종류로 나누어진다. 첫째, 대지진 전부터 존재하는 전통공예 등이

재난을 당하여 그것을 부흥시키는 지원활동에 주목한다(가나야 2015). 둘째, 대지진을 계기로 새롭게 발생한 수공에 착안하는 시점이다(야마구치 2004; 야마구치 외 2007). 새롭게 발생한 수공은 재난지역의 여성고용이라는 사회적 과제를 해결하기 위한 지역사회 비즈니스로 분류되는데(사카이 2015:66), 본 장의 사례는 후자에 해당한다.

야마구치 가즈후미(山口一史) 등은 지역의 과제를 지역자원 활용으로 경제순환을 일으키면서 해결해 가는 지역사회 비즈니스(이하, CB)에 착안하여 주에쓰지진, 한신·아와지대지진 사례를 분석하고 있다. '재난 피해자가 자신의 특기를 살린 수공'은 여성과 고령자 등 사회적 약자가 생활을 재건하는 데 유용한 수단이라고 분석하고 있다(야마구치 외 2007:19). 부흥 CB의 특징으로는 ①경제와 경영에 문외한이어도 가능하고, ②누구든지 가지고 있는 기술을 활용한 사업이며, ③작은 수요에 대응하고, ④비용의 목적화(극대화), ⑤장기간 계속적으로 활동할 수 없어도 된다 등이 명시되어 있다(야마구치 외 2007:37).

또한 여성과 수공의 관계에 대해서는 본 장과도 연관이 있는 관광선물에 대한 연구가 있다. 그린투어리즘에서의 여성의 역할에 대해서 연구하고 있는 Hashimoto and Telfer는 여성과 수공예품 등 선물 산업의 관계성은 복잡해서, 그것은 관광산업의 성질에 의한 것뿐만 아니라 각 지역사회의 사회적·문화적 상황에 기인한다고 지적한다(Hashimoto and Telfer 2013:121). 여성이 중심이 되는 이러한 부흥 CB, 수공예품 등의 선물 산업에 공통되는 것은 소자본으로 시작할 수 있고, 재봉이나 뜨개질 같은 여성이 가지고 있는 수공기술을 활용할 수 있는 부업적 형태를 취하므로, 많은 여성이 떠맡는 가사 및 육아와의 양립이 가능하다는 것이다.

이상을 토대로 하여 본 장에서는 미야기현에서 대지진 이후 시작된 수공사업이 어떠한 사회적·문화적 배경을 가지고 어떠한 사회자원을 활용해서 운영되고 있는지 몇 가지 사례 분석을 통해서 명확히 하는 것을 과제로 한다.

2. 가설주택에서 태어난 양말 몽키 - 히가시마쓰시마시(東松島市)

2.1 사업발족의 경위

본 절에서는 히가시마쓰시마시의 가설주택을 거점으로 한 단체〈오노에키마에고(小野驛前鄕) 프로젝트〉를 대상으로 한다.[1] 이 단체는 가설주택에서 생활하는 여성들이 만드는 양말몽키 '오노 군'을 상품으로 하고 있다(사진 13-1). 이 가설주택단지는 2011년 8월에 입주가 시작되어, 부근에서는 가장 늦었다고 한다. 프로젝트의 대표를 역임하고 있는 다케다 후미코(武田文子, 60대 여성) 씨는 가설주택단지의 자치회장도 맡고 있다. 대지진 전에는 집에서 의류업계 부업을 하느라 주민자치회 활동에 적극적으로 참여하진 못했다. 이 가설주택단지에는 다케다 씨와 같은 히가시마쓰시마시 S지구 출신 사람은 5명뿐이고, U지구나 Y지구 사람들과 함께 입주해 있었다. 다케다 씨는 지급받은 채소를 분배하는 일을 하며 가설주택 사람들과 더불어 활동하고 있었다.

다케다 씨는 피난생활에서는 '한가한 시간이 제일 안 좋다'라고 말한다. 뭐라도 해야 한다는 생각에, 자원봉사자에게 받은 천을 사용하여 무

---

1 〈오노에키마에고 프로젝트〉에서는 2016년 1월 5일, 7일, 11월 30일에 이야기를 들었다.

엇이든 시험 삼아 만들기를 반복하고 있었다. 에코 수세미는 다른 가설주택에서 이미 만들고 있어서, 같은 상품을 만드는 것은 실례라고 생각했다. 그런 중에 2012년 4월, 지원품으로 받은 양말 몽키에 관심이 쏠렸다. 양말 몽키는 원래 미국에서 1930년대 대공황 시기에 어머니가 낡은 양말로 만든 원숭이 인형이다. 취미로 양말 몽키를 만들고 있던 사이타마현의 50대 남성에게 교통비는 지불할 수 없지만 1박 2일로 와서 가르쳐 줄 수 있는지 의뢰를 했다. 양말이라면 지원물자로 받은 것이 있어서 그것을 사용하기로 했다. 당시는 재고 30개로 정하고 3개월간은 무보수로 만들었다. 가설 단지에 살고 있던 20명 정도의 여성이 만들기 시작했고, 태그나 로고는 자원봉사로 와 있던 공업 디자이너가 무상으로 만들어 주었다.

2.2 양말 몽키의 유통과 지원방법

양말 몽키는 유통방법에 특징이 있다. 다른 점포에서의 판매나 위탁 판매는 일절 하지 않고, 팩스로 주문하든지 활동거점인 가설주택 집회소에서 직접 구입하든지 이벤트 등에서 구입하는 것으로 한정되어 있었다. 그 배경으로는 오노에키마에고 프로젝트의 공동대표인 신조 하야토(新城隼, 40대 남성) 씨의 의견이 있다. 신조 씨는 도쿄에서 일본 전통공예를 발신하는 웹사이트를 만드는 회사를 시작하려고 계획하고 있었는데, 동일본대지진을 계기로 자원봉사활동을 시작했다. 자원봉사활동을 통해서 재난지역의 상황을 전달하는 것이 자신의 사업계획과 같은 맥락이라고 생각하고 오노에키마에고 프로젝트에 협력하게 되었다. 그 지원활동 중에 예를 들어 '도쿄에서 히가시마쓰시마시의 토산물 전람회를 개최하면 당장은 팔리겠지만 이후에도 꾸준히 팔리게 될까?'라는 의문이 생겼다. 지원하는 시에서 일시적으로 팔고 끝나버리면 활동을 지속하기가 힘들다고 생각하여 굳이 양말 몽키를 팔지 않았다. 토산물 전람회에서 "얼마예요?"라고 사람들이 물었지만 "히가시마쓰시마시에 와야 살 수 있어요"라고 대답하는 전략을 취했다. 양말 몽키는 선전을 하지 않고 자원봉사자의 입소문으로 알려졌다고 한다. 2016년 시점에서 팩스로 신청받은 주문물량이 6개월에서 1년은 대기해야 하는 상황이다.

지명도가 높아지면서 기업에서 양말 몽키를 구입하고 싶다는 신청이 많았지만 사양했다. 왜냐하면 일반적인 요금 후불이나 팔린 양만큼 나중에 정산하여 매상이 지불되는 위탁판매 형태로는, 수천 개의 양말 몽키가 전국에 유통되어도 만드는 이들에게 돈이 들어오지 않는 사태를 피하고 싶었기 때문이다. 저가의 수작업 제품 유통의 약점을 파악하고 공급수를 컨트롤하여 상품 가치를 유지하는 방법을 취했던 것을 알 수 있다. 양말 몽키를 만드는 사람은 20명 정도로 고정되어 있어서 그들의 생활을 견고하게 지키기 위한 체계가 고려되었다.

또한 이 양말 몽키는 '판매한다'라고 하지 않고 '입양된다'라고 표현한다. 양말 몽키를 '입양아'로 맞이하기 위해서는 한 개당 천 엔이 들고 구입 후에 자신의 양말 몽키를 지참하고(데리고) 히가시마쓰시마시의 가설주택을 방문하는 것을 '본가 나들이한다'라고 한다. 이 과정에서 판매자와 구입자의 일회성 관계가 아니라 양말 몽키를 매개로 한 정서적인 유대가 생긴다. 또한 자신이 입양한 양말 몽키와의 생활 장면을 사진으로 찍어서 SNS(소셜네트워킹서비스)의 페이스북에 업로드하여 입양가족끼리 교류하는 장이 마련되어 있다. 그 밖에 자기가 마음에 든 양말을 구입하여 오노에키마에고 프로젝트에 기부하여, 양말 몽키를 생산하는 데 일익을 담당한다는 행위가 이루어지고 있다. 어떻게 귀여운 양말 몽키를 이 세상에 내보낼까 하고 '입양 부모'들은 양말을 찾아 구입하고 기부하여, 오노에키마에고 프로젝트에 능동적으로 참가하고 있는 것이다.

아라키 씨는 이 활동은 '비지니스가 아니다', '어떻게 하면 입양부모가 기뻐해 줄까' 생각하며 운영하고 있다고 말한다. 오노에키마에 가설단지에는 평일에도 쉴 새 없이 사람들이 찾아온다. 가까이는 히가시마쓰시마시나 센다이시에서, 원거리로는 관동, 규슈 등 전국각지에서 양말 몽키를 구입하기 위해 오는 사람들이다. '한 개를 이미 집에 장식해 두었지만(그 양말 몽키가) 외로울 테니까 또 한 개를'(괄호 안 필자) 하는 사람도 있고, 가나가와에서 정기적으로 '본가 나들이'를 오는 사람도 있다고 한다. 아라키 씨의 방법이 효과를 발휘해, 다른 희망자를 만들고 구입자간의 교류가 생겼다고 할 수 있을 것이다.

이러한 개인 지원자 외에 협력기업으로는 이온몰 주식회사, 몇몇 구두업체와 양말 도매상이 있다. 이온몰로부터는 2013년 2월에 협력 요청이 왔다. 각 점포에 양말 몽키의 양말 기부 모집 상자가 설치되었고, 기부받은 양말을 히가시마쓰시마시에 보내는 송료를 부담해주고 있다. 양말은 개인과 기업에 의한 기부가 3분의 1을 차지하고 그 외는 오노에키마에고 프로젝트가 구입하고 있다. 재료기부 요청은 '오노 군의 먹이(재료)가 되는 양말과 솜의 지원을 부탁드립니다!'라고 표현된다.

이처럼 오노에키마에고 프로젝트는 기업과 개인의 지원을 받고 있지만, 조성금은 받지 않고 기업화도 목표로 하지 않는다. 수공사업 단체는 공적조성금이나 민간조성금을 받아서 활동하는 경우가 많지만 조성금을 받으면 조성금을 위한 일이 되기 때문에 신청하지 않는다고 다케다 씨는 말한다. 조성금을 받는 순간부터 매상이 신경 쓰이고, 계속 신청하지 않으면 활동할 수 없게 되어 조성금을 위한 일이 되어 버린다는 것이다. 다케다 씨는 '한 사람 정도는 조성금 없이도 해낼 수 있는 사람이 있어도 되지 않겠는가'라는 생각으로 운영하고 있다고 한다. 한 달에 몇 개 출하하는지 정확하게 계산하지는 않았지만, 지금까지 7만 개 이상 국내외로 보내졌고(『가호쿠신보(河北新報)』 2016년 12월 16일), 연간 2만 명이 가설단지를 방문했다고 한다.

활동 거점인 오노에키마에 가설단지는 2017년 여름 폐쇄가 결정되어, 양말 몽키를 만들던 이도 서서히 부흥주택이나 재건한 자택으로 옮겨갔다. 오노에키마에고 프로젝트에서는 가설주택이 폐쇄될 때까지 새로운 활동거점이 될 '하늘 역'을 건설하기 위해서 기부금을 모으고 있다. 다음 본가 나들이의 거점이 될 본가가 지어질지는 앞으로의 활동 여부에 달려 있을 것이다.

이상과 같이 오노에키마에고 프로젝트는 지원물자를 이용한 양말 몽키를 다양한 외부자의 도움을 받아 개발하고, 다케다 씨가 리더십을 발휘하여 리쿠젠 오노에키마에의 가설주택에 때마침 입주한 사람들과 함께 사업을 지속적으로 운영해 온 실례라고 할 수 있다. 이것은 다케다 씨의 의류업계 부업이라는 대지진 전의 기술과 자원봉사자로 참가하여 후에 공동대표가 된 아라키 씨의 브랜드 전략과 IT기술이 발휘되어 이룩한 성과이다. 본 사업은 무엇보다 양말 몽키의 사랑스러움, 한 개에 천 엔이라는 알맞은 가격이 여러 번 반복 구입할 요소로서 강력하게 작용하고 있다. 그리고 기업이나 메이커, 개인으로부터 양말이나 솜 등의 재료 기부가 계속적으로 이어지고, 양말 몽키 구입자 사이의 교류나 반복 구입자와의 교류를 낳게 한 구조가 대지진 발생 후 6년 이상이 지나도록 활동이 활발한 원인이라고 할 수 있을 것이다.

한편, 다음 절에서는 대지진 후 5년 동안 활동내용이 변천한 사례를 소개하려고 한다.

3. 뜨개질 동료를 늘리고 싶다 - 게센누마시(氣仙沼市)

3.1 털실 판매회사 아틀리에 K

본 절에서는 게센누마시의 털실판매회사 아틀리에 K(가명)를 대상으로 한다. 아틀리에 K는 교토에 거주하는 독일인 여성 마리 씨(가명)의 지원활동으로 시작되었다.[2] 독일 출생의 마리 씨는 1987년에 의학 연구자로 일본에 왔다. 그 후 마리 씨는 일본인과 결혼하고 독일어 강사 일과 병행하여 교토에서 손으로 뜬 양말을 판매하여 그 매상으로 아프가니스탄 지원활동을 하고 있었다. 그녀가 사용하는 털실은 독일의 T사 제품으로 뜨

---

2   마리 씨(50대 여성)에게는 2016년 1월 이후, 수차례에 걸쳐 이야기를 들었다.

기만 해도 모양이 나타나는 특수한 것이었다.[3] 그러던 2011년 3월 동일본 대지진이 발생하자, 1986년의 체르노빌원전사고를 독일에서 경험한 마리 씨는 아이를 데리고 독일로 귀국하려고 했다. 하지만 아이가 '일본 친구를 버리면 안된다'고 하여 일본에 머물기로 결심했다.

지원 물품으로 양말과 두건 모자를 기부하고, 2011년 4월에는 재난 지역을 지원하는 교토의 NPO에 요청하여, 털실 두 뭉치와 뜨개바늘 100 세트를 몇몇 피난소로 보냈다. 털실을 보낼 때 주위 사람들이 '물도 없는 상황인데 털실을 보내다니'라고 반대했지만, 마리 씨는 피난소 생활을 하는 사람들이 자유시간에 손을 움직여 뜨개질을 하면 마음이 안정될 거라고 생각했다고 한다. 같은 해 5월 골든위크(4월 말에서 5월 초의 휴일이 많은 주-옮긴이)에는 미야기현 게센누마시의 K중학교에서 '털실을 더 보내달라'는 전화가 왔다. 그 소식을 들은 마리 씨는 아주 기뻐하며 털실을 추가하여 K 중학교에 보냈다. 그리고 K중학교에 피난해 있는 사람들과 한 대밖에 없는 전화로 이야기를 나누게 되면서, 그녀들이 친밀하게 느껴져서 현지를 방문하고 싶어졌다. 하지만 당시는 재난지역에 쉽게 갈 수 있는 상황이 아니어서 말하지 못하고 있었다. 그런데 남편이 "게센누마에 가고 싶지? 가족이 함께 가 보자"라고 말해 줘서 6월에 현지를 방문했다. 당시 K중학교 에는 180명이 피난해 있었는데, 서로 자숙해서 체육관 안은 아주 조용했다. 15명 정도의 여성이 뜨개질을 하고 있었는데, 마리 씨도 함께 양말을 짜기로 했다. 오후에 체육관에 도착하여 저녁 9시 취침 시간까지 한 사람

---

3   T사는 가족이 경영하는 독일의 털실 메이커로, 한 줄의 털실에 다양한 색깔이 들어있는 특수한 털실을 제조하고 판매하고 있다. T사는 환경보호 활동에도 적극적이어서 목동의 지원과 열대우림의 보호 등, 테마에 맞추어 털실 매상을 기부하고 있다. 아틀리에 K 독자적인 '게센누마 컬러'도 발매되고 있다.

이 양말을 완성시켰다고 했고, 다음 날 아침에는 전원이 양말을 완성했다. 마리 씨는 아마도 밤에 이불 속에서 떴을 거라고 했다.

　　그리고 뜨개질을 할 수 있는 여성뿐만 아니라 모두가 할 수 있는 일이 없을까 고민하던 마리 씨는 문어 마스코트 '다코짱' 만들기를 생각해 냈다(사진 13-2). 이 마스코트는 독일의 초등학생이 세 갈래 땋기를 연습할 때 만드는 것으로 남성과 아이들도 참가했다. 교토의 지인이 필요 없는 단추를 기부해 줘서 인형의 눈으로 사용했다. 처음에는 마리 씨가 양말을 판매하던 교토 지온지(知恩寺)의 수제품 시장에서 한 개 천 엔에 판매하여, 매상 전액을 만든 사람들에게 전해 주었다. 이후에 문어 머리에 넣을 자투리 털실을 독일의 털실회사(T사)가 기부하게 되었다. 문어 만들기에 참여한 이들은 고령자 여성 5명, 40대 여성 3명을 중심으로 대략 12~13명이었다. 문어를 만드는 여성들을 '문어 맘'이라고 부르고, 문어를 구입하는 것은 '양자로 맞이한다'라고 표현하여 구입자와 판매자 사이에 정서적 유대를 형성하도록 기획했다. 이것은 앞에서 소개한 오노에키마에고 프로젝트와 같다.

그 후 피난자는 하나둘 가설주택으로 옮기고, 다코짱 만들기로는 용돈벌이밖에 안 된다고 생각한 마리 씨는 그곳 여성들에게 일이 필요하다고 생각했다. 그래서 2012년 3월에 편물제품 제조회사 아틀리에 K를 설립했다. 아틀리에 K는 일본 국내의 정규 판매대리점으로 T사와 계약하여 T사의 털실을 판매하고 있다. 개업 당시 마리 씨는 주민등록증을 교토에서 게센누마로 옮기고, 〈산리쿠 부흥 친구기금〉의 지원으로 조립식 아틀리에와 온라인숍을 개설했다. 그리고 게센누마역 앞에 직영점을 개점했다.[4] 사업내용은 독일제 수입털실 판매, 편물제품의 기획제조 판매, 각지에서의 뜨개질 교실과 이벤트 개최이다. 아틀리에 K는 육아 중인 여성을 중심으로 고용하고, 직원은 2016년 9월 시점에서 정사원 4명, 파트타임 4명, 부업 약 15명이다. 수입털실과 게센누마에서 만든 편물제품을 교토와 센다이의 수제품 시장이나 인터넷을 통해서 전국으로 판매하고 있다. 마리 씨는 교토에서 양말을 팔던 경험과 실적이 도움이 되었고, 도호쿠 이외 지역과의 관계가 사업을 계속할 수 있는 비결이 되었다고 한다. 2016년 2월 현재, 한 달에 약 500건의 털실 주문이 들어오고 주문은 주로 인터넷을 통해서 이뤄진다고 한다.

---

4 〈산리쿠 부흥 친구기금〉은 특정 비영리 활동법인 플러넷 파이넌스 재팬이 동일본대지진 피해자 지원활동을 하는 미국 NGO의 메시코프, 게센누마 신용금고와 공동으로 2011년 11월부터 운영하고 있다. 지역 중소기업, 특히 소규모 사업자 지원을 목표로 하여 신규사업 창출 조성, 고용지원 조성, 부흥지원 융자의 이자 보급, 장애자의 액세스 개선이라는 4가지 사업으로, 432명의 사업자에게 약 23억 6천만 엔을 지원했다. 아틀리에 K는 신규사업 창출조성(초기비용의 50%, 최대 150만엔) 지원을 받았다. 출처는 〈포지티브 플러넷 재팬〉웹사이트(http://planetfinance.or.jp/index.php)[최종검색:2017년 1월 24일].

3.2 털실을 받은 이치카와 씨

다음으로 털실을 받은 이치카와 씨(가명) 이야기를 소개하자.[5] 이치카와 씨는 게센누마시 가라쿠와정에 사는 50대 여성이다. 대지진 당시는 오전 중에 파트타임으로 일하고 점심 후에 잠깐 쉬었다가 리쿠젠타카타시의 바닷가 소나무 숲을 걷는 것이 일과였다. 2011년 3월 11일 오후에는 외출 시간이 다소 늦어져 아직 집에 있을 때 지진이 발생했다. 당황한 나머지 빈손으로 고지대에 있는 K중학교 체육관으로 피난했다. 저녁 무렵에 귀가해서 집안을 정리할 생각이었지만 마을을 지켜보고 있던 사람이 "이치카와 씨 집이 떠내려갔어요."라고 알려줘서 깜짝 놀랐다고 한다. 이치카와 씨 남편은 국내의 제유소(製油所)를 도는 유조선을 타고 있고 아이들도 간토(關東)지역에 있었기 때문에 이치카와 씨는 시어머니와 둘이서 피난생활을 하게 되었다. 이치카와 씨는 집이 떠내려갔지만 자신은 운이 좋았다고 말한다. 집은 깨끗하게 포기하고, 가끔 시어머니와 집터를 보러 가서 아이들이 만든 접시나 북 같은 것을 찾아왔다고 한다.

피난소에서는 3월 14일에 본부가 개설되어 역할분담을 했다. 이치카와 씨는 조리반 담당으로 아침, 점심, 저녁 준비를 서너 개 그룹이 분담했다. 3일에 한 번 정도 당번이 돌아왔지만, 이치카와 씨는 매일 메뉴를 생각하고 조리에 참가했다. 중학교 아래에 있는 민박집에서 가스를 빌려서 하나의 냄비로 우선 밥을 지어 주먹밥을 만들고, 다음으로 된장국을 끓여 체육관까지 운반하는 상황이었다. 식재료는 한정되어 있었고 된장국은 건더기가 없을 때도 있었다. 이치카와 씨가 중학교 운동장에 세워진 가설주택단지로 옮긴 8월 7일까지 최대 230명과의 공동생활은 '엄청난 5개월

---

5   이치카와 씨(50대 여성)에게는 2016년 10월 20일에 이야기를 들었다.

이었다'고 회상했다.

그런 상황에서 물자담당 여성이 마리 씨의 털실지원정보를 보고 털실을 요청했다. 도착한 종이 상자에는 털실이 몇 개 들어있었다. 하지만 이치카와 씨는 '뜨개질을 할 상황이 아니었다'고 떠올린다. 이치카와 씨는 대지진 전에는 취미로 뜨개질을 해서 아이들에게 스웨터를 짜 주었지만, 그런 상황에 털실이 도착하리라고는 생각지도 못했다고 한다. 정말 힘든 일을 겪고 있는데 취미생활 같은 건 엄두도 안 나고 이런 엄청난 상황에서 뭐 하는 짓이냐고 남들이 생각하지나 않을까 불안했다고 한다. 전기가 복구되기 전에는 오후 5시 전에 모든 일을 끝내야 하고 소등은 밤 8시였다. 4월 초에 전기가 복구되자 소등시간이 저녁 9시로 바뀌고 저녁 식사 뒤처리까지 끝나면 그 후로는 책을 읽거나 뜨개질을 할 여유가 있었다. 그리고 밤마다 뜨개질을 하는 사람이 늘어서 한 번 더 보내줄 수 있느냐고 마리 씨에게 연락했다는 것이다. 이치카와 씨는 4, 5월경이 되어 뜨개질을 시작했다. 6월에 마리 씨 일가가 방문해서 문어 마스코트를 만드는 그룹이 만들어졌다. 이치카와 씨는 마리 씨의 활동 모습을 '외국인이네' '일본어를 하네' 하는 생각으로 지켜보았다.

가설주택으로 옮길 무렵에는 활동에 참가하게 되어 문어에 붙이는 메시지 담당이 되었다. 초기에는 초등학생이 보내는 메시지도 있었지만, 서서히 문어의 머리를 둥글리고 다리를 짜고 눈을 붙이고 마지막으로 메시지를 붙인다는 식으로 컨베이어 시스템으로 분업하게 되었다.

메시지는 '고마워' '지지 않을 거야' 등의 한마디와 멤버 이름을 써서 한 장에 얼마를 받기로 하고 한 달 동안 수십 장에서 수백 장을 썼다. 그러던 중 메시지를 보고 응원물자를 보내주는 사람이 있었는데, 다른 멤버 중에는 '내가 쓴 것이 아니니까 나는 받을 수 없다'라며 응원물품을 이치카와 씨에게 건네주는 사람도 있었다. 이치카와 씨는 언제까지나 '열심히 하자' '고마워'라는 메시지만 보낼 것이 아니라 그때그때의 솔직한 마음과 현재 상황을 전할 필요가 있겠다는 생각에 다양한 메시지를 쓰게 되었다. 그러다 보니 자신의 이름으로 메시지를 쓰고 싶어져서 마리 씨에게 그 취지를 설명했다. 그런데 그것을 내켜 하지 않는 구성원도 있어서 마침내 구성원 간의 관계가 악화되었고, 2013년 2월에는 결국 제1스테이지가 해산되고 말았다. 이치카와 씨는 '돈이 관련되면 문제가 발생한다'고 말했다. 그 후로 사협(사회복지협의회)의 소개로 장애아 어머니에 대한 지원으로 활동이 재개되었지만 이치카와 씨는 참여하지 않았다. 2016년 4월 이후에는 한 달에 한 번 모여 아틀리에 K에서 판매하는 뜨개바늘을 꽂아두는 미니 문어를 짜는 활동을 하고 있다.

문어 마스코트 만들기를 통해서 인연이 되어 지금까지도 교류하고 있는 사람도 있다. 예를 들어 교토후 후쿠치야마시의 30대 여성이 이치카와 씨의 메시지에 용기를 얻었다는 편지를 보내왔는데, 때로는 아이 사진을 보내오기도 하고 연하장으로 근황을 알려 주기도 한다. 그 밖에도 자원봉사로 와 준 홋카이도의 보건지도사와, 큰 문어를 사무실에 장식해 두고 힘들 때마다 말을 걸거나 하는 지인이 있다고 한다.

문어를 '양자로 맞이한다'는 표현은 앞에서 소개한 오노에키마에고 프로젝트와 동일하다. 즉각적인 화폐와 상품의 단순한 교환이 아니라, 제조 판매자와 구입자 사이에 사회관계의 구축을 목표로 하는 구조이다. 이치카와 씨의 사례에서 알 수 있는 것은, 문어뿐만 아니라 '만드는 사람'이라고 가정하는 이가 손수 쓴 메시지와 이름이 구입자에게 현실감을 가지고 전해지고 받아들여졌다는 것이다. 이치카와 씨는 그 후의 아틀리에 운영에는 직접 관여하지 않았다. 원래는 슈퍼의 주차장으로 임대하고 있었던 토지가 쓰나미로 떠내려가서 비어 있었기 때문에 초대 조립식 아틀리에를 세울 토지로 싸게 마리 씨에게 빌려주고 있었다. 기본적으로는 외부에서 응원하면서, 곤란할 때는 지역을 잘 아는 상담 상대로 마리 씨와의 관계를 유지하고 있다. 이치카와 씨 본인은 마을의 고지대 이전, 자택의 재건, 복지협력원이나 자치회 임원을 맡는 등 분주하다. 이치카와 씨가 재건한 자택에 입주한 것은 대지진으로부터 꼭 5년이 지난 2016년 3월 12일이었다.

이상과 같이 아틀리에 K는 문어 마스코트 만들기라는 활동으로 시작하여 나중에는 편물제품 제조와 판매 회사를 설립하여, 마리 씨를 대표로 하여 병행해서 활동해 왔다. 문어 마스코트 만들기, T사의 뜨개질 판매는 모두 마리 씨의 개인적인 경험과 인맥이 자원이 되어 성립한 활동이다. 또한 전국에서 단추를 기부받고 T사에서 자투리 털실을 기부받아 피해지역의 인재가 노동력으로 참가했다. 문어 마스코트 만들기는 다양한 과정을 거치면서도 활동을 계속하여 아틀리에 K가 회사의 메인으로 활동하고 있는 상황이다.

4. 수공사업의 유통지원

4.1 미야기생협과 NPO법인 〈응원의 꼬리(応援のしっぽ)〉 '수작업상품 카탈로그'

본 절에서는 미야기현에서 생산자와 구입자를 연결하는 유통을 지원하는 단체에 대해서 검토한다.

〈그림13-1〉은 미야기현의 수공사업 소재지를 시정촌 별로 집계한

〈그림 13-1〉 미야기현 내의 수공사업 단체수

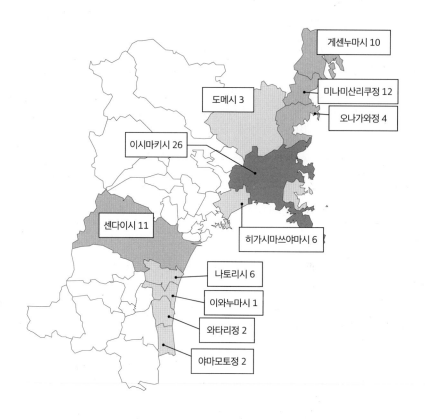

게센누마시 10

미나미산리쿠정 12

오나가와정 4

도메시 3

이시마키시 26

센다이시 11

히가시마쓰야마시 6

나토리시 6

이와누마시 1

와타리정 2

야마모토정 2

출처: 미야기생협과 NPO법인 〈응원의 꼬리〉 '수작업상품 카탈로그' 및
〈도호쿠 매뉴팩처 스토리〉 웹사이트 게재단체를 집계하여 필자 작성.

것이다. 본 항에서 언급하는 미야기생협 및 NPO법인 〈응원의 꼬리〉의
'수작업상품 카탈로그'와, 피해지역 3현(이와테현, 미야기현, 후쿠시마현)의 수
작업상품을 소개하는 웹사이트 '도호쿠 매뉴팩처 스토리'에 게재되어 있
는 단체를 집계한 것으로, 전부를 망라한 것은 아니지만 83단체에 이른다.
도호쿠 매뉴팩처 스토리는 일반사단법인 〈쓰무기야〉가 도호쿠의 수공사

업을 소개하는 웹사이트로, 2013년 2월에 개시되었다.[6] 분포는 쓰나미 피해가 있었던 연안부에 집중해 있고, 단체 단위는 가설주택, 피난소, 자택피난자 그룹, 구 커뮤니티 그룹(수예클럽 등)을 들 수 있다.

앞에서 서술한 오노에키마에고 프로젝트처럼 상품의 캐릭터가 사람들을 매료시키는 일은 드물고 일반적으로는 판로 획득이 큰 과제이다. 당시는 가설주택이나 활동에 참여하는 자원봉사단체 등이 판매를 담당해주는 일도 있었지만, 지금은 부흥 시와 가설점포, 휴게소 등에서 판매되고 있다. 본 항에서는 판로의 예로서 미야기생협과 NPO법인 〈응원의 꼬리〉가 작성·발행하고 있는 '수작업상품 카탈로그'에 대해서 서술한다.[7]

미야기생협은 2011년 5월 이후에 이재민 지원을 위해서 미야기현 내의 4곳(현 북부, 이시마키, 센엔, 센난)에 미야기생협 자원봉사센터를 설치했다. 지자체의 자원봉사센터를 비롯하여 의료기관, 사회복지협의회, 가설주택을 관리하는 활동을 하는 단체, 민생위원, 각종 NPO단체 등과 연계하면서 활동하고 있다. 활동내용은 서로 나누는 찻집, 육아 광장, 나눠주는 모임·바자, 건강상담회, 가설주택 자치회와의 이벤트 개최 등이다. 이런 지원활동을 하면서 수작업상품을 만들고 있는 단체와 교류하게 되고,

---

6 2017년까지 73단체를 대상으로 하여, 상품 탄생의 이야기, 만든 이의 인터뷰, 상품소개 등을 하고 있다. 출처는 〈도호쿠 매뉴팩쳐·스토리〉 웹사이트(http://www.tohoku-manufacture.jp/index.html)[최종 검색:2017년 3월 1일].

7 미야기생협의 활동에 대해서는 2016년 3월 8일에 생활문화부의 야마카와 씨(40대 여성)에게 이야기를 들었다. 미야기생협은 1970년에 설립되어, 현재는 미야기현 내에 48점포를 전개하고 있으며, 2016년도는 가입자 수가 약 71만명, 현내의 세대 가입률은 72.9%, 공급액 약 1,051억 엔의 규모를 자랑한다. 전국 생협의 총세대수 대 가입률은 36.5%로, 미야기현에서 미야기생협 가입률은 전국에서 제일 높다. 또한 각 도도부현 내의 식품소매 점유율도 미야기생협은 11.5%로, 11.7%를 점유하는 삿포로 협동조합에 이어서 전국 2위이다(2014년도 전국평균은 5.4%). 출처는 〈일본 생활협동조합 연합회〉 웹사이트 '제66회 통상총회 의안서 참고자료'(http://jccu.coop/jccu/data/)[최종검색:2017년 3월 13일].

그 활동과 관련된 사람 중에는 생협의 이전 구역리더나 이사 등 생협 관계자가 많았다. 각 단체가 판로를 찾고 있는 상황이나 대지진 전에는 이벤트와 마쓰리에서 상품을 판매하던 복지작업소가 일과 판매처를 잃고 곤란에 처해 있는 모습을 보고 카탈로그 만들기를 생각해냈다. 표13-1은 미야기생협이 발행한 카탈로그 일람이다.

⟨표 13-1⟩ 미야기생협과 NPO법인 ⟨응원의 꼬리⟩ '수작업상품 카탈로그' 일람

제목	발행연월 (~ 유효기간)	참가단체수	비고
수작업상품 카탈로그	2012.11	24 < 12/12>	<수공사업 수/복지시설 수>
수작업상품 카탈로그 Vol.2	2013.3	21 < 13/8 >	위와 같음
수작업상품 카탈로그 Vol.3	2013.7 (~ 2014.1.13)	20 < 12/8 >	위와 같음
신·수작업상품 카탈로그 Vol.1	2014.1 (~ 2014.8.31.)	28 < 27/1 >	<미야기현 수/ 후쿠시마현 수> NPO법인 ⟨응원의 꼬리⟩가 참가, 수수료 15% 주문가능 (팩스, 메일)
신·수작업상품 카탈로그 Vol.2	2014.7 (~ 2015.1.31)	34 < 2/31/1 >	<이와테현 수/미야기현 수/후쿠시마현 수> (이하 동일)
신·수작업상품 카탈로그 Vol.3	2015.1 (~ 2015.8.3)	34 < 3/30/1 >	
신·수작업상품 카탈로그 Vol.4	2015.7 (~ 2016.1.31.)	27 < 2/24/1 >	맞춤제작 개시 수수료 30%
신·수작업상품 카탈로그 Vol.5	2016.1 (~ 2016.8.3)	28 < 2/25/1 >	
신·수작업상품 카탈로그 Vol.6	2016.7 (~ 2017.1.31)	31 < 4/25/2>	

합계 9권, 수공사업단체는 총 64단체 (내역 : 이와테6, 미야기56, 후쿠시마2)

제1호는 2012년 11월에 발행되었고, 3호까지는 '이재민 단체'와 '복지사업소' 등 2부로 구성되어 있다. 마찬가지로 3호까지는 주문은 각 단체에 직접 문의해서 구입하는 방법을 취하고 있었다. 이것은 각 단체가 상품

을 한 개씩 발송하는 사무작업에 시간이 걸리고, 주문하는 쪽도 각 단체에 연락해야 하는 번잡한 상황이었다. 그래서 2014년 1월에 발행한 『신 수작업상품 카탈로그』부터는 후술하는 이시마키를 거점으로 활동하는 NPO 법인 〈응원의 꼬리〉와 연대하여 그들이 카탈로그의 편집·발행업무와 상품의 수주·발송작업을 담당하게 되었다. 동시에 그때까지 무료였던 수수료가 15퍼센트 발생하였고, 2015년 7월에 발행한 『신 수작업상품 카탈로그』 4호부터는 수수료가 30퍼센트로 인상되었다. 수수료는 상품 발송료, 〈응원의 꼬리〉의 활동자금으로 쓰이고 있다. 당시에 수수료가 무료였던 것은 광고와 선전비가 무료였던 것으로, 30퍼센트라고 해도 백화점 등과 비교한다면 파격적으로 싼 가격이었다. 현재까지의 카탈로그 게재단체는 수작업사업 단체가 총 64단체로, 각 현의 내역은 이와테 6, 미야기 56, 후쿠시마 2단체, 복지사업소가 28단체이다.

3호까지는 미야기생협 생활문화부가 게재단체의 선정, 취재, 교섭, 카탈로그 작성을 담당하고 있었다. 이 사업의 연간예산은 300만 엔으로 연 2회의 카탈로그 인쇄비와 발송비, 수작업상품 관련의 이벤트비로 사용된다. 이 예산은 주로 전국의 생협에서 기부되는 지원금으로 충당되고 있다.[8] 카탈로그는 3만 부 인쇄되어 미야기생협에 2만 부, 〈응원의 꼬리〉에 1만 부가 배부된다. 미야기현 내에서는 생협점포, 시민활동 서포트 센터, 실버센터 등에 카탈로그가 비치되고 그 밖에 〈생협 위원회〉, 연2회 개최되는 〈생협 모임〉, 〈311을 잊지 않는다〉라는 모임 등에도 배포된다. 실제

8　전국의 생협점포, 택배사업 등으로 모은 지원금이 재난지역 3현의 생협을 중심으로 기부되어 다양한 사업에 지출되고 있다. 예를 들어 협동조합 델리연합회에서는 2011년도에 1억5,942만 엔, 2012년도에 9,626만 엔, 2013년도에 6,435만 엔, 2014년도에 4,755만 엔, 2015년도에 4,028만 엔, 2016년도에 3,139만 엔이 모였다.

로 상품을 보고 구입할 수 있는 장소로는 미야기생협 문화회관(동일본대지진 학습 자료실이 있다), 이시마키시 시청 갤러리숍(2017년 여름, 응원의 꼬리 사무국 아래층으로 이전)이 있다.

응원의 꼬리와의 연계 이후로 카탈로그에 게재하는 조건은, 응원의 꼬리 규정상 다음과 같다. 첫째, 단순한 부업이 아니라 재난지역 공동체 만들기와 관련되는 활동을 지원하려는 취지이기 때문에 3인 이상으로 얼굴사진을 게재할 수 있는 단체일 것. 둘째, 카탈로그 유효기간이 반년 이상이기 때문에 어느 정도의 장기적 활동이 기대되는 단체일 것. 그리고 활동이 참가자의 생계에 기여하고 있을 것 등이다. 미야기생협이 본 사업을 통해서 얻는 금전적인 이익은 없다.

대지진으로부터 5년이 경과한 2016년은 변화의 시기였다. '재난을 당한 사람이 만들었기 때문에 팔린다'는 시기는 지나고, 상품의 질이 요구되고 있다. 구입자는 정말로 필요한 물품인가를 생각하여 구입하게 되었고, 그 때문에 품질을 향상시키면 가격도 올라가 매상이 줄어든다는 딜레마가 발생하고 있다. 미야기생협으로서는 단체에 참가하는 사람들이 경제적으로 자립하는 것이 제일 바람직하고, 발전적으로 해산한다면 좋은 일이지만 팔리지 않아서 활동을 그만두는 것은 마음이 아프다고 말한다.

활동거점인 가설주택은 폐쇄되었지만, 공방을 열거나 기업화한 단체도 있어서, 담당자인 야마카와 씨(가명)는 가능한 한 응원하고 싶다고 한다. 생협의 카탈로그를 통한 주문이 매상의 60%를 차지하는 단체도 있어서 생협의 지원은 큰 비중을 차지하고 있다.

4.2 NPO법인 〈응원의 꼬리〉

다음으로 『신 수작업상품 카탈로그』로 본 사업에 관여하고 있는

NPO법인 〈응원의 꼬리〉는 어떤 역할을 담당하고 있을까?[9] 응원의 꼬리는 2011년 10월에 이시마키시에서 설립되었다. 대표를 맡고 있는 히로베 가즈모리(廣部知森) 씨는 동일본대지진 자원봉사자로 2011년 6월 말에 현지를 방문했다. 원래 지역사회에서 대면으로 상대를 지원하는 조직 만들기에 흥미가 있었기 때문에, 일시적인 체재자로서의 자원봉사가 아니라 이시마키에 거점을 두고 활동하기 위해서 NPO를 설립했다. 재난지역 상황을 영어로 읽을 수 있도록 하기 위한 영어번역 프로젝트, 부흥주택에서의 공동체 만들기 활동 등을 하고 있다. 2012년 11월에 〈부흥 물건만들기 교류회〉가 이시마키에서 개최되어 실행위원회 형태로 개최하고, 이후에 사무국 단체로서 참가했다. 부흥 물건만들기 교류회란, 미야기연계 부흥네트워크가 주최하는 생활재건 워킹그룹이 기획·개최한 수작업상품 단체의 교류·판매·강습회였다.[10] 이것이 미야기생협과의 만남이었고 카탈로그 사업에 관여하게 된 계기였다.

응원의 꼬리는 카탈로그에 게재할 단체의 모집, 심사, 상품선택, 기사제작, 편집, 인쇄 부수의 결정 등 카탈로그 편집과 발행 실무를 담당하고 있다. 미야기생협은 앞에서 언급했듯이, 인쇄비 지불과 카탈로그 배포 및 홍보를 담당하고 있다. 카탈로그에 게재되어 있는 단체는 응원의 꼬리가 운영하는 재난지역 활동단체를 지원하는 〈응원모나카(応援もなか)〉라는

---

9   〈응원의 꼬리〉 활동에 대해서는 2016년 10월 13일에 대표를 맡고 있는 히로베 가즈모리(30대 남성) 씨에게 이야기를 들었다.

10   〈미야기연계 부흥네트워크〉란, 대지진 일주일 후인 2011년 3월 18일에 창설된 단체 간 코디네이트를 담당하는 단체이다. 설립당시의 구성단체는 〈인정특활〉재팬·플랫폼, (일반사단법인)퍼스널 서포트 센터, (특활)센다이·미야기NPO센터, 센다이 청년회의소, 대지진 피해자를 NPO와 연계하여 지원하는 합동프로젝트였다. 출처는 미야기연계 부흥센터 웹사이트(http://www.renpuku.org/about/)[최종검색:2017년 3월 1일].

포털사이트에 등록한 단체이다.[11]

　　응원의 꼬리가 카탈로그 편집과 발행, 수주와 발송작업을 담당하게
된 후의 (『신 수작업상품 카탈로그』제1호 이후) 매상을 제시한 것이 〈그림13-2〉
이다. 순차적으로 단체가 바뀌는 일은 있지만 각 카탈로그에는 대략 30단
체 전후가 게재되고, 평균적으로 단체당 월 2만 엔의 매상을 올린다. 2014
년 9월의 월간 매상이 약 279만 엔으로 두드러진 것은, 어느 단체에 기업
으로부터 대량 주문이 들어왔기 때문이다. 이처럼 기업을 고객으로 한 명
함 케이스나 학교 졸업식용 코르사주(옷깃 언저리에 붙이는 꽃장식) 등의 대
량 주문이 들어오면 매상이 올라간다. 또한 미디어에 보도되면 주문이 쇄
도한다. 예를 들어, 2015년 2월에 영국의 윌리엄 왕자가 일본을 방문했을

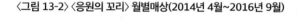

〈그림 13-2〉〈응원의 꼬리〉월별매상(2014년 4월~2016년 9월)

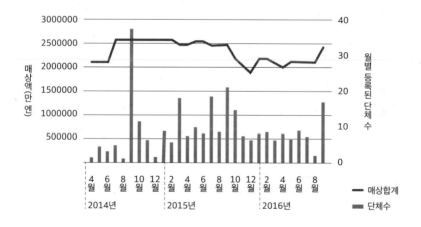

11　　출처는 「응원모나카」웹사이트 (http://www.oenmonaka.org)[최종검색:2017년 3월 1
　　　일].

때 '희망의 학'이라는 상품이 보내졌다. 그 상황이 미디어에 보도되어 일본 국내뿐만 아니라 해외에서도 주문이 쇄도하는 바람에, 사이트의 서버가 다운되어 주문에 대응하는 데 5월 말까지 걸렸다. 게다가 그 주문 전화는 이재민에 대한 염려와 주문에 이른 경위 등에 대한 이야기가 30분 정도 이어져 전화를 매정하게 끊을 수 없었기 때문에 발송작업이 힘들었다고 한다.

응원의 꼬리는 수작업상품 단체의 교육기관이기도 하다고 히로베 씨는 강조한다. 동일본대지진 이후 많은 수작업상품 단체가 만들어졌지만, 피난소나 가설주택에 있는 지원품을 이용해서 수작업한 것이 많아서 자원봉사자들에게 답례로 배포되고 있었다. 상품으로 기획한 것도 초기에는 자원봉사단체가 판매해 줘서 매상이 순수입이 되는 상황이었다. 거기에서 출발해서 상업의 구조를 이해하고 취미가 아니라 비즈니스로서 계속해 가려는 각오를 교육할 필요가 있었다. 이재민도 살아가기 위해서 돈이 필요하고, 금전 거래를 통해서 사회에 나가 긍지를 느꼈으면 하는 마음이었다. 히로베 씨는 상품이 팔리면 자신을 사회가 필요로 하는 존재라고 실감할 수 있다고 한다. 이러한 단체에 의한 유통면의 지원이 미야기현의 수공사업을 지탱하고 있었던 것이다.

5. 맺음말

이상으로, 미야기현 내의 두 가지 수공사업의 사례와 유통을 지원하는 두 단체의 사례를 살펴보았다.

대지진을 계기로 하여 발생한 새로운 수공사업은 다양한 외부인과의 연계 속에서 시작되었다는 것이 명백해졌다. 게센누마의 아틀리에 K는 교토에 거주하는 독일인 여성 마리 씨의 지원활동, 히가시마쓰시마의 오노에키고 프로젝트는 사이타마현에 거주하는 남성의 양말 몽키 기부에서 시작되었다. 두 경우 모두 지원품을 재료로 사용하고 있고, 재난지역 사람들이 제작을 담당했다. 계속된 활동에는 기업과 〈산리쿠 부흥 친구기금〉이라는 NPO단체의 지원도 기여하고 있다. 발족 당시의 아이디어, 기능, 원재료, 사업운영, IT, 유통과 판매의 보조대행 등 다양한 외부인들의 '지원'이 늘 투입되어 성립하는 활동이라는 것을 알 수 있다(그림13-3). 이들 외부로부터의 지원은 '부흥지원'이기 때문에 무상으로 이루어지고 있다.

무상으로 이루어지는 이들 지원은 자신들의 생산활동의 아웃풋 회로가 보증되기 때문에 기꺼이 받아들여진다. 재난지원 현장에서는 때로 '지원에 대한 저항'이 나타나고(마크 질튼 2013), 무상의 인연을 중시하는 자원봉사에 대해서는 그 자리에서 답례하려고 하는 사례가 보고되고 있다(슬레이터 2013). 본 장에서 소개한 수공사업 현장에서는 지원자에 대한 직접적인 답례가 꼭 이루어지는 것은 아니지만, 적극적으로 다양한 외부인의 지원을 받아 생산활동을 하고, 생활을 재정비하는 활동을 확인할 수 있었다.

이들 수공사업은 대지진 이전의 각 개인의 경험과 기술을 이용하면서도 재난을 계기로 하여 새롭게 시작된 것이다. 그리고 숭심인붙에 의한 어느 정도 강력한 리더십이 발휘되고 있다. 상품은 순간적인 발상이나 우연에서 시작되어, 지원품 등 수중에 있는 재료를 이용하여 만드는 이의 기능으로 가능한 범위에서 제작되었다. 종래의 지역사회에 미친 영향으로는 각 단체에서 몇 명에서 수십 명에 이르는 여성고용 창출을 들 수 있고, 명확한 수치화는 어렵지만 미디어의 주목과 방문자의 증가 등 사업에 수반되는 지역의 활성화를 들 수 있다.

털실판매회사가 된 아틀리에 K는 차치하고 〈응원의 꼬리〉의 매상에서 알 수 있듯이, 수공사업의 매상은 일하는 여성들을 일가를 지탱할 수 있는 주요생계의 책임자로는 만들어 주지 않는다.

하지만 야마구치 가즈후미 등(2007)이 부흥CB의 특징으로 지적한 바와 같이 문외한이라도 경영할 수 있고, 많은 중장년층 여성이 가지고 있는 수예기술을 활용하여 지진 이후 생계가 힘든 시기에 집에서 조금이라도 현금수입을 얻을 수 있는 수단으로 이들 수공사업은 나름대로의 역할을 했다고 할 수 있을 것이다. 그러한 의미에서는 대지진 전후로 여성들을 둘러싼 사회적·문화적 상황은 여전할지도 모르지만, 양말 몽키의 사례처럼 그중에는 대지진 후 6년이 지나도 활발하게 활동을 계속하고 금전적으로도 적지 않은 임금을 받고 활기차게 활동하는 여성들이 있는 것도 본 조사를 통해서 명백해졌다.

또한 미야기생협과 NPO법인 응원의 꼬리가 발행한 『수공상품 카탈로그』는 미야기현이 수공사업을 유통면에서 지원하는 시도로 2012년부

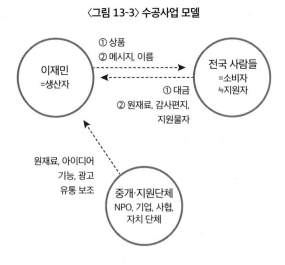

〈그림 13-3〉 수공사업 모델

터 2017년까지 연간 300만 엔의 사업비를 전국에서 보내온 지원금을 토대로 무상으로 지출해 왔다. 생협이 '소비자가 생활 전반에 걸쳐서 협동 범위를 넓혀 생활을 보다 향상시키는 것을 목적으로 한 생활협동을 추진하는 비영리 조직'(일본생활협동조합 연합회 편 2016: 27)인 것을 돌이켜보면 당연할 수도 있지만, 이러한 유통면의 지원이 얼마나 중요한가도 주목할 필요가 있을 것이다.

그리고 마지막으로, 이들 수공사업에서 판매하는 물건은 메시지와 이름 등의 제작자인 이재민의 정보가 부여되어, 구입자는 그것을 포함하여 재난지역을 지원하는 의미로 구입한다는 것을 지적할 수 있다. 이름과 메시지를 단서로 하여 구입 후에 생산자에게 보내는 편지와 지원품의 증여, 방문 등이 이루어지는 사례를 본 장에서 확인할 수 있었다(그림13-3참조).

즉, 본 장에서 살펴본 것 같은 수공사업에 관여하는 이들은 통상의 시장경제의 일회성 화폐와 상품교환이라는 비인격적인 교환 행위가 아니라, 생산자와 구매자가 편지를 교환하거나 지원품을 증여하는 등 지속적인 인격적 관계성을 구축하고 있는 것이다. 그런 의미에서 부흥CB로서의 수공사업은 재난지역뿐만 아니라 전국, 때로는 세계와도 연결되는 새로운 사회관계를 구축하고 있다고 할 수 있다.

감사의 말

본 논문은 JSPS과학연구비 26770298, 도호쿠대학 동북아시아연구센터 공동연구 「동일본대지진 이후의 부흥과정에 관여하는 지역사회 비교와 민족지 정보의 응용」(2013~15년도, 대표:다카쿠라 히로키)의 지원을 받은 것이다. 조사에 협력해 주신 분들께 감사드린다.

金谷美和(2015)「集団移轉と生業の再建—2001年インド西部地震の被災と支援」、林勳男編『アジア太平洋諸國の災害復興—人道支援・集落移轉・防災と文化』東京：明石書店、pp.140-165

ギル、トム/ブリギッテ・シテーガ/デビッド・スレイター編(2013)『東日本大震災の人類學—津波、原發事故と被災者たちの「その後」』京都：人文書院

境新一(2015)「社會的課題解決と協同組合—イタリアとイギリスの社會的企業からの考察」、現代公益學會編『東日本大震災後の協同組合と公益の課題』東京：文眞堂、pp.65-88

スレイター・デビッド(2013)「ボランティア支援における倫理—贈り物と返礼の組み合わせ」森本麻衣子譯、ギル他編(2013) pp.63-97

高倉浩樹・滝澤克彦編(2014)『無形民俗文化財が被災するということ—東日本大震災と宮城縣沿岸部地域社會の民俗誌』東京：新泉社

日本生活協同組合連合會編(2016)『生協ハンドブック』2016年 6月 改訂版、東京：コープ出版

マクジルトン、チャールズ(2013)「支援を拒む人々—被災地支援の障壁と文化的背景」、池田陽子譯、ギル他編(2013) pp.31-62

矢口義教(2014)『震災と企業の社會性・CSR—東日本大震災における企業活動とCSR』東京：創成社

山口一史(2004)「コミュニティビジネス」、柳田邦男編『阪神・淡路大震災10年—新しい市民社會のために』岩波新書、東京：岩波書店、pp.110-125

山口一史・菅磨志保・稲垣文彦(2007)「大規模災害時などにおける生活復興への有効な手段に關する調査」、『ヒューマンケア實踐研究支援事業研究成果報告書』2006年度 pp.19-42

山口睦(2016)「災害支援と贈与—20世紀前半の婦人會活動を事例として」岸上伸啓編『贈与論再考—人間はなぜ他者に与えるのか』京都：臨川書店 pp.261-285

Hashimoto,Atsuko and David J. Telfer(2013) "Green Tourism Souvenirs in Rural Japan: Challenges and Opportunities," in Jenny Cave, Lee Jolliffe and Tom Baum eds., Tourism and Souvenirs: Glocal Perspectives from the Margins, Bristol: Channel

View Publications, pp.119-131.

Hoffman, Susanna M. and Anthony Oliver-Smith eds. (2002) Catastrophe and Culture: The Anthropology of Disaster, Oxford: James Currey. (=2006、『災害の人類學—カタストロフィと文化』若林佳史譯、東京：明石書店)

제14장

대참사와 자주적 판단

- 후쿠시마원자력 발전소 재난 이후 '모자피난'의 의미를 묻다

호리카와 나오코(堀川直子)

1. 시작하는 말

2011년 3월 11일 최대진도 7의 대지진에 수반되는 쓰나미가 덮친 후쿠시마현 하마도리 지방에서 후타바정과 오쿠마정에 걸쳐서 위치하는 도쿄전력후쿠시마제1원자력발전소는 운전개시 이래 40년째에 쓰나미로 인한 전원 고장이 원인으로 대참사를 불러일으켰다. 3회에 걸친 수소폭발과 2호기의 격납용기 손상으로 대량의 방사성 물질이 대기 중에 방출되었다.

당시의 정부는 3월 11일 19시 3분에 '원자력 긴급사태 선언'을 공표하며 후쿠시마현은 20시 50분, 반경 2킬로미터 권내의 주민에게 독자적인 피난지시를 내렸다. 정부는 그로부터 약 30분 후(21시 23분)에 반경 3킬로미터 권내의 주민에게 피난지시를 내리고, 다음날 5시 44분에는 10킬로미터 권내, 같은 날 18시 25분에는 20킬로미터 권내의 주민에게도 피난지시를 내렸다(다카쿠라·기무라 감수 2012:16-17; 후쿠시마현 2017).

그리고 한 달 후인 4월 22일, 정부는 원전 재난지역을 경계구역, 계획적 피난구역, 긴급 시 피난준비구역으로 설정했다. 경계구역은 후쿠시마제1원자력발전소에서 반경 20킬로미터 권내에 위치하는 도미오카정, 오쿠마정, 후타바정 전역, 나미에정, 나라하정, 가와치무라, 다무라시, 가쓰라오무라, 미나미소마시 일부를 범위로 하여 출입금지를 결정했다. 계획적 피난구역은, 반경 20킬로미터 권외인 이이타테무라 전역, 경계구역 외의 나미에정, 가쓰라오무라 전역, 미나미소마시, 가와마타정 일부에 적용되었다. 긴급시 피난준비구역에는 반경 20킬로미터 권외의 히로노정, 가와치무라, 나라하정 및 다무라시, 미나미소마시 일부가 지정되었는데, 같은 해 9월 30일에는 일부를 제외하고 해제되었다(후쿠시마현 2017).

같은 해 12월 16일에 정부는 냉온 정지상태를 달성했다고 주장하며 사고의 수습선언을 했다. 그리고 피난지시 구역을 재고했다. 이 미증유의 대참사는 2011년 5월까지 전례가 없는 대략 16만 명의 피난자를 발생시켰다(후쿠시마현 피난자지원과 2014). 그리고 정부의 지시로 부득이하게 피난하게 된 강제 피난자, 구역 외로부터의 피난자들은 자주적 피난 또는 구역 외 피난자로 분류되어 있다. 정부는 2017년 3월 말에 나머지 모든 피난지시해제 준비구역의 피난지시를 해제하고, 그와 함께 후쿠시마현은 자주적 피난자에 대한 사회적 원조인 주택지원을 중단하기로 결정했다.

2. 문제의 소재와 본 장의 목적·조사방법

자료제공자가 필자에게 언급한 것 중에 다음과 같은 말이 있다. "왜 정부는 사실 그대로를 우리에게 말해 주지 않았던 것일까요?"(2014년, 후쿠시마시에서 온 모자피난자). "제발 우리의 존재를 비밀로 하지 말아 주십시오.

후세에 전해 주십시오."(2014년 11월 고리야마시에서 온 모자피난자).

후쿠시마현 내외로의 피난자 수는 2012년 5월을 정점으로 16만 4,265명을 기록하였고, 2016년 11월 시점에도 8만 4,289명이 피난해 있었다. 그중에 현외로의 피난자 수는 정점일 때가 6만 2,736명(2012년 4월)이었고, 2016년 11월에는 4만 245명으로 감소하는 경향이지만, 대참사로부터 5년 이상이 경과한 시점에서도 여전히 전국의 도도부현에 흩어져 있다(후쿠시마현 2016). 강제 피난자는 자택에서 피난소로, 피난소에서 가설주택이나 가설주택에 준하는 곳으로, 가설주택에서 부흥공영주택으로 이동하는 것이 일반적이다. 그런데 자주적 피난자는 자택에서 피난소, 피난소에서 가설주택·준가설주택으로 이동하는 경우와, 자택에서 가설주택으로 이동하는 경우가 있다. 필자가 조사하고 있는 도쿄도 권내의 자주적 피난자들의 대부분은 도영주택(都營住宅), 공무원 숙소 등에서 피난 생활을 하고 있다. 이처럼 피난 경로나 시기를 보더라도 강제 피난자들과는 양상을 달리하고 있다. 최소한의 짐만을 들고 피난소를 전전한 해부터 현재에 이르기까지 단기적으로 첫 2년간에서 2년의 연장, 그리고 1년마다 연장하며 이른바 미래의 생활설계가 불가능한 상태이다. 정부는 2017년 3월 말에 후타바정이나 오쿠마정 등의 귀환곤란지구와 거주제한 구역을 제외하고 모든 재난지역의 피난지시를 해제했다. 그리고 귀환 정책이 촉진되면서 자주적 피난자들에 대해서도 같은 조치가 취해져, 주택의 무상제공이 중단되면서 다음 주거지를 찾아야 하는 상황에 처했다.

후쿠시마 원전피난자에 관한 선행연구는 사회학적, 지리학적, 의학·심리학적 등 다양한 분야에서 앙케트를 중심으로 한 양적 조사 연구가 축적되어 있다. 사회학적인 시점에서 모자피난자를 대상으로 한 연구는, 야마가타현 피난자의 설문조사를 토대로 분석한 것(야마네 2013:37-51),

아키타현에 피난해 있는 자주적 피난자의 연구(곤노·사토 2014: 145-157) , 가족의 분산피난이 발생한 현상을 고찰한 연구(하라구치 2015:195-200)가 있다. 이들 연구는 피난의 곤란함, 주택 확보, 경제적 부담, 생활의 불안, 고립감, 육아의 정신적·신체적 부담, 가족이산, 후쿠시마 지역사회 관여의 양상을 테마로 하고 있다. 피난 당사자가 체험을 토대로 저술한 것(모리마쓰 2013)이나 사가현 도스시에 피난했던 여섯 가족의 이야기를 편집한 것(세키·히로모토 편 2014)에서는 피난을 수용해 준 지역주민에 대한 감사의 마음과 피난처에 남긴 가족과 친구를 생각하는 마음이 묘사되어 있다.

그리고 일반서로는 모자피난을 르포르타주로 정리한 작품(요시다 2016)도 있다. 문화인류학적 접근으로는 재난 이후 초기 단계의 후쿠시마현 거주 여성들을 대상으로 한 조사를 토대로 원전사고 이후의 위험 개념을 고찰한 논고가 있다(이케다 2013).

본 장의 목적은 후쿠시마 원전사고 이후, 관동권에 자주적으로 피난한 '모자피난자'에 초점을 맞추어, 그녀들의 시점에서 이 원전사고가 초래한 재난의 한 측면을 그려내는 것이다. 왜 바로 피난해야 한다고 생각했는가, 그 결단의 요인은 무엇인가, 왜 5년 이상이 지나도 남편이나 조부모와 떨어져서 아이들만을 데리고 피난 생활을 계속하는가. 후쿠시마에서 영위해온 일상생활을 버리고 새로운 사회환경에 어떻게 적응했는가, 가족이 뿔뿔이 흩어지는 것을 각오하면서 계속하는 피난이란 무엇을 의미하는 것일까, 가족형태의 변화는 일시적인 것인가, 그녀들의 행동은 일본사회에 어떠한 변화를 초래할 것인가 등등. 이 절의 첫 부분에 소개한 자료제공자의 말에서 엿보이는 정부에 대한 불신감에서 피난 여부에 대한선택을 스스로 판단해서 행동한 것은, 울리히 벡이 시사하듯이 일본 사회를 리스크 사회와 개인화의 테마(스즈키·이토 2011:vi)로 분석할 수 있을지도 모른다. 자주적 피난이라는 행동으로 어머니들이 제기하고 있는 것은 무엇일까? 일본 사회와 정부 그리고 후쿠시마현은 어떻게 받아들여야 하는가? 그녀들의 생각과 시점을 통해서 이 대참사의 한 측면을 비추고 고찰하고자 한다.

본 장의 조사방법은 당사자에게 초점을 맞춘 인물 주체의 질적 조사이다. 모자피난을 한 어머니들의 인터뷰 음성을 문자화한 텍스트의 분석이다. 자료제공자들이 피난해 있는 집단거주 지역을 방문하여, 그곳에서 운영되는 피난자를 위한 살롱에서 참여관찰을 한다. 자료제공자를 얻기란 쉬운 일이 아니다. 사회복지협의회를 비롯한 지원자가 주최하는 피난자 이벤트에 참가하여 그곳에서 패널로 발표한 피난자들에게 연락을 취하여 인터뷰를 한다. 때로는 스노우볼 샘플링으로 자료제공자를 구하기도 한다. 인터뷰는 반구조화 형식으로 실시했다. 시간은 평균 1시간 반에서 2시간으로, 인터뷰를 시작하기 전에 속성을 비롯하여 피난과정 등에 대한 인터뷰를 실시했다. 인터뷰 장소는 가장 가까운 역 근처의 커피숍이나 집합주택의 집회실 등에서 실시했고 자주적 피난자의 자택에 초대받는 일은 없었다. 조사자(필자)의 포지셔널리티(입장성)는 질적조사에서 중요한 요소이다. 후쿠시마현 출신인 것, 아이들을 대상으로 한 '보육 프로젝트' 자원봉사활동을 했던 것을 이야기하고 이 조사의 목적을 설명한다. 주요 질문사항은 피난한 이유, 경위, 피난처에서의 생활, 고향과 피난처에서의 인간관계의 변화, 원전에 대한 생각의 변화, 사회적 지원에 대해서, 그리고 앞으로의 생활계획 등이다.

3. 자주적 피난자의 발생과 유형

자주적 피난자란, 정부가 지정한 피난지시구역 외 지역에서 자주적으로 피난한 사람들과, 피난 지시에 따라서 강제적으로 피난한 후에 피난지시가 해제되어 귀환하도록 통보받고도 계속 피난하는 사람들도 이 범주에 포함된다. 쓰지우치 다쿠야(辻內琢也)는 자주 피난자란 법과 제도에 의해서 만들어지는 새로운 재난 약자이고, 자주 피난이란 '도망가지 않아도 되는데 자기 책임하에 멋대로 피난한 사람들'이라는 의미를 포함하여, 자기책임으로 대처해야 한다는 논리로 받아들여질 위험성이 있음을 지적한다(쓰지우치 2016:27). 자주 피난자가 아니라 '구역 외 피난자'라는 용어를 사용하는 논고도 있지만, 쓰지우치는 굳이 자주 피난이라는 말을 사용함으로써 그 다양성을 명확히 하여 논리를 전개하고 있다. 귀환을 둘러싼 문제 중에서 자주 피난자에 대해서 앙케트 조사를 실시한 결과, 피난 요인으로 환경오염 문제가 비중이 컸다. 그리고 아이들에게 미치는 영향, 제염이 진전되지 않는 것에 대한 불만, 식품오염 문제 등이 있다고 분석했다. 본 장에 있어서도 필자는 이 개념규정에 동의하기 때문에 '자주 피난' 또는 '자주적 피난자'를 사용하기로 한다. 자주적 피난자의 구조를 자료제공자들의 가속구성에서 유형화해 보면, '모자피난', '가족피난', '단신피난', '부자피난'으로 분류할 수 있다. 가족피난의 대부분은 양친과 자녀의 핵가족 세대인데, 모자피난으로 시작하여 아버지가 도중에 합류하여 가족이 피난하는 경우도 있다. 대가족이 자주적으로 피난하는 일은 적다. 본 장에서 사례로 소개하는 이와키시에서 온 자주적 피난자들은 처음에 조부모와 어머니 그리고 아이라는 단위로 자주적으로 피난한 몇 주일 후에 조부모는 이와키시로 돌아갔다. '자주적 피난자 = 모자피난자' 라는 것은 아니지만, 아마도 그 비율이 높다고 할 수 있을 것이다. 다음 절에서는 모자피난에 초점을 맞춰서 피난 이유와 시기를 고찰한다.

4. 모자피난

모자피난자들의 주요한 피난 이유는 아이에게 미치는 영향이 제일 크다. 아이를 방사능 오염에 노출시키고 싶지 않다, 지키고 싶은 일념으로 집약되는 것은 의심할 여지가 없을 것이다. 누구의 주도에 의한 것인가, 우선은 두 가지 사례를 살펴보자.

이하에 제시하는 사례1은, 어머니 자신의 즉각적인 판단이었다. 아이를 방사능 오염에서 지켜야 한다는 직감적인 것이다. 그것은 미디어가 보도할 당시의 후쿠시마제1원자력발전소의 폭발 영상과 방사선 전문가의 '후쿠시마현은 위험에 노출되어 있다'라는 발언에 영향을 받은 어머니의 케이스이다. 사례2는 주위의 상황에 영향을 받은 어머니의 경우이다. 그녀는 신뢰하는 직장 사람들과 친구들이 속속 피난하는 상황을 보고 막연히 초조해졌다고 한다. 이는 대참사 때 인간은 주위 환경에 영향을 받기 쉽다는 것을 말하고 있다.

4.1 재난 직후의 결단

- 사례1 : 어머니의 판단으로

후쿠시마시에 살고 있던 가즈미 씨(30대 후반)는, 당시의 상황을 다음과 같이 말하고 있다.

"2011년 3월 14일에 후쿠시마제1원자력발전소 3호기가 폭발한 영상을 봤을 때 후쿠시마 나카도리에 살고 있었는데, 폭발이 두 번 있었다는 것은 아이들을 결코 밖으로 내보내지 않고, 남편과 언제 피난할 것인가 하는 상황이었습니다. 우리 집 근처에 자위대 주둔지가 있었는데 온종일 자위대가 출동하고 있었습니다. 전쟁이 아닌가 생각했을 만큼 요란했던 헬리콥터 소리가 지금도 귀에 쟁쟁합니다. 정말로 궁지에 몰린, 평상시에는 상상도 못했던 세계였습니다. 정신적으로 쫓겨서 뭔가 심각한 상황이 벌어진 건 아닌가 하고 생각했습니다. 보통 일이 아니라는 직감으로 3월 14일에 피난하기로 결심했습니다."

가즈 씨는 두 딸이 4살하고 1살이어서 피난소를 전전하는 것은 폐를 끼치는 것이라고 생각하여 도쿄에 사는 남편 친척 집에 가족 넷이서 의탁했다. 후쿠시마와는 너무나도 상황이 다른 친척집에서의 생활에 도쿄의 현실을 실감했다고 한다. 점점 지내기가 거북스러워져서 2주 후에 임대주택으로 이동했다. 남편은 첫 피난에는 같이 행동했지만 지역 청년단과의 관계, 회사 문제, 또한 양친과 동거하고 있었던 이유 등으로 바로 후쿠시마로 돌아가서 이전과 같은 생활을 시작했다. 남편이 매달 생활비를 보내주고 한 달에 한 번 정도 남편이 상경하여 가족관계를 유지하고 있었다. 가즈 씨는 자신과 남편의 차이를, "저는 부모님이 전근족이어서 낯선 지역에서 생활하는 것에 비교적 익숙해 있었지만, 남편은 고향에서 거의 벗어난 적이 없는 전형적인 시골 사람이에요"라고 말했다. 후쿠시마에서의 인간관계는 남편만큼 강한 것은 아니었다. 딸들의 건강만을 생각하여 자신의 판단으로 행동했고, 전혀 후회하지 않는다고 그 결단에 자신을 가지고 있다. 두 딸이 취학 전이기도 해서 바로 행동할 수 있었다고 한다.

- 사례2 : 주위 환경으로

이와키시에 살고 있던 40대 후반 유카 씨는 주위 상황과 친구들의 조언으로 피난을 결심하고 두 딸만을 생각해서 바로 행동할 수 있었다고 했다. 유카 씨는 대지진이 일어나기 수개월 전에 이혼했는데 그것도 요인 중의 하나라고 한다. 처음에는 자택에 대기하고 있으면 괜찮다는 정부의 정보를 믿고 자택에서 대기하고 있었지만, "이미 지인들이 속속 현 밖으로 피난하고 있었던 상황이었고 친구한테도 끊임없이 빨리 피난하라고 전화가 왔다. 내 경우는 이미 대부분의 친구들이 피난이라는 선택을 했고, 부모님도 '집에 있으면 된다고 정부가 말하니까'라고 처음에는 말했지만, 3일 후에는 물도 떨어져서 밖으로 물을 뜨러 가야 하는데 나이 드신 아버지가 혼자 서너 시간씩 줄을 서서 물을 받아오신 거예요. 어린아이가 있어서 밖에 내보낼 수 없으니까 라고 하면서. 우리는 아이들을 돌보면서 자택에서 대기하고 있었는데, 그런 상황이 계속된다고 생각하니....... 3월 15일에 피난하기로 결심하고 아침에 택시로 친척 집을 방문하기 위해 도쿄로 출발했습니다. 도쿄의 친척 집에서는 집이 좁다는 이유로 거절당해 그날은 우선 호텔에 머물렀습니다."

유카 씨는 그 후 인터넷에서 찾은 피난소를 세 번 정도 전전하면서 지금은 공무원 숙사에 거주하고 있다. "양친은 일주일 후에 이와키시로 돌아갔지만 저는 두 딸과 같이 피난 생활을 계속하고 있습니다. 정말로 몸에 걸친 옷뿐이었던 피난에서 이제야 간신히 자리를 잡았습니다."

- 사례3 : 아버지의 판단으로

이와키시에서 피난을 온 미카 씨(40대 전반)는 방사능에 대한 의식이 높은 남편의 강한 권유로 모자피난을 결정했다. "저는 방사능에 관한 지식이 없었어요. 남편이 그런 지식이 있어서 제일 심각하게 생각하고 있었습니다. 아이들을 위해서 이곳 수돗물도 위험할지 모르고 음식도 어떻게 될지 모르는 상황이었기 때문에 빠른 편이 낫다고 판단해서 3월 15일에 피난했습니다. 우선 남편의 친척이 사는 가와사키로 갔는데 거기에서 남편은 이와키시로 돌아갔습니다. 그리고 남편 회사의 사택 같은 곳이 있는 도쿄로 갔습니다. 아카사카 프린스 호텔이 피난소가 되었다는 정보를 조카가 알려줘서 두 딸과 거기에 한 달 정도 있다가 현재의 집합주택으로 피난했습니다."

미카 씨는 두 딸과 함께 모자피난을 하고 있는데, 장녀는 대학 입시 시기였다. 결국 딸은 1년 재수한 후에 대학에 들어갔다.

4.2 재난 1년 후의 결단

- 사례4 : 1년 후의 모자피난

원전재난 1년 후에 모자피난한 준 씨(40대 전반)는 2012년 3월에 나카도리 모토미야시에서 도쿄도 히가시구루메시(東久留米市)로 피난했다. 왜 사고로부터 1년 후가 되었는지 그 이유를 다음과 같이 말하고 있다.

"원래 방사능 오염에 대한 지식이 있었던 것은 아니지만, 1년이 지나면서 뭐랄까, 위험하지 않을까 하는 본능 같은 느낌으로 잘 모르지만 이대로는 안된다고 떠나는 편이 좋지 않을까하는 생각이 들어서. 2011년 4월부터 현의 임시직원으로 지적장애인의 직업훈련장에서 일할 기회가 있었어요. 제가 하고 싶은 일이었기 때문에 바로 피난한다는 생각은 머릿속에 떠오르지 않았습니다. 하지만 장애자를 보살피는 일을 하는 동안, 때때로 인터넷 같은 것을 보면서 피난 이야기가 나오면 신경을 쓰고 있으니까 역시 눈에 띄는 겁니다. 그래서 여기저기 받아주는 곳이 있구나 하고, 저도 항상 불안한 마음을 가지고 생활하고 있기 때문에 관심을 갖게 되었습니다. 자주적 피난이라는 것이 뇌리 한구석에 있어서 여러 사이트를 살펴보다가 도쿄에서 받아주고 있다, 이것이 마지막이다, 라는 정보를 접하고 가 볼까 한 거죠. 안 하고 있는 것보다 해보고 후회하는 편이 낫다고 생각하는 성격이라서."

준 씨는 도쿄는 생활하기 좋고, 친척도 있어서 이전에 몇 번인가 가 본 적이 있었기 때문에 사는 것에 불안은 없었다고 한다. 남편은 연령이 50세가 가까워 도쿄에서 재취직은 아마도 힘들다고 판단하여 떨어져 지낼 각오로 모자피난이라는 안전한 길을 택했다고 한다. 처음 1년간은 초등학생인 차녀와 장남과 셋이서 히가시구루메시의 집합주택에서 피난생활을 보내고, 장녀는 초등학교 졸업식 때까지 후쿠시마에 남아 1년 늦게 합류했다.

5. 피난처에서의 생활

이렇게 가족 이산을 각오하고 자주적으로 피난한 모자들은 피난처에서 매일 어떻게 생활했을까? 본 절에서는 이미 다룬 사례에 두 가지 사례를 추가하여 모자피난을 한 결과에 대해서 고찰한다.

5.1 모자피난 그 후

사례1의 가즈 씨는 피난 초기에는 남편이 보내 주는 생활비에만 의지하여 두 딸을 양육하고 있었다. 그 후 후쿠시마에서 보험관계 사무직을 했던 경력도 있어서 파트타임으로 금융관련 일을 시작해 2016년 여름에는 두 가지 일을 병행하고 있었다. 낮에는 사무직, 저녁에는 편의점에서 아르바이트를 했다. 준가설 주택에 살지 않고 지원자가 제공해 준 주택에서 거주하고 있다. 그녀는 앞으로도 후쿠시마에 돌아가지 않고 도쿄에서 생활할 것이라고 한다.

사례2의 유카 씨는 최근 싱어송라이터로 활약하기 시작했다. 이와키 시에 살 때도 가수로서 결혼식장 등에서 노래했는데, 피난 후 1년이 지났을 무렵에 전철 안에서 곡이 떠올라서 자신의 노래를 만들고 자원봉사자의 협력을 받아 CD를 제작했다고 한다. 교회나 클럽에서의 라이브 활동이 활발해지고 2016년부터는 프랑스에서 라이브 활동을 할 기회도 생겼다. 프랑스에서는 후쿠시마원전재난의 피난자인 것을 메시지로 표명하고 있다고 한다.

"이전에는 피난자로 생활한 2년간은 저라는 존재가 싫었습니다. 뭐랄까, 도망왔다는 식으로 받아들여져서……. 그렇다고 지역에 돌아가도 지역을 위해서 힘이 되는 것도 아니고, 하지만 주민등록증은 그대로 두고 왔어요. 피난자 주택에 산다는 의식 때문에 정말로 신세만 지고 있다고 생각했거든요. 그런데 음악을 본격적으로 재개하고 나서 저의 입장을 알게 된 것 같아요."

유카 씨는 음악으로 자립하게 되어, 자신을 피난자였다고 표현은 하지만, 사회에 뭔가 도움이 되고 있다고 스스로 의식했을 때 당사자 의식에서 벗어났음을 느꼈다고 말한다.

사례3의 미카 씨는 현재 구직 중인 이른바 전업주부지만, 처음에는 이와키시에서 일했을 때의 실업보험도 있었다고 한다. 남편이 보내주는 생활비만으로는 생활하기 힘들어서 파트타임 일을 찾고 있지만 둘째 딸이 초등학생으로 어리기 때문에 아직 일할 예정은 없다고 한다.

사례4의 준 씨는 도쿄로 피난한 직후 요양관계 일을 찾아, 간호복지사로 풀타임으로 일하고 있다. 하지만 "역시 1년째는 상황을 살피면서 생활하고 있었다. 2년째는 뭐, 다소 익숙해졌지만 아직 2년이니까. 3년째가되어 좀 여유가 생겨서 주위에 관심을 가지게 되었기 때문에 아이들뿐만 아니라 부모도 여러 가지 활동에 참가해 볼까"하는 상태가 되었다고 한다.

모자피난자들은 가족과 떨어져 지낼 것을 각오하고 피난 생활을 계속하고 있다. 그녀들은 후쿠시마현에 거주하는 남편이 보내주는 생활비와 자신들의 일을 양립하여 생계를 이어가고 있지만 결코 유복하지는 않다. 주택을 지원해 주기 때문에 아직 도쿄에서의 생활이 가능하다고 주장하는 사람이 태반이다.

5.2 이혼인가 가족 재결집인가

피난의 결과가 가져오는 대조적인 사례로서 가족이산 이후에 이혼한 경우와, 가족이 다시 모여 피난에서 이주로 변화한 경우가 있다.

- 사례5 : 피난 후의 이혼

나카도리 북부에서 도쿄로 피난한 후에 이혼한 30대 후반 도모 씨의 사례이다.

"대지진 때 저는 요양하기 위해서 후쿠시마현 나카도리 친정집에 있었습니다. 원전이 폭발했을 때 남편에게서 메일이 왔는데, 피난할 수 있다면 어딘가로 피난하라고 했습니다. 남편 회사는 전기관계 공장이어서 폭발했기 때문에 위험하다는 정보가 나돌고 있었어요. 우유에서 아주 많은 방사선량이 검출되었다, 임신 중이었기 때문에 현 밖으로 피난하는 편이 좋을 거라는 남편의 강한 권유도 있어서 처음에는 가나가와현 쪽으로 남편하고 함께 피난했습니다. 남편은 그 후에 일 때문에 바로 후쿠시마로 돌아갔습니다."

그 후로 그녀는 다섯 군데의 피난처를 전전하다가 요코하마에서 출산하고 지금은 도에서 운영하는 주택에서 육아를 하고 있다.

"결국 저는 이혼했습니다. 남편은 저보다 나이가 많은데, 사실 아내가 자신의 부모님을 보살펴 주기를 원해서 결혼한 거나 마찬가지였거든요. 도쿄에서는 싱글맘도 그럭저럭 살아갈 수 있습니다. 시골보다도 살기 쉬운 것 같습니다"라고 언급하고 있다.

- 사례6 : 피난에서 이주로

고리야마시에서 두 아들을 데리고 니가타현 사도시로 모자피난한 아케미 씨는 3년간의 피난 생활 끝에 남편과 함께 도쿄에서 생활하기로 했다고 한다.

"사도에서는 큰아들이 초등학교 2학년이 될 때까지 생활했는데, 처음에는 남편도 한 달에 한 번은 후쿠시마와 사도를 왕복해 주었고 우리도 여름방학 때는 귀성했지만, 서서히 빈도가 적어졌습니다. 저는 요양 일을 하면서 아이들과 생활하고 있었는데 큰아들은 늘 아빠를 그리워했고, 역시 가족이 뿔뿔이 흩어져서 생활하는 것은 좋지 않다고 생각하여 남편에게 도쿄에서 직장을 찾게 했습니다. 우연히 남편 회사의 사택에 살 수 있게 되어, 가족 4명이 도쿄에서의 생활을 시작했습니다. 그리고 반년 후에 오래되기는 했지만 집을 샀습니다."

아케미 씨도 요양복지사로 일하기 시작했다.

가족이 떨어져 지내는 상태가 길어지면, 언제 후쿠시마로 돌아오느냐는 남편 측의 독촉에 동의할 수 없는 아내는 처음에는 대립하다가도 결국 남편 곁으로 돌아가는 경우가 많다. '언제까지 그렇게 피해 살거냐'는 시부모의 성화도 계속 들어야 하고, 떨어져 지낸 가족 간의 인간관계나 친구관계를 수복하는 일도 쉽지 않다. 아이의 건강과 교육에 대한 부부의 감각과 사고방식의 차이가 가정 내의 대립구조를 낳게 한다. 그 결과, 남편의 불륜 등도 겹쳐서 이혼이라는 결과에 이르는 사례도 있다.

6. 자주적 피난의 합리성

6.1 배상금과 권리

왜 후쿠시마원전사고는 대부분의 자주적 피난자를 만들었는지, 요시무라(2015)는 법학자의 시점에서 피난에 관련한 손해배상의 합리성과 상당성을 고려할 경우에 두 가지 문제가 있다고 지적하고 있다. 하나는 피난행동 자체의 합리성과 상당성의 문제, 또 하나는 피난행동에 수반되어 발생한 피해에 대한 것이다(요시무라 2015:210). 피난행동 자체의 합리성에 대해서는 국가와 도쿄전력, 원전관련단체 및 조직의 정보 혼란, 방사선 기준치의 정치적 결정에 대한 의문, 불신, 불안이 있고, 자주적 피난자가 방사선 피폭에 대해서 '바른' 지식과 정보를 가지고 있지 않아도 과학적 근거가 빈약한 '불안'에 근거하여 일반인이 위험하다고 느끼는 것에는 '사회적' 합리성이 있다고 간주한다는 원자력손해배상 분쟁위원회의 견해를 지적하고 있다(요시무라 2015:211-212). 그리고 국가가 정한 피난지시해제 준비구역의 연간 누계선량 20밀리 시벨트 이하가 재난 피해자의 감각과 얼마나 동떨어져 있는지에 대해 언급하고 있다. 심리학의 식견을 인용하여 사람들의 주관적·직관적인 불안은 '두려움'과 '미지성'으로 리스크를 인지할 수 있다며 피난의 합리성을 언급하고 있다.

후쿠시마현에는 재난구조 지원법을 토대로 하여 가설주택이나 준가설주택의 지원이 적용되고 있다. 2012년에 초당파 의원이 입법·성립시킨 〈아이·재난 피해자 생활 지원법〉, 정확히 말하면, 〈도쿄전력 원자력사고로 인해 재난을 당한 아이들을 비롯하여 주민의 생활을 지탱하기 위한 재난 피해자 생활지원 등에 관한 시책 추진에 관한 법률〉이다. 이 법률은 이념법이고, 국가의 피난지시 기준인 연간 20밀리 시벨트를 밑도는 지역에서 일정한 기준 이상의 방사선량이 계측되는 지역의 재난 피해자를 대상으로 하고 있다. 피난 지시구역 등을 제외한 후쿠시마현 나카도리, 하마도리 지방을 지원대상 지역으로 하고, 그 밖을 준지원대상 지역으로 정하고 있다. 그들 지역에 거주하는 주민은 피난, 잔류, 귀환 중 어느 선택을 해도 동등하게 지원한다. 이로 인해 자주적 피난자들이 일정한 배상을 받아 피난을 결성할 수 있었다고도 할 수 있지만, 자주적 피난자의 배상액이 지나치게 적다. 게다가 자주적 피난자의 대부분이 모자인 것을 감안하여, 배상금은 후쿠시마시, 고리야마시, 미나미소마시, 이와키시에 사는 18세 미만 아이와 임산부(시라카와시나 아이즈 지역은 대상 외)에게 2011년 12월말까지의 할당액으로 1인당 40만 엔을 주고, 그 이외의 사람에게는 당시 8만 엔을 지급했다(오토모 2016:176). 후쿠시마현은 자주적 피난자에 대해서, 재난보조법에 근거하여 2년간 자택을 무상으로 제공하고 그 후로는 1년씩 연장해 왔지만 2017년 3월에 종료했다. 요시무라가 주장하는 바와 같이, 피난할 권리를 인정하고 그것을 실현하기 위한 지원을 인정하고 또한 머무를 권리도 정당한 것으로 그에 합당한 보상을 지급한다. 귀환할 권리와 이주할 권리를 인정한다. 또한 제염의 진행과 생활 회복상황, 그리고 사고의 수습 상황을 지켜보면서 대피할 권리를 인정한다. 체재자(다양한 이유로 머무른 사람, 또는 일시 피난처에서 귀환한 사람)에게도 자주적 피난자에게도 동등하게 위자료를 인정할 필요가 있을 것이다(요시무라 2015:222-226).

6.2 귀환을 둘러싼 갈등과 선택

자주적 피난자들에게 주택지원 중단은 큰 문제이다. 다시금 귀환을 둘러싸고 그 선택을 강요당하고 있다. 귀환은 피난과 반대의 문제이다. 자주적으로 피난이라는 결정을 하고, 이번에는 귀환할지의 여부를 결정해야 한다. 국가와 후쿠시마현은 제염의 진행정도에 따라서 환경은 갖추어졌다고 보고 귀환을 진행시키고 있다. 피난자의 불안은 여전하고 폐로 관련의 작업도 생각대로 진행되지 않은 상태여서, 피난자들의 네트워크는 지원연장을 탄원하고 구체적인 활동으로 이어지고 있다. 이에 대하여 정치가 어떻게 대응할지 지켜볼 필요가 있다.

재난으로부터 4년이 경과한 후에 자주적으로 야마나시현에 피난한 모자가 있다. 그 전에는 매년 홋카이도에서 오키나와까지 '보육 프로젝트'를 이용해서 길게는 여름방학 3주일 정도 홋카이도에 보육을 위해 갔다고 한다. 평소의 폐쇄적인 공간에서 해방된 아들의 기뻐하는 모습을 보며 최종적으로 2015년 3월에 자주 피난을 결정하였다. 주위에서는 이제 와서 피난해서 뭐가 어떻게 되겠냐고 했지만, 남편을 설득해서 떨어져 지낼 것을 각오하고 방사능 오염이 적다고 들은 야마나시현으로 결정했다. 좁은 아파트에서 아들과 둘이 생활하고, 남편은 매달 한 번 고속도로의 무료제도를 이용해서 만나러 온다. 가난하고 검소한 생활이지만 안심이 된다고 한다. 피난 선택의 권리는 누구에게나 자유라고 주장하는 그녀의 말이 인상적이다.

울리히 벡은 "일본이 세계리스크사회에 돌입한 것은 히로시마와 후쿠시마라는 두 가지 중대사건의 경험과 분리할 수 없다. 중요한 문제 중 하나는 일본인의 이해가 이러한 인식에 얼마나 열려 있는가 하는 것이다"(벡 2011: 11)라고 지적하고, 원리적인 정치 결단을 바란다고 언급하고 있다. 스즈키 등은 벡의 저서 『위험 사회』에서 논하고 있는 또 하나의 테마 '개인화'에 착목하고 있다(스즈키·이토 2011:vi). 귀속했던 중간집단의 해체로 개인의 선택폭이 확대되면서 라이프 코스의 탈표준화와 이혼 등의 리스크를 개인이 처리해야 하는 현상, 자기책임이라고 간주되는 것 등, 후쿠시마 대참사에서의 모자피난 행동은 명백하게 '개인화'를 구현하고 있는 것은 아닐까. 그리고 여기에서 원전재난 이후의 일본 사회의 실상을 엿볼 수 있다.

7. 맺음말

본 장에서는 자주적 피난자 중 모자피난에 초점을 맞추고, 피난한 이유와 그 결과 어떻게 되었는지를 고찰했다. 자료제공자들은 관동권에 피난해 있는 모자들이다. 수용 도도부현에 따라서 피난 생활의 실태는 다를 것이다. 도쿄도의 경우, 도영 주택에 피난한 모자피난자는 2017년 3월 말 주택지원이 중단되었지만 우선적으로 계속해서 거주할 수 있다.

여기에 사례로 소개한 모자피난자들은 후쿠시마현 밖으로 피난하여 저선량 피폭을 피해서 생활하는 것을 선택했다. 하지만 후쿠시마에서 구축해 온 친척을 비롯한 인간관계를 끊고 새로운 환경에서 살아가는 것은 수월하지 않다고 말한다. 모자피난자의 대부분은 후쿠시마와 피난처에서의 이중생활에서 경제적으로 빈곤한 상황이다. 가족이 떨어져 지내다가 이혼이라는 결과를 초래한 사례도 있다. 귀환을 희망하는 남편과 함께 아이를 지키기 위해서 피난처에 머무른다, 또는 피난처에서 1년 후에 자택으로 돌아온 사례도 있다.

모자피난자들은 정부와 후쿠시마현의 귀환 정책에 휘둘려 앞으로 어떤 방향으로 나아갈 것인가. 준 씨는 피난처에서 그리 멀지 않은 도영(都營) 주택으로 입주가 결정되어, 2017년 3월에 이사하게 되었다. 둘째 딸의 갑상선 정밀검사를 걱정하는 어머니의 모습을 보이는 한편, 취미인 서핑을 다시 시작하고 싶다고 말한다. 이사 비용 마련을 고민하면서도 힘차게 도쿄에서 이산가족인 채로 모자끼리 당분간은 살아간다고 한다. 유카 씨는 싱어송라이터로 프랑스와 일본을 오가면서 앞으로도 도쿄에서 살아갈 것이다. 가즈 씨는 주간의 풀타임 일과 저녁의 파트타임 일을 병행하면서 이산가족인 채로 지금 생활을 계속한다고 한다. 피난의 리스크를 감당하면서도 여전히 피난 상태를 계속하고 싶어 하는 모자들을 위한 지원이 계속되었으면 한다. 그리고 그녀들의 방사능에 대한 불안과 두려움을 어떻게 없앨지 전문가와 행정기관이 협동하여 납득할 수 있는 정보를 제공해야 하지 않을까.

피난한 어머니들의 대부분은 이 특이한 체험으로 자신이 달라질 기회를 얻었다고 인식하고 있다. 차별 문제 등이 발생했을 때, 당사자들의 기분을 이해할 수 있는 것은 재난 피해자이다. 자신의 체험을 적극적으로 알리고 싶다는 어머니들은 시민사회 형성의 행위자로서 존재가치를 제시할 수 있지 않을까. 한편으로 모자피난자 일부는 모자가정이 될지도 모른다는 현실을 직시했을 때, 이 대참사가 불러일으킨 책임을 정치가와 기업 경영진, 그리고 일본 사회가 반드시 인식해야 할 것이다.

감사의 말

본 연구는 JSPS과학연구비 JP25220403의 지원을 받은 것이다.

인터뷰에 응해 주신 자료제공자 분들께 감사드린다. 리스트는 다음과 같다. 개인정보 보호상, 모두 가명으로 표기했다. 괄호 안은 인터뷰 연월.

사례1 '가즈' : 후쿠시마시에서 피난한 모자피난자(2014년 10월)

사례2 '유카' : 이와키시에서 피난한 모자피난자(2014년 12월)

사례3 '미카' : 이와키시에서 피난한 모자피난자(2015년 4월)

사례4 '준' : 미야모토시에서 피난한 모자피난자(2015년 1월)

사례5 '도모' : 나카도리 북부에서 피난한 모자피난자(2015년 5월)

사례6 '아케미' : 고리야마에서 피난한 모자피난자(2014년 12월).

문헌

池田陽子(2013)「「汚染」と「安全」—原發事故後のリスク概念の構築と福島復興の力」、トム・ギル/ブリギッテ・シテーガ/デビッド・スレイター編『東日本大震災の人類學—津波、原發事故と被災者たちの「その後」』京都：人文書院 pp.165-200

大友信勝(2016)「自主避難者への社會的支援」、戸田編(2016) pp.169-195

紺野祐・佐藤修司(2014)「東日本大震災および原發事故による福島縣外への避難の実態(1)—母子避難者へのインタビュー調査を中心に」、『秋田大學教育文化學部研究紀要』69 pp.145-157

鈴木宗德・伊藤美登里(2011)「はじめに—連續シンポジウム「個人化する日本社會のゆくえ—ベック理論の可能性」によせて」、ベック他編(2011) pp.v-xii

關礼子・廣本由香編(2014)『鳥栖のつむぎ—もうひとつの震災ユートピア』東京：新泉社

高倉浩樹・木村敏明監修、東北大學震災体験記録プロジェクト編(2012)『聞き書き 震災体験—東北大學90人が語る3・11』東京：新泉社

田中聰子(2016)「漂流する母子避難者の課題」、戸田編(2016) pp.102-114

辻内琢也(2016)「大規模調査からみる自主避難者の特徴—「過剰な不安」ではなく「正当な心配」である」、戸田編(2016) pp.27-64

戸田典樹編(2016)『福島原發事故 漂流する自主避難者たち—實態調査からみた課題と社會的支援のあり方』東京：明石書店

原口弥生(2015)「分散避難・母子避難と家族」、關西學院大學災害復興制度研究所・東日本大震災支援全國ネットワーク・福島の子どもたちを守る法律家ネットワーク編『原發避難白書』京都：人文書院 pp.195-200

日野行介(2015)「原發避難の發生と経過」、關西學院大學災害復興制度研究所他編(同前) pp.19-30

ベック、ウルリッヒ(2011)「この機會に—福島、あるいは世界リスク社會における日本の未來」鈴木宗德譯、ベック他編(2011) pp.1-12

ベック、ウルリッヒ・鈴木宗德・伊藤美登里編(2011)『リスク化する日本社會—ウルリッヒ・ベックとの對話』東京：岩波書店

福島縣(ふくしま復興ステーション)(2016)「縣外への避難者數の狀況」、福島縣ウェブサイト(http://

www.pref.fukushima.lg.jp/site/portal/ps-kengai-hinansyasu.html)［最終アクセス：2016年12月］

_____(2017)「避難區域の変遷について─解說─」、福島縣ウェブサイト(http://www.pref. fukushima.lg.jp/site/portal/cat01-more.html)［最終アクセス：2017年9月11日］

福島縣避難者支援課(2014)「福島縣避難者意向調査 調査結果」、福島縣ウェブサイト(http://www. pref.fukushima.lg.jp/uploaded/attachment/61530.pdf)［最終アクセス：2017年1月20日］

森松明希子(2013)『母子避難、心の軌跡─家族で訴訟を決意するまで』京都：かもがわ出版

山根純佳(2013)「原發事故による「母子避難」問題とその支援─山形縣における避難者調査のデータから」、『山形大學人文學部研究年報』10 pp.37-51

除本理史(2015)「被害の包括的把握に向けて」、淡路剛久・吉村良一・除本理史編『福島原發事故賠償の研究』東京：日本評論社 pp.28-42

吉村良一(2015)「「自主的避難者(區域外避難者)」と「滯在者」の損害」、淡路他編(同前) pp.210-226

吉田千亞(2016)『ルポ母子避難─消されゆく原發事故被害者』岩波新書、東京：岩波書店

Horikawa, Naoko(2017) "Dispalcement and hope after adversity: Narratives of evacuees following the Fukushima nuclear accident," Mitsuo Yamakawa and Daisaku Yamamoto eds., Unravelling the Fukushima disaster, New York: Routledge.

제15장

오키나와현의 피난자 수용과정

오이카와 다카시(及川高)

1. 문제의 소재

1.1 혼란 중의 피난

다음 텍스트는 동일본대지진 발생 일주일 후에 오키나와의 지역신문 〈류큐신보(琉球新報)〉 조간에 게재된 사설의 한 구절이다.

"우선 시급을 요하는 지원으로는 현과 시정촌이 실시 중인 인명구조를 비롯하여 구원물자의 수송, 모금활동 등이 있을 것이다. 그리고 소개자(疏開者)의 수용 태세를 정비해야 하지 않을까. 재난지역인 도호쿠지방은 한파가 몰아쳐서 한겨울 같은 추위 속에서 이재민은 서로 어깨를 기대고 피난 생활을 견디고 있다. 완전한 복귀까지는 상당한 시간이 걸릴 것이다. 현과 시정촌의 공영주택 입주와 가설주택 건설, 학교 체육관 개방, 국가 숙박 연수시설도 이용할 수 있지 않을까. 배려 예산으로 건설된 미군 주택에 빈방이 있다면 이참에 제공을 검토해 주었으면 한다. 관광업계도 움직이고 있다. 민박이라면 일반 가정이라도 가능하다. 일찍이 오키나와는 오키나와 전쟁을 피하여 어르신이나 아동을 규슈나 대만에 집단 이동시킨 경험이 있다. 오키나와 전쟁 직후에는 집에 돌아갈 수 없어서 잠시 동안 미군수용소에서 생활을 할 수 밖에 없었다. 현민은 격렬한 오키나와 전쟁에서 육신을 잃은 고통을 견디고 서로를 의지하여 곤란을 극복해 왔다. 우리에게 이재민의 고통은 남의 일이 아니다. 우선 어르신과 아이들 등 약자의 피난 수용을 서둘렀으면 한다"(류큐신보 2011년 3월 18일).

달리 설명이 필요하지 않겠지만, 독자에게 이재민 지원, 특히 피난자의 수용체제를 정비할 것을 호소한 문장이다. 아마도 이런 의견 표명은 대지진 직후에 일본각지에서 잇따른 것 중의 하나에 불과하지만, 여기에서 주목할 것은 이 글에 포함되는 오키나와만의 특징적인 비유이다. 예를 들어 이 텍스트는 피난자를 '소개자(疎開者)'라고 부르고 있다. 말할 필요도 없이 일본의 행정기관이 동일본대지진으로부터의 피난을 '소개'라고 칭한 사례는 없고, 이 말은 〈류큐신보〉가 채택한 것이다. 전쟁 경험을 토대로 한 이 비유는 텍스트 안에서 지상전의 경험과 가족의 죽음, 집단 소개의 기억, 수용소 생활, 또한 '배려 예산(思いやり予算)'이라는 어휘로 전개되고 피난자의 수용이라는 주장은 그 후에 도출된다. 이른바 오키나와 사회는 대지진을 전쟁 체험을 둘러싼 어휘로 번역하여 이해한 것이다.

본 논문이 이 '번역'에 먼저 초점을 맞춘 것은, 대지진 직후 상황에서의 인간의 인식능력의 한계를 다시 한번 상기하기 위해서이다. 유례가 없는 경험으로 동일본대지진을 목격하고 '지금 일어나고 있는 일'에 대한 우리의 인식에는 큰 제약이 있었다. 그것은 정부와 매스 미디어의 기능 불능 때문만은 아니다. 결여되었던 것은 눈앞에 벌어지는 사태를 기술할 텍스트였고 용어법이었다. 현지 사회에 막 도착한 필드워커처럼 대지진 앞에서 우리는 모두 한결같이 현실을 기술할 방법을 결여하고 있었던 것이다.

하지만 그럼에도 불구하고 우리는 그 상황에서 움직여야만 했다. 그것은 구체적인 사회의 스케일로는 피난으로, 또한 수용의 필요성으로 우리에게 다가왔다. 앞에서 언급한 글은 대지진을 전쟁 체험의 비유로 번역하여 눈앞의 사건에 질서를 부여하고, 그래서 '남의 일이 아니'라고 오키나와현 내의 독자에게 그들을 받아들일 것을 호소한다. 분명 '소개'라는 표현은 현재의 시점에서 보자면 전혀 위화감이 없다고는 할 수 없다. 하지만 그 위화감은 대지진 직후라는 상황이 현시점의 우리에게 일종의 이문화이기 때문에 환기되는 것이다.

1.2 본 장의 과제

오키나와현의 경우를 통해서 본 장에서 살펴보고자 하는 것은, 대지진 직후의 초동 혼란 속에서 재난지역 외의 사회에서 피난자의 수용이 이루어진 과정이다. 대지진 직후에는 불확실한 정보와 심각한 스트레스로 인간의 인식능력은 제약받지만 모두가 그 상황에서 중대한 결단을 내려야 했다. 그때 이재민들이 어떻게 행동했는지는 당사자에게 들은 이야기도 축적되어 검증이 진행되고 있는 듯하다. 하지만 그 한편으로 피난의 움직임에 대응하고, 이재민들을 받아들이는 것에 입후보한 사회가 그것을 어떻게 결정했는지는 의외로 명확하게 밝혀지지 않았다. 특히 간과되기 쉬운 것은 피난자를 받아들이는 쪽의 정보도 제약되어 있었다는 사실이다. 결국 상황이 앞으로 어떻게 바뀌어 가는가에 대해 몰랐던 것은 받아들이는 쪽도 마찬가지였다. 그리고 불투명함속에서 피난자를 수용한 사회의 움직임이란, 피난이라는 상황을 만들어낸 다이너미즘의 일면인 것이다.

이상의 시점을 토대로 하여 특히 본 장에서는 행정 및 수용을 진행한 여러 단체를 행위자로 간주하고 오키나와 사회가 피난자의 수용을 진행한 거시적인 과정을 살펴보고자 한다. 참고로 이 과정은 보다 미시적인 과정으로서 이재민 – 지역사회 간의 관계구축이라는 문제를 포함하지만, 이것은 지면상의 제약으로 우선 미뤄두기로 한다. 자료로는 오키나와 지방 신문인 〈류큐신보〉〈오키나와 타임즈〉의 기사를 리얼타임 정보로 했다. 또한 현재의 상태에 대해서는 오키나와현청 위기관리과의 인터뷰로 정보를 보충하고 있다. 마지막으로 덧붙여 강조하고 싶은 것은, 본 논문은 피난자 수용과정에 대한 '평가'를 목적으로 하지 않는다. 논점을 미리 언급하면, 오키나와의 피난자 수용은 현재 큰 과제를 떠안고 있고, 그것은 수용과정 자체에 일부 기인하고 있다고 필자는 이해하고 있다. 다만 그것은 관계자의 견식이 좁아서라든가 태만에 의한 것이 아니라, 대재난 이후라는 상황이 초래한 구조적인 문제로 이해해야 한다는 것이 본 논문의 입장이다.

논의에 앞서, 오키나와 피난자의 개요를 언급해 두고 싶다. 부흥청의 집계에 의하면, 2016년 1월말 현재 동일본대지진 피난자는 전국 합계 17만 7,866명이다. 여기에서 말하는 피난자란, 뭔가의 이유로 대지진 전의 주소로 돌아가지 못하고 가설주택이나 일가친척에게 몸을 의탁하고 있는 사람들을 말한다. 그 총수 중에서 현 내로 피난한 사람은 12만 2,678인으로 전체의 약 69%를 차지한다(그림15-1). 나머지 피난자인 약 30%가 현 밖으로의 피난자인데, 〈그림15-2〉는 그 숫자를 피난처 현별로 정리한 것이다. 수용처는 도쿄와 사이타마, 가나가와 등 간토 도시부와 후쿠시마에 인접한 두 현이 두드러진다. 한편, 도카이지방 서쪽으로의 피난은 많아 봐야 한 현당 1,000명 전후에 그치고 있다. 이러한 상황 속에서 오키나와현의

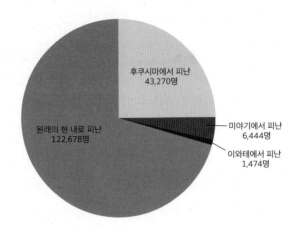

<그림 15-1> 피난자의 상황별 비율

후쿠시마에서 피난
43,270명

미야기에서 피난
6,444명

이와테에서 피난
1,474명

원래의 현 내로 피난
122,678명

*2016년 1월 29일 현재. 출처:부흥청 조사자료를 토대로 필자작성.

수용규모는 현저해서, 규슈 각 현과 비교해도 여전히 후쿠오카를 웃돌고
있다.

　　오키나와로 피난 간 이들이 특징적인 것은 이미 지적된 바 있다(미나
미 2014). 예를 들어 피난처가 친척·지인 같은 연고지가 있었는지 아니면
그러한 연고 없이 이주한 주택시설이었는지 통계 데이터에도 나타나 있
다. 즉 〈그림15-3〉에서 알 수 있듯이, 오키나와는 압도적으로 '친척·지인
의 집'이라는 응답이 낮고, 대부분이 연고지가 없는 상태에서 피난해 온
것이다. 이 결과는 후쿠시마원전사고가 피난자의 동기부여에 크게 영향
을 끼친 것을 나타내고 있다. 원전사고의 영향에 대해서는 대지진 이후의
혼란 속에서 미디어를 불문하고 억측이 난무했다. 혼란이 불러온 공포심
은 심각하여, 심지어는 동일본 전역의 '괴멸' 가능성을 호소한 이도 있었
다. 이러한 진위 불명의 정보가 마음을 좀먹는 사이에, 특정 피난자는 오
키나와를 '방사능'을 피할 수 있는 유력한 피난처라고 생각했던 것이다.

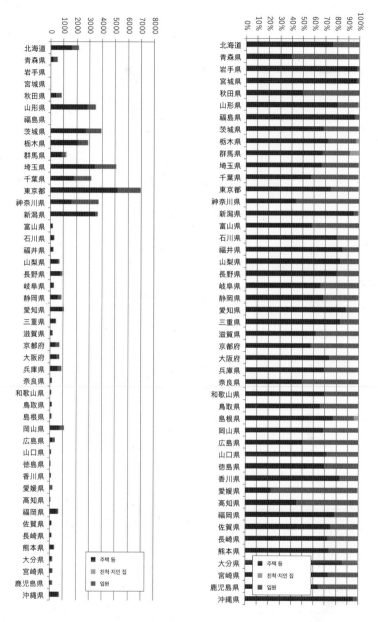

〈그림 15-2〉현 외 피난자의 수적 분포

〈그림 15-3〉피난자의 상황별 비율

*2016년 1월 29일 현재.
출처: 부흥청 조사자료를 토대로 필자 작성.

*2016년 1월 29일 현재.
출처: 부흥청 조사자료를 토대로 필자 작성.

게다가 이러한 마음의 움직임에 '낙원'으로서의 오키나와의 이미지가 관계하였을 것이다(오타 2004). 실제로 수용단체가 이재민에게 언급한 설명에는 '치유'나 '케어'라는 용어가 높은 빈도를 차지한다. 원전사고의 피난 행위로서의 합리성은 차치하고, 오키나와로의 피난이라는 선택이 특히 불안에 예민하게 반응한 일부 사람들에게 받아들여져야 할 이유는 충분히 있었다고 할 수 있다.

2. 오키나와현 피난자의 수용과정

2.1 민간단체의 선행

그럼 오키나와현은 피난자를 어떻게 수용했을까. 오키나와의 경우, 수용사업은 우선 민간의 움직임으로 나타났다. 최초로 의견을 표명한 것은 임대별장을 취급하는 현내 기업으로, 2011년 5월까지를 기한으로 피난자에게 일부 시설을 무상으로 제공한다고 표명했다. 이것은 2011년 3월 16일 발행된 〈류큐신보〉 조간에 기사화되었다. 이 움직임은 한 회사에 그치지 않고, 기사에는 그 밖에도 다수의 시설이 무상이나 할인으로 수용을 검토하고 있다고 서술되어 있다. 또한 3월 하순 이후에는 호텔이나 별장, 유스호스텔 등의 수용뿐만 아니라 부동산 업자가 체제시설의 제공을 제안하게 된다. 그 최초의 기사는 3월 26일 것으로 빈방 5개를 6개월간에 걸쳐서 무상제공할 용의가 있다는 뜻을 어느 업자가 표명하고 있다.

이러한 신속한 반응은 오키나와가 관광지일뿐만 아니라, 평소부터 이주희망자가 많은 지역인 것을 배경으로 하고 있다. 오키나와에는 마린스포츠 애호가 등을 비롯하여 항상 이주희망자가 있어서, 그러한 층은 최대 반년 정도의 체재로 현지에서의 생활기반을 구축하는 것이 통례이다. 따라서 오키나와 사회에 중기적인 체재자는 흔해서 그러한 수요에 응할 수 있는 시설도 갖추어져 있었던 것이다. 1995년의 한신·아와지대지진 때도 오키나와는 소수이지만 일시 피난자를 받아들였다.

또한 오키나와현 관광업계에서 널리 알려진 에피소드로, 후쿠시마에 대한 '은혜'도 이 판단에 기여했다고 알려져 있다. 그것은 2001년 9월 11일 발생한 뉴욕 동시다발 테러 이후 비행기 여행의 감소로 인해 오키나와 관광업계가 곤경에 처했을 때, 신속하게 오키나와 여행을 기획해서 지원한 것이 후쿠시마의 경제단체였다는 일화이다. 두 현의 경제계 연대는 이후 지금까지 계속되고 있고, 이 일이 관광업계의 수용의 목소리를 뒷받침했다고 한다. 그러나 이 시점에서 이들 업계는 이번 피난이 어느 정도의 기간에 이를지를 충분히 파악하지 못하고 있었다. 결국 시설제공은 사태가 진정되고 관광수요가 회복할 때까지의 조치에 불과하다. 그들의 지원 표명에 나타나는 '5월까지' '6개월간'이라는 제안은 불투명한 예측 속에서 막연하게 설정된 단락에 불과했던 것이다.

한편, 잇따른 숙박시설의 표명을 뒤따른 것은 수용처의 매칭업무를 담당하는 단체의 결성이다. 2011년 3월 18일 〈류큐신보〉에는 자원봉사단체 〈연결하는 빛(つなぐ光)〉의 결성이 보도되어, 그들이 현 내에서 빈방을 제공해 주도록 모집하는 한편, 그 정보를 웹사이트에서 피난 희망자에게 계속 제공할 계획이라고 발표했다. 이 단체 〈연결하는 빛〉의 발기인은 반전운동과 생태운동에 관계하는 기쿠치 유미, 대표는 군용지 반환소송운동으로 알려진 변호사 긴조 지카시(金城睦), 그리고 사무국장은 스피리추얼 계의 계발(啓發)단체 Mothership Ascension School을 주최하고 '제로 리셋 전도사' '천지통일체 세미나 지도자' 직함도 갖는 나카무라 가쿠지(中村角

司)가 맡고 있다. 그들은 모두 대지진 이전부터 각각의 입장에서 오키나와 사회문제에 관여해 온 민간 활동가로, 이러한 배경은 수용 후에도 피난자에게 세미나와 세러피, 체험활동을 제공하는 활동으로 발휘되어 간다. 즉, 이재민의 수용 틀은 오키나와의 정치활동과 환경운동, 자기계발 세미나 등을 급진적으로 견인해 온 활동가의 인맥을 모체로 하여 원형이 만들어진 것이다. 오키나와의 피난자 수용체제의 구축은 대체적으로 아주 신속하게 진행되었다고 할 수 있는데, 그 배경으로 이러한 민간단체에 의한 조직화가 크게 관여하고 있다. 덧붙여 말하면, 이러한 민간의 네트워크라는 것은 반기지운동을 일상화할 수 밖에 없는 오키나와 사회의 음화(陰畵)이기도 하다. 그들은 오키나와의 매스 미디어와도 친밀하게 연계하여 호소를 확대하는데, 본 장 첫머리에 소개한 사설에도 그러한 민간활동과의 공감이 드러난다.

이러한 민간기업과 단체의 동향에 비하여, 오키나와 행정기관의 수용에의 관여는 시기를 놓친 감도 있다. 다만 이것은 오키나와의 경우, 민간의 반응이 두드러지게 선행한 결과이지 행정기관의 움직임 자체가 느렸던 것은 아니다. 시계열적으로는 오키나와현은 대지진 발생 직후 바로 대지진 대책본부를 설치했다. 다만 그 목적은 피해지역을 지원하기 위해서가 아니라 현 연안에 염려되는 쓰나미 피해에 대응하기 위해서였다. 오키나와현은 이전에 칠레지진 쓰나미로 큰 피해를 겪은 적이 있어서 동일본대지진의 쓰나미가 영향을 미칠 것은 충분히 예상되었다. 실제로 오키나와 기상대의 발표로 미야코지마(宮古島)에서 70센티의 쓰나미가, 모토지마 동쪽 연안 긴초(金武町)에서 최대 1미터 이상의 쓰나미가 발생했다는 보고도 있다. 쓰나미의 우려가 진정된 3월 14일, 다음으로 대책본부가 착수한 것은 재난지역의 직접지원이었다. 구체적으로는 의료팀 파견과 지원물자의 수송으로, 현은 본부기능을 강화하여 인원과 물자조달을 추진했다. 이들이 현지에 도착한 것은 3월 17일이었다. 아울러 인적지원은 현마다 파견처를 분담하는 구조여서 오키나와 팀은 주로 이와테현을 지원했다.

현이 피난자 수용에 관여하게 된 것은 이들 사업 이후이다. 앞에서 언급한 바와 같이 이 시점에서 이미 민간에서는 피난민 수용을 위한 움직임이 시작되어, 새로이 협력을 희망하는 현내 숙박시설도 뒤를 잇고 있었다. 한편으로 그런 정보는 인터넷 등을 통해서 피해지역에도 알려져, 피난에 관한 전화 문의가 각지에 '쇄도'하고 있었다. 여기에서 필요시되었던 것은 정보를 집약하고 피난자와 수용처를 조정하는 보다 커다란 틀이었다. 이렇게 본 장 첫머리의 사설이 게재된 3월 18일에 나카이마 히로카즈(仲井眞弘多) 현지사(당시)는 이재민을 받아들이려는 의향을 현 입장에서 정식으로 표명한다. 그리고 3월 22일에 발족하는데, 현재까지 수용의 모체가 되고 있는 오키나와현 동일본대지진 협력회의이다.

2.2 '관민일체' 체제

동일본대지진 지원협력회의의 현저한 특징은, 관민일체라고 자칭하는 조직구성이다. 회의를 구성하는 것은 주로 오키나와현에 거점을 둔 188개 단체(2016년 11월 시점)로, 현과 시정촌 외의 다수의 기업, 자원봉사단체, 대학 연구자와 카운슬러 등의 전문단체에 이르는 다양한 멤버이다. 회의에서 현은 중심적 존재로, 현지사가 회장을 맡고 사업전체의 조정업무도 현의 방재위기관리과가 담당한다. 다만, 회의에 대해서 현은 '조정역으로서의 관여' 라는 입장을 견지하고 있다. 이러한 자세는 회의의 모체가 되는 활동예산이 개인에서 기업에 이르는 선의의 기부로 대부분 충당되고 있는 것과 관련되어 있다. 회의의 예산 규모는 연간 2,200만 엔 정도인데, 그중에 세금에서의 '지출'은 일체 없고 현청은 현의원·직원의 조정 업무와 회의실 등의 시설제공을 제외하면 재산을 거출하지 않고 있다. 즉, 지원회의는 현재에 이르기까지 행정주체 사업이 아니라 기부금을 토대로 한 관민일체 사업체로서 운영되고 있다.

이 회의가 피난자에게 제공하고 있는 서비스는 다양한데, 크게 분류하면 다음과 같이 정리할 수 있다. ①이재민 수용업무 지원. 이것은 피난자에 대한 주거의 매칭 외에 의료복지·교육 등의 환경정비 지원도 포함하고 있다. ②각종 단체에 조성금 배분. 회의는 카운슬러와 소셜워커 등에 의한 워킹 그룹을 포함하고 있는데, 그들에게는 필요에 따라서 활동자금이 배분되고 있다. 또한 피난자도 당사자 단체를 만들어 커뮤니티 구축과 정보공유에 힘쓰고 있어서 그런 활동에도 회의에서 예산이 배분되고 있다. ③민간단체에 의한 지원의 총괄. 기업을 주로 하여 오키나와의 민간단체는 독자적인 서비스를 피난자에게 제공하고 있다. 특징적인 것은 오키나와의 해상 타계 신앙에서 명명한 '니라이카나이 카드'인데, 피난자의 증명서로 제휴하는 슈퍼와 공공교통기관에 제시하면 할인을 받을 수 있는 구조로 되어 있다(사진 15-1).

이처럼 다양하고 포괄적인 지원체제는 기업과 전문가라는 다양한 주체의 적극적인 관여로 실현되고 있다. 즉 오키나와의 지원체제는 참가하는 민간기업·민간단체가 정보를 공유하면서 각각의 자주성을 유지하고 상호 간에 서비스를 제공하는 구조로 되어 있는 것이다. 특히 니라이카나이 카드는 민간단체의 광범위한 협력 없이는 불가능한 서비스로, 오키나와 수용체제의 성격을 상징하는 것이라고 할 수 있다.

다만, 이러한 관민일체 체제는 회의 설립 당시부터 명확한 비전에 입각하여 구축된 것은 아니었다. 거듭 말하지만, 오키나와의 피난자 수용

〈사진 15-1〉 니라이카나이 카드 알림 (2016년 촬영)

은 기업과 민간단체·자원봉사자 등이 선행하였고, 이에 비해 행정기관은 그 움직임을 뒤따르며 조정하는 역할로 관여하기 시작했다.

이러한 경위야말로 민간단체의 주체적 참가를 토대로 한 포괄적 지원이라는 현 상황의 이른바 원점이 되고 있다. 다만, 그 한편으로 피난이 장기화하고 대지진 부흥이 새로운 단계로 이행하면서 회의가 그 성격에 기인한 일종의 속수무책에 처해 있다는 것도 사실이다.

3. 6년 후에

동일본대지진으로부터 6년 이상이 지난 지금, 어떻게 대지진 후의 생활을 재구축할 것인가라는 물음은 한층 현실적인 과제가 되어 재난지역과 이재민에게 다가왔다. 그리고 그것은 오키나와의 피난자 지원체제와도 무관하지 않다.

2016년 2월 2일에 실시된 동일본대지진 지원협력회의의 연차 총회에서 제창된 방향성은 명백하게 지원체제의 종결을 목표로 하는 것이었다. 예를 들어, 여기에서 제시된 계획 중의 하나가 니라이카나이 카드의 서비스 종료인데, 2017년 3월 말을 기한으로 하는 것이 총회에서 표명되었다.

〈표 15-1〉 오키나와 피난자의 내역과 추이

	2012년 2월 (피크)	2015년 12월	2015년 12월 중 주택지원
이와테현에서	8	7	2
미야기현에서	161	122	30
후쿠시마현에서	738	488	397
그 외에서	155	93	—
합계	1,062	710	429
전국의 피난자 수	313,329*	182,000	—

* 2012년 3월 시점.

출처 : 부흥청 조사자료를 토대로 필자 작성.

이 대응은 상품권 등의 제공에 의한 피난 계속자에 대한 개별적 지원의 틀을 유보하고 있었는데, 적어도 조직적 지원에서는 손을 떼는 것이 회의 전체의 방향성인 것은 명백했다. 한편 총회에서 계속·확충이 검토된 것이 귀환 지원이었다. 그 내용은 일시 귀택 등을 위한 여비지원(1세대 4만엔)과 현외 이주지로의 이주비용(1세대 5만엔)이다. 이처럼 5년이라는 시간을 거쳐 지원회의는 수용과 생활지원에서 귀환(또는 오키나와 정착)을 목표로 한 생활재건지원으로 방침을 이행한 것이다.

하지만 이러한 회의 방침은 오키나와 피난자의 의향과 일치했다고는 볼 수 없다. 표15-1은 오키나와 피난자의 내역을 시계열로 정리한 것인데, 여기에서 몇 가지 경향을 알 수 있다. 먼저 전국평균(마이너스 42%)에 비하여 피난자 수의 감소율이 낮다(마이너스 34%)는 것이다. 즉, 전국적으로는 피난자의 귀환이나 정착이 증가하는데 오키나와는 그 움직임이 여전히 더디다. 두 번째로 지적할 수 있는 것은 피난자의 내역인데, 후쿠시마에서 피난 온 사람이 눈에 띄게 많고 주택지원을 받는 비율도 높다는 점이다. 이러한 경향은 결국 앞에서 언급했듯이 오키나와 피난자의 대부분이 방사성 물질에 대한 공포감을 동기로 하고 있기 때문이다. 게다가 이러한 층은 방사선 장애 문제에 아주 민감하기 때문에 어린아이를 동반한 세대 비율이 높아서, 이것도 귀환을 힘들게 하는 요인이 되고 있다. 오키나와 피난자의 감정으로는 귀환은 여전히 현실적인 선택지가 아닌 것이다.

한편 현이 파악한 바에 따르면, 이러한 피난자 중에 피난지시구역에서 온 사람은 2016년 2월 시점에서 8세대에 그치고 있다. 즉, 그 이외의 피난 세대란 법률상으로는 대지진 전의 거주지로 돌아가는데 지장이 없다는 것이다. 물론 이러한 법적 기준의 적용이 합리적인지는, 피난자의 방사성 물질에 대한 공포심이 합리적인가라는 문제와 함께, 본 논문이 가치판단에 개입하는 것은 피하고 싶다. 다만 적어도 '귀환인가 정주인가'를 재촉하는 회의 방침과, 방사성 물질에 두려움을 가지고 생활 재건에도 과제를 껴안고 있는 피난자와의 사이에 엇갈림, 굳이 말하자면 틈이 생기고 있는 것은 실상으로서 자각할 필요가 있다.

4. 피난은 누구의 문제인가

실은 회의는 이러한 엇갈림을 충분히 인식하고 있어서 지원체제의 해소를 목표로 하면서도 현시점에서는 형식주의적인 지원 종결에 신중한 자세를 취하고 있다. 이러한 태도는 거듭 회의의 관민일체 체제에 뒷받침된 유연성에 의한 것이다. 그렇지만 이것은 법적·객관적인 기준을 적용할 수 없다는 회의의 성격과 일치하지 않는 면도 있다. 또한 회의는 조직 내에서의 합의 형식의 절차와 주도권을 명확히 하지 않아, 누군가의 리더십으로 사업을 정리하는 것 같은 구조도 갖지 않는다. 단적으로 말하자면, 회의는 판단을 내리기 위한 권한 배분이나 구속력이 있는 규범, 가이드라인이 결여된 체제인 것이다.

그러한 체제가 필연적으로 끌어안아야 할 과제가 전형적으로 나타난 예가 바로 니라이카나이 카드에 관한 취급 문제이다. 서비스 종료를 검토하면서 회의는 카드 이용 상황과 참가기업의 의향을 조사했다. 그에 따르면, 2016년 시점에서 전체적으로는 이용자 수가 줄고 있고, 슈퍼나 대중교통기관에서는 이용이 계속되는 한편, 숙박업이나 렌터카에서는 이용실태가 거의 없다는 결과가 나왔다. 흥미로운 점은 이러한 데이터를 토대로 하여 '그만둬야 할지 어떨지'라는 의향을 조사했을 때, 참가기업 대부분이 '우리로서는 판단하기 힘들다'라는 대답을 한 것이다. CSR(기업의 사회적 책임)이 요구되는 현대의 기업환경을 고려해도 대부분이 특정한 의견을 제시하지 않는 것은 기업의 의사결정의 성격을 명확하게 나타낸 것이라고 할 수 있다. 실제로 기업 측의 명확한 의사표시가 없었기 때문에, 회의는 피난자의 의향을 우선하여 2016년까지 서비스를 계속하기로 결의했다(2017년 3월에 종료). 하지만 회의에 참가한 기업의 의향은 명백히 종료로 기울어 있었다.

이 경우에서 전형적으로 볼 수 있듯이, 회의를 움직이는 것은 합의와 일종의 리더십이 아니라, 구성하는 여러 단체 사이에 흐르는 '분위기(空氣)'라고도 할 수 있다. 반복하지만, 회의는 집권적 또는 합의적인 의사결정 구조를 갖지 못하고, 실무면에서는 정보가 집약되는 현청이 총괄하고 있지만, 그조차도 책임과 권한이 따르는 것은 아니다. 원래 5년째나 6년째라는 시기를 기점으로 지원체제의 해소를 목표로 한 것조차, 국가의 부흥 로드맵이 반영되어 있다고 하더라도 뭔가의 주체가 책임을 가지고 검토하고 판단한 지침은 아닌 것이다.

이처럼 회의의 현재의 방향 상실은, 대지진 직후부터 계속된 '수용' 구조의 귀결로 자리매김할 필요가 있다. 이미 봐 온 것처럼 오키나와현의 피난자 수용은 관광산업이라는 기반과 사회운동 인맥을 토대로 민간이 주체가 된 활동이 선행했다. 이것이 피난자의 신속한 수용과 포괄적인 지원체제의 구축으로 이어졌다는 것은 더 이상 반복하지 않겠다. 다만 그러한 이점의 이면에 그렇게 진행된 수용은 사업의 전체적인 비전에 대한 동의를 수반하는 것은 아니었다. 본 논문은 앞에서 '분위기'라는 말을 사용했는데, 결국 그러한 분위기야말로 오키나와 피난자 수용의 모체였던 것이다. 물론 대지진 후의 유동적인 상황에서는 합의와 규칙 형성은 곤란했을 것이고, 그중에서 오키나와 사회 전체가 수용에 적극적인 분위기를 조성하고 지원에 힘쓴 것을 부정적으로 평가할 이유는 없다. 다만 그러한 분위기에 휩쓸려 지원을 계속한 것이 장기적으로는 피난이라는 상황 컨트롤을 곤란하게 했다. 이것은 지원체제의 구축을 둘러싼 교훈으로 기억해도 좋을 것이다.

부연하자면, 오키나와뿐만 아니라 대부분의 사회에서 수용이라는 것 자체에 당사자성이 수반되는가, 라는 점은 재고해야 할 문제라고 생각한다. 여기에서 말하는 당사자성이란, 피난이라는 상황을 형성하는 주체로서의 자각이 있었는가, 라는 것을 염두에 두고 있다. 피난이란 흔히 이재민의 문제로만 다루기 쉽고, 그 때문에 지원도 피난자의 요청에 대한 수동적 대응으로만 진행하기 쉽다. 물론 이재민의 주체성을 존중하면 수용과 지원은 수동적 태도가 될 수밖에 없을 것이다. 다만 그러한 '주체성의 존중'이란, 피난이라는 상황의 해소라는 목적지를 찾는 과정을 피난자 자신의 노력과 자기책임에 맡기는 것이기도 하다. 반대로 '함께 목적지를 찾는 것까지가 수용이다'라고 한다면, 그것은 수용하는 쪽 사회에 지나친 부담을 요구하는 주장으로도 들릴 것이다. 그렇다면 어떻게 해야 할 것인가. 본 논문은 그 해답을 가지고 있지 않지만, 이재민 지원을 둘러싼 무수히 많은 과제의 하나로서 제기하며 이 사례연구를 마치고자 한다.

문헌

多田治(2004)『沖縄イメージの誕生―青い海のカルチュラル・スタディーズ』東京：東洋経済新報社

南裕一郎(2014)「沖縄における東日本大震災被災者への支援と自主避難者の生活」、『Zero Carbon Society 研究センター紀要』2・3 pp.19-24

제16장

재난 시의 외국인 피해자에 대한
통역의 역할과 문제점

- 2011년 크라이스트 처치 대지진에서 배운다

수잔 부터레이(スーザン・ブーテレイ)

1. 시작하는 말

통역자는 재난 시에 어떤 역할을 할 수 있을까. 또한 복수의 관계기관과 연락을 취할 때 직면하는 과제는 무엇일까. 통역자에게 초점을 맞춘 검토를 통해서 재난 시의 대응능력에 어떠한 통찰을 할 수 있는지, 본 장에서는 2011년 크라이스트 처치 지진 때 활동한 그 지역 일본인 혹은 뉴질랜드인 통역의 역할과 그들이 직면한 과제를 고찰하여 장래를 위한 전망을 찾고자 한다.

본 논문은 2011년 2월 22일에 발생한 크라이스트 처치 지진과 지진 이후의 사건을 시간의 흐름에 따라서 필자의 경험과 다른 통역자의 경험을 예로 들면서 고찰한다. 마지막으로 몇 가지 반성점과 장래를 위해 배울점과 방향성을 시사하고자 한다.

2. 2011년 크라이스트 처치 지진

2011년에 발생한 크라이스트 처치 지진은 마그니튜드 6.3이었지만, 진원지가 시 중심부에 비교적 가까운 데다 5킬로미터로 얕았기 때문에 심하게 흔들려서 건물과 경제활동의 기반시설이 큰 피해를 입었다. 크라이스트 처치의 많은 역사적 건조물을 포함한 시가지 대부분이 파괴되고 시 일부 지역이 괴멸됐다.

사망자는 185명에 이르렀고, 그중 반 정도가 영어권 이외 국적의 외국인으로 약 3분의 2에 해당하는 115명의 사망자는 영어학교가 위치해 있었던 CTV빌딩(캔터베리 텔레비전 방송국)에서 희생되었다. 그 중에서도 일본인 사망자가 가장 많았는데, 일본인 희생자 28명 모두가 CTV빌딩에서 사망했다. 대부분 오래된 건조물이 붕괴하였고 비교적 새로운 근대식 빌딩은 두 건물만 붕괴하였는데, 공교롭게도 CTV빌딩은 그중 하나였다(사진 16-1~16-4).

3. 통역

3.1 '일본 외무성'

지진발생 이후 5일 사이에 CTV빌딩 붕괴에 휘말린 일본인 학생 사망자와 행방불명자의 일본인 가족 약 70명이 크라이스트 처치에 모였다. 아직 여진이 계속되고 있었기 때문에 가족들에게는 2차 재난을 피할 목적으로, 처음에 크라이스트 처치에서 서쪽으로 약 94킬로미터 떨어진 작은 마을 메스번에 숙박시설이 제공되었다. 메스번은 크라이스트 처치에서 자동차로 약 1시간 반 정도의 거리로, 가족들은 크라이스트 처치 시내에서 열린 매일매일의 브리핑(경과 보고회)을 전후하여 전세버스로 이동해야 했으므로 피로와 고통이 격심했다. 그 후에 그들의 요구에 응해서 가족들은 크라이스트 처치 시 중심부에 가까운 호텔로 이동하게 되었다. 그곳은 레드존(사람들이 근접하기에는 지나치게 위험하다고 생각되어, 출입금지로 지정된 지역)에서 1킬로미터 떨어진 곳이었다.

생존자를 구출할 가능성이 없어지면서, 구조활동은 서서히 '시신의 회수'로 바뀌어 갔다. 뉴질랜드 외무성(이하, NZ외무성) 직원과 협력하여 일본 외무성(재 뉴질랜드 일본대사관원 및 호주대사관이나 영사관에서 지원하기 위해 파견되었다고 생각되는 외무성 직원. 이하, '일본 외무성'이라 표기한다)이 일본인 가족을 위해서 브리핑을 실시했다. 일본 외무성에 크라이스트 처치 영사관 사무소 직원은 포함하지 않기로 한다. 그들은 일본에서 달려온 가족들을 위해서 매일매일의 버스와 숙박시설 준비는 물론이고 날마다 온갖 업무에 쫓기고 있었다. 또한 그 지역 출신 통역들과도 양호한 관계를 유지하고 있었는데, 통역자 모집 준비와 통역지도 및 브리핑 업무와는 관련이 없었기 때문이다. 그리고 후술하겠지만 영사관 직원들도 통역들과 마찬가지로 지

〈사진 16-1〉 지진 직후의 크라이스트 처치 시가지 원경

촬영:Gillian Needham

〈사진 16-2〉지진 이후 크라이스트 처치 시내

〈사진 16-2〉지진 이후 크라이스트 처치 시내

촬영: Stuff Limited / The Press; Don Scott

〈사진 16-3〉붕괴 전의 CTV빌딩

촬영: Phillip Pearson

촬영: Stuff Limited / The Press; Carys Monteath

진 피해의 희생자이면서도 매일매일의 업무를 해내고 있었다.

일본 외무성 주최의 브리핑은 크라이스트 처치 영사관 사무소가 임시로 사무소를 옮긴 시내 호텔에서 이루어졌다. 설명회에서는 긴급히 일본에서 파견된 외무성 정무차관과 일본대사관 대사가 의장을 맡았다. 브리핑의 주요 초점은 경찰과 NZ USAR(Urban Search and Rescue, 이하 수색·구조대) 관계자의 진척상황 보고였다. 첫 번째 브리핑에서는 NZ외무성이 지역의 일본인 통역을 배정했다. 이 첫 번째 통역은 첫 브리핑 후에 그만두었다. 그 후에 지역의 다른 일본인 통역이 배정되었지만 그녀도 두 번째 브리핑 후에 그만두었다.

나는 이들 통역 중에 두 번째 통역과 인터뷰를 했다. 익명으로 N씨라고 하자. N씨는 NZ외무성이 배정하여 브리핑에 앞서 NZ외무성 직원을 만나 일본 외무성 직원에게 소개되었다. 브리핑 세션 전에 N씨가 질문을 하자 일본 외무성 직원은 '알아둬야 할 사항은 특별히 없다'고 대답했지만 사전 브리핑이 얼마나 중요하고 필요했는지를 통역현장에서 바로 절실히 느꼈다.

브리핑이 있었던 호텔 방에는 가족 70명, 일본 외무성 관계자(20명 이상), NZ외무성 직원, 가족들이 크라이스트 처치에 도착한 이래로 지원을 해왔던 지역의 젊은 자원봉사자 등이 다수 모였다. 사람들은 방 양쪽 통로와 뒤쪽에도 서고 문밖으로도 밀려 나왔다. 통역을 담당한 N씨는 매우 긴박한 분위기를 느끼고 가족들의 깊은 슬픔과 무거운 공기가 지배적인 가운데, 사랑하는 아이들을 구해내지 못할지도 모른다는 불안에 휩싸인 분노에 가까운 감정과 일본 외무성에 대한 불신감이 가족들에게 드러나 있음을 느꼈다고 말했다.

3.2 초기 단계에서의 문제

구조와 수용작업이 아직 진행중이던 CTV빌딩 주변 지역을 포함한 시 중심부가 완전히 폐쇄되었기 때문에, 가족들은 CTV빌딩 현장을 방문할 수 없었다. 가족들의 강한 요청으로 브리핑에서 CTV빌딩의 '앞'과 '뒤' 영상이 상영되었지만, 잔해더미가 되어 버린 CTV빌딩의 붕괴 이후 이미지가 나타난 순간, 고통스러운 외침이 방안에 가득찼다. 그리고 CTV빌딩이 지진으로 완전히 붕괴된 단 두 개의 근대적인 건물 중 하나라는 것을 알게 되면서 가족들의 깊은 슬픔의 근저에서 '왜 그렇게 되었나?'라는 당연한 의문과 분노가 솟구쳐, 그것을 뼈저리게 느낄 수 있었다고 N씨는 말한다.

NZ경찰의 발표를 맡은 담당관은 N씨를 사이에 두고, 시신 식별을 위한 DNA샘플을 수집하도록 하고 치열처럼 식별의 힌트가 될 수 있는 사진(가능하면 치아가 보이도록 웃고 있을 때의 것)이나 행방불명자를 식별할 수 있는 무언가를 제공하도록 요청했다. N씨가 지역의 통역 자원봉사자인 것을 가족들에게 전혀 알리지 않았기 때문에 가족들은 N씨를 일본 외무성 직원으로 생각했는지 "극도로 긴장된 분위기에서 가족들의 차가운 시선이 일제히 저를 향했습니다. 그리고 통역하는 내용도 아주 무거운 내용이어서 상당히 신중하게 말을 선택해야 했기 때문에 저도 모르게 말문이 막혀 버린 때도 있었습니다"라고 그때의 상황을 언급했다.

또한 N씨는 이런 이야기도 했다. "그때 제 주변에는 상당수의 일본 외무성 분들이 계셨는데, 아무도 저를 도와주지 않았습니다. 오히려 제가 잘못 통역하면 그것을 큰 소리로 따졌습니다. 한번은 제가 정확하게 전한 사망자 수를 제 옆에 앉아 계셨던 분 ―대사였을까요. 소개도 받지 못했기 때문에 잘 모르겠지만―이 상당히 실례되는 태도로 정정하셨는데 결국은 그 정정이 잘못된 것이었다는 민망한 경우도 있었습니다. '특별히 아무것도 없다'는 커녕, 저에게 미리 알려줘야 했던 것이 많이 있었을 겁니다".

브리핑이 끝나고 NZ외무성 직원은 N씨에게 아주 잘했다고 고마워하고 칭찬했지만, 일본 외무성은 한 마디도 없었다고 한다. 원래 이런 사태에 대비하여 실제로 훈련을 받고 있을 일본 외무성이 다수의 직원을 파견했으면서도 왜 한 사람도 통역을 담당한 사람이 없었는지 자연스레 의문이 생긴다.

N씨는 다음 날 아침에 눈을 떴을 때 뭐라 말할 수 없는 불쾌한 기분이 남아 있었다고 한다. 브리핑에서의 통역역할을 사퇴하고 재난 가족을 지원하는 한 사람의 통역 자원봉사자로 가족들과 직접 마주하기로 결심했다. 가족들을 지원했던 지역의 젊은 자원봉사자들도 이처럼 다루기 힘든 내용을 통역하는 일에 자신이 없다며 그만둬 버렸다.

3.3 통역의 보충

다음 날, NZ외무성은 브리핑을 위해 웰링턴 사무소에서 전속 일본인 통역을 데리고 왔다. 그리고 재난을 당한 가족들 각각에게 통역 자원봉사자를 배정하기로 했다. 하지만 젊은 일본인 자원봉사자들이 떠나 버렸기 때문에 통역이 부족했다. 필자가 관여한 것은 이 시점이었다. 이하의 내용은 필자를 포함하여 다른 지역 일본인과 뉴질랜드인 통역들의 경험을 토대로 하고 있다.

필자가 참가한 저녁에 통역 자원봉사자들은 가족들이나 경찰관과 페어가 되어, 다음과 같은 계획을 목표로 움직이게 되었다. (a)일본 가족들을 위하여 일본 외무성이 저녁때 브리핑을 개최한다. (b)이어서 통역 자원봉사자들이 담당 가족 및 경찰관과 협력하여, 가족에게 경찰의 요망을 전달하고 한편으로는 가족들의 불안 및 경찰과 여러 기관에 대한 질문을 전달하는 비공식 세션을 개최한다. 이것은 이후 약 10일간 계속되었다.

4. 일본 외무성 브리핑

저녁부터의 브리핑에서는 NZ경찰 홍보담당자가 구조·시신 수용에 관한 최신 동향을 보고하고 NZ경찰의 요청을 발표했다. NZ경찰 담당자는 혼란의 여지가 남지 않도록 직접적으로 정보를 제공했다. 이것을 NZ외무성 전속 일본인 통역이 일본어로 통역했다. 이 통역은 아주 능숙했지만, 통역 중에 몇 가지 중요한 정보를 정확하게(직접적으로) 전하지 않았다.

예를 들어, (a)구조 임무는 바로 시신의 회수로 이행했다. 경찰 홍보담당자는 브리핑에서 이것을 명확히 했지만, 수색과 시신 회수는 명백하게 다르기 때문에 NZ외무성 전속 일본인 통역은 이것을 가족에게 전달하는 것을 꺼렸다. 또 일본 외무성 직원은 이것을 보정·추가·정정하지 않았다. ⒝CTV빌딩은 거대한 잔해더미로 변했는데, 그 일부에서 화재도 발생했다. 경찰 홍보담당자는 처음부터 시신을 상처 없이 발견할 가능성 또는 시신을 발견하는 것조차 가능성이 낮다고 명확히 언급했다. 그래서 경찰이 가족들에게 치과 기록을 가능한 한 빨리 제출하도록 요청한 것이다. 하지만 NZ외무성 전속통역자는 치과 기록의 요청은 가족들에게 전했지만 시신이 원래대로 회복되지 못할 가능성이 있다는 것, 또한 시신을 발견할 가능성조차 희미해졌다는 것은 알리지 않았다. 일본 외무성은 치과기록의 필요성을 유족(이하, '유족'이라 한다)에게 재차 전했지만 그 이상의 것은 상세하게 언급하지 않았다. 유족에게는 시신이 원래 모습으로 발견되지 못할 수도 있다는 것은 전혀 전해지지 않은 것이다.

다시 말하면, NZ외무성 전속통역과 일본 외무성 직원 모두가 아마도 유족의 기분을 배려하고 미묘한 문제를 피하기 위해서, 가장 중요한 사항의 일부를 전하지 않았다고 생각한다.

5. 통역들의 고통

하지만 이것은 이런 미묘하고 중대한 정보를 전하는 작업이 각각의 통역 자원봉사자에게 일임된 것을 의미했다. 통역들은 NZ외무성 전속 통역과 일본 외무성 직원이 회피한 것처럼 미묘하고 중대한 점을 유족에게 전하지 않을 것인가, 아니면 사실 그대로 전할 것인가의 판단을 고민하게 되었다. 통역자들에게 이것은 아주 마음이 무겁고 난해한 과제가 되었다.

NZ경찰이 제기한 중요한 포인트가 가족에게 전달되지 않았기 때문에 유족과 NZ경찰관 사이에는 이해에 커다란 괴리가 생겼다.

예를 들어, 필자는 전속경찰관이 전한 생존자가 없다는 것과 시신 회수조차 아주 힘들다는 것을 확실히 이해했다. 그는 치과기록을 제출해 달라는 요구와 함께 나에게 이 사실을 전해달라고 요청했다. 한편, 유족 중 한 명은 딸의 휴대전화가 아직 울리고 있다는 것, 그리고 그녀가 아직 생존해 있을 가능성이 있다는 것을 경찰에게 전해 달라고 나에게 간청했다. 이 상황을 타개하는 것은 언어를 초월한 곤란에 직면하는 것을 의미했다.

우리는 이러한 미묘하고 중대한 냉엄한 상황에 대처하기에는 너무나도 무방비했다. 그래서 통역들은 독자적인 재량으로 전해야 할지의 여부를 결정해야 했다. 결국 통역들 각자의 판단에 맡겨진 셈이기 때문에 당연히 모든 유족이 같은 정보를 얻지 못했고, 정보를 자세히 교환하고 있었을 유족에게 이 문제는 상당한 불안과 불만을 초래했다.

전반적으로 가족을 위한 일본 외무성 브리핑은 막연하고 지나치게 정보가 부족했다. 각 브리핑 마지막에 서둘러 뉴질랜드로 달려온 일본 외무성 부장관이 가족의 질문에 답변했지만, 그의 답변은 명확하지 않아 상황을 호전시키기는커녕 가족들의 실망과 분노를 샀을 뿐이었다.

6. 정보수집 능력의 결여

국내외 모든 희생자 가족을 위해서 뉴질랜드·시빌·디펜스(각 지역에 있는 재난구조 등을 담당하는 기관)가 '커뮤니티를 위한 브리핑'을 매일 낮 무렵에 개최하였다. 이 브리핑에는 경찰, 시장, 수색·구조대 및 법의학 감정팀

대표자들이 출석하여 최신동향을 전하고 유족들의 질문에 응하고 있었다. 일본 가족들만을 위해서 개최된 '일본 외무성 브리핑'은 일본 유족에게도 최신정보를 제공할 수 있도록 커뮤니티 브리핑 후 저녁 무렵에 계획되어 있었다. 나와 또 한 명의 통역은 커뮤니티 브리핑에 거의 매일 출석하여 가족을 원조하기 위한 또 다른 정보를 수집할 수 있는지 확인하기로 했다. 그 결과, 일본 외무성 브리핑은 이곳에서의 새로운 정보를 거의 전하지 않고 있다는 사실을 알았다. 예를 들어, 뉴질랜드 수상이 그날 아침에 발표하고 신문에도 실린 유족을 위한 자금원조에 대해서 일본 외무성의 저녁 브리핑에서는 발표되지 않았고, 유족이 '뭔가 지원은 받을 수 없는가?'라는 질문을 했을 때도 당연하지만 답변할 수 없었다. 낮에 열린 커뮤니티를 위한 브리핑에 참가한 통역 자원봉사자가 "오늘 아침 뉴질랜드 수상이 지원한다고 발표했다"라고 전하는 식의 상황이었다.

또한 커뮤니티를 위한 브리핑에서 가족은 다음 날 아침에 버스로 CTV빌딩 현장을 방문할 수 있다고 발표했다. 이것은 가족을 위한 첫 현장 방문이다. 가족이 어디에 언제 모여야 하는지 상세한 내용을 명확하게 발표했다. 하지만 일본 외무성 브리핑에서 일본 가족은 다음 날에 CTV빌딩 현장을 방문할 기회가 있을 수도 있는데 이것은 아직 확실하지 않다고 통지되어 버렸다. 이 최신동향을 브리핑 휴식 시간에 내가 일본 외무성 직원에게 알려주지 않았다면, 약 94킬로미터 떨어진 마을에 체제하고 있었던 가족들은 다음 날 오전 10시에 집합장소에 도착하지 못했을 것이고, 처음으로 허가받은 현장 방문 기회를 놓쳤을 가능성이 충분히 있다.

당연하지만 유족은 아무리 작은 어떤 정보라도 필사적으로 매달리려 하고 있었다. 일본 외무성 브리핑의 정보 부족과 자제는 가족들에게 강한 불만과 분노를 샀다. 브리핑 세션은 점점 긴박해지고 감정이 격앙되었다. 일본 외무성은 이런 상황을 예측했는지 그 이전에 일본에서 외무성 부장관을 파견하여 유족들의 분노를 진정시키려고 했다. 하지만 앞에서 언급한 바와 같이 그는 전임자인 정무차관보다 하등 나을 것이 없어서, 가족들이 부장관에게 직접 분노를 터트리는 상황까지 발생했다.

일본 외무성은 가족의 대응에 고심했다. 상황에 따라서 유연하게 대처하는 능력이 결여된 것처럼도 보였다. 통역 중 한 명이 "일본 외무성 직원은 매뉴얼대로 행동하고 있다고 밖에 보이지 않는다"라고 말했던 것이 상징적이었다. 예를 하나 들면, 대부분의 유족들이 사망한 희생자들의 시신과 대면하지 못하고 3월 초에는 일본으로 귀국해야 하는 상황에 처했다. 직전에 한 유족이 "돌멩이 하나라도 좋으니까 손에 들고 돌아갈 것이 있었으면 좋겠다"라고 하여 그날의 일본 외무성 브리핑 때 그것이 질문의 형태로 제기되었다. 일본 외무성 직원이 "일본 입국 때 검역에 걸리니까 무리일 것 같다"라고 답변하자, 유족 중에서 "교섭할 수 없는가?"라는 의견이 나왔지만 그대로 넘어가 버렸다.

다음 날 나와 또 한 명의 통역이 커뮤니티를 위한 브리핑에 참가했을 때 NZ경찰서장에게 유족의 뜻을 전했더니, 그는 바로 유족의 마음을 이해했는지 '어떻게든 해 보겠다'고 약속을 해 주었다. 다음 날 유족들이 일본 외무성 브리핑 후에 버스에 타려고 했을 때, NZ경찰 경찰관들이 CTV빌딩 잔해 속에서 돌멩이들을 주워서 가지고 와 주었다. 게다가 종이상자이기는 했지만 돌멩이를 넣을 수 있도록 하얀 작은 상자까지 전원의 것을 준비해서 달려와 준 것이다. 이것을 본 일본 외무성 직원이 대응에 고심하고 있자, 통역 한 명이 "뭐 하는 겁니까? 모처럼 가져와 준 것을 지금 건네주지 않으면 건넬 기회가 없잖습니까? 일본 검역을 설득하는 것은 그쪽 임무잖습니까?"라는 말을 듣고 유족에게 그것을 배포하기 시작했다. 유족의 마음을 헤아리고 황급히 현장의 돌멩이를 모아 준 NZ경찰들의 마음과, 귀국길에 돌멩이를 꽉 쥐고 조금이라도 마음을 다독이려는 유족의 마음이 무산될 뻔한 상황이었다.

이 이야기에서 알 수 있듯이 일본 외무성 직원은 좀처럼 자기 판단으로 책임을 지고 행동하는 것이 불가능했다. 관료인 이상 당연하다고 하면 어쩔 수 없지만, 외무성 부장관이 일부러 일본에서 파견된 것은 이러한 상황에서 즉각적인 판단을 내리기 위해서가 아니었을까 생각하니 도저히 이해할 수가 없었다.

7. 통역 그 후

일본 외무성 브리핑을 마친 유족들은 많은 질문과 근심을 안고 있어서, 통역들은 최선을 다해 전임 경찰관과 함께 이들 상황에 대처해야 했다. 통역들은 앞에서 언급했던 것 외에도 다양한 문제에 대해서 지원을 해야 했다. 이 중에는 적십자사의 위문금 지급신청 방법, 시신이 발견된 유족은 시신을 일본으로 운송할 수 있을지의 문제, 화장 등 장례식에 관한 질문, 사망자가 사용하지 않은 여행 예약의 취소와 환불, 보험료 지불 관련 등 다방면에 이른다. 통역들은 경찰과 유족이 원활하게 대화할 수 있도록, 그리고 상호이해가 깊어질 수 있도록 문화적 배경을 제공하는 문화사절로도 기능한 것이다.

유족들은 일단 동일본대지진 며칠 전에 일본에 귀국했다. 대부분의 유족은 시신과 유해를 찾지 못하고 귀국했기 때문에, 몇 주 후에 시신과 유해가 발견·확인되었을 때 다시 뉴질랜드로 돌아와야 했다. 크라이스트 처치에 돌아왔을 때 그들은 다시 통역들의 신세를 지게 됐다.

　가족들이 일본에 귀국한 직후에 NZ외무성은 통역들에게 감사의 마음을 전하는 메시지를 보냈다. 하지만 이 건에 대한 반성회와 회합은 전혀 없었다. 한편 일본 외무성은 7월 중순까지 침묵하고 있었다. 7월에 통역들에게 보낸 편지에서 일본 외무성은 '유족들이 통역자에게 깊은 감사를 드린다고 많은 메시지를 보내 왔다'고 알렸다. 그래서 일본 외무성은 각 통역들에게 감사장을 보낸다고 했다. 하지만 이 감사장을 받으러 가는 것을 거부한 이들도 몇 명 있었다.

　그리고 6년 이상이 지난 지금도 대부분의 유족이 통역들과의 관계를 이어오고 있다. 매년 2월에는 위령식이 열린다. 참가한 유족과 통역들과의 재회는 매년 흐뭇한 광경이다. 출석하지 못하는 유족을 위해서 몇몇 통역들은 위령제에 참석하여 화환을 바치고 희생자들과 그 유족을 생각하며 눈물을 흘린다. 많은 유족들에게 통역들은 뉴질랜드에서 사망한 사랑하는 가족과의 유일한 연결고리가 되고 있다.

　통역들을 위한 보고회는 개최되지 않았다. 카운슬링도 제공되지 않았다. 그로부터 6년여가 지난 지금, 유족분들을 제외하고 재난 직후에 통역들이 수행한 중요한 역할은 잊혀져 버린 듯하다.

8. 배워야 할 교훈과 앞으로의 방향성

8.1 통역이란

　재난 시의 통역의 역할에 관한 연구논문은 아주 적다. 하지만 앞에서 본 크라이스트 처치 지진 후의 통역들의 경험담과 해외에서 발생한 재난에서의 통역 문제에 관한 몇 가지 논문에서 볼 수 있듯이, 재난 시 통역의 역할은 일정 언어를 단순히 타 언어로 바꾸어 놓는 식의 그린 스톤이 말하는 단순한 '언어 기계'(Greenstone 2010: 80)라 불리는 영역을 훨씬 초월하는 것이다.

2010년 아이티 지진 통역 자원봉사자를 대상으로 연구한 파울과 파쿠리아라 = 밀러에 의하면, 통역들은 이재민 치료나 수술 상황에서 진단과 치료의 설명, 치료와 수술의 사전승낙 등을 담당했다. 또한 가족과의 재회를 위한 준비를 하거나, 죽음을 맞이하는 환자와 가족을 잃은 유족을 위로하고 의료 관계자들이 아이티 문화를 이해하는 데에도 중대한 역할을 했다고 한다(Powell and Pagliara-Miller 2012:37).

시우=손튼 등도 다언어와 다문화가 얽혀서 재난대응에 큰 장해가 될 수 있는 상황에서 통역들은 '가교역'으로 꼭 필요하다고 지적한다(Shiu-Thornton et al. 2007:467). 그리고 그런 역할이 충분히 발휘될 수 있도록 사전훈련과 오리엔테이션이 중요하다고 언급한다.

8.2 준비

2010년 아이티 지진 때 동원된 통역 자원봉사자들 중에서 재난훈련을 받은 적이 있는 사람은 50%, 사전 오리엔테이션을 받은 사람은 95%에 이른다고 한다(Powell and Pagliara-Miller 2012:40-41).

크라이스트 처치 재난 때의 통역들은 재난대응 사전훈련과 오리엔테이션을 받지 않은 지역 자원봉사자들이었다. 준비와 훈련 없이 그들은 상당히 긴박하고 대응이 힘든 상황에 직면하여, 죽음과 유족에 대한 대응이라는 재난의 가장 곤란한 상황에 대처해야만 했다. 이러한 사태는 사전경고 없이 돌연히 발생한다. 그리고 그것이야말로 재난이라는 것이겠지만, 예측할 수 없다고 해서 전혀 준비가 안 되었던 것이 정당화되는 것은 아니다.

많은 시간과 에너지와 재정이 국가와 지방 단위로 재난대응 분야에 투자되고 있다. 시스템의 약점을 조사하고, 장래의 재난 발생 시 대응책의 개선방법이 계속하여 검토되고 있다.

점점 더 글로벌화하는 세계에서 외국인이 재난에 휩쓸릴 가능성이 현재 이상으로 높은 만큼, 이러한 경향은 계속될 것이다. 파울과 파쿠리아라=밀러, 그리고 1999년 터키지진 때 수색·구조대의 지원을 한 통역자의 역할을 고찰한 푸르트와 크루루티도 지적하고 있듯이(Bulut and Kurultay 2001:249), 우리는 이들 외국인 재난 피해자의 요구에 대응하기 위하여 충분한 준비를 해 두어야 한다.

그 준비 중에서 특히 통역들의 역할은, 그 중요성을 인식하여 지방과 국가 차원의 미래재난대응 관리계획의 일부로서 계획에 포함할 필요가 있다. 재난 발생을 가정한 훈련을 받은 통역이나 재난 시에 일한 경험이 있는 통역들은 미래의 재난 발생 준비를 위한 중요한 인재가 될 것이다(Powell and Pagliara-Miller 2012:46). 당연히 그러한 계획이 그 목적을 위해 준비됨으로써 훈련받은 통역들의 네트워크가 확립될 수 있다고 생각한다.

8.3 카운슬링

파울 등은 앞에서 언급한 오리엔테이션이 통역 자원봉사자들의 피로와 트라우마 등 정신적 부담을 줄이는 데 큰 도움이 된다고 말한다(Powell and Pagliara-Miller 2012:44). 오리엔테이션을 받은 경우에도 아이티 지진에 관여한 통역들 중에서 무언가의 형태로 카운슬링이 필요했던 이는 약 40%나 됐다고 보고하고 있다.

뉴질랜드에서는 학생이 사망했을 때 담임교사와 그 반의 모든 학생이 카운슬링을 받게 되어 있다. 그러한 지원은 이번 통역들에게는 제공되지 않았다. 통역들 자신도 크라이스트 처치 지진의 피해자들이고 대부분 손상된 가옥에 살거나, 일부는 물과 그 밖의 기본적인 라이프라인이 끊긴 상황에서 생활하고 있었다. 유족인 일본인 가족을 위한 지원활동에 참가한 것은 정신적으로도 한층 부담이 되었을 것이다. 아직까지도 N씨는 그때의 일을 떠올리고 괴로워할 때가 있다고 한다. 나도 마찬가지이고 관여한 모든 통역들에게도 트라우마로 남아 있는 부분이 분명히 있다. 전원이 카운슬링을 받을 필요가 있다고 생각한다.

2011년 크라이스트 처치 지진의 대응에 관여한 많은 보고회를 다양한 기관이 거의 확실하게 개최하고 있다. 하지만 지진 직후 최전선에서 일한 그룹이었는데도 통역들과의 회의나 보고회는 열리지 않았다. 물론 카운슬링도 이루어지지 않았다.

8.4 커뮤니케이션

일본 외무성, NZ외무성, NZ경찰, 현지 통역들, 크라이스트 처치의 일본 영사관 직원 등 다양한 관계자가 대지진으로 사망한 일본인 유족의 지원을 하고 있었다. 커뮤니케이션의 붕괴는 다양한 레벨로 그리고 다양한 관계자 사이에서 나타났다.

가장 밀접하게 관련되어 있던 집단은 유족, 경찰관, 현지 통역들 3자에 의한 그룹이었다. 통역들은 유족과 경찰관 사이의 커뮤니케이션을 주선하여, 뉴질랜드와 일본의 문화적 배경의 차이를 매개하는 중요한 역할을 담당하면서 임무를 수행했다. 또한 NZ외무성도 통역들과 빈번하게 연락을 취하고 있었기 때문에 중대한 커뮤니케이션 문제는 발생하지 않았다.

하지만 유감스럽게도 몇 가지 문제점이 다음 사항에서 특히 현저했다. 첫째, 일본 외무성과 유족과의 관계이다. 유족을 배려하기 위해서일까, 일본 외무성은 막연한 정보만을 제공하고, 전하기 힘들고 미묘한 표현이 필요하기는 하지만 가장 중요한 정보의 일부를 유족에게 전하지 않았다. 이것은 바로 일본 외무성에 대한 불신감으로 이어져, 유족들 사이에서는 그들의 걱정이나 의문을 개별 통역자나 경찰관과 직접 이야기하는 쪽을 선호하게 되었다. 이러한 가장 어려운 상황 속에서도 결연히 사실을 보고할 수 있는 용기와 기량이야말로 외무성 직원에게 요구되는 자질이 아닐까. 그것을 기피하고 통역 자원봉사자들에게 부담을 떠넘긴다는 것은 참으로 역할이 뒤바뀌었다고밖에 할 수 없다. 점점 더 사태를 악화시킨 것은, 일본 외무성이 가족의 걱정과 의문의 일부에 대해서 조언을 해줄 입장에 있었던 통역들과 아무런 관계도 갖으려고 하지 않았던 것이다. 따라서 당연한 일이지만 일본 외무성은 가족의 요청에 적절하게 대응할 수 없었다.

둘째, CTV 사이트의 버스 방문과 NZ정부기관의 유족을 위한 자금 지원신청 건에 대해서 앞에서 언급했듯이 일본 외무성은 정보수집이 뒤처져 있었다. 이것은 일본 외무성과 다른 뉴질랜드 단체 사이의 커뮤니케이션 붕괴를 시사하고 있다. 또는 아마도 이것은 역으로 살펴보면, 뉴질랜드 기관에서 외국 대사관으로의 정보의 흐름이 붕괴했거나 지연된 것일지도 모른다.

이들과 다른 차원의 커뮤니케이션 문제는 보다 상세하게 조사할 필요가 있다. 하지만 이것은 차후에 다시 논해야 할 테마이고, 본 장은 재난 직후 통역들의 역할과 직면한 과제를 검토하는 것을 목표로 하고 있기 때문에 이상으로 마치고자 한다.

9. 맺음말

2011년 크라이스트 처치 지진 후 통역들 사례의 고찰을 통해서 명확해진 것은, 재난 시에 통역들이 담당하는 역할의 중요성이 지금까지 인식되지 못하고 있고, 이것을 앞으로의 재난대책에 포함해야 한다는 것이다. 이 프로젝트는 아주 초기 단계에 불과하지만, 향후 외국인이 관련되는 재난이 발생했을 때 통역들의 중요한 역할에 대한 의식을 고양시키고 재난대응능력을 향상시키는 데 도움이 되기를 바란다.

문헌

Al-Shaqsi, Sultan, Robin Gauld, Sarah Lovell, David Iain McBride, Ammar Al-Kashmiri and Abdullah Al-Harthy (2013) "Challenges of the New Zealand Healthcare Disaster Preparedness Prior to the Canterbury Earthquakes: A Qualitative Analysis," The New Zealand Medical Journal, 126(1371): pp.9-18.

Bulut, Alev and Turgay Kurultay (2001) "Interpreters-in-Aid at Disasters: Community Interpreting in the Process of Disaster Management", The Translator, 7(2) : pp.249-263.

Cretney, Raven Marie (2016) "Local Responses to Disaster: The Value of Community Led Post Disaster Response Action in a Resilience Framework", Disaster Prevention and Management, 25(1) : pp.27-40.

Greenstone, James L. (2010) "Use of Interpreters with Crisis Intervention Teams, Behavioral Health Units, and Medical Strike Teams: Responding Appropriately and Effectively", International Journal of Emergency Mental Health, 12(2) : pp.79-82.

MacLean, Ian, David Oughton, Stuart Ellis, Basil Wakelin and Claire B. Rubin (2012) Review of the Civil Defence Emergency Management Response to the 22 February Christchurch Earthquake, Wellington: New Zealand Ministry of Civil Defence and Emergency Management

(http://www.civildefence.govt.nz/assets/Uploads/publications/Review-CDEM-Response-22-February-Chirstchurch-Earthquake.pdf).

Powell, Clydette and Claire Pagliara-Miller (2012) "The Use of Volunteer Interpreters during the 2010 Haiti Earthquake: Lessons Learned from the USNS COMFORT Operation Unified Response Haiti", American Journal of Disaster Medicine, 7(1) : pp.37-47.

Rodriguez, Havidan, Enrico L. Quarantelli and Russell R. Dynes eds. (2007) Handbook of Disaster Research, New York: Springer.

Shiu-Thornton, Sharyne, Joseph Balabis, Kirsten Senturia, Aracely Tamayo and Mark Oberle (2007) "Disaster Preparedness for Limited English Proficient Communities: Medical Interpreters as Cultural Brokers and Gatekeepers", Public Health Report, 122(4) : pp.466-471.

The Press eds. (2011) Earthquake: Christchurch, New Zealand, 22 February 2011, Auckland, N.Z.: Random House.

본서에 담은 논고는 서론에서 설명한 바와 같이 미야기현 연안부의 무형민속문화재 재난실태 조사(2011~2013년도)에 이어서, 도호쿠대학 동북 아시아연구센터의 프로젝트연구 연구회 활동에 참가한 연구자에 의한 것 이다. 조사 사업부터 계속하여 재난지역과 연계하고 있는 연구자, 새로이 조사지역과 테마를 설정한 연구자 등, 재난지역과의 관련 방식은 다양하 지만 동일본대지진 후 6년 이상에 걸쳐 재난을 당한 지역사회에 지속적인 관심을 가져 온 것은 공통점이다.

나는 2011년도 조사 사업에 참여했지만 그 후 센다이를 떠나기도 해 서, 미야기현 마루모리정 힛포 지구의 방사선 문제를 중심으로 재난 피해 지역과 관계를 이어왔다. 2015년에 다시 센다이로 돌아와 동북아시아 연 구센터의 교육연구지원자로 재직하면서 본격적으로 피해지역조사에 종 사하게 되었다. 부임 당시는 지진 발생 후 5년째로 접어들어 다양한 분야 의 많은 피해지역 조사의 열기가 가라앉기 시작한 때였다. 그런 만큼 긴급 을 요하는 조사에서 재난지역에 관계되는 보다 깊은 테마와 해외 사례와 의 비교, 또한 동일본대지진만 주목했던 시점에서 '문화재 방재' '재난학' 이라는 보편적인 경향으로 변화가 있었던 시기였다.

6년 이상의 기간 동안에 재난을 당한 분들의 상황을 살펴보면 피난 소에서 가설주택으로, 부흥 공영주택으로의 입주나 자택 재건이라는 큰 흐름이 있었다. 그중에서도 가설주택의 폐쇄는 하나의 전환점이 되었다. 다양한 지원이 중단되고 한층 더 자립이 요청되고 있는 것이다. 피난소에서는 어떤 의미에서는 재난 피해자는 평등했다고 할 수 있지만 그 후로는 각 세대와 개인의 다양한 상황이 반영되어 빠른 시일에 생활 재건을 이룬 사람, 재난부흥 공영주택의 입주를 기다리는 사람, 자주 피난을 하는 사람, 돌아오는 사람 등 다양하다.

본서는 이러한 재난을 당한 지역사회와 사람들의 다양한 상황을 반영한 내용이다. 사람은 혼자 사는 것이 아니라 어느 집단, 사회와의 관계 속에서 살고 있다. 재난지역에서의 민속예능의 부흥과 계승, 위령과 심리적 보살핌, 기념사업, 이재민·피난자와 지원이 이루어지는 지역사회와의 관계, 경제활동, 자원봉사자, 재난 시의 통역 등, 재난 시의 복구와 부흥기의 다양한 활동에서의 사람들의 연관성이 구체화되었다. 동일본대지진은 천 년에 한 번 발생하는 대지진이라고 할 만큼 과거에 체험한 이가 없는 사건이었지만, 이 사태에 대응한 것은 기존의 사회시스템이었다. 이 미증유의 사태에 대응하면서 새로운 시스템도 만들어졌는데, 그것은 대지진 전에도 있었던 기존의 무언가를 이용하여 그것을 토대로 하거나 덧붙이거나 바꾸거나 했던 것이다. 한마디로 말하면 '레질리언스(사회 회복력)'의 과정을 제시했다고 생각한다. 그곳에서 필요했던 것, 그리고 무엇이 도움이 되고 어떠한 구조가 작용했는가, 라는 교훈은 향후의 방재와 재난감소 대책에 기여할 것이다.

인연이 되어 2017년 4월부터 야마구치대학에서 근무하게 되면서 피해지역에서 멀리 떨어진 혼슈(本州)의 서쪽 끝에도 도호쿠지방에서 온 피난자가 있고, 지원단체가 있고, 동일본대지진에 대해서 연구하는 사람들이 있다는 것을 알았다. 2016년 4월에 구마모토 지진이 발생한 이후, 재난 연구는 각지에서 활발해지고 있다. 그런 상황 속에서 야마구치대학에서 재난과 인류학에 대해 강의하면서, 2011년도에 재난 피해를 입은 야마모토정의 민속문화재 조사보고서를 다시 볼 기회가 있었다. 보고서의 말미에 조사자용의 감상 코멘트 칸이 있는데 거기에 나는 '춤 같은 걸 생각할 때가 아니라는 당사자의 기분이 전해져서, 가사하마 진구(민요)에 맞춰 춤추던 멤버들을 조사하는 것에 거부감을 느낀다고 할까, 의문이 들었다. 민속조사는 대지진 후의 사람들의 일상생활과 심정에 도움이 되는 조사가 아니라고 생각한다'라고 기록하고 있었다(2011년 12월 12일, 야마모토정 조사보고).

무형민속문화재가 지역 재생에 기여하는 역할과 기능에 대해서는 본서의 각 장에서 전개하고 있어서 여기에서는 되풀이하지 않겠다. 조사에 적합한 시기 등에 대해서는 재난지역의 무형민속문화에 관여하는 분의 상황에 따라서도 다르겠지만, 지금이라면 이들 연구에 의의가 있다고 확신을 가지고 말할 수 있다. 무형민속문화재는 재난으로 타격을 입은 지역사회의 고유문화를 상징하는 것이고, 많은 사람들이 신체적·심정적·경제적으로 관여하는 협동노동이기 때문이다. 그것을 통해서 사람들의 관계가 만들어지기 때문이다. 대지진으로 형태를 바꾸면서도 지켜지고, 새롭게 만들어지는 사람들의 관계야말로 재난지역의 생활문화이고 현장 재난인문학이 명확히 밝혀내야 하는 과제인 것이다.

본서가 완성되기까지 많은 분들의 도움을 받았다. 먼저 조사에 협력해 주신 재난피해지역의 많은 분들에게 감사의 말씀을 드린다. 물로도 식료품으로도 금전으로도 둔갑하지 않는 조사에 귀중한 시간을 쪼개 주셔서 감사드린다. 그리고 각 연구회와 심포지엄에 참석해서 귀중한 발표와 의견을 주신 분들께도 감사의 말씀을 드린다. 그곳에는 재난 후의 일시적인 유토피아가 아닌 확실한 재난인문학 커뮤니티가 존재한다고 느꼈다.

또한 본서는 도호쿠대학 아시아연구센터의 도움으로 『동북아시아 연구전서(東北アジア研究專書)』의 한 권으로 간행된 것이다. 전문서적으로 간행하면서 동북아시아연구센터 편집출판위원회 전문가 두 분의 사독을 거쳤다는 사실도 덧붙인다.

마지막으로 신센샤(新泉社) 편집부의 야스키 다케히토(安喜健人) 씨가 본서의 출판을 위해 애써주시고 조언도 해 주셨다. 깊은 감사의 마음을 전한다.

2017년 12월 야마구치시에서 야마구치 무쓰미

제1부

제1장 고다니 류스케(小谷竜介)
도호쿠역사박물관 학예원

제2장 이마이시 미기와(今石みぎわ)
동경문화재연구소 무형문화유산부 주임연구원

제3장 구보타 히로미치(久保田裕道)
도쿄문화재연구소 무형문화유산부 무형민속문화재 연구실장

제4장 효키 사토루(俵木 悟)
세이조대학 문예학부 준교수

제2부

제5장 이나자와 쓰토무(稲澤 努)
쇼케이학원대학 표현문화학과 준교수

제6장 고야 준코(呉屋淳子)
오키나와현립예술대학 음악학부 준교수

제7장 이치야나기 도모코(一柳智子)
고리야마여자대학 단기대학 부교수

제8장 다카쿠라 히로키(高倉浩樹)
편자

제3부

제9장 가와시마 슈이치(川島秀一)
도호쿠대학 재난과학국제연구소 교수

편
자
소
개

다카쿠라 히로키(高倉浩樹)

1968년생.
도호쿠대학 동북아시아 연구센터 교수. 전공은 사회인류학, 시베리아 민속지.
저서로, 『극북(極北)의 목축민 사하 - 진화와 미크로 적응을 둘러싼 시베리아
민속지』(쇼와도, 2012년), 『극한의 시베리아에 산다 - 순록과 얼음과 선주민』(편저,
신센샤, 2012년) 등.
대지진 관련의 성과로, 「증언기록 대지진 체험 - 도호쿠대학 90인이 말하는
3·11」(도호쿠대학 대지진 체험 프로젝트 편, 다카쿠라 히로키·기무라 도시아키 감수, 신센샤,
2012년), 『동일본대지진 피해를 입은 민속문화재조사 2011년도 보고집』(다카
쿠라 히로키·다키자와 가쓰히코·마사오카 노부히로 편, 도호쿠대학 동북아시아연구센터, 2012
년), 『동일본대지진 피해를 입은 민속문화재 조사 2012년도 보고집』(다카쿠라 히
로키·다키자와 가쓰히코 편, 앞과 동일, 2013년), 『무형민속문화재가 재난을 당한다는
것 - 동일본대지진과 미야기현 연안부 지역사회 민속지』(다카쿠라 히로키·다키자
와 가쓰히코 편, 신센샤, 2014년) 등.

야마구치 무쓰미(山口 睦)

1976년생.
야마구치대학 인문학부 준교수(准教授). 전공은 문화인류학, 일본연구.
주요 성과로, 『증답의 근대 - 인류학에서 본 증여 교환과 일본사회』(도호쿠대학
출판회, 2012년), 「밀리터리 투어리즘 - 제로센(零戦)의 전시(展示)에서 배우는 것」
(다카야마 요코 편 『다문화 시대의 관광학 - 필드 워크로부터의 어프로치』 미네르바 서점, 2017
년), 「재난지원과 증여 - 20세기 전반의 부인회 활동을 사례로 하여」(기시가미 노
부히로 편 『증여론 재고 - 인간은 왜 타인에게 주는가』 린센서점, 2016년), 「현의 경계를 넘
은 것, 넘지 않은 것 - 미야기현 마루모리정 힛포지구의 방사선 대책」(『도호쿠문
화연구실 회보』57, 2016년).

옮긴이 소개

김경인

전남대학교 일본문화연구센터 학술연구교수. 일한전문번역가. 주요 역서로는 이시무레 미치코의 『고해정토-나의 미나마타병(슬픈 미나마타)』, 쿠로다 야스후미의 『돼지가 있는 교실』(이상, 달팽이출판), 우이 준의 『공해원론』(공역, 역락) 등이 있으며, 공저로 『한국인 일본어 문학사전』(제이앤씨), 『자료로 보는 일본 감염병의 역사』(공편저, 역락) 등이 있다. 논문으로는 「이시무레 미치코의 '국화와 나가사키'를 통해 보는 조선인원폭피해자의 실태와 한」(『일본어교육』), 「공해사건 문학의 시스템 및 가치 고찰」(『일본연구』), 「재해와 관련된 일본 옛날이야기 고찰」(『일본어문학』) 등 다수가 있다.

임미선

조선대학교 인문학연구원 HK+사업단 연구보조원. 도쿄학예대학 대학원에서 일본어교육으로 석사학위를 취득한 후 오차노미즈여자대학 대학원에서 국제일본학 박사과정을 수료했다. 현재 전남대학교 언어교육원과 전라남도인재개발원에서 일본어를 강의하고 있으며, 옮긴 책으로 우이 준의 『공해원론』(공역, 역락) 등이 있다.

조선대학교 재난인문학연구사업단
재난인문학 번역총서 06

왜 현장재난인문학인가
— 재난 이후 지역문화와 피해자의 민속지
震災後の地域文化と被災者の民俗誌 [フィールド災害人文學の構築]

초판1쇄 발행 2023년 2월 24일
초판2쇄 발행 2023년 5월 25일

기획	조선대학교 재난인문학연구사업단
편저자	다카쿠라 히로키(高倉浩樹) 야마구치 무쓰미(山口 睦)
옮긴이	김경인 임미선

펴낸이	이대현
편집	이태곤 권분옥 임애정 강윤경
디자인	안혜진 최선주 이경진
마케팅	박태훈

펴낸곳	도서출판 역락
출판등록	1999년 4월 19일 제303-2002-000014호
주소	서울시 서초구 동광로 46길 6-6 문창빌딩 2층 (우06589)
전화	02-3409-2060
팩스	02-3409-2059
홈페이지	www.youkrackbooks.com
이메일	youkrack@hanmail.net

ISBN 979-11-6742-445-7 94300
       979-11-6742-222-4 94080(세트)